이클립스(Eclipse)로 익히는

안드로이드 프로그래밍

최 선 정 저

오성미디어

머리말

바야흐로 스마트폰의 시대가 열리고 있다. 단순 전화기 수준의 모바일 기기에서 이제 스마트폰이라는 컴퓨터를 대신하는 다양한 어플리케이션들을 탑재한 기기로의 변신을 시도하고 있다. 그리고 이러한 변신이 이제는 당연한 흐름이 되었고 또한 컴퓨터 시대와는 또 다른 차원의 세계를 열어가고 있다.

스마트폰은 애플사의 아이폰에 의해 그 지평을 열었다. 아이폰으로 시작된 스마트폰 열풍은 오픈 소스로 공개된 구글의 안드로이드 플랫폼을 타고 날아오르고 있다. 이는 안드로이드 플랫폼이 새로운 프로그래밍 언어가 아닌 이미 널리 사용되고 있는 자바(Java)라는 객체지향 프로그래밍 언어로 애플리케이션을 개발할 수 있도록 지원하고 있음에 더욱 폭발적이다.

자바 프로그램에 의해 개발된 애플리케이션 프로그램은 어떠한 플랫폼에서도 운용할 수 있다는 매우 탁월한 장점을 가진다. 플랫폼에 상관없이 자바 가상머신(JVM, Java Virtual Machine)이 설치될 수 있는 시스템이면 어디서나 실행될 수 있다. 또한 컴파일된 바이트코드는 사용하는 플랫폼과 독립적으로 동작하므로 프로그램의 실행결과가 플랫폼에 의해 영향을 받지 않는다.

따라서 하나의 애플리케이션 개발로 다양한 플랫폼에 적용할 수 있어 애플리케이션 개발에 소요되는 비용과 시간을 극단적으로 줄일 수 있다. 이것이 자바의 힘이고 폭발력의 원천이다. 이러한 연유로 기존의 웹 애플리케이션은 기본이고 이제 모바일 기기나 임베디드(Embedded) 시스템 등으로 그 영역이 날로 확장되고 있다.

이 책에서는 그러한 자바 기반의 안드로이드 프로그래밍에 관해서 다룬다.

먼저는 학습의 편의성을 높이기 위해 프로그램 통합 개발 환경을 지원하는 이클립스(Eclipse) 환경에서 프로그래밍을 학습하도록 하였다.

스마트폰과 같은 모바일 기기용으로 안드로이드 프로그램을 적극적으로 보급하고 있는 구글(Google) 역시 이클립스용 플러그인을 개발하여 이클립스 사용자들에게 힘을 실어주고 있기 때문에 매우 적절한 선택이었다고 생각한다.

그리고 이 책은 안드로이드2.2 환경에 맞추어 저술되었다. 안드로이드2.2 환경에서 실습 예제들이 작성되었다. 그 동안 구글에서는 꾸준히 매우 신속하게 새로운 안드로이드 버전을 만들어 세상에 내놓고 있다. 아직 최적화 단계를 찾아가는 과정이기 때문일 것이다.

그럼에도 불구하고 새로이 업그레이드된 안드로이드 버전이라 할지라도 기존의 버전들을 모두 수용한다. 다시 말해서 안드로이드2.2 이상의 버전이 나온다 할지라도 현재의 버전을 모두 포함하기 때문에 학습자에게는 전혀 문제가 되지 않는다.

이 책은 안드로이드 프로그래밍을 처음 시작하는 독자들을 대상으로 하고 있다. 자바 프로그램에 대한 기본적인 지식이 있건 없건 누구나 쉽게 따라할 수 있도록 기초단계부터 안드로이드 프로그램을 접할 수 있도록 구성하였다.

또한 웹, 갤러리, 전화, 맵, 파일 및 데이터베이스 처리에 이르기까지 다양한 모바일 애플리케이션들의 기본 개념을 이해할 수 있도록 적절한 실습예제들을 포함시켰다.

이 책이 안드로이드 프로그래밍을 시작하는 독자나 혹은 기초 단계에 있는 독자들에게 안드로이드 프로그래밍의 개념을 심어주는 좋은 안내자가 되기를 기대한다.

저자

<저자 약력>
서강대학교 전자공학과 학사
아주대학교 전자공학과 박사
삼성SDI 연구소 수석연구원
현 국제대학 IT계열 부교수

목차

제 1 장
이클립스 환경 구축

제 1 장 이클립스 환경 구축

1.1 이클립스 설치

이클립스(Eclipse)는 프로그램의 통합 개발 환경을 지원하는 매우 유용한 개발도구이다. 특히 이클립스는 자바를 기반으로 개발되어진 개발도구이므로 플랫폼에 관계없이 실행시킬 수 있어 자바 프로그램을 개발하는 이들에게 폭넓게 사용되고 있다. 스마트폰과 같은 모바일 기기용으로 안드로이드 프로그램을 적극적으로 보급하고 있는 구글(Google) 역시 이클립스용 플러그인을 개발하여 이클립스 사용자들에게 힘을 실어주고 있다.

이클립스가 기존의 자바 프로그램을 개발하는 유용한 수단이었다면 구글에서 제공하는 이클립스용 플러그인의 장착은 이클립스가 안드로이드 프로그램의 개발에도 확장적으로 사용될 수 있음을 의미한다. 사실 안드로이드는 자바 프로그램을 기반으로 한다. 자바 프로그램에 익숙한 개발자라면 안드로이드 프로그램에의 적응에 큰 어려움을 느끼지는 않을 것이다.

이클립스에서 안드로이드 프로그래밍을 성공적으로 수행하기 위해서는 이클립스 개발도구 외에 JDK(Java Development Kit)라 불리는 자바 개발도구와 구글에서 제공하는 안드로이드 프로그램 개발 도구인 안드로이드 SDK(Software Development Kit), 그리고 안드로이드용 이클립스 플러그인이 설치되어 있어야 한다.

이제부터 자바 프로그램의 유용한 개발도구인 이클립스를 설치해보자.

이클립스를 설치하기 전에 먼저 확인해야 할 일이 있다. 컴퓨터에 JDK가 설치되어 있는지 확인하는 일이다. 컴퓨터에 JDK가 설치되어 있지 않으면 이클립스가 제대로 실행되지 않기 때문이다.

명령 프롬프트 창을 열고 'java -version'을 실행하여 JDK의 설치 여부를 확인해 보자.

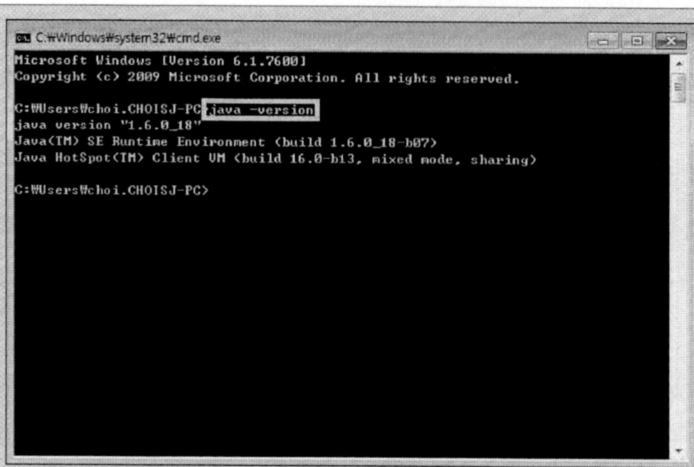

<그림1-1> JDK 버전

만일 컴퓨터에 JDK가 설치되어 있지 않다면 오라클에서 제공하는 인터넷사이트 http://www.oracle.com에서 이 프로그램을 다운받아 설치할 수 있다.

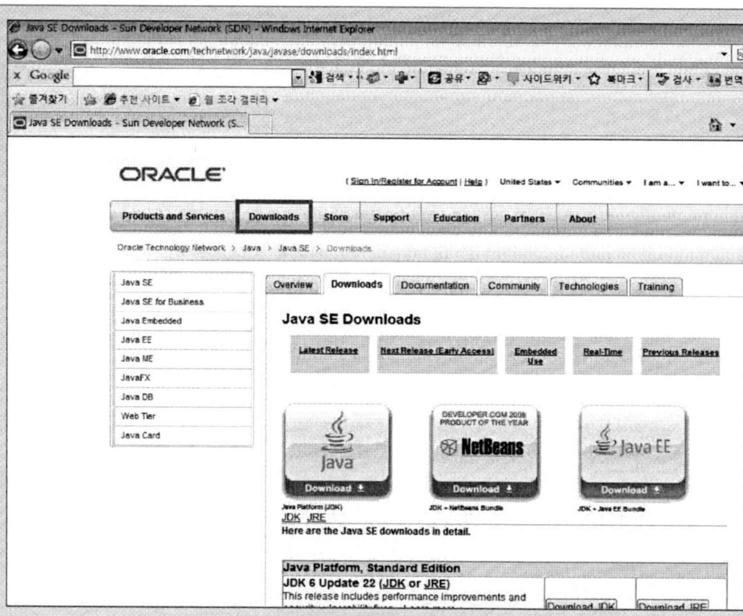

<그림1-2> 자바 개발도구(JDK) 다운로드

<그림1-2>에서 보는 바와 같이 JDK 6(버전 1.6)이면 무난하다. 이 책의 부록 CD에도 JDK 6(jdk-6u22-windows-i586.exe) 프로그램이 수록되어 있으니 이 프로그램을 컴퓨터에 설치하여도 된다.

컴퓨터에 JDK가 설치되었으면 이제는 이클립스를 설치할 차례이다. 이클립스 프로그램 역시 인터넷 사이트 http://www.eclipse.org에서 무료로 다운받아 설치할 수 있다. 그런데 이클립스 프로그램을 다운받기 위해 인터넷 사이트를 방문해 보면 다양한 프로그램들이 제공되고 있음을 볼 수 있다. 우리는 이클립스를 이용해 안드로이드를 개발하여야 하므로 이들 다양한 프로그램들 중 안드로이드의 이클립스 플러그인이 돌아갈 수 있는 이클립스 버전 3.4 이상을 설치하여야 한다.

이 책에서는 최신 버전인 이클립스 3.5(갈릴레오, GALILEO) 버전을 사용하기로 한다. 이 버전(eclipse-SDK-3.5.2-win32.zip) 역시 책 뒤의 CD에 수록되어 있다.

이클립스 프로그램을 다운받아 압축을 풀면 폴더 안에서 바로 실행할 수 있는 실행 프로그램(eclispe.exe)을 발견할 수 있다. 실행 프로그램을 실행시키기만 하면 이클립스가 실행되기 시작한다. 여기서는 eclipse 폴더가 C 드라이브 바로 밑에 위치하도록 압축파일을 풀기로 한다(C:\eclipse).

한 가지 주의할 것은 실행 프로그램이 실행되는 과정에서 사용자 리소스를 관리하기 위한 workspace 폴더를 찾는 대화상자가 나타난다. C:\eclipse 다음에 workspace 폴더를 만들고 대화상자에서 이 폴더(C:\eclipse\workspace)를 선택하면 된다.

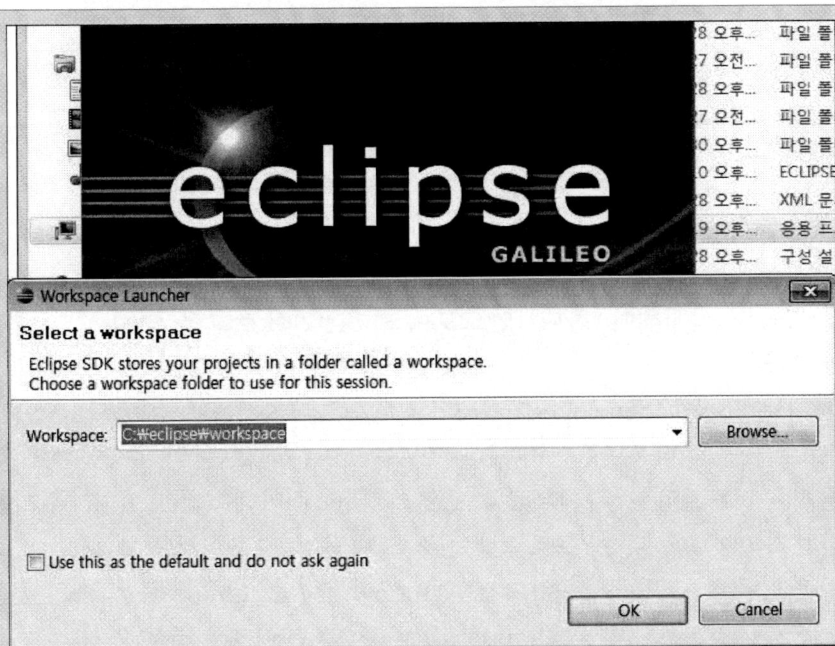

<그림1-3> 워크스페이스 선택

이것으로 <그림1-4>와 같이 이클립스 통합 개발 환경이 준비된다.

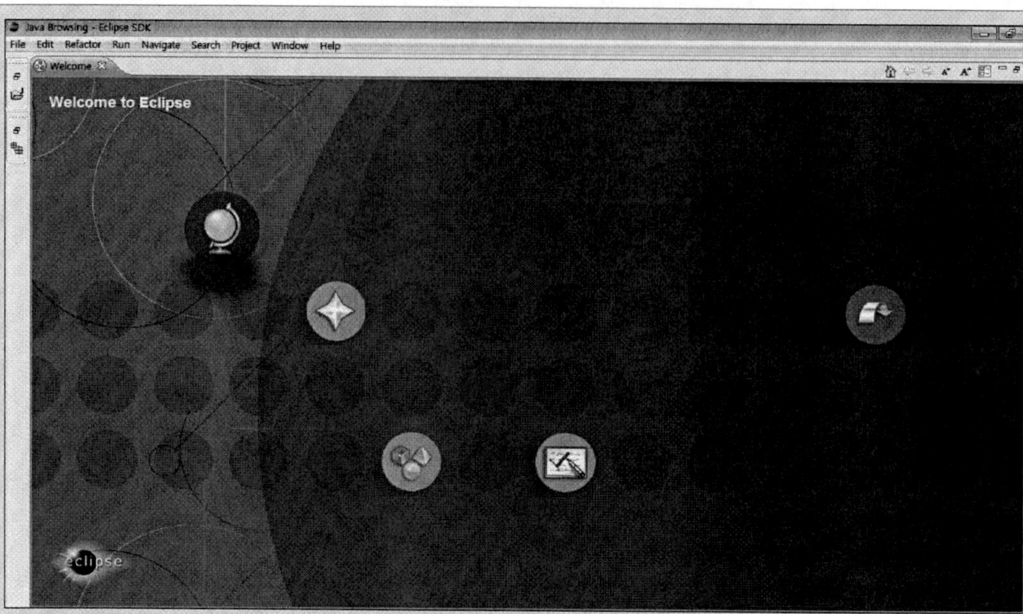

<그림1-4> 이클립스 초기화면

1.2 안드로이드 SDK 설치

이클립스가 성공적으로 설치되었으면 다음에는 안드로이드 프로그램 개발 도구인 안드로이드 SDK를 설치해야 한다. 안드로이드 SDK 프로그램 역시 인터넷을 통하여 무료로 제공된다.

인터넷 사이트 http://developer.android.com/sdk에서 현재 제공되고 있는 안드로이드 SDK 프로그램을 다운받을 수 있다. 이곳을 방문해보면 알 수 있는데 이 사이트에서는 사용하는 OS별로 각각의 SDK 프로그램을 준비해 놓고 있다. 우리는 우리가 사용하는 컴퓨터의 OS에 맞는 프로그램만을 선택하여 다운받으면 된다.

여기서는 윈도우용 OS를 사용하므로 Window, Mac, Linux 중 Window용 버전을 다운받기로 한다. 참고로 이 파일(android-sdk_r07-windows.zip) 역시 이 책의 부록 CD에 수록되어 있다. 이 파일을 사용해도 된다.

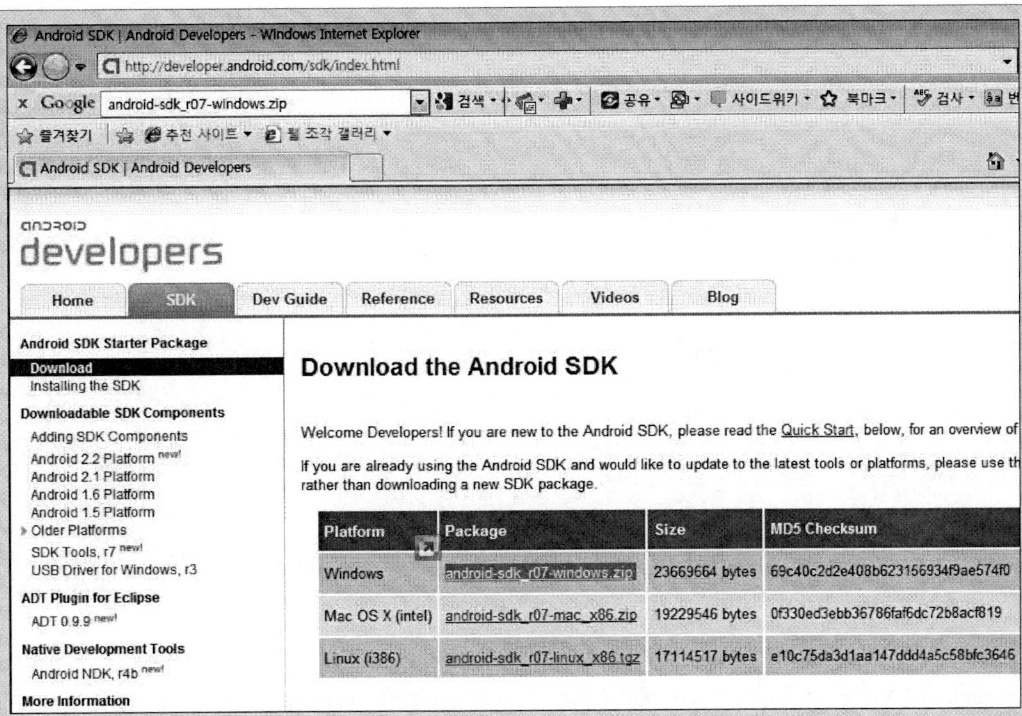

<그림1-5> 안드로이드 SDK 다운로드 화면

참고로 여기서 다운받는 android-sdk_r07-windows.zip 파일은 안드로이드 SDK의 시작용 패키지일 뿐이다. <그림1-5>의 왼쪽 윗부분 'download'로 표시된 바로 윗부분에서 이 프로그램이 'Android SDK Starter Package'임을 알려주고 있다. 그리고 그 바로 밑에 SDK 컴포넌트들이 나열되어 있다. 이 컴포넌트가 안드로이드 SDK 시작용 패키지에 더하여져야하는 것이다. 이러한 추가적인 작업은 다음의 1.3 이클립스 플러그인 설치에서 다룰 것이다.

이제 Zip 파일 형태로 제공되는 SDK 프로그램(android-sdk_r07-windows.zip)을 다운받아 eclipse 폴더에 설치되도록 압축을 풀자. 생성되는 폴더, android-sdk-windows가 C:\eclipse/android-sdk-windows에 위치하도록 하자. 안드로이드 SDK 프로그램 폴더인 android-sdk-windows가 컴퓨터내의 어느 곳에 있든지 상관없지만 이 폴더 위치는 나중에 이클립스에 안드로이드 플러그인을 추가할 때 확인하게 되므로 다음의 <그림1-6>과 같이 eclipse 폴더 밑에 위치시키는 것이 간결하다.

<그림1-6> 안드로이드 SDK가 설치된 화면

<그림1-6>은 안드로이드 SDK 시작용 패키지까지 설치한 이클립스 폴더의 내용이다. 여기까지 정상적으로 설치되었다면 이제 안드로이드의 이클립스 플러그인을 설치하는 과정으로 넘어갈 수 있다.

<그림1-6>에 이클립스 실행 파일이 있다. 앞의 이클립스 설치과정에서 한 차례 실행시킨 적이 있는 파일이다. 이 파일을 실행시켜서 이클립스 플러그인을 설치하는 과정으로 넘어가자.

1.3 이클립스 플러그인 설치

이클립스를 실행시키자. 초기화면은 <그림1-4>와 같을 것이다. 여기서 Welcome 창을 제거하면 이클립스 작업창이 나타난다. 이제 이클립스에 구글(Google)에서 제공하는 안드로이드 플러그인을 설치해보자. 과정이 다소 복잡하지만 이 책에서 설명하는 순서대로 잘 진행한다면 별 어려움 없이 이 과정을 성공적으로 마칠 수 있을 것이다.

먼저 이클립스 플러그인 설치작업을 시작하기 전에 다음의 <그림1-7>과 같이 이클립스 메인 메뉴에서 파일(File)을 선택하여 새로운 프로젝트를 생성하는 창을 열어보자. 'File/New/Project...'를 순서대로 선택하면 된다.

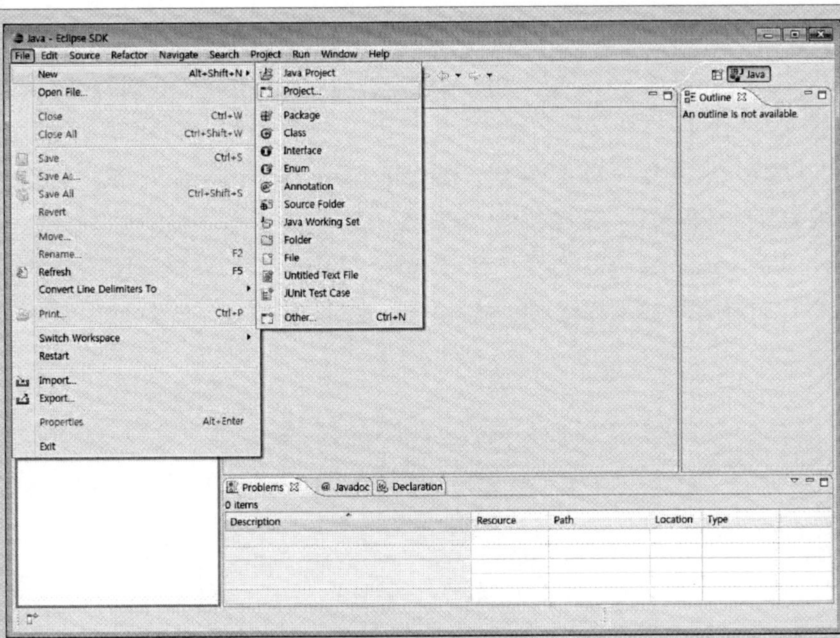

<그림1-7> 이클립스 프로젝트 생성 메뉴

'File/New/Project...' 명령에 의해 열려진 프로젝트 생성 창을 보면 <그림1-8>과 같이 우리가 설치하려고 하는 안드로이드 관련 폴더가 아직 존재하지 않음을 알 수 있다. 앞에서 안드로이드 SDK 시작용 패키지를 이클립스 폴더 안에 위치시키기는 하였지만 아직 안드로이드 프로젝트를 시작할 준비가 안 되어 있다는 이야기이다. 안드로이드 플러그인을 설치하여야 비로소 안드로이드 프로젝트를 시작할 수 있는 것이다.

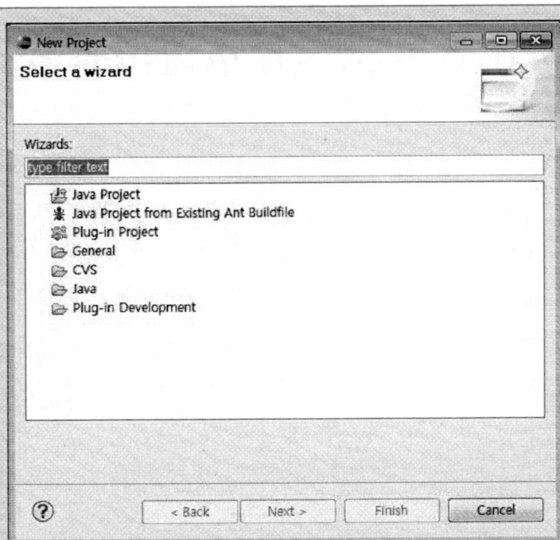

<그림1-8> 이클립스 프로젝트 생성 창

이제 안드로이드용 이클립스 플러그인 설치과정을 시작하자.

먼저 <그림1-9>와 같이 이클립스의 메인메뉴에서 Help를 선택하여 'Install New Software...'를 실행한다.

사용하는 이클립스 프로그램에 따라 'Install New Software...' 메뉴 대신 'Software update...' 메뉴를 사용하는 프로그램 버전도 있다. 어떤 메뉴가 되었든 상관없다. 'Install New Software...'로 되어있든 'Software update...'로 되어있든 관계없이 이 메뉴를 이용하여 이클립스 플러그인을 설치하면 된다. 과정은 동일하며 결과 또한 마찬가지이다.

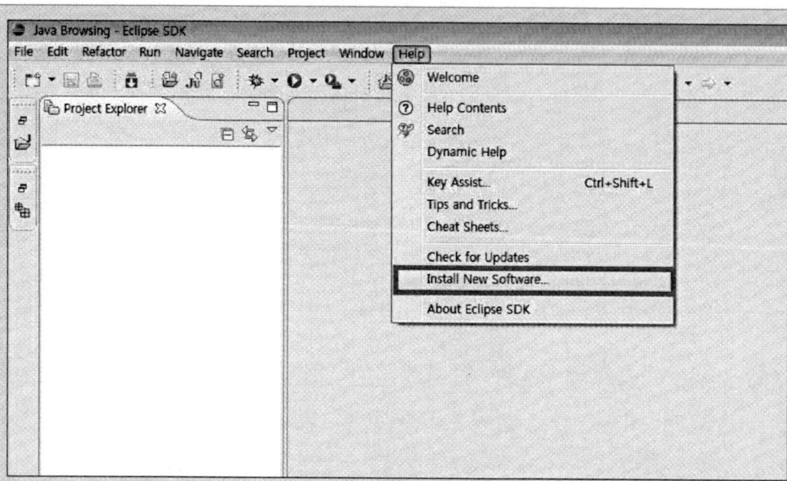

<그림1-9> 이클립스 플러그인 설치과정(step1)

'Install New Software...' 메뉴를 클릭하면 'Available Software'라는 이용 가능한 프로그램을 찾는 창이 열린다. 이 창에서 'Add...'로 표시되어 있는 버튼을 클릭하여 사이트 추가하기(Add site)를 실행한다.

'Add...' 버튼을 클릭하여 생성되는 창에 <그림1-10>과 같이 안드로이드의 이클립스 플러그인을 제공하는 사이트 주소인 http://dl-ssl.google.com/android/eclipse/를 입력한다. 그리고 이름(Name)을 입력하는 부분에는 여러분이 원하는 이름을 넣어준다. 여기서는 'Android PlugIn'이라는 이름을 주기로 한다. 또한 인터넷 사이트 주소는 http 대신 https를 사용해도 된다. https://dl-ssl.google.com/android/eclipse/를 입력해도 동일한 결과를 얻을 수 있다. 두 사이트 모두 이용 가능하나 http가 보다 원활하게 접속되는 경향이 있다.

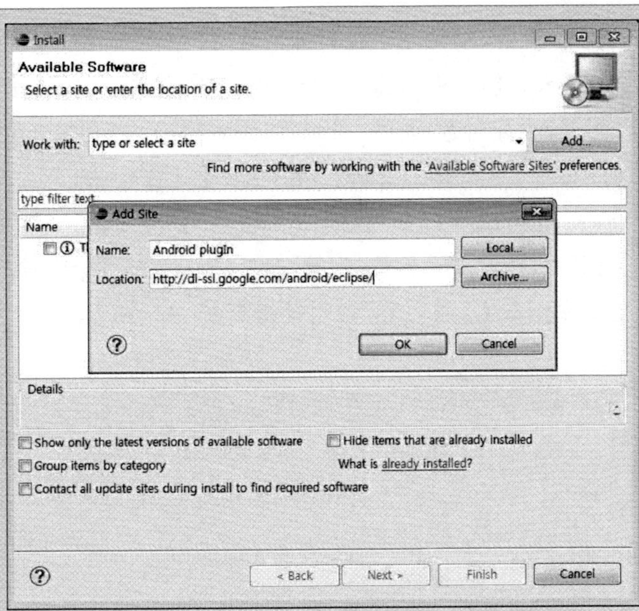

<그림1-10> 이클립스 플러그인 설치과정(step2)

인터넷 사이트 주소를 입력하고 OK 버튼을 클릭하면 <그림1-11>과 같이 Developer Tools라는 항목이 나타난다. 그리고 그 안에는 Android DDMS와 Android Development Tools라는 항목이 있다. 이들을 모두 선택하고 Next 버튼을 클릭한다. Android DDMS와 Android Development Tools 프로그램 설치과정이 시작될 것이다.

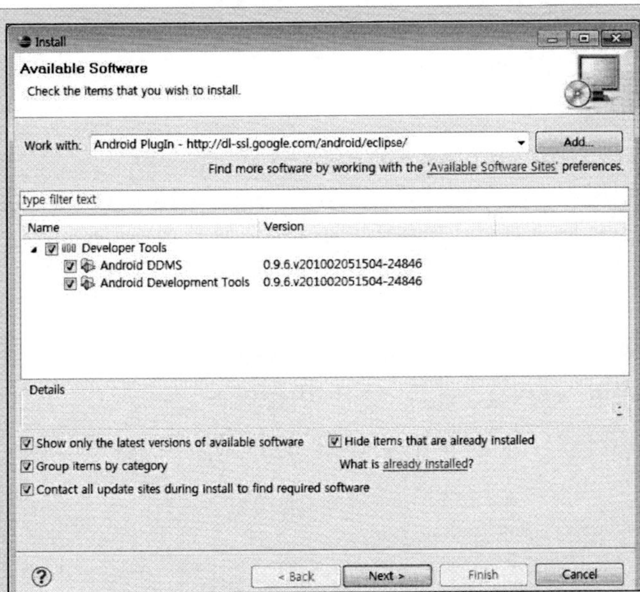

<그림1-11> 이클립스 플러그인 설치과정(step3)

<그림1-11>의 Next 버튼을 클릭한 다음에 열리는 창에서 설치될 프로그램, 즉 Android DDMS와 Android Development Tools를 확인하고 Finish 버튼을 클릭하면 화면 우측 하단에 라이선스 동의를 묻는 창이 나타난다.

여기서 라이선스 동의를 선택하고 Finish 버튼을 클릭하여 두 프로그램을 설치한다.

프로그램 설치가 모두 끝나고 나면 이클립스 화면 상단에 <그림1-12>와 같이 4개의 새로운 아이콘들이 생성된다. 이들 새로이 생성된 아이콘들 위에 마우스 포인터를 올려놓아 보자. 모두 안드로이드와 관련된 아이콘들임을 알 수 있다.

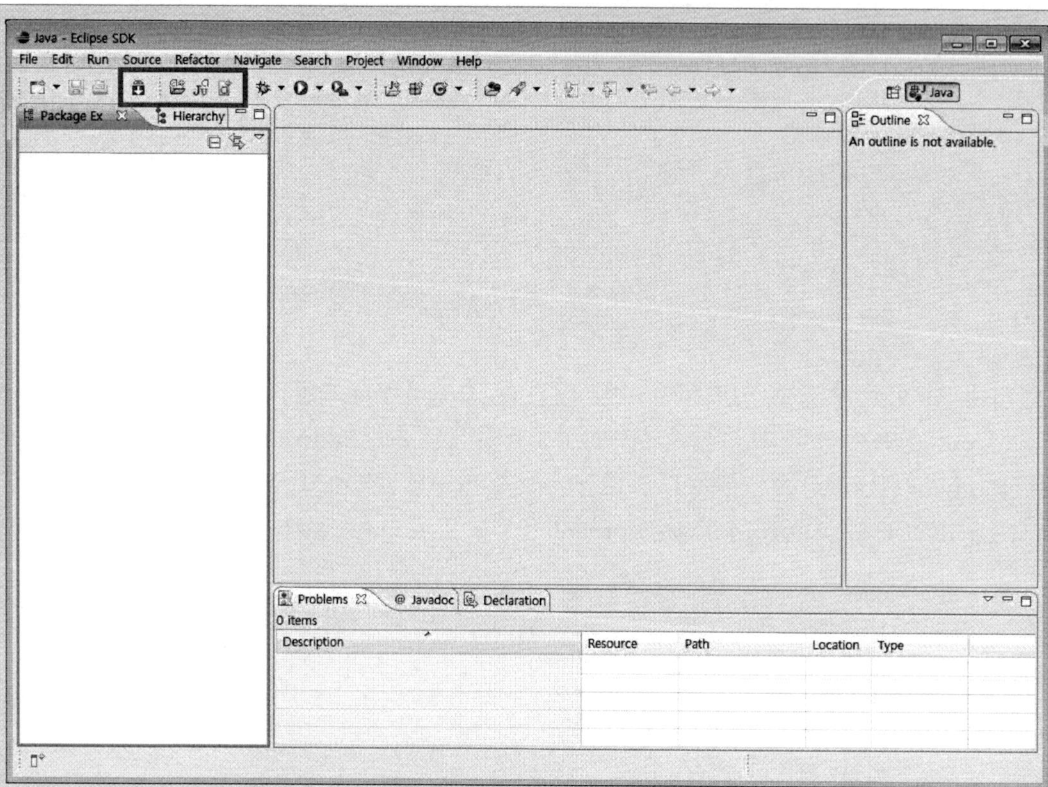

<그림1-12> 이클립스 플러그인 설치과정(step4)

Android DDMS와 Android Development Tools의 설치로 이제 'File/New/Project... '를 순서대로 선택하면 <그림1-13>과 같이 이클립스 프로젝트 생성 창에 안드로이드 프로젝트(Android Project) 생성 메뉴가 포함되어 있음을 볼 수 있다.

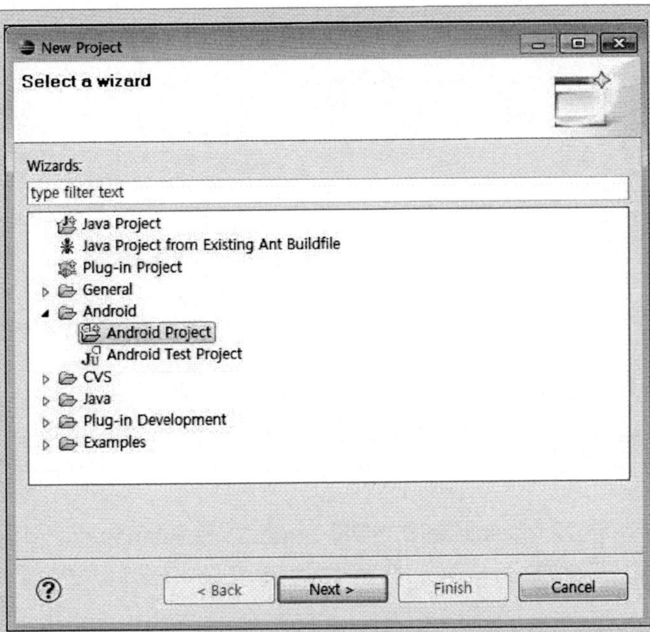

<그림1-13> 이클립스 프로젝트 생성 창

이제 안드로이드 프로젝트를 생성할 수 있는 일차적인 준비가 완료된 것이다. 그러나 이것으로 안드로이드의 이클립스 플러그인이 모두 설치된 것은 아니다.

앞의 <그림1-5>를 기억하는가? 우리는 앞의 '1.2 안드로이드 SDK 설치'에서 안드로이드 SDK 시작 패키지만을 설치했을 뿐이다. 안드로이드 SDK의 최신 버전을 추가적으로 설치해 주어야 한다. 그리고 또한 안드로이드 에뮬레이터인 AVD와도 연결시켜 주어야 한다. 그래야만 비로소 안드로이드 프로젝트를 제작하고 실행한 결과를 안드로이드 에뮬레이터를 통하여 확인할 수 있게 된다.

안드로이드 SDK 최신 버전과 AVD 매니저를 설치해보자.

<그림1-14>와 같이 이클립스 화면 상단의 Window 메뉴를 선택하여 Android SDK and AVD Manager를 선택한다.

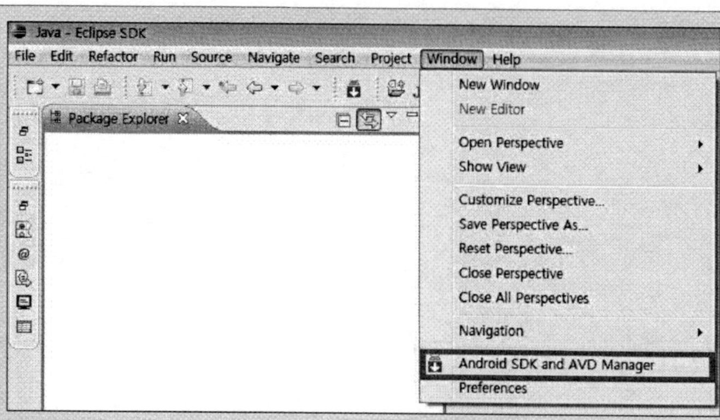

<그림1-14> 안드로이드 SDK & AVD 매니저 설치(Step1)

그러면 <그림1-15>와 같이 Android SDK and AVD Manager 창이 생성된다. 이 창에서 왼편의 Available Packages를 선택하면 오른편 창에 안드로이드 패키지 연결주소인 https://dl-ssl.google.com/android/repository/repository.xml이 나타난다. 이 인터넷 사이트를 체크한 후 Install Selected 버튼을 클릭한다.

여기서 만일 이 인터넷 사이트가 연결되지 않고 Failed to fetch URL과 No packages found로 응답되면 창 아래쪽의 Add Site...를 클릭한 후 생성된 창에 https 대신 http로 시작하는 인터넷 주소를 입력한다. 그리고 OK 버튼을 클릭한 후 다시 한 번 Install Selected 버튼을 클릭하여 인터넷 사이트로의 연결을 시도한다.

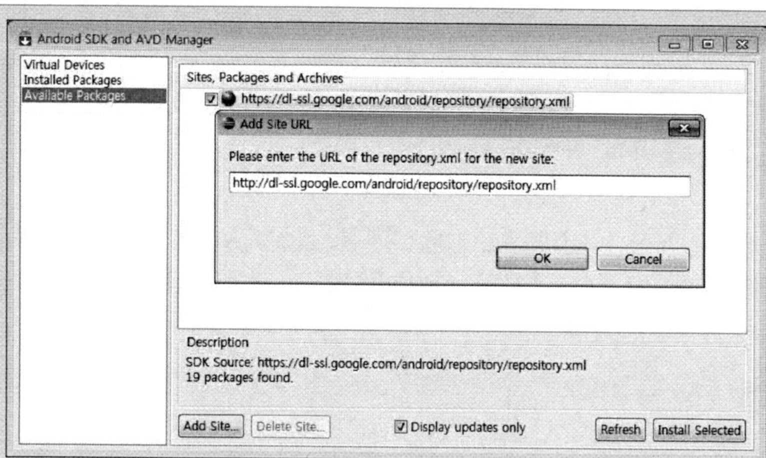

<그림1-15> 안드로이드 SDK & AVD 매니저 설치(Step2)

인터넷 사이트가 정상적으로 연결되면 <그림1-16>과 같이 현재 제공되고 있는 구글의 안드로이드 API 리스트들이 나타날 것이다. 여기서 최신 버전인 안드로이드 API 8을 선택하고 Install Selected를 클릭한다.

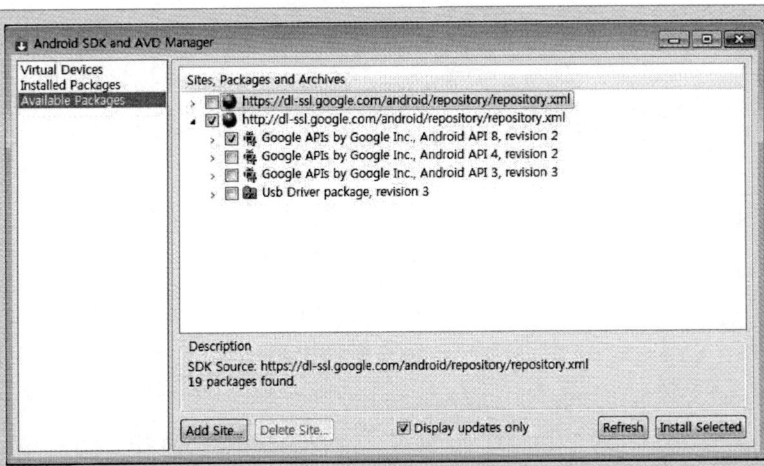

<그림1-16> 안드로이드 SDK & AVD 매니저 설치(Step3)

안드로이드 API 8이 정상적으로 설치되면 <그림1-17>과 같이 화면 왼편의 Installed Packages를 선택한다. 그러면 방금 설치된 안드로이드 SDK와 API 버전 8 관련 파일들이 오른편 창에 나타날 것이다. Android SDK and AVD Manager 관련 최신 버전의 패키지가 정상적으로 설치되었음을 의미하는 것이다.

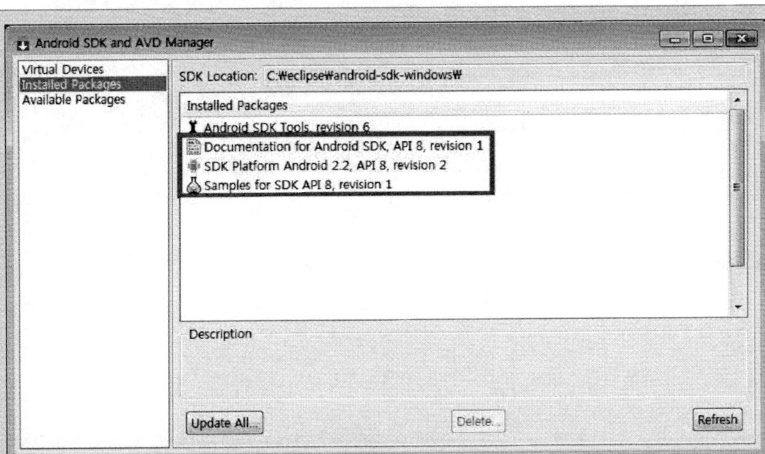

<그림1-17> 안드로이드 SDK & AVD 매니저 설치(Step4)

여기까지 정상적으로 진행되었으면 이제는 마지막으로 이클립스를 안드로이드 에뮬레이터와 연결시키는 작업을 수행하여야 한다. 방금 설치된 안드로이드 API 8에 맞는 에뮬레이터를 생성시키는 작업이다.

이번에는 <그림1-18>과 같이 이클립스 화면에서 Window - Preferences 메뉴를 선택한다.

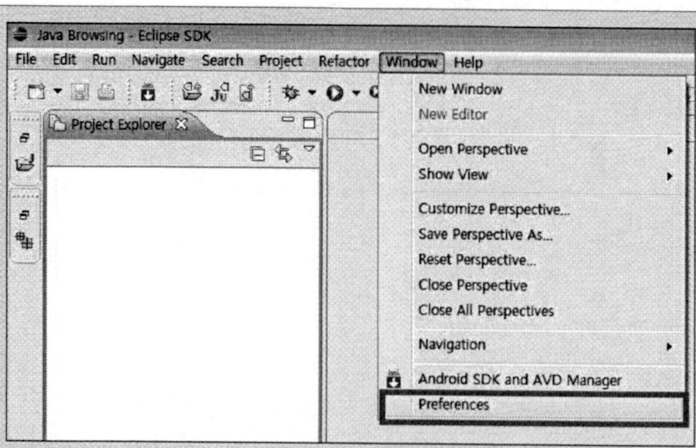

<그림1-18> 안드로이드 SDK & AVD 매니저 설치(Step5)

그리고는 <그림1-19>와 같이 생성된 창에서 왼편의 메뉴들 중 Android를 선택한다. 그러면 오른편 창에 SDK 위치를 선택하는 입력창이 나타난다. 여기에 <그림1-19>와 같이 앞에서 eclipse 폴더 바로 밑에 위치시켰던 android-sdk-windows 폴더의 위치를 찾아 선택한다. 그리고 Android2.2 타겟을 선택한 후 Apply와 OK 버튼을 약간의 시간차를 두고 연속해서 누른다.

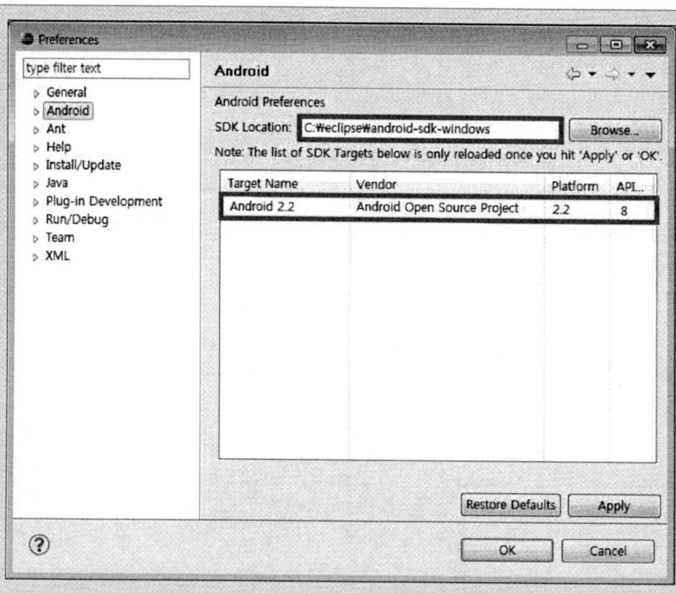

<그림1-19> 안드로이드 SDK & AVD 매니저 설치(Step6)

여기까지 진행되었으면 <그림1-17>의 화면으로 되돌아가자. 이클립스의 Window - Android SDK and AVD Manager 메뉴에 의해 열려지는 창이다. 이 창에서 화면 왼편의 메뉴 중 Virtual Devices를 선택한다. 그러면 <그림1-20>과 같은 새로운 AVD 생

성창이 나타날 것이다.

이 창에서 Name 입력창에는 여러분이 원하는 임의의 이름을 입력하면 되는데 여기서는 myAndroid2.2라는 이름을 입력하기로 한다. 그리고 Target은 입력창 오른편 끝에 있는 리스트 버튼을 눌러 방금 설치된 Android 2.2 - API Level 8을 선택한다. 그리고 SD Card Size는 256MIB로 한다. 또한 SD Card Support 기능도 포함시킨다. 이 기능에 대해서는 나중에 파일 처리나 로컬 데이터베이스를 학습할 때 다루기로 한다.

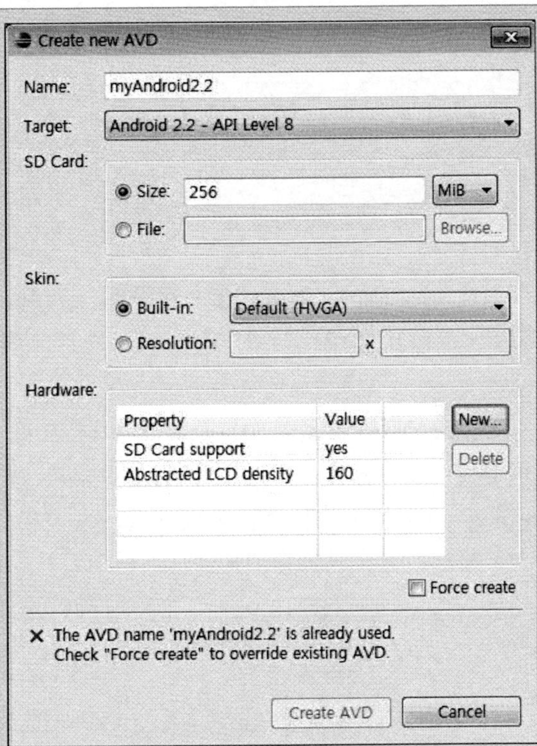

<그림1-20> 안드로이드 SDK & AVD 매니저 설치(Step7)

Skin 및 Hardware의 표시 조건을 확인한 후 Create AVD 버튼을 클릭하면 <그림 1-21>과 같이 설치되어 있는 안드로이드 가상기기 목록이 나타난다.

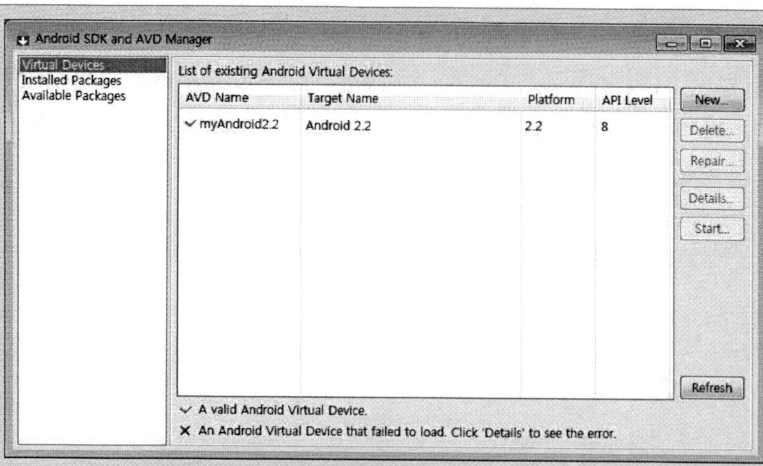

<그림1-21> 안드로이드 SDK & AVD 매니저 설치(Step8)

<그림1-21>에서 조금 전에 설치되어 목록으로 등록된 myAndroid2.2를 선택한 후 Details... 버튼을 클릭하면 <그림1-22>와 같이 이 AVD 프로그램의 위치 경로가 나타난다.

여기서 주의할 것은 이 경로 상에 영문이 아닌 한글 이름으로 된 폴더나 계정이 포함되어 있다면 새로운 에뮬레이터 생성 시 오류가 발생한다는 것이다. 전체 경로가 영문으로 구성되도록 컴퓨터의 사용자 계정이나 폴더 이름을 지정해 주어야 한다.

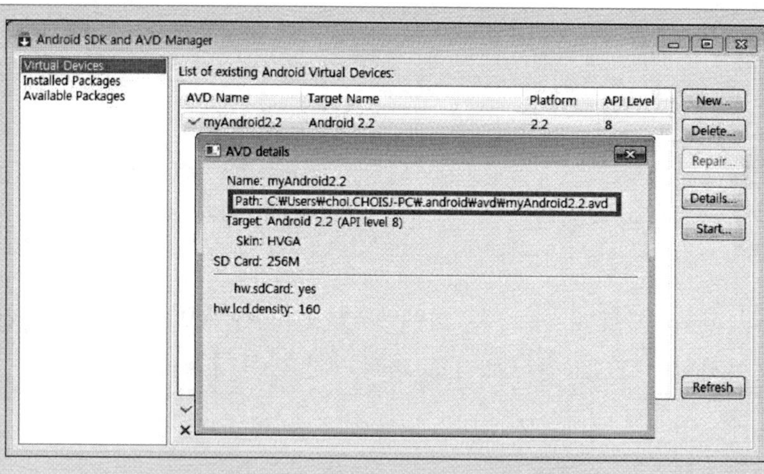

<그림1-22> 안드로이드 SDK & AVD 매니저 설치(Step9)

여기까지 정상적으로 진행되었다면 이제 마지막 단계로서 myAndroid2.2를 장착하는 과정을 진행한다.

myAndroid2.2를 선택한 후 창 오른편의 Start... 버튼을 클릭하면 <그림1-23>과 같이 Launch Options 창이 나타난다. 이 창에서 생성될 에뮬레이터의 화면 사이즈와 해상도를 지정해 주고 Launch 버튼을 클릭한다. 여기서는 화면 사이즈로 6인치를 설정하고 해상도는 89dpi로 설정하였다.

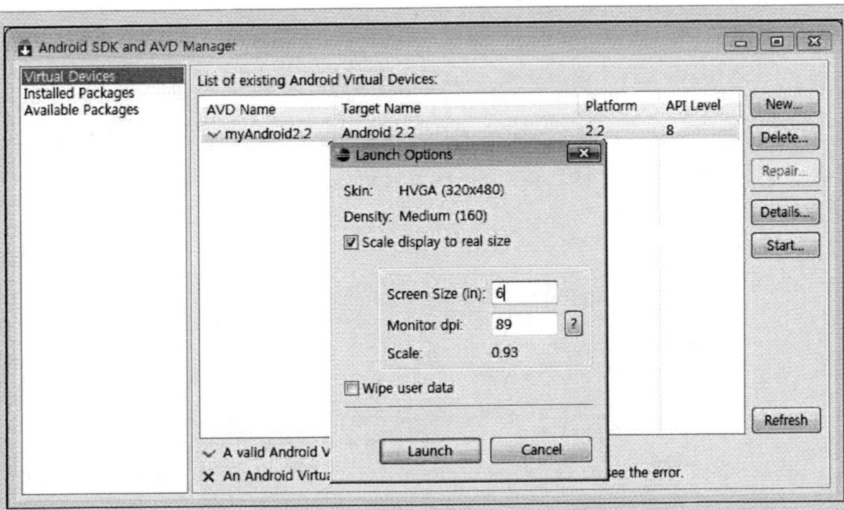

<그림1-23> 안드로이드 SDK & AVD 매니저 설치(Step10)

얼마간의 시간이 흐른 뒤 화면에는 <그림1-24>와 같이 안드로이드 에뮬레이터가 나타날 것이다. 여기까지 정상적으로 진행되었다면 안드로이드의 이클립스 플러그인이 마침내 성공적으로 설치된 것이다.

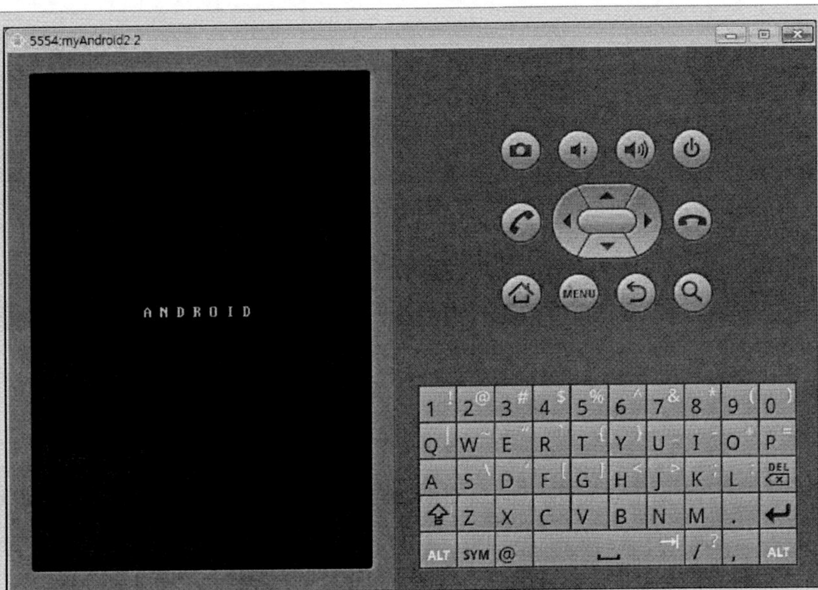

<그림1-24> 안드로이드 SDK & AVD 매니저 설치(Step11)

이제 이클립스와 구글에서 제공하는 안드로이드 개발 툴킷(ADT : Android Development Toolkit)인 이클립스용 플러그인을 모두 성공적으로 설치하였으니 시험적으로 'HelloWorld'라는 간단한 프로젝트를 생성하여 전체적인 프로세스를 점검해보자.

C:\eclipse 폴더에 있는 eclipse.exe 실행 파일을 클릭하여 이클립스를 실행한다. 열려진 이클립스 작업창에서 File/New/Project...를 차례로 선택한다. 그러면 New Project라는 선택창이 생성된다. 여기서 Android 폴더 밑에 위치한 Android Project를 선택하고 Next 버튼을 클릭한다. 그러면 <그림1-25>와 같은 New Android Project 생성창이 나타난다.

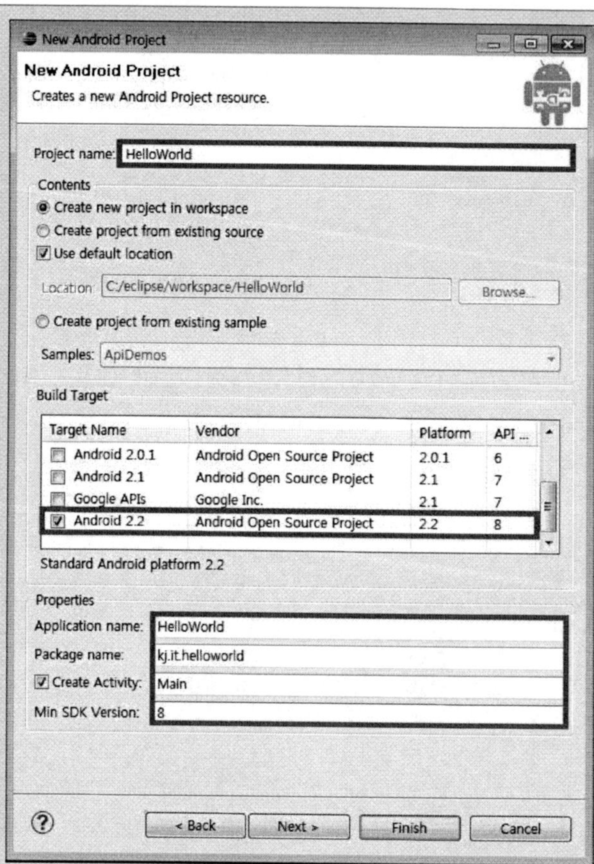

<그림1-25> HelloWorld(Step1)

<그림1-25>에서와 같이 Project name창에 'HelloWorld'라고 입력하고 아래의 Properties부분에 있는 Application name, Package name, Create Activity, Min SDK Version에 각각 'HelloWorld', 'kj.it.helloworld', 'Main', '8'을 입력한다. 그리고 Build Target으로는 방금 설치를 끝냈던 안드로이드 AVD 타겟인 Android 2.2를 선택한다.

그리고 Finish 버튼을 클릭한다.

그러면 자동적으로 HelloWorld라는 새로운 프로젝트가 생성되며 그 결과가 <그림 1-26>과 같이 이클립스 작업창에 나타난다.

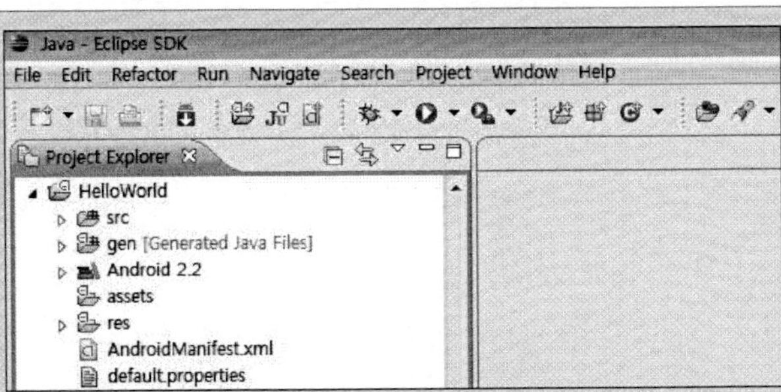

<그림1-26> HelloWorld(Step2)

HelloWorld 프로젝트가 생성되었으며 프로젝트 밑에 src, gen, Android2.2, assets, res와 같은 폴더들이 생성되었음을 볼 수 있다. 이에 대한 내용들은 다음 장에서 상세히 살펴보기로 한다.

여기까지 진행된 상태에서 아무것도 손댈 것 없이 곧바로 <그림1-27>과 같이 Run/Run Configurations...를 실행한다.

그리고 생성되는 창에서 Android Application이라는 메뉴를 더블클릭하여 그 밑에 New Configuration이라는 메뉴를 생성시키고 <그림1-28>과 같이 이 메뉴를 선택한다. 그리고는 생성된 창 오른편의 Name에 'HelloWorld'를 입력한다. 또한 Browse... 버튼을 클릭하여 현재의 프로젝트 이름을 선택한다. 그리고는 Apply, Run을 순차적으로 클릭한다.

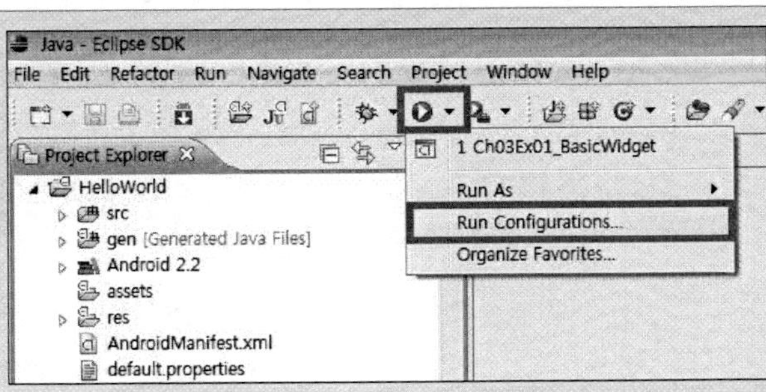

<그림1-27> HelloWorld(Step3)

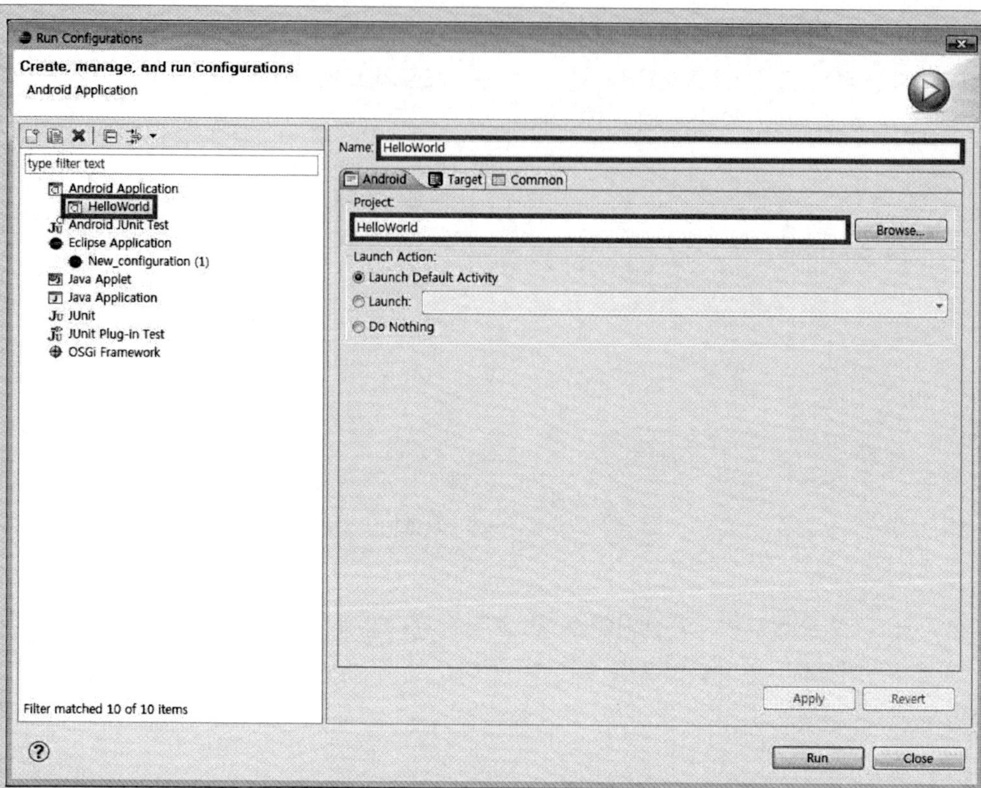

<그림1-28> HelloWorld(Step4)

Run을 클릭하여 프로젝트를 실행하고 나면 몇 차례의 명령 창들이 실행되면서 AVD라는 안드로이드 에뮬레이터가 화면에 나타난다. 그리고 얼마간의 시간이 흐른 뒤 안드로이드 에뮬레이터 오른편에 있는 버튼들 중에서 Menu 버튼을 클릭하면 잠시의 시간이 흐른 뒤 <그림1-29>와 같은 안드로이드 에뮬레이터 배경화면이 나타나고 뒤이어 <그림1-30>과 같은 HelloWorld 프로젝트의 실행 결과가 에뮬레이터 창에 나타난다. <그림1-30>과 같은 결과가 나타나면 모든 것이 정상적으로 설치되고 가동되고 있다는 것을 의미하는 것이다.

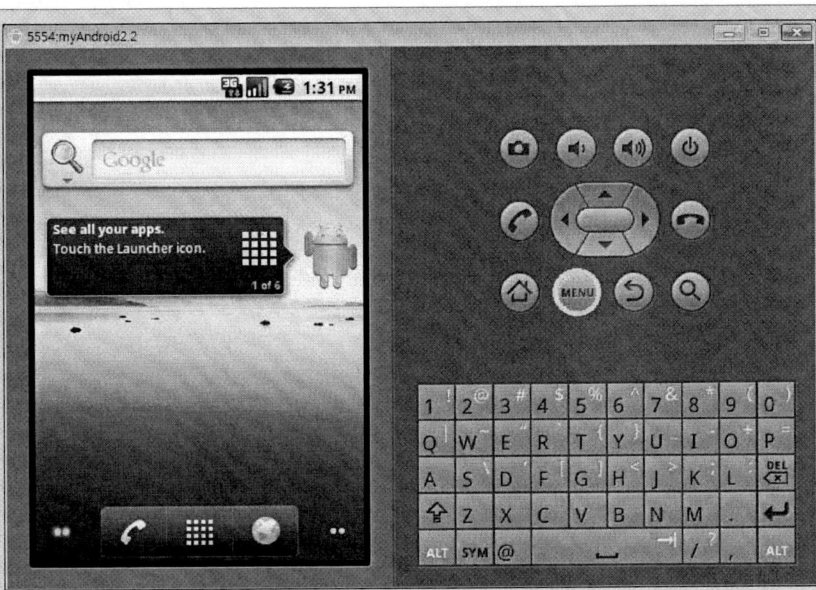

<그림1-29> 안드로이드 가상기기 배경화면

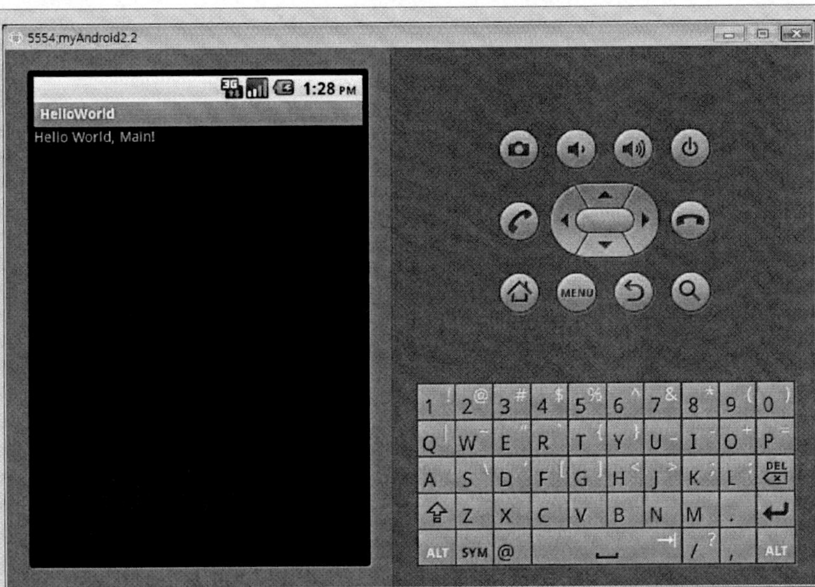

<그림1-30> HelloWorld 프로젝트 실행 결과

여기까지 이상 없이 진행하였다면 이제 새로운 안드로이드 프로젝트를 시작하고 정상적으로 실행시킬 수 있는 환경을 모두 구축한 것이다. 이제 여유를 가지고 <그림1-30>의 Home 버튼(MENU 버튼 좌측)을 클릭하여 <그림1-29>의 화면으로 돌아가 에뮬레이터가 제공하는 기본 메뉴들을 즐겨보자.

제 2 장
프로젝트의 생성과 수정

제 2 장 프로젝트의 생성과 수정

2.1 프로젝트의 생성과 디렉터리 구조

앞 장에서 이클립스와 안드로이드 플러그인을 모두 설치한 후 간단한 프로젝트로서 <그림1-25>와 같이 'HelloWorld'라는 프로젝트를 생성하였다.

프로젝트 이름과 Application name, Package name, Create Activity, Min SDK Version을 입력하고 Build Target을 선택하여 Finish 버튼을 클릭하면 곧바로 <그림 1-26>과 같이 프로젝트 디렉터리가 이클립스 작업 창에 만들어졌다.

여기서 프로젝트란 새로운 안드로이드 프로그램을 작성할 때마다 우선적으로 생성해야하는 프로그램 단위 패키지이며, 이클립스를 실행할 때마다 지정하게 되는 workspace 폴더 안에 프로젝트 이름의 폴더가 생성된다.

프로젝트 이름이 결정되고 그 다음에 입력하게 되는 어플리케이션 이름은 말 그대로 작성하는 안드로이드 응용 프로그램의 이름을 의미한다. 이 이름은 작성된 프로젝트가 실행될 때 안드로이드 기기 상에 프로그램의 이름으로 표시된다(<그림1-30>참조). 따라서 어플리케이션 이름은 프로그램의 특성을 잘 나타내 주는 이름이면 좋을 것이다. <그림1-25>에서는 어플리케이션 이름을 프로젝트 이름과 동일하게 설정하였으나 보다 상징적인 이름으로 간단하게 설정하는 것도 좋은 방법이라는 것이다.

다음에 패키지의 이름을 결정하는 것인데 패키지의 이름에 대하여 알아보기 전에 먼저 자바에서의 패키지 개념에 대하여 잠시 살펴보는 것이 좋겠다.

자바에서 패키지는 클래스 라이브러리라고도 하는데 말 그대로 클래스들의 집합을 의미한다. 이미 자바를 사용하여 본 사용자라면 자바 프로그램은 클래스들로 구성되는 프로그램이라는 것을 잘 알고 있을 것이다.

유사한, 혹은 관련된 클래스들을 한 데 모아 하나의 패키지를 구성하여 사용한다면 프로그램을 작성할 때 매우 유용하게 활용할 수 있을 것이다. 그래서 자바 프로그램에서는 java.applet, java.awt, java.io, java.lang, ... 등등 시스템 차원의 패키지들을 구성하여 사용자들에게 제공하고 있다. 이것이 패키지의 개념이다.

여기서의 패키지는 개념은 동일하나 사용자가 만드는 패키지를 의미하는 것으로 이 패키지 안에 필요한 클래스들을 무수히 만들어 추가할 수 있음을 의미한다. 이러한 개념으로 패키지를 생성하는 것이며 안드로이드 응용에서는 필수 입력 사항이다.

패키지의 이름 역시 임의로 지정할 수 있다. 하지만 몇 가지 조건이 있다. 첫째는 패키지 이름은 모두 소문자로 정하는 것이 일반적이라는 것이다. 둘째는 패키지 이름은 같은 workspace 안에서 다른 패키지 이름과 중복될 수 없다는 것이다.

이러한 이유에서 패키지 이름은 도메인 형식(www.abcd.com)의 이름으로 작성되도록 권고되고 있다. 이름에 점(.)연산자를 포함시켜야 한다는 것이다.

이클립스 작업창에서 다시 한 번 프로젝트를 생성시켜 보자.

File/New/Project.../Android Project를 순서대로 선택하면 New Android Project 생성 창이 나타난다. 이 창에서 <그림2-1>과 같이 먼저 패키지 이름을 제외한 나머지 입력 필드들을 모두 채워보자. 패키지 이름에 대한 조건을 확인하는데 목적이 있으므로 각각의 이름이 무엇이든 상관없다. 실제적인 프로젝트의 생성까지는 가지 않을 것이므로 간단하게 'test'라고만 입력해도 된다. 물론 SDK 버전은 안드로이드2.2 플랫폼을 사용하고 있으므로 8로 입력하면 된다.

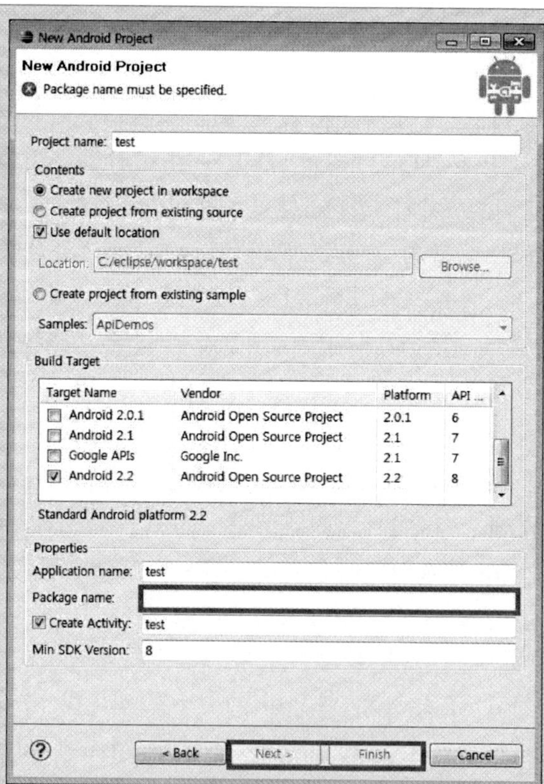

<그림2-1> 프로젝트 생성화면

임의의 프로젝트 이름과 어플리케이션 이름, 그리고 액티비티 이름과 SDK 버전 8을 모두 입력하였지만 창 아래의 Finish 버튼은 아직 활성화되지 않고 있음을 볼 수 있다.

이번에는 패키지 이름에 'test'라고만 입력해 보자. 마찬가지로 Finish 버튼은 활성화되지 않을 것이다. 이번에는 'test' 다음에 점(.)연산자를 넣고 또 다른 문자를 추가해 보자. 곧바로 Finish 버튼이 활성화될 것이다. 그렇다. 자바 프로그램에서와 같이 안드로이드 프로그램 역시 패키지 이름은 필수 입력사항이며 또한 이름에 점(.)연산자를 포함하고 있어야만 하는 것이다.

실제로 자바 프로그램을 제공하는 썬 마이크로시스템즈사에서는 패키지 이름을 정할 때 인터넷 도메인 이름 구조를 사용할 것을 권하고 있다. 예를 들면 test.android.com과 같은 구조를 사용하라는 것이다. 이러한 구조는 파일 시스템에서도 하이어라키(heirarchy)식의 계층적 폴더 구조를 생성한다. 즉 test라는 폴더가 생성되고 그 폴더 밑에 android 폴더가 생성되며 또한 그 밑에 com 폴더가 생성되는 형식이 된다.

<그림1-25>에서 패키지 이름으로 kj.it.helloworld라고 한 것 역시 이러한 형식에 맞추기 위함이었으며 실제로 생성된 폴더 역시 <그림2-2>에서 보이는 바와 같이 계층적 구조로 생성되었다.

workspace 폴더 안에 생성된 프로젝트 HelloWorld 폴더 밑의 src 폴더에 kj/it/helloworld 식의 계층적 구조로 폴더들이 생성되었음을 알 수 있다. 그리고 마지막 폴더 helloworld 안에 우리가 작성하는 안드로이드 프로그램의 소스 코드(예 Main.java)가 위치하게 된다.

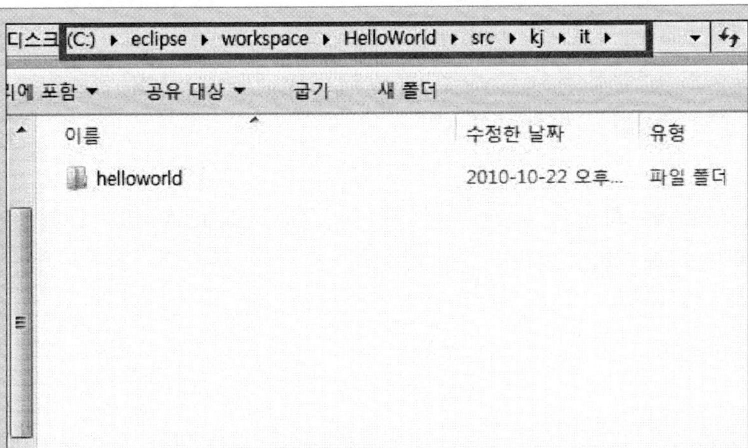

<그림2-2> 패키지 폴더의 계층적 구조

한편 패키지 이름 다음에 입력하게 되는 액티비티 이름은 프로젝트 생성 시 기본으로 생성될 클래스의 이름을 의미한다. 자바가 클래스 단위로 작성되고 실행되는 것처럼 안드로이드 역시 자바의 클래스에 해당하는 액티비티 단위로 작성되고 실행된다. 그리고 이 액티비티는 안드로이드에서 제공하는 Activity와 같은 슈퍼 클래스의 하위 클래스가 된다.

<그림1-25>에서는 액티비티 이름으로 Main을 사용하였다. <그림2-2>의 helloworld 폴더를 클릭하면 그 안에 Main.java 프로그램이 저장되어 있음을 확인할 수 있다.

한편 액티비티는 선택사항이다. 프로젝트를 생성할 때 액티비티를 생성하지 않을 수도 있다. Create Activity 입력창 앞에 있는 체크박스만 해제하면 프로젝트가 생성될 때 액티비티라는 클래스(여기서는 Main.java)는 생성되지 않을 것이다. 생성된 프로젝트 폴더 안의 src 폴더 밑에 위치하는 패키지 이름의 폴더가 비어있게 된다. 그러나 안드로이드 응용에서는 액티비티 단위로 프로그램이 작성되고 실행되므로 대부분의 경우 액티비티를 생성하는 것이 기본이다.

SDK 버전은 사용하는 안드로이드 기기의 플랫폼에 의하여 이미 결정되어 있다. 여기서는 안드로이드2.2 플랫폼을 설치하였으므로 SDK 버전은 8이다. 만일 안드로이드 2.1 플랫폼을 사용한다면 SDK 버전은 7이며, 안드로이드2.0은 6, 안드로이드1.6은 4, 안드로이드1.5는 3이다. Build Target의 선택으로 자동 결정되는 사항이므로 그대로 입력하면 된다.

한편 안드로이드 플랫폼은 앞으로도 계속해서 새로운 버전들로 개발되어 업데이트 될 것이다. 그럼에도 불구하고 안드로이드에서는 낮은 버전의 플랫폼에서 작성된 프로젝트라도 상위 플랫폼에서도 정상적으로 실행될 수 있도록 하고 있다. 물론 반대의 경우, 즉 높은 버전의 플랫폼에서 작성된 프로젝트의 경우는 낮은 버전의 플랫폼에서는 정상적으로 실행될 수 없지만 말이다.

이제 이클립스 작업 화면에서 생성된 프로젝트인 HelloWorld 안의 모든 폴더들을 펼쳐보자. <그림2-3>과 같은 화면이 될 것이다.

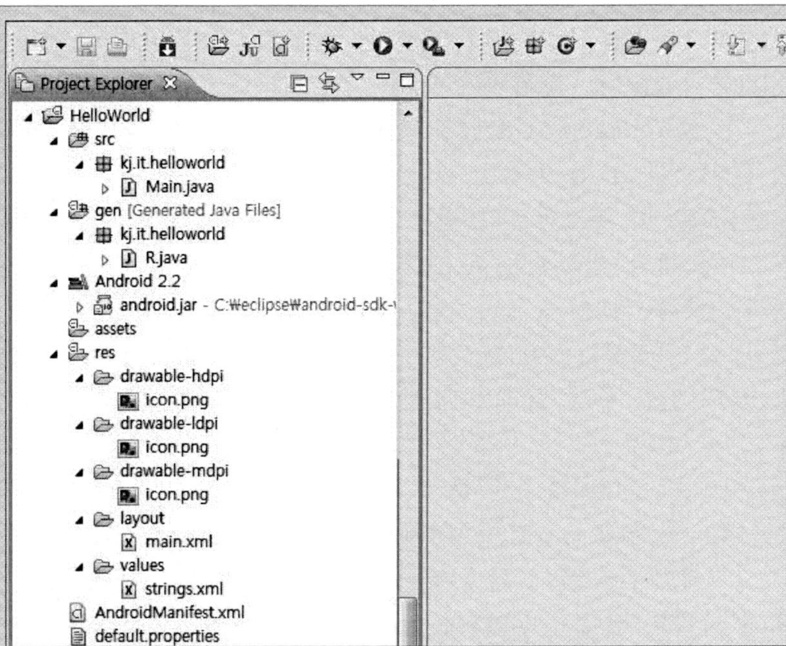

<그림2-3> 프로젝트 디렉토리 구조

src(소스) 폴더 안에 패키지 이름의 폴더(kj/it/helloworld)가 위치하였다. 그리고 그 안에 액티비티 이름인 Main.java 파일이 위치하였다. 이 파일을 더블 클릭하면 <그림 2-4>와 같이 이클립스 작업화면 오른편의 에디터 창에 자동으로 생성된 현재의 Main.java 클래스 프로그램이 나타난다.

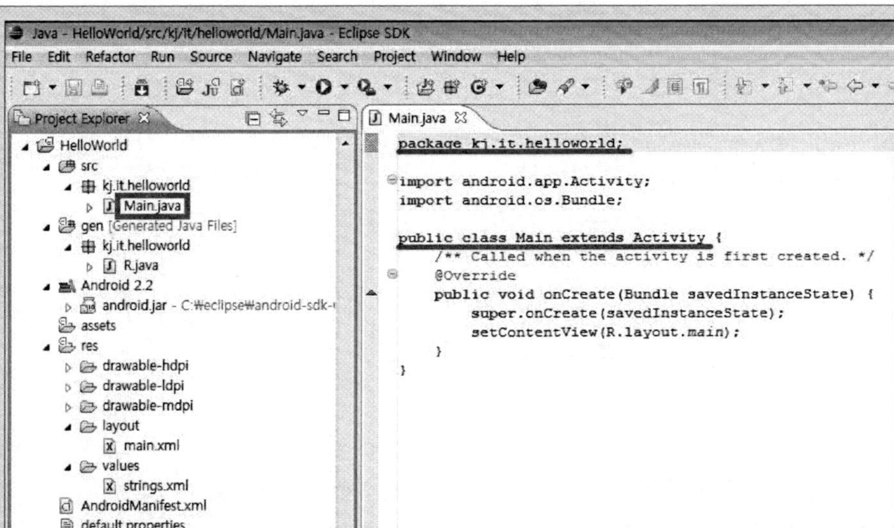

<그림2-4> Main.java 클래스 프로그램의 내용

여기서 잠시 에디터 창을 살펴보자. 먼저 package가 이미 앞에서 설명하였던 대로 kj.it.helloworld라는 이름으로 작성되어 있다. 그 다음에는 안드로이드 응용 프로그램의 슈퍼 클래스인 android.app.Activity와 스트링 값을 다양한 묶음의 Parcelable 형태로 매핑해주는 클래스인 android.os.Bundle이 import되어 있다.

그리고 그 다음으로 이 프로젝트의 기본 클래스인 Main 클래스가 선언되었으며 이 클래스는 안드로이드에서 제공하는 Activity 클래스를 슈퍼 클래스로 상속(extends로 표시)받고 있음을 볼 수 있다.

즉 앞에서도 잠깐 언급하였듯이 프로젝트에서 생성되는 액티비티는 안드로이드에서 제공하는 Activity와 같은 슈퍼 클래스의 하위 클래스가 되는 것이다.

다음에는 gen이라는 폴더이다. src 폴더 아래에 위치해 있다. 이 폴더에도 역시 패키지 이름의 폴더(kj/it/helloworld)가 위치하였으며 그 안에 R.java라는 리소스 파일이 위치해 있다. 그리고 gen 폴더 옆에 'Generated Java Files'라는 표시가 있다.

그렇다. R.java 파일은 뒤에서 설명되는 xml 형식의 레이아웃 파일을 안드로이드 빌드 시스템이 분석해 src 폴더 안에 있는 자바 소스 파일에서 호출해 쓸 수 있도록 자동으로 생성되는 자바 형식의 리소스 파일이다. 빌드 시스템이 자동으로 생성하고 또한 업데이트하므로 우리가 임의로 수정할 부분은 없다.

만일 프로젝트에서 레이아웃을 변경하기위해 xml 형식의 레이아웃 파일을 수정한다면 R.java 파일은 그에 맞춰 자동으로 수정될 것이다. 우리가 손을 댈 대상이 아닌 것이다.

다음으로 Android2.2 폴더는 라이브러리 폴더이다. 이 폴더에는 안드로이드2.2 플랫폼 관련 data, images, samples, skins, templates, tools 관련 내용들이 포함되어 있으며 android.jar라는 압축파일 형태로 관련 라이브러리 클래스들이 제공된다.

특히 Android2.2 폴더 아래의 samples 폴더에는 구글에서 제공하는 많은 소스 프로그램들이 포함되어 있다. 앞으로의 안드로이드 프로그래밍에 좋은 참고자료가 될 것이다. 라이브러리 안의 폴더들을 두루 살펴보기 바란다.

Android2.2 폴더 다음에 있는 assets 폴더는 현재 비어있는 상태이며 이 폴더에 대해서는 제 7 장 웹 사용하기에서 사용해볼 것이다.

assets 폴더 다음에 있는 res 폴더로서 resources의 약어이다. 프로젝트의 리소스를 관리하는 폴더로서 프로젝트에서 사용하는 그림, 레이아웃, 문자 스트링 등의 리소스를 관리한다.

drawable은 프로젝트에서 사용하는 그림 파일들을 관리하며, layout은 액티비티의 화면 구성 정보를 포함하고 있는 xml 형식의 파일들을 관리한다. 그리고 values에서는 문자열, 배열, 스타일, 색과 같은 부가 정보들을 관리한다.

여기서 잠시 main.xml 파일을 살펴보자. 이 파일은 프로젝트의 생성과 함께 기본으로 생성되는 파일이다. 우리는 앞 장에서 프로젝트를 생성할 때 액티비티 이름으로 Main을 사용하였다. 하지만 여기서의 main.xml 파일의 이름 main은 액티비티 이름인 Main과는 상관없는 이름이다. 프로젝트가 생성될 때 기본으로 생성되는 레이아웃 관련 파일의 이름이다.

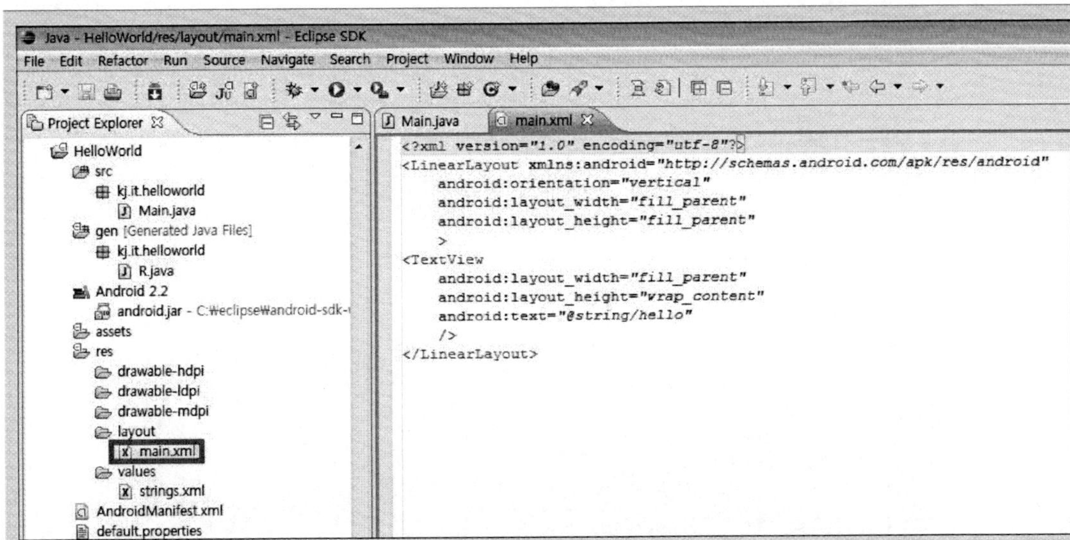

<그림2-5> main.xml 파일의 내용

<그림2-5>에서 보는 바와 같이 main.xml 파일에서는 안드로이드 기기에 표시될 화면 레이아웃을 관리하고 있다. 화면의 정렬(orientation) 방향과 폭 및 높이, 그리고 화면에 출력되는 내용의 수평 및 수직 위치와 내용까지 이 파일에서 관리하고 있음을 알 수 있다.

또한 values 폴더 안에 있는 strings.xml 파일에서는 <그림2-6>에서 보는 바와 같이 안드로이드 기기 화면에 출력되는 스트링들을 관리하고 있다. 이 파일 안에 있는 내용이 그대로 <그림2-7>과 같이 화면에 출력됨을 볼 수 있다.

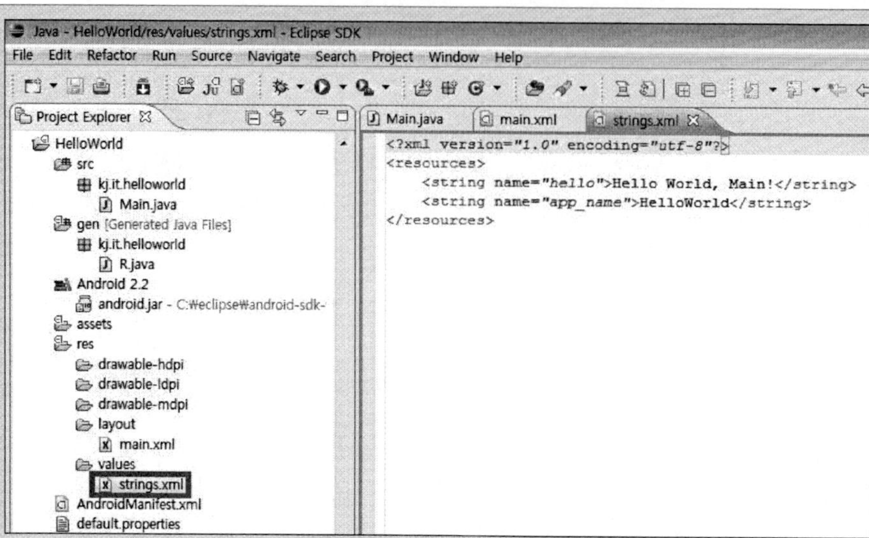

<그림2-6> strings.xml 파일의 내용

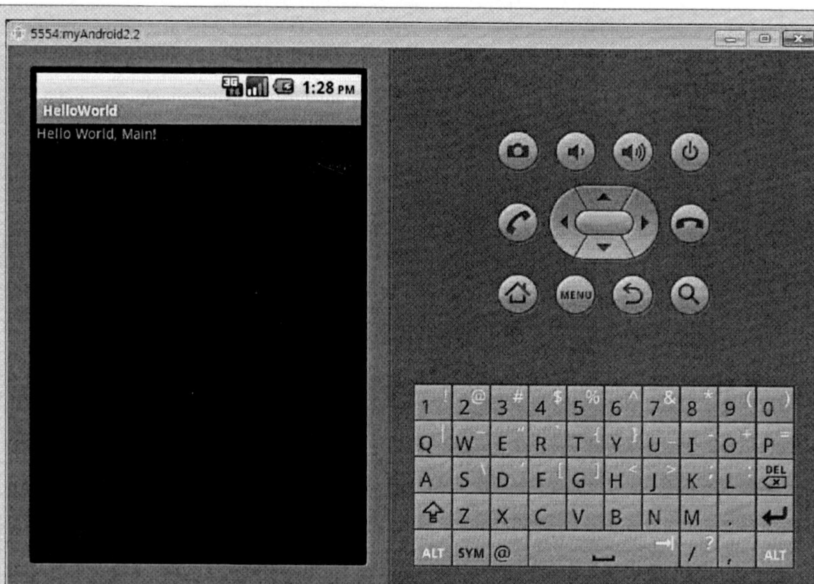

<그림2-7> HelloWorld 프로젝트 실행화면

그리고 <그림2-7>의 화면에 출력된 문자열 'Hello World, Main!'은 프로젝트의 생성과 관계없이 자동으로 생성된 문자열이다. 프로젝트 생성 시 화면에 출력시키고자 프로그래머가 임의로 입력한 문자열이 아니라는 이야기이다. 필요에 따라 얼마든지 수정을 가할 수 있는 문자열이다.

이제 남은 것은 AndroidManifest.xml 파일과 default properties 파일이다.

AndroidManifest.xml 파일은 어플리케이션 구성과 관련된 모든 정보를 담고 있는 가장 기본이 되는 파일이다. 프로젝트가 어떤 어플리케이션을 수행하는지, 이를테면 액티비티를 수행하는지 서비스를 수행하는지 등을 정의하며, 또한 그 외의 다양한 설정이나 사용 권한, 관련된 라이브러리 등의 정보를 담고 있다. 프로젝트의 내용이 변경되면 경우에 따라 이 파일도 변경된 내용에 맞춰 부분적으로 수정이 이루어져야 한다. 이 파일에 대해서는 앞으로도 종종 다루게 될 것이다. 그리고 그 때가서 이 파일의 존재 이유나 사용 방법 등을 차차 이해하게 될 것이다.

한편 default.properties 파일은 자동으로 생성되는 파일로서 안드로이드 버전 제어 시스템에 의하여 체크되는 파일이다. 수정할 수 없는 파일이다.

지금까지의 내용을 정리해 보자. 새로운 프로젝트를 생성하면 프로젝트 폴더에는 src 폴더 밑에 패키지 이름의 폴더가 생성되며 그 안에 액티비티 클래스 파일이 만들어진다. 또한 res 폴더 밑에는 layout 폴더 안에 main.xml 파일이 생성되며 values 폴더 안에 표시될 문자열, 배열, 스타일, 색과 같은 부가 정보들을 포함하는 strings.xml 파일이 생성된다. 그리고 프로젝트의 루트 디렉터리 안에 어플리케이션 구성 정보를 담고 있는 AndroidManifest.xml 파일이 생성된다. 이 부분들이 우리가 수정을 가하거나 혹은 내용을 추가할 수 있는 부분들이다. 그 외 R.java 파일이나 default.properties 파일은 자동으로 생성되고 업데이트 되는 파일이므로 사용자가 임의로 수정하거나 삭제할 수 없다.

2.2 프로젝트 수정

프로젝트가 생성되고 정상적으로 실행이 되는 것을 확인하였으면 이제 이 프로젝트에 액티비티의 변경을 위한 수정을 가할 수 있다.

프로젝트의 수정은 프로젝트의 생성과 함께 만들어진 소스 코드인 Main.java 파일을 통해서 이루어지거나 또는 화면 레이아웃을 관리하는 main.xml 파일과 strings.xml 파일을 통해서 이루어질 수 있다.

먼저 소스 코드를 수정하는 방법에 대하여 살펴보자.

2.2.1 소스 코드의 수정

<그림2-4>의 Main 클래스로 돌아가자. 그리고 소스 코드를 다음과 같이 변경해보자. 굵은 글씨체로 표시된 부분이 변경되거나 추가된 부분이다.

예제 2-1

(Main.java)

```
001 package kj.it.helloworld;
002
003 import android.app.Activity;
004 import android.os.Bundle;
005 import android.widget.TextView;
006
007 public class Main extends Activity {
008     /** Called when the activity is first created. */
009     @Override
010     public void onCreate(Bundle savedInstanceState) {
011         super.onCreate(savedInstanceState);
012         TextView tv01 = new TextView(this);
013         tv01.setText("Hello Android, Main!");
014         setContentView(tv01);
015     }
016 }
```

005행에서 TextView 클래스가 import되었다. 이 클래스는 텍스트를 표시하고 편집할 수 있도록 하는 클래스로서 View라는 클래스의 하위 클래스이다.

참고로 View 클래스에는 사용자 인터페이스 레이아웃에서 사용되는 요소들, 예를 들면 버튼, 이미지, 문자 라벨과 같은 오브젝트가 포함되어 있다. TextView 클래스는 이러한 View 클래스의 하위 클래스로서 텍스트를 다루는 클래스이다.

012행에서는 TextView 클래스의 레퍼런스 변수로 tv01을 설정하고 `TextView()` 메소드를 참조함으로써 객체를 생성한다. 여기서 객체를 생성한다는 것은 해당 클래스 프로그램에 포함된 메소드를 사용할 수 있는 환경을 만드는 작업으로 클래스 사용 전에 반드시 수행하여야 하는 절차이다. 그리고 이 과정, 즉 객체를 생성하는 과정은 대부분의 소스 프로그램에서 수행되는 과정이므로 012행과 같은 형식을 잘 기억하고 활용하여야 할 것이다.

013행에서는 strings.xml 파일에 있는 문자열 변수 hello의 데이터인 'Hello World, Main!' 대신, 사용 인자로 'Hello Android, Main!'을 사용하여 TextView 클래스에 속한 `setText()`라는 메소드를 수행하도록 한다.

그리고 014행에서 `setText()` 메소드의 수행 결과를 `setContentView()` 메소드에 넘긴다. 레퍼런스 변수 tv01이 참조하는 데이터 내용을 안드로이드 기기에 표시하기 위해서이다.

여기까지 소스 코드의 변경이 완료되었으면 다시 한 번 Run Configurations.../Run을 실행하여 프로젝트를 실행해 보자. 그리고 그 결과를 확인해 보자.

프로젝트 실행 결과로 나타난 안드로이드 에뮬레이터에서 MENU 버튼을 클릭하면 잠시 후 방금 수정한 'Hello Android, Main!'이라는 문자열이 <그림2-8>과 같이 에뮬레이터 상에 표시됨을 볼 수 있다.

물론 Application name인 'HelloWorld'는 수정하지 않았으므로 그대로 표시된다. 바뀐 문자열의 출력 결과를 <그림2-7>의 화면과 비교하여 보라.

<그림2-8> 소스 코드 수정 결과

이와 같이 소스 코드를 직접 변경함으로써 원하는 결과를 안드로이드 기기 화면에 표현할 수 있다. 그러나 이러한 변경 방법은 때론 권장할 만한 방법이 되지 못한다. 화면 레이아웃에서의 작은 변화가 때론 큰 분량의 소스 코드 변화를 초래하기도 하기 때문이다.

그리고 그것은 또한 View들의 연결 관계를 자칫 프로그램 상에서 빼먹기도 하여 레이아웃에서의 에러를 발생시키고 따라서 에러를 잡기 위하여 소스 코드를 디버깅하는 추가적인 시간을 요구하기도 한다.

이 때문에 안드로이드는 사용자 인터페이스용으로 또 다른 구성 방식을 제공한다. 다음에 설명되는 xml 기반의 레이아웃 파일이 바로 그것이다.

2.2.2 레이아웃 파일의 수정

xml 기반의 레이아웃 파일을 이용한 코드의 수정을 진행하기 전에 먼저 xml 파일의 구성에 대하여 살펴보는 것이 좋겠다.

앞의 <그림2-5> main.xml의 내용을 아래에 다시 정리하였다. 이 내용을 통하여 xml 기반의 레이아웃 파일의 구성에 대하여 잠시 살펴보자.

(main.xml)

```
<?xml version="1.0" encoding="utf-8"?>
<LinearLayout
xmlns:android="http://schemas.android.com/apk/res/android"
    android:orientation="vertical"
    android:layout_width="fill_parent"
    android:layout_height="fill_parent"
    >
<TextView
    android:layout_width="fill_parent"
    android:layout_height="wrap_content"
    android:text="@string/hello"
    />
</LinearLayout>
```

xml 파일은 웹 페이지 구성에 사용되는 HTML(HyperText Markup Language) 파일처럼 태그들의 배열로 작성하도록 되어 있다. 이미 HTML에 익숙한 사용자라면 어렵지 않게 익힐 수 있다.

xml 파일은 xml의 버전과 인코딩 방식에 대한 정보를 표시하는 형식인 `<?xml version="1.0" encoding="utf-8"?>`로 시작한다.

그리고 첫 번째 태그에는

`<LinearLayout xmlns:android="http://schemas.android.com/apk/res/android"`가 정의된다.

LinearLayout 태그는 ViewGroup으로서 View 앨리먼트들을 수직 방향이나 수평 방향으로 일렬로 정렬하도록 하는 일명 박스 모델이라고도 하는 태그이다.

LinearLayout 태그 다음에 선언된 xmlns:android는 xml 이름 공간(name space)의 선언이다. 안드로이드 이름 공간에 정의된 공통의 속성(attribute)들을 참조하겠다는 의미이다. 모든 안드로이드 응용의 xml 파일들은 태그의 시작 위치에서 이러한 선언을 하여야 한다.

`xmlns:android="http://schemas.android.com/apk/res/android"`라고 말이다.

LinearLayout 태그 안에서는 레이아웃의 배열 방향, 너비, 높이 등의 정보들을 정의한다. 배열 방향이 'vertical'이라는 것은 레이아웃이 수직 방향으로 배열된다는 것을 의미한다. 또한 레이아웃의 폭과 높이 속성이 'fill_parent'로 되어있는 것은 레이아웃이 안드로이드 기기 화면의 부모 화면, 즉 전체 화면을 사용하겠다는 선언이다. 화면상의 모든 공간을 사용하겠다는 의미이다.

화면 출력의 레이아웃을 정의하는 LinearLayout 태그 다음에 실제적인 문자열 출력을 위하여 TextView라는 앨리먼트가 선언되었다. TextView 앨리먼트는 말 그대로 화면에 문자를 출력시키는 태그이다.

TextView 앨리먼트 안에도 LinearLayout 태그의 경우와 마찬가지로 레이아웃의 너비와 높이의 위치를 정의해 주도록 되어있다. 'fill_parent'는 앞에서도 설명했듯이 전체 공간을 의미한다. 만일 앞에서 화면의 일부를 사용하였다면 그 나머지 부분 전체를 의미하기도 한다.

반면 'wrap_content'는 표시하고자 하는 문자열을 모두 표시할 수 있을 만큼의 공간을 의미한다. 필요에 따라 안드로이드 기기 스스로 문자열을 줄 내림 할 수도 있다.

TextView 앨리먼트 안에는 표시하고자 하는 문자열을 지정하는 text라는 속성이 포함된다. 여기서는 속성 값으로 '@string/hello'가 사용되었다. 이 값은 <그림2-6>의

strings.xml 파일에서 `<string name="hello">` 태그로 정의되어 있다. 이 태그의 값이 여기서의 text 속성 값이 된다. 그리고 이 속성 값이 안드로이드 기기 화면에 표시될 수 있는 것이다.

마지막으로 <LinearLayout> 태그로 시작하였으므로 </LinearLayout> 태그로 xml 전체를 종료한다. HTML 태그와 마찬가지로 xml 태그도 태그를 선언하였으면 닫는 태그도 선언해 주는 것이 원칙이다.

이 정도로 xml 기반의 레이아웃 파일에 대하여 그 내용을 간단히 살펴보았다. 이제 소스 코드를 이용한 화면 출력 대신 xml 기반의 레이아웃 파일을 화면에 출력하는 방식으로 【예제2-1】의 내용을 다시 돌려놓자. 이 방법은 너무도 간단하다. 【예제2-1】의 코드에서 한 줄만 수정하면 된다.

예제 2-2

(Main.java)

```
001 package kj.it.helloworld;
002
003 import android.app.Activity;
004 import android.os.Bundle;
005 import android.widget.TextView;
006
007 public class Main extends Activity {
008     /** Called when the activity is first created. */
009     @Override
010     public void onCreate(Bundle savedInstanceState) {
011         super.onCreate(savedInstanceState);
012         TextView tv01 = new TextView(this);
013         tv01.setText("Hello Android, Main!");
014         setContentView(R.layout.main);
015     }
016 }
```

014행의 `setContentView()` 메서드 호출에서 매개변수로 레퍼런스 변수 tv01을 사용하였던 것을 원래의 매개변수인 R.Layout.main으로 복원시킨다. 그리고 프로젝트를 다시 실행시키면 된다.

여기서 R.Layout.main은 R.java 파일에 정의되어있다. R 클래스 하부의 Layout 클래스 안에 main이라는 멤버 필드로 정의되어 있다.

이 정의는 사실상 'res/layout/main.xml'에 정의되어 있는 레이아웃의 컴파일된 오브젝트 표현이다. 이클립스 플러그인이 R.java 클래스 안에서 자동으로 이러한 참조를 생성시킨다.

프로젝트 실행 결과 비록 005행과 012행, 그리고 013행이 삭제되지 않고 남아있지만 안드로이드 기기에 표시된 문자열은 정확히 이전의 것을 회복하였다. 즉 strings.xml 파일의 `<string name="hello">` 태그 값을 에뮬레이터 화면에 출력하였다.

화면에 데이터를 출력하는 메소드인 `setContentView()` 메소드가 소스코드의 레퍼런스 변수 tv01이 아닌 레이아웃의 main.xml 파일을 참조하도록 하였기 때문에 005행, 012행, 013행은 선언되어 실행되었어도 결과에 영향을 미치지 못한다.

즉 `setContentView()` 메소드가 무엇을 매개변수로 사용하느냐에 따라 소스 코드가 직접 화면에 출력될 수도 있고 또한 반대로 xml 기반의 레이아웃 파일이 직접 화면에 출력될 수도 있는 것이다.

사용자의 기호에 따라 소스 코드를 이용하든 xml 파일을 이용하든 상관없다는 의미이다. 그리고 xml이 비교적 간결하고 에러를 쉽게 확인할 수 있는 수단이기 때문에 이 책에서는 화면 레이아웃에 관하여는 xml 파일을 이용하기로 한다.

자 이번에는 main.xml 파일에서 표시될 text의 속성 값을 직접 다른 표현으로 바꾸어보자. `android:text="@string/hello"`에서 strings.xml 파일의 속성 값인 `"@string/hello"` 대신 직접 문자열을 【예제2-3】과 같이 입력시켜 보자는 것이다. 그리고 프로젝트를 다시 실행시켜보자. 결과가 어떻게 나타날까? 직접 입력한 문자열이 에뮬레이터 화면에 성공적으로 나타날 수 있을까?

예제 2-3

(main.xml)

```
<?xml version="1.0" encoding="utf-8"?>
<LinearLayout
xmlns:android="http://schemas.android.com/apk/res/android"
    android:orientation="vertical"
    android:layout_width="fill_parent"
    android:layout_height="fill_parent"
```

```
    >
<TextView
    android:layout_width="fill_parent"
    android:layout_height="wrap_content"
    android:text="안녕하세요? 안드로이드"
    />
</LinearLayout>
```

프로젝트가 실행되고 에뮬레이터의 MENU 버튼을 클릭하면 화면에 표시된 문자열이 '안녕하세요? 안드로이드'로 바뀌어 있음을 확인할 수 있을 것이다.

그렇다. main.xml 파일에 직접 문자열을 입력함으로써 그 내용을 그대로 에뮬레이터 화면에 표시할 수도 있다. strings.xml 파일의 `<string name="hello">` 태그 값과 상관없이 말이다. 그러나 이러한 방법은 권장할 만한 것이 못된다. strings.xml 파일을 통하여 다양한 언어나 데이터, 문자열을 통합적으로 관리하는 것이 프로그램이 복잡해 졌을 때 혼란을 피할 수 있는 효과적인 방법이기 때문이다.

다음에는 strings.xml의 내용을 살펴보고 속성 값의 내용을 변경시켜보자.

【예제2-3】의 `android:text="안녕하세요? 안드로이드"`를 원래의 속성인 `android:text="@string/hello"`로 돌려놓고 <그림2-6>의 strings.xml 파일에서 `<string name="hello">` 태그의 값을 'Hello My AVD!'로 바꾸어 보자.

그리고 어플리케이션 이름인 `<string name="app_name">` 태그의 값도 'Androidman'으로 바꾸어보자. 그리고 다시 프로젝트를 실행시키고 에뮬레이터에 표시된 결과를 확인해보자.

예제 2-4

(strings.xml)

```
<?xml version="1.0" encoding="utf-8"?>
<resources>
    <string name="hello">Hello My AVD!</string>
    <string name="app_name">Androidman</string>
</resources>
```

프로젝트의 실행 결과 어플리케이션 이름과 hello라는 태그로 정의되는 문자열의 내용이 모두 원하는 내용으로 바뀌었음을 확인할 수 있다. 이와 같은 방법으로 main.xml과 strings.xml 파일을 이용하여 화면 레이아웃을 설정하고 또한 원하는 결과를 에뮬레이터 화면에 출력시킬 수 있는 것이다.

2.3 레이아웃 파일의 확장

main.xml 레이아웃 파일을 확장시켜보자. 앞의 예제들에서는 어플리케이션 이름과 한 줄의 문자열을 에뮬레이터 화면에 표시하는 정도였다. 이제 문자열을 추가하면서 화면의 배경색도 함께 설정하도록 해보자.

다음과 같이 <그림2-5>의 main.xml 레이아웃 파일에서 출발해보자.

(main.xml)

```
<?xml version="1.0" encoding="utf-8"?>
<LinearLayout
xmlns:android="http://schemas.android.com/apk/res/android"
    android:orientation="vertical"
    android:layout_width="fill_parent"
    android:layout_height="fill_parent"
    >
<TextView
    android:layout_width="fill_parent"
    android:layout_height="wrap_content"
    android:text="@string/hello"
    />
</LinearLayout>
```

예제 2-5

(main.xml)

```
<?xml version="1.0" encoding="utf-8"?>
<LinearLayout
xmlns:android="http://schemas.android.com/apk/res/android"
    android:orientation="vertical"
    android:layout_width="fill_parent"
    android:layout_height="fill_parent"
    >
<TextView
    android:layout_width="fill_parent"
    android:layout_height="wrap_content"
    android:background="#ff0000"
    android:text="@string/color1"
    />
<TextView
    android:layout_width="fill_parent"
    android:layout_height="wrap_content"
    android:background="#00ff00"
    android:text="@string/color2"
    />
<TextView
    android:layout_width="fill_parent"
    android:layout_height="wrap_content"
    android:background="#0000ff"
    android:text="@string/color3"
    />
</LinearLayout>
```

(strings.xml)

```
<?xml version="1.0" encoding="utf-8"?>
<resources>
    <string name="color1">Red입니다!</string>
    <string name="color2">Green입니다!</string>
    <string name="color3">Blue입니다!</string>
    <string name="app_name">Androidman</string>
</resources>
```

이 예제에서 변경되거나 추가된 부분을 살펴보자.

main.xml 파일의 010행에서는 `android:background="#ff0000"` 속성이 추가되었다. 배경색을 설정하는 속성이다. 색상 값 #ff0000은 Red 색이 'ffH(255D)', Green 색이 '00H(00D)', Blue 색이 '00H(00D)'인 색을 의미한다. 즉 빨강색 배경으로 표시된다. 그리고 여기서 'H'는 16진수 표시를, 'D'는 10진수 표시를 의미한다.

011행에서는 `android:text="@string/color1"`로서 `"@string/hello"`가 `"@string/color1"`로 변경되었다. 즉 strings.xml 파일에서 color1에 대한 태그와 그 값이 'Red입니다!'로 설정되었기 때문이다.

013행부터 018행까지는 또 하나의 TextView 앨리먼트가 추가되었다. 화면에서 두 번째 줄의 배경색은 #00ff00이므로 Green 색이 배경색으로 표시된다. 또한 Text는 `"@string/color2"`이며 strings.xml 파일에서 color2에 대한 태그와 그 값이 'Green 입니다!'로 설정되었다.

019행부터 024행까지는 또 다른 TextView 앨리먼트이다. 화면의 세 번째 줄에 배경색이 #0000ff, 즉 Blue인 '`@string/color3`'의 문자열이 출력된다. 마찬가지로 strings.xml 파일에서 color3에 대한 태그와 그 값은 'Blue입니다!'로 설정되었다.

프로젝트를 다시 실행시키고 에뮬레이터 화면에 나타난 결과를 확인해보자.

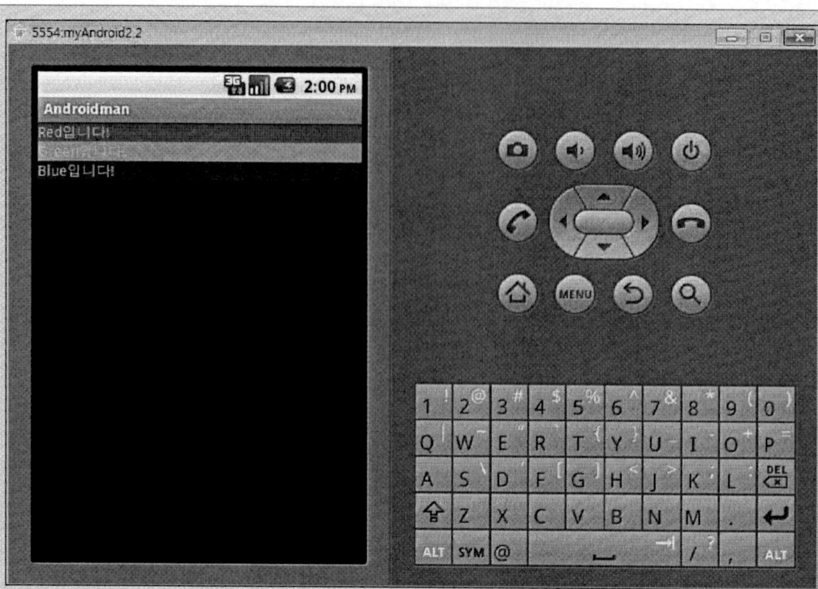

<그림2-9> 【예제2-5】의 실행 결과 화면

【예제2-5】를 통하여 xml 기반의 레이아웃 파일을 이용한 화면 레이아웃 구성방법에 관한 아이디어를 얻었을 것이다. 【예제2-1】과 같이 소스 코드를 작성함으로써 화면 레이아웃을 구성하는 방법보다 훨씬 간결하고 짜임새 있는 화면 구성을 수행할 수 있을 것이다.

<그림2-10>은 【예제2-5】를 통하여 수정한 main.xml 파일과 strings.xml 파일의 변경 내용을 자동으로 반영한 R.java 파일의 내용이다. strings.xml 파일에서 추가된 color1, color2, color3이 멤버 필드로 추가되어 있음을 볼 수 있다. 그리고 이러한 변화, 즉 업데이트된 R.java 파일의 내용이 Main.java 파일의 소스 코드인 setContentView(R.Layout.main) 명령에 의해 참조되어 실행되는 것이다.

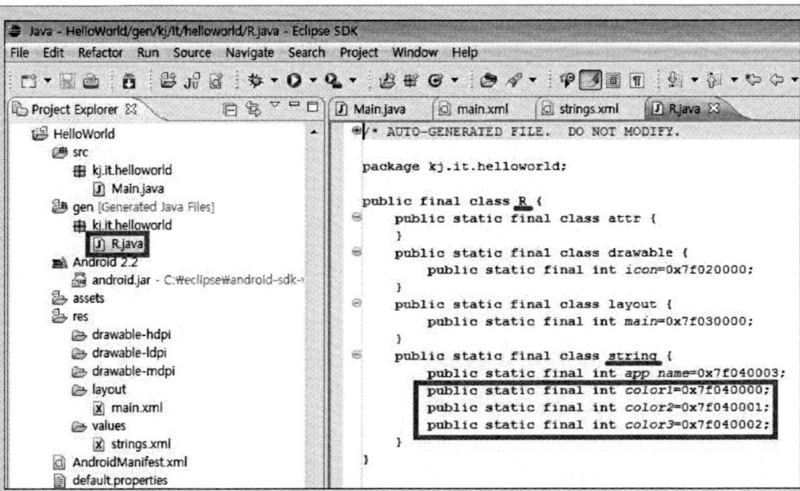

<그림2-10> 자동으로 업데이트되는 R.java 파일

【예제2-5】의 내용에 TextView 앨리먼트를 몇 개 더 추가하면서 xml 파일을 이용한 화면 레이아웃 구성에 대한 감각을 익혀보자.

제 3 장

기본 위젯

제 3 장 기본 위젯

3.1 기본 위젯

웹 화면에서 사용하는 위젯들과 마찬가지로 안드로이드에서도 기본 위젯으로서 앞 장에서 잠시 다뤘던 레이블(Text)과 이미지, 입력 필드, 체크 필드, 버튼 등을 제공한다. 이들 위젯들은 모두 화면 레이아웃에 포함되는 요소들이므로 당연히 xml 형식으로 작성되는 파일에서 처리하는 것이 훨씬 간편하다.

Ch03Ex01_BasicWidget이라는 프로젝트를 만들어 기본 위젯들을 하나씩 화면상에 추가해 보자.
이클립스에서 File - New - Project...를 선택하여 새로운 안드로이드 프로젝트를 생성한다. 나타난 프로젝트 설정 창에 다음과 같이 입력한다.

Project name : Ch03Ex01_BasicWidget
Build Target : Android 2.2
Application name : Ch03Ex01_BasicWidget
Package name : kj.it.ch03ex01_basicwidget
Create Activity : Ch03Ex01_BasicWidgetActivity
Min SDK Version : 8

프로젝트 설정을 위한 내용을 모두 입력하고 나면 프로젝트 설정 창 하단에 위치한 Finish 버튼이 활성화된다. 이 Finish 버튼을 클릭하면 새로운 프로젝트가 생성된다.

프로젝트가 생성되었으면 생성된 프로젝트를 먼저 실행시켜보자. Run - Run Configurations...를 실행하여 나타난 창의 내용을 <그림3-1>과 같이 새로운 프로젝트 이름에 맞춰 바꾸고 Apply - Run을 수행한다.

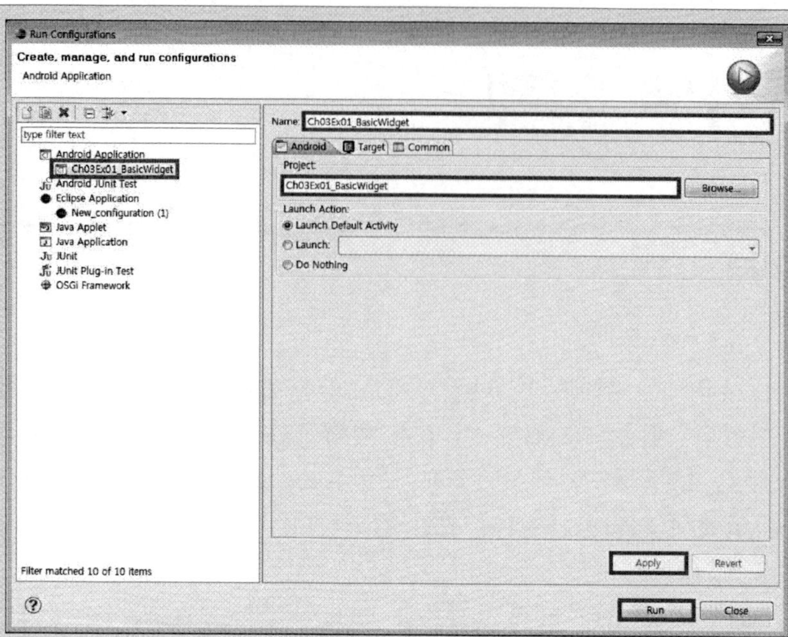

<그림3-1> Ch03Ex01_BasicWidget 프로젝트 실행

실행 결과는 우리가 이미 앞에서 경험하여 본 그대로이다. 안드로이드 에뮬레이터가 등장하고 에뮬레이터의 키패드에서 MENU 버튼을 클릭하면 <그림3-2>와 같은 기본 레이블이 표시되는 화면이 나타난다.

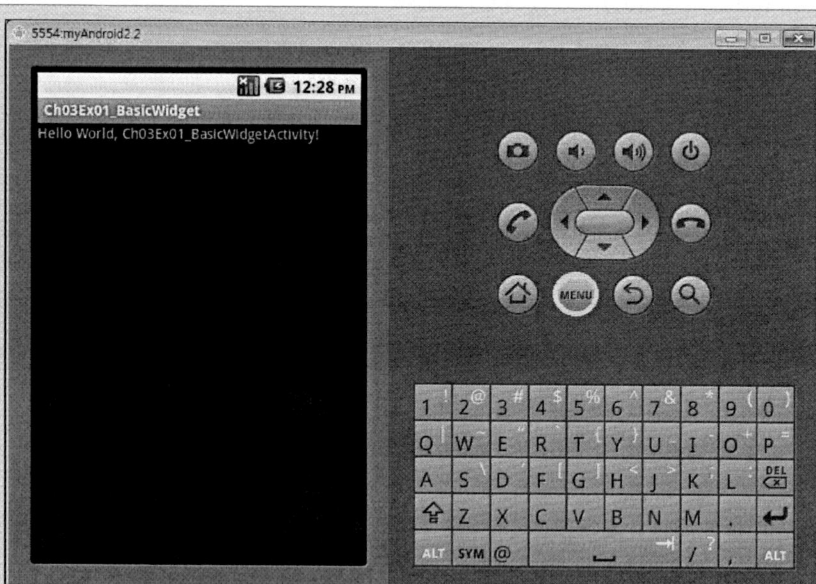

<그림3-2> Ch03Ex01_BasicWidget 프로젝트 실행결과 화면

이제 화면에 나타난 'Hello World, Ch03Ex01_BasicWidgetActivity!'라는 레이블을 '기본 위젯 테스트 화면입니다!'라는 레이블로 바꾸어보자. strings.xml 파일의 내용만 다음과 같이 바꾸면 될 것이다.

예제 3-1

(strings.xml)

```
<?xml version="1.0" encoding="utf-8"?>
<resources>
    <string name="hello">기본 위젯 테스트 화면입니다!
    </string>
    <string name="app_name">Ch03Ex01_BasicWidget</string>
</resources>
```

strings.xml 파일의 일부만 수정한 후 프로젝트를 재실행시키면 수정된 결과가 에뮬레이터 화면상에 표시될 것이다.

다음에는 레이아웃 파일인 main.xml 파일의 내용을 수정하여보자. 레이블의 배경색을 노란색 바탕으로 하고, 글자의 크기는 15포인트, 글자의 색상은 파랑색으로 설정해보자.

예제 3-2

(main.xml)

```
<?xml version="1.0" encoding="utf-8"?>
<LinearLayout
xmlns:android="http://schemas.android.com/apk/res/android"
    android:orientation="vertical"
    android:layout_width="fill_parent"
    android:layout_height="fill_parent"
    >
<TextView
```

```
008        android:layout_width="fill_parent"
009        android:layout_height="wrap_content"
010        android:text="@string/hello"
011        android:background="#ffe650"
012        android:textSize="15pt"
013        android:textColor="#0000ff"
014        />
015    </LinearLayout>
```

여기서 우리의 관심은 011행~013행이다. 이 행들이 이번 예제에서 새로이 추가된 내용들이다. 그 외의 나머지 행들은 모두 Ch03Ex01_BasicWidget 프로젝트의 생성단계에서 자동으로 생성된 내용들이다.

011행에서 화면의 배경색을 결정하기 위해 'background'라는 명령 태그가 사용되었으며 속성 값은 '#ffe650'으로 설정되었다. 이는 Red 색이 'ffH(255D)', Green 색이 'e6H(230D)', Blue 색이 '50H(80D)'로 조합된 색상을 띤다. 노란색 배경이 될 것이다. 그리고 여기서 'H'는 16진수 표시를, 'D'는 10진수 표시를 의미한다.

012행에서는 글자 크기 속성이 설정되었다. 명령 태그로 'textSize'를 사용하며 글자 크기는 15 포인트로 설정되었다.

다음에 013행에서는 글자의 색상이 설정되었다. 명령 태그로 'textColor'를 사용하며 속성 값으로 '#0000ff'가 설정되었다. 이는 Red 색과 Green 색이 모두 '00H'이고 Blue 색이 'ffH'임을 의미하며 따라서 표시되는 글자의 색상은 파랑색이 된다.

수정된 main.xml 파일을 저장 한 후 프로젝트를 재실행하여보자. 그리고 그 결과를 확인해 보자. <그림3-3>과 같이 글자 크기가 15포인트, 색상이 파랑색인 레이블이 노란색 배경위에 표시됨을 확인할 수 있을 것이다.

여기서 main.xml 파일에서 명령 태그를 작성할 때 대소문자가 구분되어야 한다는 점에 주의하자.

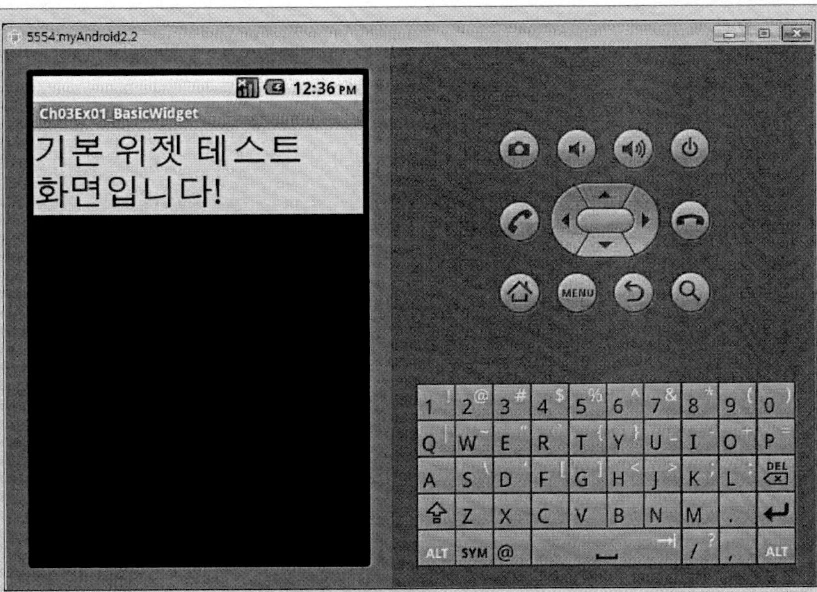

<그림3-3> 【예제3-2】 실행 결과 화면

【예제3-2】 에서 소개된 속성들 외에도 android:typeface 태그를 사용하여 글자체의 유형을 'normal', 'sans', 'serif', 'monospace' 중에서 선택하여 지정할 수도 있으며, android:textStyle 태그를 사용하여 표시되는 레이블을 'bold'체나 'italic'체로 선택하여 표시할 수도 있다. 물론 속성 값을 'bold|italic'으로 지정하여 'bold'체와 'italic'체를 동시에 적용할 수도 있다.

3.2 이미지

이번에는 에뮬레이터 화면에 이미지 위젯을 추가해보자. 이미지를 표시하는 클래스는 ImageView 클래스이며 TextView 클래스의 하위 클래스이다. ImageView 클래스를 사용하여 리소스 폴더, res 안의 drawable 폴더 안에 위치한 이미지 파일을 간단히 올릴 수 있다.

여기서는 레이아웃 파일인 main.xml 파일에서 직접 이미지 위젯을 다룰 것이며 따라서 main.xml 파일에 ImageView 앨리먼트를 추가함으로써 이미지 파일을 에뮬레이터 화면상에 올릴 수 있다.

프로젝트 생성 단계에서 res 폴더 밑의 drawable 폴더 안에 기본으로 포함되는 icon.png 파일의 이미지를 에뮬레이터 화면상에 올려보자.

이는 【예제3-2】의 main.xml 파일에 이미지를 표시하는 ImageView 앨리먼트를 추가함으로써 실현된다.

예제 3-3

(main.xml)

```
001  <?xml version="1.0" encoding="utf-8"?>
 .                                  .
 .             //【예제3-2】와 동일 소스(생략)
 .                                  .
014                                 .
015  <ImageView
016      android:layout_width="fill_parent"
017      android:layout_height="wrap_content"
018      android:src="@drawable/icon"
019      />
020  </LinearLayout>
```

015행~019행에 걸쳐 ImageView 앨리먼트를 추가하였다. 이미지 파일의 위치는 폭, 즉 수평방향으로는 'fill_parent'로서 가상기기 화면 전체의 너비를 사용할 수 있다. 그리고 높이, 즉 수직방향으로는 'wrap_content'로서 이미지 파일이 표시될 수 있는 크기만큼의 높이를 사용할 수 있다.

또한 015행의 ImageView 앨리먼트 앞에 007행의 TextView 앨리먼트가 위치하므로 화면에서의 이미지 위젯의 위치는 TextView 앨리먼트에 의해 표시되는 레이블 위젯 바로 다음의 위치가 된다. 즉 레이블 위젯 바로 밑에 이미지 위젯이 자리 잡게 된다.

한편 표시될 이미지 파일 소스는 `android:src="@drawable/icon"`으로서 res 폴더 밑의 drawable 폴더 안에 포함된 'icon.png' 파일이다. <그림3-4>는 이 이미지 위젯을 표시한 에뮬레이터 화면을 나타낸다. TextView 앨리먼트에 의해 표시된 레이블 위젯 바로 밑에 'icon.png' 파일 이미지가 표시되어 있음을 볼 수 있다.

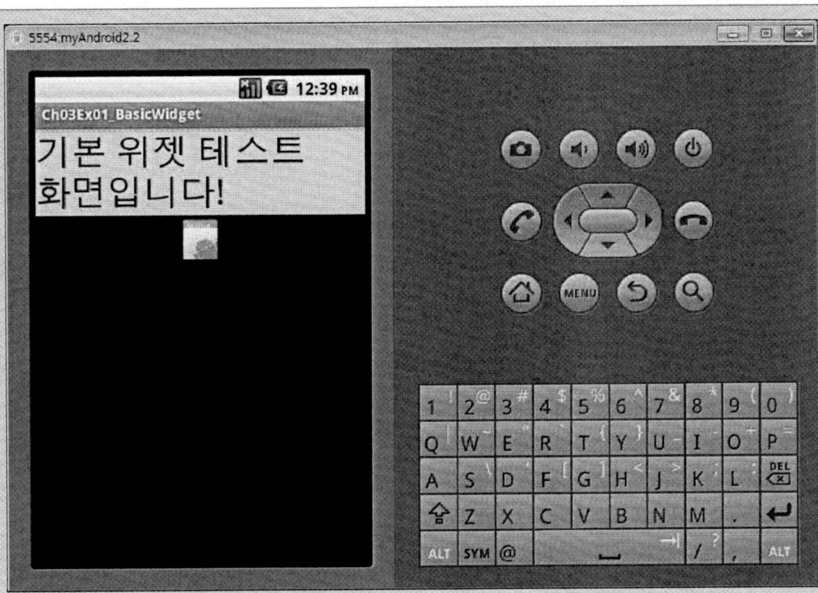

<그림3-4> 이미지 위젯이 추가된 화면

이번에는 <그림3-4>에서 표시된 이미지를 다른 이미지로 바꾸어보자.

자신의 사진이나 혹은 인터넷 검색에 의해 얻어진 이미지를 에뮬레이터 화면에 올려보자.

이미지 파일을 찾아 workspace 폴더 밑의 해당 프로젝트 폴더 안에 있는 res 폴더 밑의 drawable 폴더 밑에 위치시키면 된다.

여기서는 C:\eclipse\workspace\Ch03Ex01_BasicWidget\res\drawable-hdpi 폴더가 된다. 물론 drawable-hdpi가 아닌 drawable-mdpi 폴더나 drawable-ldpi 폴더에 위치시켜도 상관없다. 안드로이드 플러그인이 해당 폴더에서 해당 이미지 파일을 찾아 화면에 표시해 줄 것이다. 그리고 hdpi, mdpi, ldpi 순서로 이미지 사이즈가 커질 뿐이다. 이는 화면 해상도에 따른 영향으로 hdpi는 고해상도, mdpi는 중간 해상도, ldpi는 저해상도를 의미한다.

한편 workspace 폴더를 찾아 표시할 이미지 파일을 위치시키는 방법 외에도 직접 이미지 파일을 이클립스 화면의 해당 폴더인 res/workspace 폴더 밑에 복사하는 방법으로도 이미지 파일을 준비시킬 수 있다. 어떤 방법을 사용하든 결과는 동일하니 여러분 각자 기호에 따라 방법을 선택하여 사용하면 되겠다.

이미지 파일이 해당 폴더에 위치되면 이클립스의 프로젝트 폴더 밑, res 폴더 밑의 drawable 폴더 밑에 해당 이미지 파일이 표시된다. 만일 이미지 파일이 표시되지 않으면 이클립스 화면의 Refresh를 위해 단축키 F5를 누르거나 혹은 해당 폴더위에서 마우스 오른쪽 키를 눌러 Refresh 메뉴를 클릭하면 새로운 이미지 파일이 해당 폴더 밑에 등록될 것이다.

새롭게 추가된 이미지 파일을 에뮬레이터 화면에 출력시키기 위해서는 【예제3-3】의 018행, `android:src="@drawable/icon"`에서 이미지 파일 이름을 'icon' 대신 새롭게 추가된 이미지 파일의 이름으로 바꾸어 주면 된다. 물론 이미지 파일의 확장자(.png, .jpg, .gif)는 붙이지 않는다.

새로운 이미지와 함께 【예제3-3】의 ImageView 앨리먼트 속성들을 부분적으로 수정하거나 추가해보자.

예제 3-4

(main.xml)

```
001 <?xml version="1.0" encoding="utf-8"?>
 .                              .
 .             //【예제3-3】과 동일 소스(생략)
 .                              .
014                             .
015 <ImageView
016     android:layout_width="fill_parent"
017     android:layout_height="fill_parent"
018     android:src="@drawable/doggy"
019     />
020 </LinearLayout>
```

【예제3-4】의 실행 결과 'doggy.jpg' 파일 이미지가 <그림3-4>에서처럼 TextView 앨리먼트에 의해 표시되는 레이블 위젯 바로 아래가 아닌, 레이블 위젯을 표시하고 남은 나머지 화면 공간 전체의 중앙에 위치하게 됨을 볼 수 있다.

또한 이미지 사이즈도 화면공간에 맞춰 조정되었음을 볼 수 있다. 이는 017행의 `android:layout_height="fill_parent"` 속성 때문이다. 'wrap_content' 속성을 'fill_parent' 속성으로 바꾼 결과로서 'fill_parent' 속성은 먼저 표시되는 위젯이 존재하면 해당 위젯을 표시하고 난 후의 나머지 공간 전체를 의미하기 때문이다.

다음에는 'scaleType'이라는 속성을 이용하여 이미지의 크기와 위치를 자유롭게 표시하여보자.

예제 3-5

(main.xml)

```
001 <?xml version="1.0" encoding="utf-8"?>
 .                        .
 .         //【예제3-4】와 동일 소스(생략)
 .                        .
014                       .
015 <ImageView
016     android:layout_width="fill_parent"
017     android:layout_height="fill_parent"
018     android:src="@drawable/doggy"
019     android:scaleType="center"
020     />
021 </LinearLayout>
```

019행에서 android:scaleType 속성을 추가하고 그 값으로 'center'를 지정하였다. 프로젝트를 재실행한 결과 이미지가 화면의 첫 번째 출력인 레이블 위젯 아래의 나머지 화면 공간 중앙에 위치하고 이미지 사이즈도 변화 없이 고정되어 있음을 볼 수 있다. scaleType의 속성 값이 'center'로 지정되었기 때문이다.

scaleType의 속성 값을 <표3-1>과 같이 다양하게 바꾸어가며 이미지의 위치와 크기가 어떻게 변화하는가를 살펴보라.

<표3-1> scaleType의 속성 값과 동작

scaleType의 속성 값	동 작
center	이미지를 중앙에 위치시킨다. 이미지 크기 변화 없다.
centerCrop	이미지의 가로, 세로 비율을 일정하게 유지한 채 이미지를 화면이나 정해진 크기와 같거나 그보다 크게 조절한다.
centerInside	이미지의 가로, 세로 비율을 일정하게 유지한 채 이

	미지를 화면이나 정해진 크기와 같거나 그보다 작게 조절한다.
fitStart	이미지 크기를 화면이나 정해진 크기에 맞춰 조정하며 화면의 시작(위)부분에 맞춰 이미지를 표시한다.
fitEnd	이미지 크기를 화면이나 정해진 크기에 맞춰 조정하며 화면의 끝(아래)부분에 맞춰 이미지를 표시한다.
fitCenter	이미지 크기를 화면이나 정해진 크기에 맞춰 조정하며 화면의 중앙부분에 맞춰 이미지를 표시한다.
fitXY	이미지를 가로, 세로 비율에 관계없이 화면이나 정해진 크기에 맞춰 조절한다. 표시된 이미지의 가로, 세로 비율이 안 맞을 수 있다.
matrix	화면의 시작(위)부분에 맞춰 이미지를 정렬한다. 이미지 크기는 조정되지 않는다.

한편 ImageView 앨리먼트에서 레이아웃의 폭과 높이에 'fill_parent'나 'wrap_content' 대신 픽셀수를 각각 지정하여 줌으로써 표시할 화면의 크기를 정해줄 수도 있다.

예를 들면

```
android:layout_width="300px",
android:layout_height="400px"처럼 말이다.
```

3.3 입력 필드

입력 필드는 안드로이드 SDK에서 EditText라는 클래스를 이용하여 표시할 수 있다. 이 클래스 역시 ImageView 클래스와 마찬가지로 TextView 클래스의 하위 클래스이다. 따라서 xml 형식으로 작성되는 레이아웃 파일에서 TextView 앨리먼트처럼 EditText 앨리먼트를 사용하여 입력 필드를 생성할 수 있다.

【예제3-5】의 main.xml 파일에 입력필드를 표시하는 EditText 앨리먼트를 추가해 보자.

예제 3-6

(main.xml)

```
001  <?xml version="1.0" encoding="utf-8"?>
 .                                   .
 .              // 【예제3-5】와 동일 소스(생략)
 .                                   .
014                                  .
015  <ImageView
016      android:layout_width="fill_parent"
017      android:layout_height="wrap_content"
018      android:src="@drawable/doggy"
019      android:scaleType="center"
020      />
021  <EditText
022      android:layout_width="fill_parent"
023      android:layout_height="wrap_content"
024      />
025  </LinearLayout>
```

021행에서 EditText 앨리먼트를 추가함으로써 에뮬레이터 화면에 입력 필드 위젯이 표시된다.

입력 필드 위젯의 폭과 높이는 ImageView 앨리먼트의 경우와 마찬가지로 폭은 'fill_parent'로, 높이는 'wrap_content'로 설정하면 된다.

여기서 주의할 것은 017행이다. ImageView 앨리먼트의 레이아웃 속성 중 높이 속성이 'fill_parent'로 되어 있으면 이 위젯이 화면의 나머지 공간을 모두 차지하게 되므로 추가로 생성되는 입력 필드를 표시할 공간을 확보하지 못하게 된다.

따라서 입력 필드 위젯을 성공적으로 화면에 표시하기 위해서는 ImageView 앨리먼트의 높이 속성을 'wrap_content'로 바꾸어주어야 한다.

【예제3-6】을 실행한 결과는 <그림3-5>와 같다.

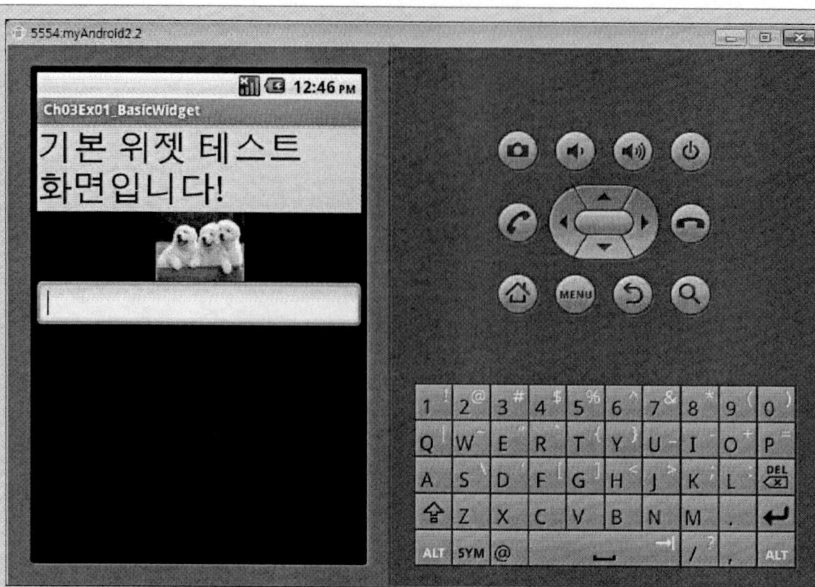

<그림3-5> 입력 필드가 추가된 화면

한편 EditText 앨리먼트에는 다음과 같은 속성들이 추가적으로 사용될 수 있다.

<표3-2> EditText 앨리먼트의 속성

앨리먼트 속성	동작
android:autoText	값이 'true'일 경우 일반적인 철자 오류를 잡아낸다.
android:capitalize	속성 값으로 'none', 'characters', 'words', 'sentences' 등을 사용할 수 있다. 각각 사용자 결정, 모든 문자, 모든 단어의 시작 문자, 모든 문장의 시작 문자를 자동으로 대문자화 한다.
android:singleLine	값이 'true'일 경우 한 줄만을 입력할 수 있다. 'false' 일 경우는 복수의 줄을 허용한다.
android:digits	값이 '0123456789'이면 숫자만 입력할 수 있다. 알파벳을 입력받으려면 'abcd....xyz'으로 값을 지정해주어야 한다.
android:maxLines	입력 필드 창이 표시할 수 있는 최대 라인수를 지정한다. '3'은 입력 필드의 창이 최대 3라인까지 볼 수 있는 크기로 확장될 수 있음을 의미한다.
android:maxLength	입력 필드가 받을 수 있는 문자나 숫자의 개수를 지정한다. '100'은 최대 100개의 문자나 숫자까지 입력받을 수 있다.
android:password	값이 'true'이면 입력된 문자나 숫자를 가린 채 대신 그

	자리를 점으로 표시한다. 암호 입력창에서 사용할 수 있다.
android:numeric	'integer', 'signed', 'decimal'중에서 선택할 수 있으며 숫자만 입력받는다.

이들 속성 외에도 android:inputType이나 android:imeOptions, android:hint 등 더 많은 속성들이 있다. 여기서는 이 정도의 속성들만 열거해 보는 것으로 하겠다.

여러분 각자 【예제3-6】의 레이아웃 파일인 main.xml 파일에서 EditText 앨리먼트에 <표3-2>의 속성들을 하나씩 추가하면서 각각의 속성이 어떤 결과를 보여주는지 확인해보라.

3.4 체크 박스

체크 박스 또한 사용자 인터페이스 환경에서 자주 사용되는 위젯이다. 체크 박스 기능은 CheckBox 클래스에서 실행되며 이 클래스 역시 TextView 클래스의 하위 클래스에 속한다. 따라서 TextView 클래스가 지원하는 속성들을 체크 박스에서도 모두 사용할 수 있다.

입력 필드에서의 경우와 마찬가지로 xml 형식으로 작성되는 레이아웃 파일에서 CheckBox 앨리먼트를 사용하여 체크 박스 위젯을 생성할 수 있다.

【예제3-6】의 main.xml 파일에 CheckBox 앨리먼트를 추가해보자.

예제 3-7

(main.xml)

```
<?xml version="1.0" encoding="utf-8"?>
                      .
          // 【예제3-6】과 동일 소스(생략)
                      .
                      .
   android:textStyle="bold|italic"
                      .
```

```
.                           //【예제3-6】과 동일 소스(생략)
.                                       .
021                                     .
022 <EditText
023     android:layout_width="fill_parent"
024     android:layout_height="wrap_content"
025     android:autoText="true"
026     android:capitalize="words"
027     android:maxLines="3"
028     />
029 <CheckBox
030     android:layout_width="fill_parent"
031     android:layout_height="wrap_content"
032     android:text="@string/checkbox1"
033     />
034 </LinearLayout>
```

(strings.xml)

```
001 <?xml version="1.0" encoding="utf-8"?>
002 <resources>
003    <string name="hello">기본 위젯 테스트 화면입니다!
       </string>
004    <string name="app_name">Ch03Ex01_BasicWidget</string>
005    <string name="checkbox1">동의합니다!    </string>
006 </resources>
```

【예제3-7】을 작성하고 실행시켜 보자. <그림3-6>과 같이 입력 필드 아래에 체크 박스가 추가된 화면이 나타날 것이다. 이는 029행~033행의 CheckBox 앨리먼트를 추가함으로써 실현된다. 표시된 체크 박스는 토글(toggle)식으로 동작한다. 즉 한번 클릭할 때 마다 체크된 상태와 해제된 상태를 반복한다.

한편 체크 박스 옆에 '동의합니다!'라는 레이블이 붙었는데 이는 main.xml 파일의 032행과 strings.xml 파일의 005행에 의해서 이루어진 것이다.

main.xml 파일의 032행에서 android:text 태그에 직접 "동의합니다!"라는 문자열을 넣어 표시할 수도 있지만 여기서는 strings.xml 파일에 005행의 checkbox1이라는 태그를 추가하여 화면에 표시되도록 하였다.

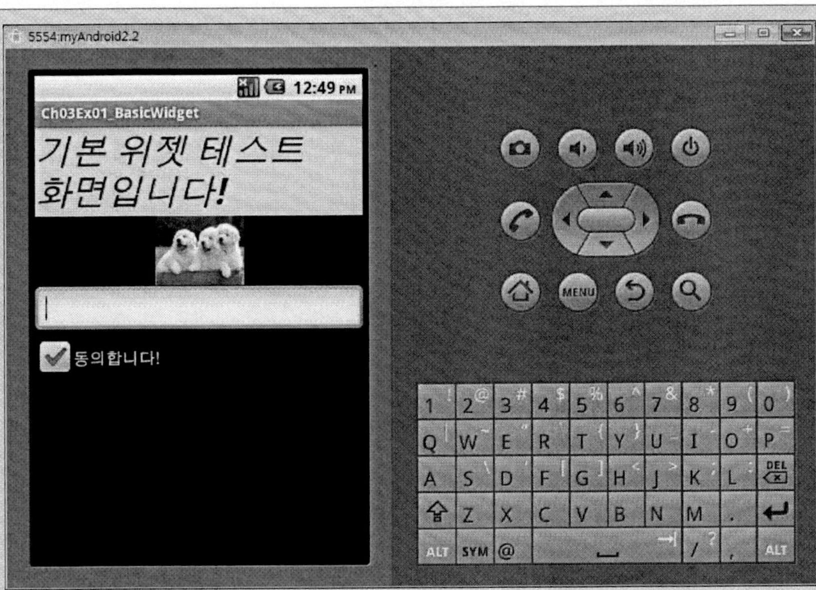

<그림3-6> 체크박스가 추가된 화면

체크 박스 위젯은 보통 한 개 이상 사용되는 경우가 많다. 따라서 android:id와 같은 태그를 사용하여 체크 박스의 id를 지정해 주는 방식으로 여러 개의 체크 박스들을 구분하여 함께 사용할 수 있다. 예를 들면 android:id = "@+id/checkbox1", android:id = "@+id/checkbox2"처럼 말이다.

<그림3-6>에서 CheckBox 앨리먼트 외에 【예제3-6】과 달라진 부분은 014행에 의한 레이블의 글자체 변화와 025행~027행에 의한 입력 필드의 속성 변화이다.

레이블은 014행에 의해 'bold'체와 'italic'체가 조합된 글자체로 표시되었으며, 입력 필드에는 'autoText', 'capitalize', 'maxLines' 등의 속성이 추가되었다.

여러분 각자 【예제3-7】에 또 하나의 체크 박스를 추가하여 보라.

3.5 버튼

이번에는 Button 앨리먼트를 사용하여 화면에 버튼을 표시하여 보자. Button 앨리먼트 역시 안드로이드 SDK에서는 Button 클래스로 지원되며 TextView 클래스의 하위 클래스이다. xml 형식으로 작성되는 레이아웃 파일에서는 Button이라는 앨리먼트를 사용한다.

【예제3-7】의 main.xml 파일에 Button 앨리먼트를 추가하기로 한다.

예제 3-8

(main.xml)

```
<?xml version="1.0" encoding="utf-8"?>
                                .
              //【예제3-7】과 동일 소스(생략)
                                .
                                .
<CheckBox
    android:id="@+id/checkbox1"
    android:layout_width="fill_parent"
    android:layout_height="wrap_content"
    android:text="@string/checkbox1"
    />
<Button
    android:id="@+id/button1"
    android:layout_width="wrap_content"
    android:layout_height="wrap_content"
    android:text="@string/button1"
    />
</LinearLayout>
```

(strings.xml)

```
<?xml version="1.0" encoding="utf-8"?>
<resources>
```

```
003    <string name="hello">기본 위젯 테스트 화면입니다!
       </string>
004    <string name="app_name">Ch03Ex01_BasicWidget</string>
005    <string name="checkbox1">동의합니다!    </string>
006    <string name="button1">OK!    </string>
007 </resources>
```

main.xml 파일의 035행~040행에 Button 앨리먼트가 추가되었다. 이번에는 036행에서 Button 앨리먼트에 button1이라는 id를 부여하였다. 이와 같이 앨리먼트에 id를 부여하는 것은 앨리먼트에 대한 액티비티를 실행하게 될 자바 프로그램에서 해당 앨리먼트를 참조할 수 있도록 하기 위해서이다.

이번에는 CheckBox 앨리먼트에도 030행과 같이 checkbox1이라는 id가 부여되었다.

한편 039행에 의해 버튼에 표시될 Text를 위해 strings.xml 파일의 006행에 스트링 태그를 추가하였다. button1이라는 이름에 값은 'OK!'로 지정하였다. 'OK!'라는 버튼이 생성될 것이다.

【예제3-8】의 실행 결과는 <그림3-7>과 같다.

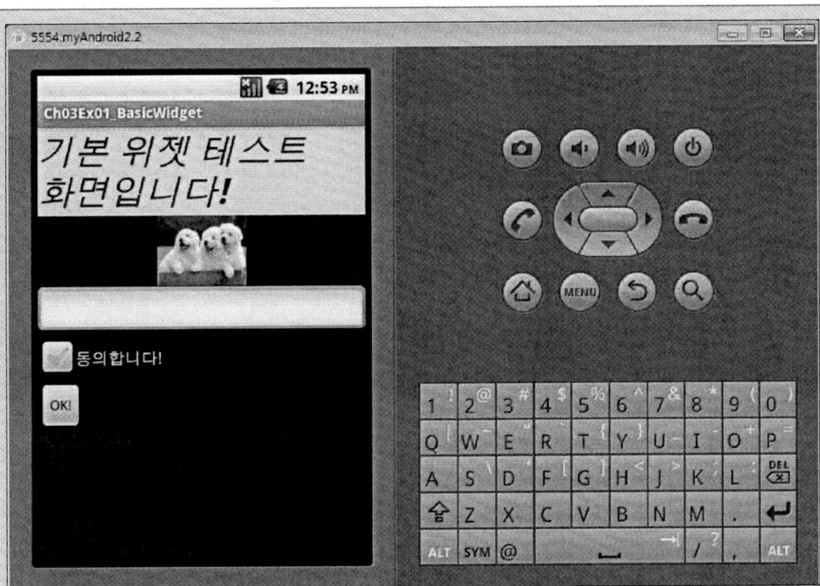

<그림3-7> 버튼이 추가된 화면

Button 앨리먼트에서 037행의 android:layout_width를 'wrap_content'로 지정하였다.

Button 앨리먼트 이전까지는 모든 앨리먼트들에 대하여 android:layout_width 속성을 모두 'fill_parent'로 하였으나 Button 앨리먼트에서는 'wrap_content'로 설정하였다. 이는 표시될 버튼의 너비를 버튼 위에 표시될 스트링 문자열의 길이에 맞추기 위함이다. 만일 037행의 android:layout_width를 'fill_parent'로 한다면 그 결과는 어떻게 나타날까? 버튼 위젯의 너비가 화면의 폭 전체를 지정하기 때문에 버튼의 너비 역시 화면의 너비만큼 확대되어 나타날 것이다. 여러분 각자 시도해보라.

또한 만일 버튼의 너비를 스트링 문자열의 길이로 결정되도록 하지 않고 직접 지정하고 싶으면 android:width 태그를 사용하여 픽셀 수를 지정하면 된다. 픽셀 수를 '200px'로 지정하면 200 픽셀 수에 해당하는 너비의 버튼이 만들어질 것이다.

물론 android:width 태그를 설정하기 전에 먼저 android:layout_width를 'fill_parent'로 지정하면 이 태그가 우선적으로 처리될 것이므로 android:width 태그에 의한 픽셀 수 설정은 더 이상 버튼의 너비에 영향을 주지 못할 것이다.

3.6 라디오 버튼

라디오버튼 역시 많이 사용되는 기본 위젯 중 하나로서 안드로이드 SDK에서 TextView 클래스의 하위 클래스로 포함되어 있다. 앞의 위젯들과 마찬가지로 xml 형식으로 작성되는 레이아웃 파일에 RadioButton 앨리먼트를 추가함으로써 에뮬레이터 화면상에 라디오버튼을 표시할 수 있다.

【예제3-8】의 main.xml 파일에 RadioButton 앨리먼트를 추가하기로 한다.

예제 3-9

(main.xml)

```
001  <?xml version="1.0" encoding="utf-8"?>
 .                        .
 .          //【예제3-8】과 동일 소스(생략)
 .                        .
```

```
034                              .
035 <Button
036     android:id="@+id/button1"
037     android:layout_width="wrap_content"
038     android:layout_height="wrap_content"
039     android:text="@string/button1"
040     android:width="200px"
041     />
042 <RadioButton
043     android:id="@+id/radiobutton1"
044     android:layout_width="fill_parent"
045     android:layout_height="wrap_content"
046     android:text="@string/radiobutton1"
047     />
048 </LinearLayout>
```

(strings.xml)

```
001 <?xml version="1.0" encoding="utf-8"?>
002 <resources>
003     <string name="hello">기본 위젯 테스트 화면입니다!
        </string>
004     <string name="app_name">BasicWidgetTest</string>
005     <string name="checkbox1">동의합니다!    </string>
006     <string name="button1">OK!    </string>
007     <string name="radiobutton1">남자    </string>
008 </resources>
```

main.xml 파일의 042행~047행에 RadioButton 앨리먼트가 추가되었다. 앞의 Button 앨리먼트와 마찬가지로 이 앨리먼트에도 id가 부여되었으며 또한 046행과 strings.xml 파일의 007행에 의해 라디오버튼에 '남자'라는 Text도 덧붙여졌다.

한편 Button 앨리먼트의 040행에서는 `android:width="200px"`가 추가되어 버튼의 너비가 문자열의 길이인 037행의 '`wrap_content`'에서 200 픽셀로 확장되었다.

【예제3-9】 의 실행결과는 <그림3-8>과 같다. 라디오버튼과 그 옆에 '남자'라는 레이블이 추가로 생성되었다.

또한 버튼의 너비도 200픽셀로서 'OK!'라는 문자열의 너비로 표시되었던 <그림3-7>의 버튼 위젯과 비교된다.

<그림3-8> 라디오버튼이 추가된 화면

3.7 이미지 버튼

이번에는 이미지를 버튼으로 사용하는 이미지 버튼에 대하여 알아보자. 이미지 버튼 역시 많이 사용되는 위젯 가운데 하나로서 ImageButton 클래스에서 실행된다. 마찬가지로 xml 형식으로 작성되는 레이아웃 파일에서는 ImageButton 앨리먼트를 사용하여 화면상에 이미지 버튼을 표시할 수 있다.

<그림3-8>의 화면에 이미지 버튼을 하나 추가해 보자.

여기서도 마찬가지로 【예제3-9】의 main.xml 파일에 ImageButton 앨리먼트를 추가하기로 한다.

예제

(main.xml)

```
001 <?xml version="1.0" encoding="utf-8"?>
 .                         .
 .          //【예제3-9】와 동일 소스(생략)
 .                         .
047                        .
048 <ImageButton
049     android:id="@+id/imagebutton1"
050     android:layout_width="wrap_content"
051     android:layout_height="wrap_content"
052     android:src="@drawable/doggy"
053     />
054 </LinearLayout>
```

【예제3-10】을 실행하면 <그림3-9>와 같이 에뮬레이터 화면상에 이미지 버튼이 표시된다. 사용된 이미지는 이미 【예제3-5】에서 사용했던 이미지이다. 단지 레이아웃 파일에서의 앨리먼트가 ImageView에서 ImageButton으로 바뀌었을 뿐이다. 그리고 ImageButton 앨리먼트의 선언만으로 이미지가 이미지 버튼으로 바뀐 것이다. 048행~053행이 이미지 버튼의 표시를 위해 추가된 부분이다.

<그림3-9> 이미지버튼이 추가된 화면

【예제3-10】의 050행에서 android:layout_width는 'wrap_content'로 지정되었다. 그 결과로 <그림3-9>와 같이 이미지가 화면의 좌측에 위치하였으며 그 크기 또한 본래의 크기로 화면을 차지하고 있다.

만일 android:layout_width가 'fill_parent'로 지정된다면 어떻게 될까? 이제는 그 결과를 예상할 수 있을 것이다. 여러분 각자 android:layout_width를 'fill_parent'로 수정하고 【예제3-10】을 다시 실행시켜보자. 그리고 그 결과를 확인해보자.

제 4 장
레이아웃

제 4 장 레이아웃

4.1 Linear Layout

앞 장에서 xml 형식으로 작성되는 레이아웃 파일을 기반으로 하여 기본 위젯들을 안드로이드 화면상에 표시하는 과정들을 살펴보았다. 그리고 특별히 언급하지는 않았지만 각 예제들마다 LinearLayout 클래스, 다시 말해서 LinearLayout 앨리먼트를 사용하여 기본 위젯들을 수직 방향으로 순차적으로 나열하였다.

LinearLayout 앨리먼트는 ViewGroup에 속하며 View 앨리먼트들을 수직 방향이나 수평 방향으로 일렬로 정렬하도록 하는 일명 박스 모델이라고도 하는 앨리먼트라고 제 2 장에서 설명한 바 있다. 말 그대로 위젯들을 하나씩 순차적으로 정렬하는 앨리먼트이다.

정렬하는 방식은 수직 방향이 될 수도 있고, 수평 방향이 될 수도 있으며 이는 `android:orientation` 속성에 의하여 결정된다.

`android:orientation` 속성이 'vertical'이면 View 앨리먼트들, 즉 위젯들은 수직방향으로 정렬할 것이다.

반대로 `android:orientation` 속성이 'horizontal'이면 위젯들은 수평방향으로 정렬하게 된다.

이클립스를 실행하여 Ch04Ex01_LinearLayout이라는 이름으로 다음과 같이 새로운 프로젝트를 생성하자.

Project name : Ch04Ex01_LinearLayout
Application name : Ch04Ex01_LinearLayout
Package name : kj.it.ch04ex01_linearlayout
Create Activity : Ch04Ex01_LinearLayoutActivity
Min SDK Version : 8

그리고 생성된 프로젝트 폴더인 Ch04Ex01_LinearLayout 폴더 밑의 res/layout 폴더 안에 생성된 레이아웃 파일인 main.xml 파일을 열어보자. 다음과 같은 xml 코드가 기본으로 생성되어 있을 것이다.

(main.xml)

```
001 <?xml version="1.0" encoding="utf-8"?>
002 <LinearLayout
    xmlns:android="http://schemas.android.com/apk/res/andro
    id"
003     android:orientation="vertical"
004     android:layout_width="fill_parent"
005     android:layout_height="fill_parent"
006     >
007 <TextView
008     android:layout_width="fill_parent"
009     android:layout_height="wrap_content"
010     android:text="@string/hello"
011     />
012 </LinearLayout>
```

002행에 보면 LinearLayout 앨리먼트가 기본으로 생성되어 있음을 볼 수 있다. 이 상태에서 시작하여 Linear Layout의 특징들을 살펴보기로 하자.

먼저 003행의 `android:orientation`을 'horizontal'로 바꾸어보자. 그리고 TextView 앨리먼트의 내용을 일부 수정, 보완하고 또한 새로운 TextView 앨리먼트를 추가하면서 에뮬레이터 상에 레이아웃이 어떻게 정렬되는지 확인해보자.

예제 4-1

(main.xml)

```
001 <?xml version="1.0" encoding="utf-8"?>
002 <LinearLayout
    xmlns:android="http://schemas.android.com/apk/res/andro
    id"
003     android:orientation="horizontal"
004     android:layout_width="fill_parent"
005     android:layout_height="fill_parent"
```

```
006    >
007 <TextView
008    android:layout_width="fill_parent"
009    android:layout_height="fill_parent"
010    android:text="@string/text1"
011    android:background="#ff0000"
012    android:textSize="15pt"
013    android:textColor="#ffffff"
014    android:gravity="center_horizontal"
015    />
016 </LinearLayout>
```

(strings.xml)

```
001 <?xml version="1.0" encoding="utf-8"?>
002 <resources>
003   <string name="text1">빨강     </string>
004   <string name="app_name">Ch04Ex01_LinearLayout</string>
005 </resources>
```

main.xml 파일의 003행을 보자. android:orientation을 'vertical'에서 'horizontal'로 바꾸었다. 003행에서의 변화로 앞으로 화면에 표시되는 위젯들은 그 정렬방향을 수직이 아닌 수평으로 잡게 될 것이다.

010행에서는 android:text를 '@string/hello'에서 '@string/text1'로 바꾸었다. 이와 함께 프로젝트 폴더인 Ch04Ex01_LinearLayout 폴더 밑의 'res/values' 폴더 안에 생성된 strings.xml 파일에 기본으로 생성된 스트링 이름인 003행의 'hello'도 'text1'로 맞추었다. 이는 앞으로 'text2', 'text3'과 같은 스트링 이름들을 추가하겠다는 의도이다.

그리고 'text1'의 속성 값도 기본으로 생성되었던 'Hello World, Ch04Ex01_LinearLayoutActivity!'에서 '빨강'이라는 레이블로 바꾸었다.

011행~014행에서는 다음과 같이 TextView 앨리먼트의 속성들이 추가되었다.

```
android:background="#ff0000"
```

```
android:textSize="15pt"
android:textColor="#ffffff"
android:gravity="center_horizontal"
```

에뮬에이터 화면에 표시되는 배경색(background), 글자 크기(textSize), 글자색(textColor), 그리고 글자의 위치 속성들이 더하여졌다. 배경색은 빨강색(#ff0000), 글자 크기는 15pt, 글자색은 흰색(#ffffff)으로 표시되며 글자의 위치는 수평방향으로 중앙(center_horizontal)의 위치가 될 것이다.

만일 글자 위치 속성 값이 'center_vertical'이라면 글자의 표시 위치는 수직 방향으로 화면의 중앙이 될 것이며 수평 방향으로는 기본 위치인 화면 좌측이 될 것이다.

화면의 정 중앙에 위치시키기를 원한다면 속성 값을 'center'라고만 설정해 주면 된다.

【예제4-1】을 실행한 결과는 <그림4-1>과 같다.

<그림4-1> 【예제4-1】의 실행 결과 화면

레이블 '빨강'이 수평방향으로 화면의 중앙에 위치하였으며 배경색과 글자 크기, 그리고 글자색이 모두 앞의 설명 그대로 표현되었음을 확인할 수 있다.

이번에는 【예제4-1】의 LinearLayout 앨리먼트 안에 두 개의 TextView 앨리먼트들을 추가하여보자. 각각 '녹색', '파랑'을 표시하는 앨리먼트이다. 그리고 글자의 위치는 테스트를 위해 각각 속성 값 'center_vertical', 'center'로 지정할 것이다.

예제 4-2

(main.xml)

```
<?xml version="1.0" encoding="utf-8"?>
                                          .
                    // 【예제4-1】 과 동일 소스(생략)
                                          .
                                          .
    android:layout_weight="1"
    />
<TextView
    android:layout_width="fill_parent"
    android:layout_height="fill_parent"
    android:text="@string/text2"
    android:background="#00ff00"
    android:textSize="15pt"
    android:textColor="#000000"
    android:gravity="center_vertical"
    android:layout_weight="1"
    />
<TextView
    android:layout_width="fill_parent"
    android:layout_height="fill_parent"
    android:text="@string/text3"
    android:background="#0000ff"
    android:textSize="15pt"
    android:textColor="#ffffff"
    android:gravity="center"
    android:layout_weight="1"
    />
</LinearLayout>
```

(strings.xml)

```
001 <?xml version="1.0" encoding="utf-8"?>
002 <resources>
003   <string name="text1">빨강     </string>
004   <string name="text2">녹색     </string>
005   <string name="text3">파랑     </string>
006   <string name="app_name">Ch04Ex01_LinearLayout</string>
007 </resources>
```

【예제4-2】 에서 main.xml 파일의 017행~026행, 그리고 strings.xml 파일의 004행은 안드로이드 화면상에 '녹색'을 표시하기 위한 앨리먼트이다. 'text2'라는 스트링 이름으로 '녹색'이 지정되었으며 글자색(textColor)은 배경색(background)인 녹색(#00ff00)에서도 잘 보이도록 검정색(#000000)으로 지정하였다.

글자 위치(gravity)는 'center_vertical'로서, 화면의 수직 방향으로 중간에, 수평 방향으로는 시작 위치인 좌측에 위치되도록 하였다.

027행~036행은 화면에 '파랑'을 표시하는 앨리먼트이다. '녹색' 표시 앨리먼트의 경우와 마찬가지로 strings.xml 파일의 005행에 'text3'이라는 스트링 이름으로 '파랑'이라는 값이 지정되었다.

'파랑'이라는 레이블이 파랑색(#0000ff) 배경(background) 위에 흰색(#ffffff)으로 표시될 것이다. 또한 글자의 위치는 'center' 속성 값에 의해 파랑색으로 할당된 영역의 정중앙에 위치하게 될 것이다. 수평 방향이나 수직 방향 모두에 있어서 중앙의 위치가 될 것이다.

주목해보아야 할 것은 015행, 025행, 035행에 추가된 `android:layout_weight`라는 속성이다. 세 TextView 앨리먼트 모두 각각 '1'로 지정되었다. 이는 화면을 수평 방향(`android:orientation="horizontal"`)으로 1:1:1의 비율로 배분하라는 의미이다.

【예제4-2】 의 실행 결과는 <그림4-2>와 같다.

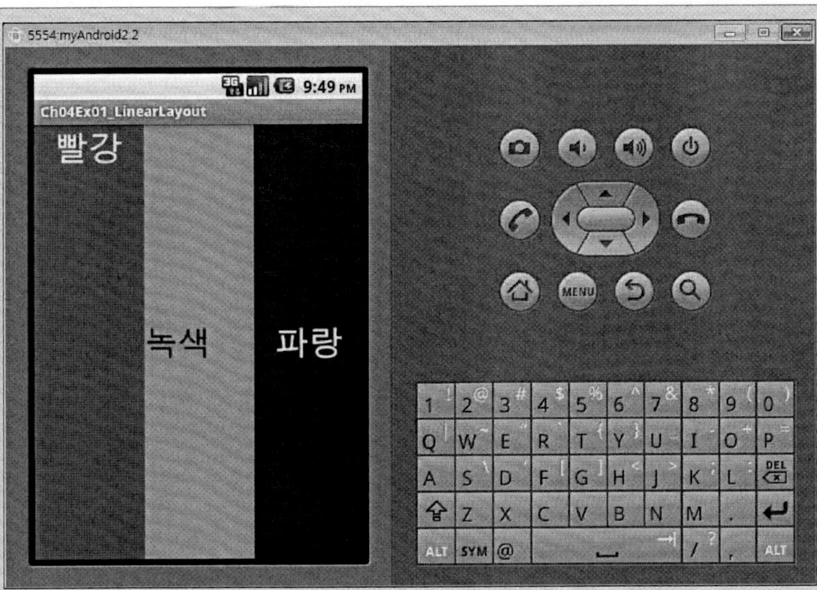

<그림4-2> 【예제4-2】의 실행 결과 화면

<그림4-2>에서 보이는 바와 같이 화면상에 '빨강', '녹색', '파랑'의 영역이 각각 수평 방향으로 1:1:1의 비율로 배분되어 있음을 볼 수 있다.

즉 `android:layout_weight`라는 속성은 화면의 남은 공간을 상대적인 비율로 배분하는 가중치 속성을 의미하는 것이다. 만일 `android:layout_weight`의 값이 각각 '1'과 '2'라면 화면의 남은 공간은 1:2의 비율로 배분될 것이다.

한편 '빨강'이라는 글자는 수평 방향으로만 중앙(center_horizontal)에 위치하였으며, '녹색'이라는 글자는 수직 방향으로만 중앙(center_vertical)에 위치하였다. 반면 '파랑' 이라는 글자는 수평, 수직 방향 모두 중앙(center)인 위치에 표시되었다.

즉 `android:gravity`라는 태그의 속성에 의해 각각의 배분된 영역에 표시되는 위젯의 위치가 결정되는 것이다. `android:gravity`의 속성 값들로는 'left', 'right'를 사용할 수도 있으며 기본, 즉 `android:gravity` 속성이 지정되지 않으면 위젯은 화면의 남은 부분의 왼쪽 상단을 기준으로 위치된다.

이번에는 Linear Layout이 여러 개 중첩되는 상황을 살펴보자. 다소 무리한 방법처럼 보이지만 Linear Layout을 여러 개 중첩하여 위젯들을 배열하는 것도 가능하다.

예제 4-3

(main.xml)

```
001 <?xml version="1.0" encoding="utf-8"?>
002 <LinearLayout
    xmlns:android="http://schemas.android.com/apk/res/andro
    id"
003     android:orientation="vertical"
004     android:layout_width="fill_parent"
005     android:layout_height="fill_parent"
006     >
007   <LinearLayout
008     android:orientation="horizontal"
009     android:layout_width="fill_parent"
010     android:layout_height="fill_parent"
011     android:layout_weight="1"
012     >
013   013행~042행 : 【예제4-2】의 007행~036행과 동일 소스(생략)
...     ...
043   </LinearLayout>
044   <LinearLayout
045     android:orientation="vertical"
046     android:layout_width="fill_parent"
047     android:layout_height="fill_parent"
048     android:layout_weight="1"
049     >
050   <TextView
051     android:layout_width="fill_parent"
052     android:layout_height="wrap_content"
053     android:text="@string/text1"
054     android:background="#ff0000"
055     android:textSize="15pt"
056     android:textColor="#ffffff"
057     android:gravity="center_horizontal"
058     android:layout_weight="1"
```

```
059      />
060    <TextView
061      android:layout_width="fill_parent"
062      android:layout_height="wrap_content"
063      android:text="@string/text2"
064      android:background="#00ff00"
065      android:textSize="15pt"
066      android:textColor="#000000"
067      android:gravity="center_vertical"
068      android:layout_weight="1"
069      />
070    <TextView
071      android:layout_width="fill_parent"
072      android:layout_height="wrap_content"
073      android:text="@string/text3"
074      android:background="#0000ff"
075      android:textSize="15pt"
076      android:textColor="#ffffff"
077      android:gravity="center"
078      android:layout_weight="1"
079      />
080    </LinearLayout>
081  </LinearLayout>
```

(strings.xml)

```
001  <?xml version="1.0" encoding="utf-8"?>
002  <resources>
003    <string name="text1">빨강     </string>
004    <string name="text2">녹색     </string>
005    <string name="text3">파랑     </string>
006    <string name="app_name">Ch04Ex01_LinearLayout</string>
007  </resources>
```

【예제4-3】은 2개의 Linear Layout이 중첩되어 사용된 예이다. 002행~006행에

LinearLayout 앨리먼트가 선언되었다. android:orientation이 'vertical'인 첫 번째 LinearLayout 앨리먼트이다. 앨리먼트 이하의 내용들을 수직 방향으로 정렬하겠다는 의미이다.

007행~012행에 또 하나의 LinearLayout 앨리먼트가 선언되었다. 두 번째 LinearLayout 앨리먼트이다.

그리고 044행~049행에 세 번째인 또 하나의 LinearLayout 앨리먼트가 선언되었다. 002행에서 선언된 첫 번째 LinearLayout 앨리먼트를 닫는 명령인 </LinearLayout>이 081행에 선언되어 있다. 두 번째 LinearLayout 앨리먼트를 닫는 명령은 043행에서 선언되었다. 그리고 바로 이어서 044행에서 새로운 세 번째 LinearLayout 앨리먼트가 선언되었고 이 앨리먼트의 닫는 명령은 080행에서 선언되었다. 이 예에서 사용된 LinearLayout 앨리먼트 구조는 다음과 같이 정리된다.

```
<LinearLayout>
        <LinearLayout>
                위젯 배열
        </LinearLayout>
        <LinearLayout>
                위젯 배열
        </LinearLayout>
</LinearLayout>
```

앞에서도 언급하였듯이 LinearLayout 앨리먼트들이 중첩되어 사용되는 구조이다.

첫 번째 LinearLayout 앨리먼트는 화면 전체의 레이아웃을 지정한다. 그 안에 두 개의 LinearLayout 앨리먼트들이 포함되어 있다. 그 중 첫 번째, 다시 말해서 전체적으로 두 번째에 해당되는 LinearLayout 앨리먼트는 【예제4-3】의 007행~012행에 위치하였으며, 세 번째 LinearLayout 앨리먼트는 044행~049행에 위치하였다. 그리고 011행과 048행에서 보이는 것처럼 두 앨리먼트 모두 android:layout_weight속성을 사용하였으며 그 값은 각각 '1'로 설정되었다. 즉 두 LinearLayout들을 1:1의 비율로 해서 화면을 수직 방향으로 배분하여 사용하겠다는 뜻이다.

이 결과는 <그림4-3>의 【예제4-3】 실행결과 화면에서 실제로 확인할 수 있다.

한편 두 번째 LinearLayout 앨리먼트에 속하는 위젯들은 013행~043행에 위치하였으며 【예제4-2】의 내용 그대로이다.

두 번째 LinearLayout 앨리먼트의 `android:orientation` 속성이 '`horizontal`'이므로 '빨강', '녹색', '파랑'이 수평 방향으로 배열되었다. 이는 이미 <그림4-2>, 즉 【예제4-2】 에서 확인한 결과이다.

세 번째 LinearLayout 앨리먼트에 속하는 위젯들은 050행~079행에 위치하였다. 그런데 이번에는 세 번째 LinearLayout 앨리먼트의 `android:orientation` 속성이 '`vertical`'이다. 즉 050행~079행의 TextView 앨리먼트에 의한 위젯들이 수직 방향으로 배열된다는 것이다.

각 TextView 앨리먼트의 `android:layout_weight` 속성이 모두 '1'이므로 세 TextView 위젯들이 모두 1:1:1의 면적 비율로 수직 방향으로 순차적으로 배열될 것이다. 그 결과가 <그림4-3>이다.

화면이 두 번째, 세 번째 LinearLayout 앨리먼트들에 의해 1:1의 비율로 수직 방향으로 분할되었고, 윗부분은 수평 방향, 아랫부분은 수직 방향으로 세 TextView 앨리먼트에 의해 레이블 위젯들이 각각 1:1:1의 면적 비율로 배열되었음을 확인할 수 있다.

한편 strings.xml 파일의 내용은 【예제4-2】 의 경우와 동일하다. 스트링 멤버 변수로 'text1', 'text2', 'text3'만이 사용되었기 때문에 더 이상 변경할 내용이 없다.

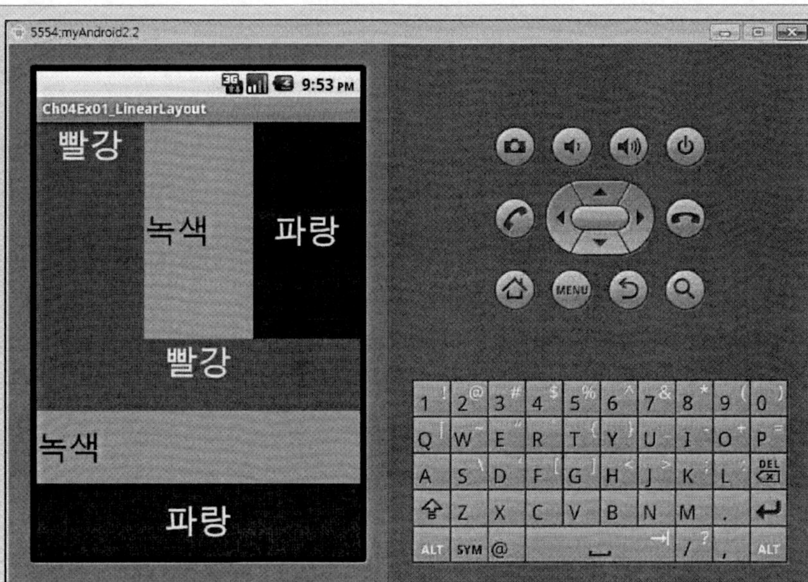

<그림4-3> 【예제4-3】의 실행 결과 화면

4.2 Relative Layout

이번에는 Relative Layout 클래스에 대하여 알아보자. Relative Layout 클래스는 말 그대로 위젯들이 서로 상대적인 관계에 의한 위치에 배열되도록 하는 클래스이다. xml 형식으로 작성되는 레이아웃 파일에서는 RelativeLayout 앨리먼트를 사용하여 지정할 수 있다.

Relative Layout을 잘 사용한다면 중첩된 LinearLayout 앨리먼트를 사용하는 경우보다 화면상에 위젯들을 훨씬 정교하게 배열할 수 있다. 간단한 예제를 수행해 보면서 Relative Layout의 개념을 익혀보자.

이클립스를 실행하여 Ch04Ex02_RelativeLayout이라는 이름으로 다음과 같이 새로운 프로젝트를 생성하자.

Project name : Ch04Ex02_RelativeLayout
Application name : Ch04Ex02_RelativeLayout
Package name : kj.it.ch04ex02_relativelayout
Create Activity : Ch04Ex02_RelativeLayoutActivity
Min SDK Version : 8

새로운 프로젝트 폴더 Ch04Ex02_RelativeLayout이 생성되었으면 'res/layout' 폴더 안에 생성된 레이아웃 파일인 main.xml 파일을 열고 LinearLayout 앨리먼트를 RelativeLayout 앨리먼트로 바꾸어보자.

예제 4-4

(main.xml)

```
<?xml version="1.0" encoding="utf-8"?>
<RelativeLayout
xmlns:android="http://schemas.android.com/apk/res/android"
   android:layout_width="fill_parent"
   android:layout_height="fill_parent"
```

```
005     >
006 <TextView
007     android:id="@+id/label1"
008     android:layout_width="fill_parent"
009     android:layout_height="wrap_content"
010     android:text="@string/hello"
011     />
012 <TextView
013     android:id="@+id/label2"
014     android:layout_width="fill_parent"
015     android:layout_height="wrap_content"
016     android:text="@string/text1"
017     android:background="#00ff00"
018     android:textSize="7pt"
019     android:textColor="#000000"
020     android:layout_below="@id/label1"
021     />
022 </RelativeLayout>
```

(strings.xml)

```
<?xml version="1.0" encoding="utf-8"?>
<resources>
    <string name="hello">Hello World,
             Ch04Ex02_RelativeLayoutActivity!</string>
    <string name="text1">해당하는 항목을 선택하세요!
     </string>
    <string name="app_name">
              Ch04Ex02_RelativeLayout</string>
</resources>
```

먼저 main.xml 파일의 002행과 마지막 행을 LinearLayout에서 RelativeLayout으로 변경한다. 그리고 LinearLayout에서 사용했던 003행의 android:orientation 속성은 삭제한다. RelativeLayout에서는 위젯 id를 기준으로 위젯들의 상대적인 위치를 지정하기 때문에 android:orientation 속성을 별도로 지정할 필요가 없기 때문이다.

007행에서는 TextView 앨리먼트의 id를 'label1'로 지정하였다. 여기서 "@+id" 표시는 id를 추가하는 것을 의미한다.

사실 【예제4-1】~【예제4-3】에서도 각 TextView 앨리먼트마다 android:id 속성을 사용하여 앨리먼트에 id를 지정해 주는 것이 정상이다. xml 형식으로 작성되는 레이아웃 파일에 대한 안드로이드 액티비티 실행에 있어 앨리먼트 id는 각 위젯을 구분하는 기준 역할을 하기 때문이다.

그럼에도 불구하고 【예제4-1】~【예제4-3】에서는 android:id 속성을 사용하지 않았다. 그 이유는 LinearLayout 클래스에서는 단순히 화면상에 위젯들을 배열하는데 있어서는 위젯 id가 없어도 전혀 문제가 안 된다는 것을 보여주기 위함이었다.

그러나 RelativeLayout 클래스에서는 상황이 다르다. 앨리먼트 id가 위젯들의 상대적인 위치를 지정하기 위한 기준점 역할을 하기 때문이다. 예를 들면 '위젯2는 위젯1을 기준으로 위젯1의 좌측 혹은 우측, 또는 위, 혹은 아래에 위치시켜라'와 같은 식이다.

012행~021행에 또 하나의 TextView 앨리먼트가 추가되었다. 이미 앞의 예제들에서 자주 등장하였던 스타일의 앨리먼트이므로 더 이상의 설명이 필요 없을 것이다.

중요한 것은 020행이다. layout_below 속성이 새로이 등장하였다. 이 속성은 표시할 위젯의 상대적인 위치를 지정한다. 즉 013행에서 id가 'label2'로 정의된 TextView 앨리먼트는 020행에 의해 'label1' 위젯의 아래(below)에 위치하게 되는 것이다.

한편 strings.xml 파일은 main.xml에서의 새로운 TextView 앨리먼트인 'label2'의 추가에 따라 대응하여 004행에 스트링 멤버변수 'text1'이 추가되었다. 그리고 'text1'의 스트링 값으로 '해당하는 항목을 선택하세요!'가 설정되었다. 이 스트링 값은 안드로이드 기기 상에서 main.xml 파일의 016행~017행에 의해 녹색의 배경색 위에 표시될 것이다.

【예제4-4】의 실행결과는 <그림4-4>와 같다.

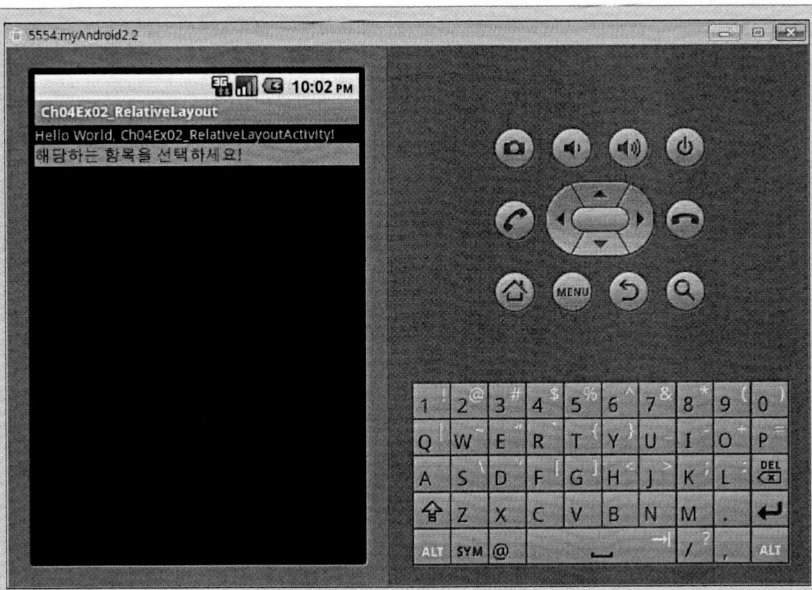

<그림4-4> 【예제4-4】의 실행 결과 화면

이번에는 【예제4-4】에 몇 개의 라디오버튼 위젯들을 추가함으로써 프로그램을 확장시켜보자.

예제 4-5

(main.xml)

```
<?xml version="1.0" encoding="utf-8"?>
                              .
                 // 【예제4-4】와 동일 소스(생략)
                              .
                              .
<RadioButton
    android:id="@+id/radiobutton1"
    android:layout_width="wrap_content"
    android:layout_height="wrap_content"
    android:text="@string/radiobutton1"
    android:layout_below="@id/label2"
    />
<RadioButton
```

```
030     android:id="@+id/radiobutton2"
031     android:layout_width="wrap_content"
032     android:layout_height="wrap_content"
033     android:text="@string/radiobutton2"
034     android:layout_below="@id/radiobutton1"
035     />
036 <RadioButton
037     android:id="@+id/radiobutton3"
038     android:layout_width="wrap_content"
039     android:layout_height="wrap_content"
040     android:text="@string/radiobutton3"
041     android:layout_below="@id/radiobutton2"
042     />
043 </RelativeLayout>
```

(strings.xml)

```
<?xml version="1.0" encoding="utf-8"?>
<resources>
    <string name="hello">Hello World,
            Ch04Ex02_RelativeLayoutActivity!</string>
    <string name="text1">해당하는 항목을 선택하세요!
     </string>
    <string name="radiobutton1">대학생      </string>
    <string name="radiobutton2">고등학생      </string>
    <string name="radiobutton3">중학생      </string>
    <string name="app_name">
             Ch04Ex02_RelativeLayout</string>
</resources>
```

main.xml 파일의 022행~042행에 걸쳐 세 개의 라디오버튼이 추가되었다. 특이한 것은 세 라디오버튼 모두 layout_width를 'fill_parent'가 아닌 'wrap_content'로 지정하였다는 것이다.

Linear Layout의 경우였다면 이러한 속성은 위젯들을 바로 옆에 나란히 배열하도록 한다. 그러나 【예제4-5】에서는 layout_width를 'wrap_content'로 지정하였음에도 라디오버튼 위젯들이 <그림4-5>와 같이 수직 방향으로 배열되었다.

이는 027행, 034행, 041행에 있는 `layout_below` 속성 때문이다. 속성 값이 가리키는 id를 가진 위젯의 아래에 해당 위젯을 배열하도록 지정하였기 때문이다.

main.xml 파일에 맞춰 strings.xml 파일의 내용도 005행~007행을 추가하였다.

【예제4-5】의 실행결과는 <그림4-5>와 같다.

<그림4-5> 【예제4-5】의 실행 결과 화면

이번에는 <그림4-5>의 라디오버튼들을 수평 방향으로 정렬시켜보자.
`layout_below`의 `below` 속성 대신 `toLeftOf` 속성이나 `toRightOf` 속성을 사용할 수 있다.
`toLeftOf` 속성은 해당 id를 가진 위젯의 왼쪽에 위치하도록 하는 속성이다. 반면 `toRightOf` 속성은 `toLeftOf`와 반대로 해당 id를 가진 위젯의 오른쪽에 위치하도록 하는 속성이다.

예제 4-6

(main.xml)

```
<?xml version="1.0" encoding="utf-8"?>
```

```
 .            // 【예제4-5】와 동일 소스(생략)
 .                       .
021                      .
022 <RadioButton
023     android:id="@+id/radiobutton2"
024     android:layout_width="wrap_content"
025     android:layout_height="wrap_content"
026     android:text="@string/radiobutton2"
027     android:layout_below="@id/label2"
028     android:layout_centerHorizontal="true"
029     />
030 <RadioButton
031     android:id="@+id/radiobutton1"
032     android:layout_width="wrap_content"
033     android:layout_height="wrap_content"
034     android:text="@string/radiobutton1"
035     android:layout_toLeftOf="@id/radiobutton2"
036     android:layout_alignTop="@id/radiobutton2"
037     />
038 <RadioButton
039     android:id="@+id/radiobutton3"
040     android:layout_width="wrap_content"
041     android:layout_height="wrap_content"
042     android:text="@string/radiobutton3"
043     android:layout_toRightOf="@id/radiobutton2"
044     android:layout_alignBottom="@id/radiobutton2"
045     />
046 </RelativeLayout>
```

먼저 027행에 의해 radiobutton2의 라디오버튼을 TextView 앨리먼트인 label2 아래에 위치시킨다. 그리고 028행의 `layout_centerHorizontal` 속성에 의해 수평방향에서 화면의 중앙 부분에 위치시킨다.

다음에 031행의 radiobutton1을 035행에 의해 radiobutton2의 왼쪽에 위치시킨다.

layout_toLeftOf 속성이 기준 위젯인 radiobutton2의 좌측을 지정하고 있기 때문이다.

또한 여기서는 036행의 layout_alignTop 속성이 사용되었다. 이 속성은 기준 위젯인 radiobutton2와 상단 부분의 위치가 일치하도록 한다. 같은 수평 위치에 배열하도록 하는 것이다.

세 번째 라디오버튼인 radiobutton3은 radiobutton2의 오른쪽에 위치된다. 이는 043행의 layout_toRightOf 속성에 의해서 수행된다.

기준 위젯인 radiobutton2의 오른쪽에 해당 위젯을 위치시킨다. 또한 044행은 radiobutton3의 위치를 기준 위젯인 radiobutton2와 위젯의 하단 부분을 서로 일치시키는 속성을 나타낸다. layout_alignBottom 속성이 바로 그것이다.

여기서는 세 라디오버튼들의 크기가 동일하므로 alignTop이나 alignBottom 모두 결과적으로 동일한 의미가 되는 것이다.

<그림4-6>은 【예제4-6】의 실행결과를 보여준다. 세 개의 라디오버튼들이 수평 방향으로 정렬되어 있음을 볼 수 있다.

<그림4-6> 【예제4-6】의 실행 결과 화면

Relative Layout과 함께 below, toLeftOf, toRightOf, alignTop, alignBottom과 같이 위젯들의 위치를 결정하는 속성들이 사용되었다. 이 외에도 더 많은 속성들이 사용될 수 있다. 이들 속성들이 <표4-1>에서 간단히 정리된다. 여러분 각자 이들 속성들을 테

스트해 봄으로써 각 속성들이 어떤 동작을 나타내는지 확인해 볼 수 있을 것이다.

<표4-1> 위젯의 위치를 지정하는 속성들

위젯의 위치를 지정하는 속성들	
android:layout_above	위젯이 기준 위젯의 위쪽에 위치한다.
android:layout_below	위젯이 기준 위젯의 아래쪽에 위치한다.
android:layout_toLeftOf	위젯이 기준 위젯의 왼쪽에 위치한다.
android:layout_toRightOf	위젯이 기준 위젯의 오른쪽에 위치한다.
위젯의 정렬 방법을 지정하는 속성들	
android:layout_alignTop	위젯이 기준 위젯과 상단 위치가 일치하도록 배치된다.
android:layout_alignBottom	위젯이 기준 위젯과 하단 위치가 일치하도록 배치된다.
android:layout_alignLeft	위젯이 기준 위젯과 왼쪽 위치가 일치하도록 배치된다.
android:layout_alignRight	위젯이 기준 위젯과 오른쪽 위치가 일치하도록 배치된다.
android:layout_alignBaseline	위젯이 기준 위젯과 텍스트 기준선이 일치하도록 배치된다.
화면 영역을 기준으로 위젯의 위치를 지정하는 속성들	
android:layout_alignParentTop	위젯의 상단이 화면 영역 상단에 일치하도록 배치된다.
android:layout_alignParentBottom	위젯의 하단이 화면 영역 하단에 일치하도록 배치된다.
android:layout_alignParentLeft	위젯의 왼쪽이 화면 영역 왼쪽에 일치하도록 배치된다.
android:layout_alignParentRight	위젯의 오른쪽이 화면 영역 오른쪽에 일치하도록 배치된다.
android:layout_centerHorizontal	위젯이 화면 영역의 수평 방향 중앙에 위치하도록 배치된다.
android:layout_centerVertical	위젯이 화면 영역의 수직 방향 중앙에 위치하도록 배치된다.
android:layout_centerInParent	위젯이 화면 영역의 정중앙에 위치하도록 배치된다.

4.3 Table Layout

Table Layout을 살펴보기 전에 먼저 패딩 기능에 대하여 간단히 살펴보고 넘어가자.

패딩은 화면 영역과 화면상에 표시되는 위젯과의 간격을 의미하며, 여백이라고도 할 수 있는 표현이다. 패딩의 속성으로는 paddingTop, paddingBottom, paddingLeft, paddingRight 등이 있다.

PaddingTop은 화면 영역의 윗부분에서 위젯까지의 간격을 의미한다. 만일 paddingTop="10px"라고 선언하면 위젯은 화면 상단으로부터 10 픽셀만큼의 간격을 띄운 위치에 배치되게 된다. 마찬가지로 paddingBottom은 화면의 아랫부분으로부터의 위젯의 위치를 의미하고, paddingLeft와 paddingRight는 각각 화면의 좌측과 우측으로부터의 위젯의 위치를 의미한다. 물론 기본 값은 0이다. xml로 작성되는 레이아웃 파일에서 패딩이 지정되지 않는다면 화면 영역으로부터의 간격은 기본 값인 0이 된다.

패딩에 대한 이러한 개념을 가지고 Table Layout에 대하여 살펴보자.

Table Layout은 웹 페이지 작성에 사용되는 HTML(HyperText Markup Language)의 테이블 구조와도 유사하다. HTML에서의 테이블 작성 방법에 익숙한 사용자라면 Table Layout의 사용에 별다른 어려움이 없을 것이다.

Table Layout 앨리먼트는 TableRow 앨리먼트를 사용하여 화면상에 추가되는 테이블의 행을 지정한다. 테이블이 새로운 행을 시작할 때마다 먼저 TableRow 앨리먼트가 선언된다는 것이다.

다음의 프로젝트를 수행해봄으로써 Table Layout에 대한 감각을 익혀보자.

먼저 이클립스를 실행하여 Ch04Ex03_TableLayout이라는 이름으로 다음과 같이 새로운 프로젝트를 생성하자.

Project name : Ch04Ex03_TableLayout
Application name : Ch04Ex03_TableLayout
Package name : kj.it.ch04ex03_tablelayout
Create Activity : Ch04Ex03_TableLayoutActivity
Min SDK Version : 8

생성된 프로젝트 폴더인 Ch04Ex03_TableLayout 폴더 밑의 'res/layout' 폴더 안에 생성된 레이아웃 파일인 main.xml 파일을 열자. 그리고 main.xml 파일의 내용을 【예제4-7】과 같이 바꾸어보자. 또한 변경되는 main.xml 파일의 내용에 따라 strings.xml

파일의 내용도 대응하여 바꾸어보자.

예제 4-7

(main.xml)

```
<?xml version="1.0" encoding="utf-8"?>
<TableLayout
xmlns:android="http://schemas.android.com/apk/res/android"
    android:orientation="vertical"
    android:layout_width="fill_parent"
    android:layout_height="fill_parent"
    android:stretchColumns="1"
    >
<TableRow>
<TextView
    android:layout_width="fill_parent"
    android:layout_height="wrap_content"
    android:text="@string/text1"
    />
<EditText
    android:id="@+id/input1"
    />
</TableRow>
<TableRow>
<Button
    android:id="@+id/button1"
    android:text="@string/button1"
    />
<Button
    android:id="@+id/button2"
    android:text="@string/button2"
    />
</TableRow>
</TableLayout>
```

(strings.xml)

```
<?xml version="1.0" encoding="utf-8"?>
<resources>
    <string name="text1">URL:   </string>
    <string name="button1">Send   </string>
    <string name="button2">Cancel   </string>
    <string name="app_name">Ch04Ex03_TableLayout</string>
</resources>
```

main.xml 파일에서 먼저 프로젝트를 생성하면 기본으로 만들어지는 002행의 LinearLayout을 이 프로젝트에서 수행할 레이아웃인 TableLayout으로 변경한다. 당연히 028행의 </LinearLayout>도 </TableLayout>으로 변경한다.

다음에는 003행의 `android:orientation="vertical"` 속성을 삭제하였다. 이는 TableLayout의 경우, TableRow 속성에 의해 자동으로 테이블에 행을 하나씩 추가하기 때문이다. `android:orientation` 속성이 별도로 적용될 필요가 없다는 의미이다.

006행에서는 `stretchColumns` 속성이 추가되었다. 그리고 속성 값으로 1이 지정되었다. 이는 TableRow에 의해 지정된 행에서 column인 열의 너비를 확장시키라는 명령이다. 즉 column 번호가 1인 열의 너비가 확장될 것임을 의미한다.

참고로 column 번호는 0부터 시작한다. 따라서 column 번호가 1이면 열은 0인 첫 번째 열 다음인 두 번째의 열을 가리키게 된다.

따라서 `android:stretchColumns="1"`은 두 번째 열의 너비를 확장하게 됨을 의미하는 것이다.

이 명령은 표시될 테이블의 좌우 너비가 화면의 폭보다 좁을 경우에 효과적으로 작동한다. `stretchColumns` 속성에 의해 지정된 열 이외의 나머지 열들이 사용하고 남은 나머지 행의 공간을 지정한 열이 차지하게 된다.

<그림4-7>의 실행 결과 화면에서 보면 두 번째 열인 EditText 입력창이나 Cancel 버튼의 너비가 첫 번째 열인 'URL:' 레이블이나 Send 버튼이 사용하고 남은 나머지 모든 공간을 차지하고 있음을 확인할 수 있다.

`stretchColumns` 속성 외에도 열의 너비를 줄이는 속성인 `shrinkColumns` 속

성이나 열은 존재하지만 보이지 않게 숨기는 속성인 `collapseColumns` 속성 등이 또한 사용될 수 있다. 또한 이들 속성의 값을 1, 2, 3으로 함으로써 여러 개의 열이 동시에 영향을 받도록 할 수 있으며 *표시에 의해 전체 열들이 모두 영향 받도록 할 수도 있다.

008행에서는 TableRow 태그가 선언되었다. 테이블의 한 행을 시작하는 명령이다. 그리고 017행에서는 테이블의 한 행을 종료하는 종료 태그가 선언되었다. 즉 008행에 의하여 테이블의 첫 번째 행이 선언되고 017행에 의하여 첫 번째 행이 종료되는 식이다.

010행과 011행의 `layout_width` 속성과 `layout_height` 속성은 삭제하였다. TableRow 태그와 그에 포함된 앨리먼트들에 의해 테이블의 한 행에 포함될 위젯들이 결정되므로 이들 속성들은 중복되는 의미가 있다. 없어도 상관없다는 뜻이다.

009행과 014행에 의해 테이블의 첫 번째 행 안에 TextView 위젯과 EditText 위젯이 포함된다. 즉 테이블의 한 행에 두 위젯이 표시된다.

012행은 프로젝트가 처음 생성될 때 `android:text="@string/hello"`이었으나 예제의 특성에 맞게 `android:text="@string/text1"`로 바꾸었다. 이에 따라 strings.xml 파일의 003행도 따라서 바뀌었다.

014행~016행은 간단한 EditText 위젯을 생성하는 명령이다. EditText 위젯의 id만 'input1'로 지정하는 정도로 마무리하였다. 참고로 위젯에 id를 처음 부여할 때는 `"@+id/..."`와 같은 형식을 사용하여 부여한다. 그리고 한 번 부여된 id를 참조할 때는 `"@id/..."` 표식을 사용한다.

한편 018행~027행에서는 또 하나의 TableRow 태그가 선언되었다. 테이블의 두 번째 행을 의미하는 것이다. 그리고 이 태그 안에 019행과 023행 등 두 개의 Button 위젯들이 포함되었다. 테이블의 두 번째 행에 두 개의 버튼이 표시되는 것이다. 첫 번째 버튼은 'Send'라는 버튼이고, 두 번째 버튼은 'Cancel'이라는 버튼이다.

주의해서 보아야 할 것은 첫 번째 버튼의 너비는 버튼 위에 표시된 'Send'라는 텍스트의 길이에 의해서 결정된다는 것이고, 두 번째 버튼의 너비는 006행에 의해 `stretchColumns`가 '1'인 관계로 'Send'에 의하여 결정된 첫 번째 열의 너비 외의 행의 나머지 모든 공간이 'Cancel' 버튼에 의하여 점유된다는 것이다.
만일 `android:width="100px"`와 같은 속성을 첫 번째 Button에 포함시킨다면

'Send' 버튼의 너비를 '100px'로 늘일 수도 있다.

'Send' 버튼과 'Cancel' 버튼의 추가로 strings.xml 파일에서도 004행과 005행에 스트링 태그가 추가되었다.

<그림4-7>은 【예제4-7】의 실행결과 화면을 나타낸다.

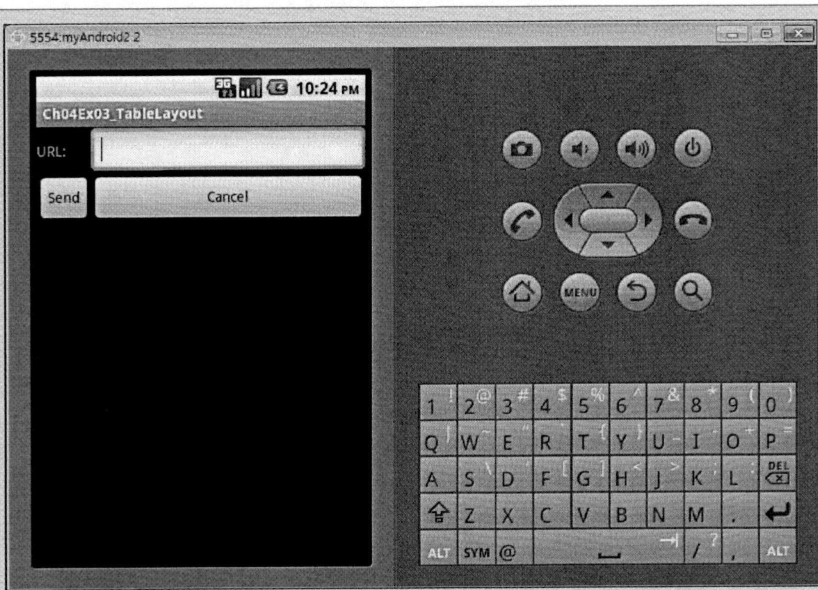

<그림4-7> 【예제4-7】의 실행 결과 화면

이번에는 Table Layout에 대한 속성들을 좀 더 살펴보기 위해 【예제4-7】의 테이블에 몇 개의 행들을 추가하여보자.

예제 4-8

(main.xml)

```
<?xml version="1.0" encoding="utf-8"?>
<TableLayout
xmlns:android="http://schemas.android.com/apk/res/android"
   android:layout_width="fill_parent"
   android:layout_height="fill_parent"
   android:stretchColumns="1,2"
```

```
    >
<TableRow>
<TextView
    android:text="@string/text1"
    android:padding="10dp"
    />
<EditText
    android:id="@+id/input1"
    android:layout_span="2"
    />
</TableRow>
<TableRow>
<Button
    android:id="@+id/button1"
    android:text="@string/button1"
    android:layout_column="1"
    android:layout_weight="1"
    />
<Button
    android:id="@+id/button2"
    android:text="@string/button2"
    android:layout_weight="1"
    />
</TableRow>
<View
    android:layout_height="2px"
    android:background="#ffff00"
    />
<TableRow>
<AnalogClock
    android:id="@+id/clk1"
    />
<DigitalClock
    android:layout_span="2"
    android:id="@+id/clk2"
    android:gravity="center"
    android:layout_width="fill_parent"
```

```
        android:layout_height="fill_parent"
        />
    </TableRow>
    <View
        android:layout_height="2px"
        android:background="#ffff00"
        />
    <TableRow>
    <TextView
        android:text="@string/text2"
        android:padding="5dp"
        android:layout_column="1"
        />
    <TextView
        android:text="@string/text3"
        android:paddingLeft="20px"
        />
    </TableRow>
    <TableRow>
    <TextView
        android:text="@string/text4"
        android:paddingLeft="50px"
        />
    <EditText
        android:id="@+id/input2"
        android:layout_column="1"
        />
    <EditText
        android:id="@+id/input3"
        />
    </TableRow>
    <TableRow>
    <Button
        android:id="@+id/button3"
        android:text="@string/button1"
        android:layout_column="1"
        android:layout_weight="1"
```

```
080         />
081     <Button
082         android:id="@+id/button4"
083         android:text="@string/button2"
084         android:layout_weight="1"
085         />
086     </TableRow>
087     <View
088         android:layout_height="2px"
089         android:background="#ffff00"
090         />
091     </TableLayout>
```

(strings.xml)

```
<?xml version="1.0" encoding="utf-8"?>
<resources>
    <string name="text1">URL:   </string>
    <string name="button1">Send   </string>
    <string name="button2">Cancel   </string>
    <string name="text2">ID:   </string>
    <string name="text3">PWD:   </string>
    <string name="text4">Login:   </string>
    <string name="app_name">Ch04Ex03_TableLayout</string>
</resources>
```

main.xml 파일의 005행에서 `stretchcolumns='1,2'`에 의해 첫 번째(0) 열외의 두 번째(1)와 세 번째(2) 열의 너비가 확장된다.

010행에서는 `padding="10dp"`로 설정되었다. 패딩의 속성으로는 paddingTop, paddingBottom, paddingLeft, paddingRight 등이 있으며 이들의 사용법에 대해서는 이미 앞에서 설명한 바 있다.

그런데 여기서는 Top, Bottom, Left, Right 등 방향에 대한 표현 없이 그저 padding으로만 정의되고 있다. 이러한 표현은 패딩의 속성을 Top, Bottom, Left, Right 등 모든 방향에 적용하라는 의미로 받아들이면 된다.

한편 패딩의 속성 값으로 '10dp'라는 값이 지정되었다. 여기서 'dp'는

'device-dependent pixels'라는 표현의 약어로서 1dp는 160dpi 해상도의 화면에서 1px(픽셀)의 크기와 같다. 따라서 화면의 해상도가 변하면 dp의 크기도 비례하여 변한다는 것을 의미한다.

패딩의 속성 값으로 사용되는 단위로는 px, dp 외에도 배율에 따라 크기가 변하는 sp(scale-dependent pixels)와 포인트를 뜻하는 pt(points, 1pt=1/72인치), in(inches), mm(millimeter) 단위들이 사용될 수 있다.

014행의 `layout_span="2"`는 이미 앞에서 사용한 바 있는 기능이다. 여기서는 첫 번째 열은 TextView 앨리먼트를 표시하고 그 다음의 두 번째 열과 세 번째 열은 병합하여 EditText 앨리먼트로 사용하라는 의미이다. 입력필드가 두 번째 열과 세 번째 열에 걸쳐서 표시된다.

021행의 `layout_column="1"`은 첫 번째 열이 아닌 두 번째 열에 해당하는 위젯을 표시하라는 의미이다. 또한 022행과 027행의 `layout_weight="1"` 표시는 두 열에 표시될 위젯들을 동일한 가중치의 너비로 표시하기 위하여 사용한 것이다.

030행~033행은 행과 행 사이를 구분하기 위하여 View 앨리먼트를 사용하여 경계선을 표시하도록 한 것이다. 경계선의 폭은 '2px', 색상은 '#ffff00'이다.

034행~045행은 새로운 위젯으로서 AnalogClock 앨리먼트와 DigitalClock 앨리먼트를 사용하여 각각 아날로그형 시계와 디지털형 시계를 표시한다.

여기서 아날로그형 시계의 크기로 인해 그 위의 행에 있는 첫 번째 열, 'URL:'과 아래 행의 첫 번째 열, 'Login:'의 너비가 함께 영향 받았음을 알 수 있다.

그리고 디지털형 시계는 `layout_span="2"`에 의해 두 번째 열과 세 번째 열을 병합하였고 `gravity="center"`에 의해 병합한 열의 중앙에 표시되었다.

046행~049행은 030행~033행처럼 또 하나의 경계선을 표시하는 앨리먼트이다.

050행~090행은 이미 앞에서 사용한 적이 있는 위젯들을 열에 맞춰 한 번 더 배열한 것뿐이다. 특별히 참고해야 할 새로운 속성들은 없다.

한편 `strings.xml` 파일도 `main.xml` 파일의 내용에 맞춰 006행~008행에 스트링 태그를 추가하였다. 【예제4-8】의 실행 결과는 <그림4-8>과 같다.

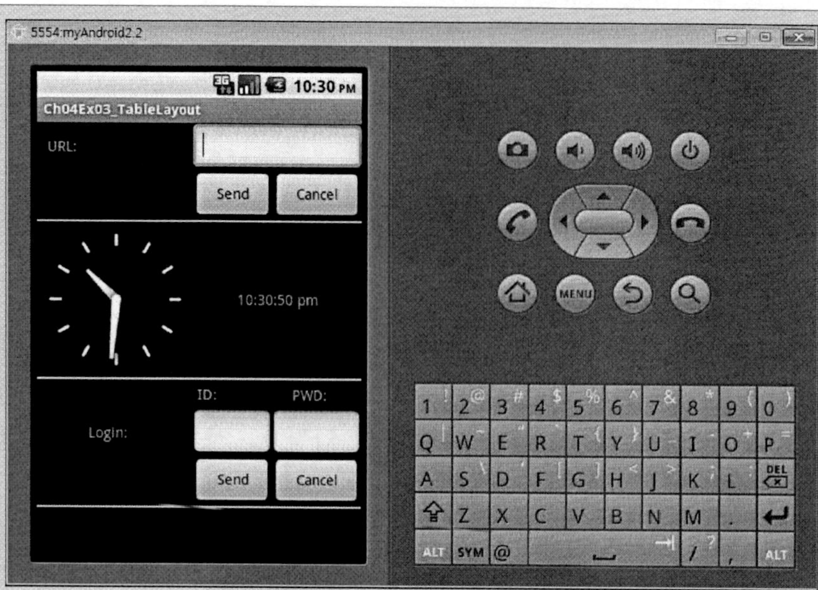

<그림4-8> 【예제4-8】의 실행 결과 화면

4.4 ScrollView

만일 안드로이드 기기의 화면에 표시할 위젯들이 너무 많아서 한 화면의 범위 안에 모두 담을 수 없는 상황이 되면 어떻게 될까? 이러한 상황이 되면 정말 곤란할 것이다.

다음의 프로젝트를 새로이 생성해보자. 프로젝트의 이름은 Ch04Ex04_ScrollView 이다.

Project name : Ch04Ex04_ScrollView
Application name : Ch04Ex04_ScrollView
Package name : kj.it.ch04ex04_scrollview
Create Activity : Ch04Ex04_ScrollViewActivity
Min SDK Version : 8

생성된 프로젝트 폴더에서 main.xml 파일을 찾아 【예제4-9】와 같이 수정하여보자. 【예제4-9】의 `strings.xml` 파일에서도 알 수 있듯이 텍스트 위젯들을 단순하게 나열하는 정도의 매우 간단한 예제이다. 【예제4-9】의 예제를 작성하고 프로젝트를 실행해보자. 어떤 결과가 나타날 것인가?

예제 4-9

(main.xml)

```
001 <?xml version="1.0" encoding="utf-8"?>
002 <TableLayout
    xmlns:android="http://schemas.android.com/apk/res/andro
    id"
003     android:layout_width="fill_parent"
004     android:layout_height="fill_parent"
005     >
006 <TableRow>
007 <TextView
008     android:text="@string/text1"
009     android:padding="10dp"
010     android:textSize="12pt"
011     />
012 </TableRow>
013 <View
014     android:layout_height="2px"
015     android:background="#ffff00"
016     />
 .                              .
 .   //006행~016행 9회 반복
 .   //008행의 text1을 text2, text3, ... text10로 각각 수정
 .                              .
116 </TableLayout>
```

(strings.xml)

```
<?xml version="1.0" encoding="utf-8"?>
<resources>
    <string name="text1">Book   </string>
    <string name="text2">Business   </string>
    <string name="text3">Education   </string>
    <string name="text4">Entertainment   </string>
    <string name="text5">Finance   </string>
    <string name="text6">News   </string>
    <string name="text7">Phone   </string>
    <string name="text8">Restaurant  </string>
    <string name="text9">Shopping   </string>
    <string name="text10">Web  </string>
    <string name="app_name">Ch04Ex04_ScrollView</string>
</resources>
```

【예제4-9】의 실행 결과는 <그림4-9>와 같다. 'text1'부터 'text10'까지 10개의 위젯들을 표시하도록 하였으나 화면의 크기가 제한되어 모두 표시하지 못하고 7개의 위젯들만이 표시되었다. 나머지 3개의 위젯들이 표시되지 않고 있는 상황이다.

<그림4-9> 【예제4-9】의 실행 결과 화면

이제 【예제4-9】의 main.xml 파일에서 002행~005행을 다음의 002행~009행으로 바꾸어보자. ScrollView 앨리먼트를 추가하는 것이다. 그리고 main.xml 파일의 마지막 행에 ScrollView의 닫는 태그인 </ScrollView>를 추가하자.

그리고 【예제4-9】를 다시 실행하여보자. <그림4-10>과 같이 화면의 오른쪽에 스크롤 기능이 추가된 화면이 나타날 것이다. ScrollView를 사용하여 간단하게 스크롤 기능을 실현시킬 수 있는 것이다.

(main.xml)

```
001 <?xml version="1.0" encoding="utf-8"?>
002 <ScrollView
    xmlns:android="http://schemas.android.com/apk/res/andro
    id"
003     android:layout_width="fill_parent"
004     android:layout_height="fill_parent"
005     >
006 <TableLayout
007     android:layout_width="fill_parent"
008     android:layout_height="fill_parent"
009     >
010 <TableRow>
 .      .
 .      .
 .      .
120   </TableLayout>
121 </ScrollView>
```

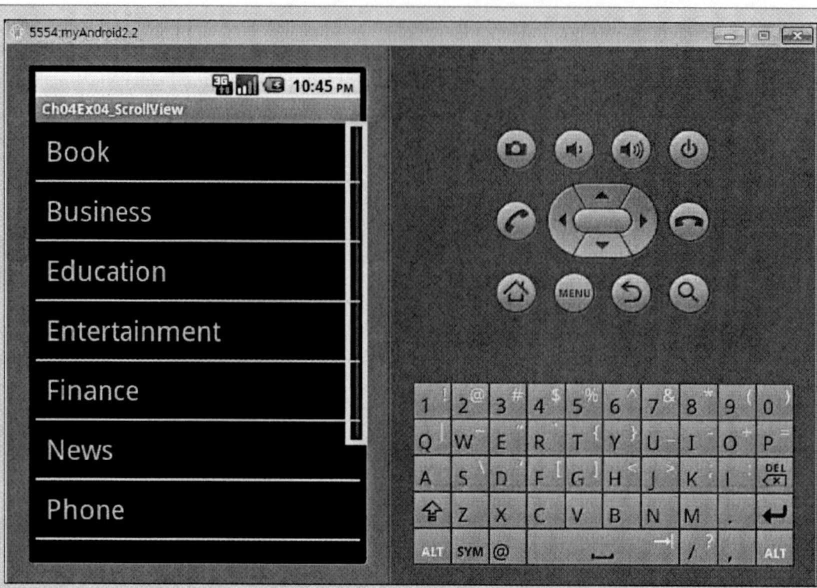

<그림4-10> 스크롤 기능이 추가된 에뮬레이터 화면

제 5 장
자바 코드 다루기

5.1 자바 코드로 표현하기

5.2 버튼 위젯 이용하기

5.3 이미지 위젯 이용하기

5.4 입력 필드 위젯 이용하기

5.5 플리퍼 기능

제 5 장 자바 코드 다루기

5.1 자바 코드로 표현하기

이 장에서는 프로젝트의 생성과 함께 자동으로 만들어지는 자바 소스 프로그램에 새로운 자바 코드를 추가함으로써 안드로이드 프로그램에 동적인 요소를 더하는 방법에 대하여 알아본다.

지금까지는 새로운 프로젝트를 생성하고 이 과정에서 생성된 xml 레이아웃 파일을 기반으로 하여 기본 위젯들을 안드로이드 에뮬레이터 상에 표시하는 과정들에 대해서만 살펴보았다. 또한 이 과정에서 주로 다루어졌던 파일들도 main.xml 파일이나 strings.xml 파일들이었다. 그리고 이들 파일들은 결국은 안드로이드 에뮬레이터 상에 특정 위젯들을 표시하기 위한 리소스를 제공하는 정도의 기능만을 수행하였다. 이러한 위젯들의 정적인 표시를 동적인 움직임으로 확장시키기 위해서는 또 다른 과정이 더해져야만 한다. 그리고 이러한 추가적인 과정은 이미 짐작하고 있듯이 java 파일 상에서 이루어진다.

우리는 제 2 장에서 프로젝트를 처음 생성하면 main.xml 파일과 strings.xml 파일 외에도 R.java 파일과 액티비티 이름이 붙은 java 파일이 함께 생성됨을 확인한 바 있다. 이들 두 파일, 즉 R.java 파일과 액티비티 이름이 붙은 java 파일이 자바 코드로 생성된 파일들이며 또한 프로젝트의 실행에 직접적으로 관여하는 파일들이다.

이제 java 파일을 통하여 안드로이드 에뮬레이터 상에 표시되는 위젯들의 액티비티, 즉 에뮬레이터 화면상에서 사용자와 위젯들 간에 일어나는 인터페이스의 처리 과정을 다루어보자.

먼저 생성된 java 파일에 간단한 자바 코드를 추가함으로써 표시되는 위젯들의 속성을 변화시키는 과정부터 시작해보자.

이클립스를 실행하여 Ch05Ex01_BasicWidget이라는 이름으로 다음과 같이 새로운 프로젝트를 생성한다.

Project name : Ch05Ex01_BasicWidget
Application name : Ch05Ex01_BasicWidget

Package name : kj.it.ch05ex01_basicwidget
Create Activity : Ch05Ex01_BasicWidgetActivity
Min SDK Version : 8

프로젝트의 생성으로 레이아웃의 결정에 관여하는 두 개의 xml 파일, 즉 main.xml 파일과 strings.xml 파일 외에 액티비티 이름의 Ch05Ex01_BasicWidgetActivity.java 파일과 R.java 파일이 생성된다.

여기서 Ch05Ex01_BasicWidgetActivity.java 파일은 안드로이드 프로그램의 소스파일로서, 프로젝트의 실행에 직접적으로 관여하는 프로그램이다.

반면 R.java 파일은 main.xml 파일과 strings.xml 파일 등 리소스 관련 파일의 정보를 소스 프로그램인 Ch05Ex01_BasicWidgetActivity.java 파일과 연결시키기 위해 자바 클래스의 모습으로 생성되는 파일이다.

먼저 R.java 파일에 대하여 간단히 살펴보자. 이 파일은 main.xml 파일이나 strings.xml 파일 내용의 변경에 맞춰 자동으로 업데이트되도록 되어있다. 따라서 사용자가 임의로 파일의 내용을 수정하거나 변경할 수 없다.

다음은 프로젝트 생성 시 만들어진 R.java 파일의 내용이다.

(R.java)

```
/* AUTO-GENERATED FILE.  DO NOT MODIFY.
 *
 * This class was automatically generated by the
 * aapt tool from the resource data it found.  It
 * should not be modified by hand.
 */

package kj.it.ch05ex01_basicwidget;

public final class R {
    public static final class attr {
    }
    public static final class drawable {
        public static final int icon=0x7f020000;
    }
    public static final class layout {
```

```
017            public static final int main=0x7f030000;
018        }
019        public static final class string {
020            public static final int app_name=0x7f040001;
021            public static final int hello=0x7f040000;
022        }
023    }
```

R.java 파일에 생성된 클래스들을 보면 010행의 R이라는 이름의 클래스 안에 attr 클래스, drawable 클래스, layout 클래스, string 클래스들이 포함되어 있다. 그리고 이들 클래스들에 포함된 icon, main, app_name, hello 변수들은 모두 <그림5-1>과 같이 프로젝트 생성 시 기본적으로 만들어지는 리소스(res) 폴더 안에 존재하는 정보들이다.

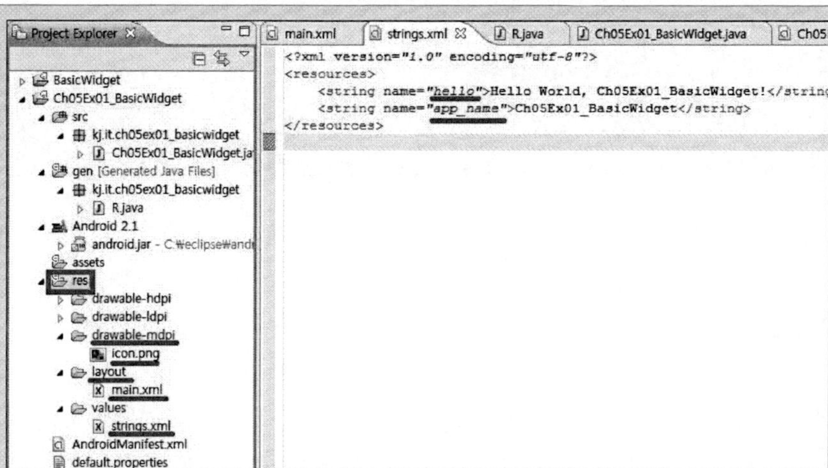

<그림5-1> 기본 리소스정보 화면

다시 한 번 강조하지만 R.java 파일은 프로젝트의 리소스 정보들을 정의하는 파일이며 리소스 정보의 수정이나 변경에 의해 자동으로 업데이트되도록 되어있다. 우리가 손을 댈 이유가 전혀 없는 것이다.

또한 이 파일에서 정의된 클래스들은 모두 final이라는 예약어로 정의되어 있음을 볼 수 있다. 즉 사용자가 임의로 파일의 내용을 수정하는 것 뿐 아니라 이들 정의된 클래스들을 서브 클래스를 만들어 상속받거나 혹은 메소드 오버라이딩과 같은 방법을 통하여 서브클래스에서 다시 정의하여 사용하는 것을 제한하고 있는 것이다.

이번에는 소스 프로그램인 Ch05Ex01_BasicWidgetActivity.java 파일에 대하여 살펴보자. 이 파일 역시 프로젝트의 생성과 함께 자동으로 생성되었음을 우리는 알고 있다. 또한 기본으로 <그림5-2>와 같이 안드로이드 에뮬레이터 화면에 'Hello World, Ch05Ex01_BasicWidget!'을 표시하도록 되어있음도 알고 있다.

<그림5-2> 안드로이드 에뮬레이터의 기본 화면

Ch05Ex01_BasicWidgetActivity.java 파일의 내용은 다음과 같다.

(Ch05Ex01_BasicWidgetActivity.java)

```
package kj.it.ch05ex01_basicwidget;

import android.app.Activity;
import android.os.Bundle;

public class Ch05Ex01_BasicWidgetActivity extends Activity {
    /** Called when the activity is first created. */
    @Override
    public void onCreate(Bundle savedInstanceState) {
        super.onCreate(savedInstanceState);
```

```
011         setContentView(R.layout.main);
012     }
013 }
```

001행은 프로젝트를 처음 생성할 때 지정하도록 되어있는 패키지 이름(Package name)을 정의한다. Ch05Ex01_BasicWidgetActivity.java 파일이 위치하는 패키지 폴더의 경로이다.

003행과 004행은 안드로이드 프로그램을 구성하는데 필수적으로 사용되는 클래스를 지정하는 과정이다. import 구문을 사용하여 관련 클래스들을 지정할 수 있으며 여기서는 프로젝트 생성과 함께 기본으로 Activity 클래스와 Bundle 클래스가 지정되었다.

Activity 클래스는 사용자가 실행할 수 있도록 된 하나의(single, focused) 액티비티를 관장하는 클래스이며 Bundle 클래스는 문자열 값들을 여러 단위 형태들로 매핑해주는 클래스이다.

이들 두 개의 클래스 외에 프로그램의 수행에 있어 더 많은 클래스들이 필요하다면 얼마든지 추가할 수 있다.

> <Activity 클래스>
>
> : 사용자가 실행할 수 있도록 된 하나의(single, focused) 액티비티 단위를 다루는 클래스
>
> <Bundle 클래스>
>
> : 문자열 값들을 여러 단위 형태들로 매핑해주는 클래스

006행은 자바 소스 프로그램인 `Ch05Ex01_BasicWidgetActivity` 클래스의 생성을 정의하는 부분이다. 앞에서 프로젝트를 생성할 때 사용했던 액티비티 이름으로 클래스가 생성된다. 그리고 이 클래스는 슈퍼클래스로서 Activity 클래스를 상속받도록 지정되어 있다. 이는 003행에서 import한 Activity 클래스와 그 안의 모든 메소드들을 상속받아 그대로 사용할 수 있다는 뜻이다.

008행의 `@Override`는 상속받은 슈퍼클래스인 Activity 클래스에 존재하는 메소드를 서브클래스인 `Ch05Ex01_BasicWidgetActivity` 클래스에서 다시 정의하여 사용한다는 것을 의미한다. 즉 009행의 `onCreate()` 메소드는 슈퍼클래스인 Activity 클래스에 존재하는 메소드이며 여기서 오버라이드해서 다시 정의한다는 것을 의미한

다. 이 메소드는 액티비티가 처음 생성될 때 호출되는 메소드이다.

010행과 011행은 009행에서 정의된 `onCreate()` 메소드에 포함된 메소드들이다.

010행의 `super.onCreate()` 메소드는 슈퍼클래스인 Activity 클래스 안의 `onCreate()` 메소드를 참조하며 애플리케이션을 초기화한다.

011행의 `setContentView()` 메소드는 화면상에 리소스 정보를 표시하도록 하는 메소드이다. 매개변수인 R.layout.main에 의해 참조되는 리소스 정보를 화면에 표시하도록 한다. 여기서 R.layout.main은 R.java 파일의 010행, 016행, 017행에서 확인할 수 있다. 즉 소스 프로그램인 Ch05Ex01_BasicWidgetActivity.java 파일이 R.java 파일에서 정의된 리소스 정보를 참조하여 안드로이드 에뮬레이터 상에 해당 위젯을 표시하고 있음을 알 수 있다.

이상으로 자바 소스 프로그램의 기본 구성에 대하여 간단히 살펴보았다.

이제 소스 프로그램 상의 자바코드를 직접 수정하여 화면상에 표시되는 위젯의 속성을 변화시켜보자.

이를 위해서는 먼저 수정을 가할 위젯에 id를 부여해 주는 것이 필요하다. 왜냐하면 해당 위젯을 참조하기 위해 사용할 findViewById() 메소드는 id를 참조하여 위젯을 찾기 때문이다.

위젯에 id를 부여하는 명령은 `android:id="@+id/리소스이름"`이다. @+id에 의해 위젯에 id가 부여되며, 리소스이름이 위젯의 이름이 된다.

만일 앞의 strings.xml 파일에 포함된 리소스 hello에 id를 부여하고자 한다면 `android:id="@+id/hello"`로 선언하면 된다.

【예제5-1】을 통하여 위젯의 속성을 바꾸어보자. 기존의 프로젝트인 Ch05Ex01_BasicWidget에서 해당 파일들의 내용을 부분적으로 수정해보자.

예제 5-1

(main.xml)

```
<?xml version="1.0" encoding="utf-8"?>
<LinearLayout
xmlns:android="http://schemas.android.com/apk/res/android"
    android:orientation="vertical"
```

```
004     android:layout_width="fill_parent"
005     android:layout_height="fill_parent"
006     >
007 <TextView
008     android:layout_width="fill_parent"
009     android:layout_height="wrap_content"
010     android:text="@string/hello"
011     android:id="@+id/hello"
012     />
013 </LinearLayout>
```

main.xml 파일의 011행에서 TextView 앨리먼트에 id를 부여하였다. 이러한 변화의 결과는 R.java 파일의 내용에도 자동으로 영향을 미칠 것이다. R.java 파일의 변화된 내용을 보자.

(R.java)

```
/* AUTO-GENERATED FILE.  DO NOT MODIFY.
 *
 * This class was automatically generated by the
 * aapt tool from the resource data it found.  It
 * should not be modified by hand.
 */

package kj.it.ch05ex01_basicwidget;

public final class R {
    public static final class attr {
    }
    public static final class drawable {
        public static final int icon=0x7f020000;
    }
    public static final class id {
        public static final int hello=0x7f050000;
    }
    public static final class layout {
```

```
020         public static final int main=0x7f030000;
021     }
022     public static final class string {
023         public static final int app_name=0x7f040001;
024         public static final int hello=0x7f040000;
025     }
026 }
```

R.java 파일의 016행~018행에 TextView 앨리먼트에 부여한 id에 대한 정보가 자동으로 추가되었음을 확인할 수 있다.

이제 소스 프로그램을 수정할 차례이다.

다음과 같이 Ch05Ex01_BasicWidgetActivity.java 파일의 내용을 수정하여보자. 여기서 추가로 사용하게 될 클래스는 TextView 클래스와 View.* 클래스이다.

TextView 클래스는 텍스트를 표시하고 그것을 편집할 수 있도록 허용하는 클래스이며 View.* 클래스는 화면 레이아웃과 사용자와의 상호작용을 다루는 기본적인 사용자 인터페이스를 제공하는 클래스들의 모음이다.

> <TextView 클래스>
>
> : 사용자에게 텍스트를 표시하고 그것을 편집할 수 있도록 허용하는 클래스
>
> <View.* 클래스>
>
> : 화면 레이아웃과 사용자와의 상호작용을 다루는 기본적인 사용자 인터페이스를 제공하는 클래스들 전체

(Ch05Ex01_BasicWidgetActivity.java)

```
package kj.it.ch05ex01_basicwidget;

import android.app.Activity;
import android.os.Bundle;
import android.widget.TextView;
import android.view.*;
```

```
007
008 public class Ch05Ex01_BasicWidget extends Activity {
009     /** Called when the activity is first created. */
010     @Override
011     public void onCreate(Bundle savedInstanceState) {
012         super.onCreate(savedInstanceState);
013         setContentView(R.layout.main);
014         TextView t=(TextView)findViewById(R.id.hello);
015         t.setBackgroundColor(0xffFFFF00);
016         t.setGravity(Gravity.CENTER);
017         t.setTextColor(0xffFF0000);
018         t.setTextSize(15);
019     }
020 }
```

【예제5-1】을 시작하기 전에 생성한 프로젝트의 실행 결과처럼 013행의 `setContentView()` 메소드에 의해 화면에는 <그림5-2>와 같은 내용의 위젯이 표시될 것이다. 여기에 표시된 위젯의 속성을 바꾸는 것이 이 예제의 목적이다.

이를 위하여 005행~006행에서 필요한 클래스들을 import하였다. 텍스트로 되어있는 위젯의 속성에 수정을 가하고 표시하는 것이기 때문에 TextView 클래스와 view 관련 모든 클래스를 import하였다.

014행에서는 013행의 `setContentView()` 메소드에 의해 화면에 표시된 View 위젯이 텍스트이기 때문에 TextView 클래스로 레퍼런스 변수 t를 설정하였다. 그리고 findViewById() 메소드를 사용하여 013행에 의해 표시된 View 위젯의 id를 참조하도록 한다.

R.id.hello가 R.java 파일에서 보는바와 같이 id가 hello인 TextView 앨리먼트를 참조하도록 해주는 매개변수이다. 또한 findViewById() 메소드의 참조 결과를 TextView 클래스용 형식으로 변환해주도록 findViewById() 메소드 앞에 (`TextView`)를 지정하였다.

014행의 이러한 형식은 레퍼런스 변수로 id에 의해 찾아진 위젯을 참조하도록 하는 기본적인 명령형식이며 앞으로도 계속 사용되는 유형이므로 반드시 기억하면 좋겠다.

또한 매개 변수 R.id.hello에 의해 참조된 위젯의 속성을 다음의 015행~018행에 의해 변경하는 것이 이 예제의 목적이므로 비록 처음에는 013행에 의해 <그림5-2>와 같은 내용의 위젯이 화면상에 표시될 것이나 이 위젯은 015행~018행에 의해 해당 위치에서 변경된 속성의 위젯으로 다시 표시될 것이다.

015행~018행은 id에 의하여 참조된 위젯의 속성을 다양하게 바꾸어주는 명령들이다.

015행은 위젯이 표시되는 부분의 배경색을 지정한다. 0xffFFFF00은 Red 색이 'FFH(255D)', Green 색도 'FFH(255D)', Blue 색이 '00H(00D)'가 되므로 결국 Yellow Color를 의미한다. 즉 위젯이 표시되는 부분의 배경색은 노란색으로 표시된다. 또한 이 명령은 main.xml 파일에서 `android:background="#ffff00"`로 선언하는 것과 동일한 효과를 낸다.

016행은 위젯이 표시되는 위치를 나타낸다. `Gravity.CENTER`에 의해 위젯은 화면 첫 줄의 중앙부분에 위치하게 된다.

이는 또한 xml 코드로 `android:gravity="center"`와 동일한 의미가 된다. Gravity 속성으로는 CENTER 외에도 많은 값들이 사용될 수 있으며 자주 사용되는 Gravity 속성들은 <표5-1>과 같다.

<표5-1> Gravity 속성

상수	값	속성
top	0x30	오브젝트를 컨테이너의 top에 위치시킴, 크기변화 없음
bottom	0x50	오브젝트를 컨테이너의 bottom에 위치시킴, 크기변화 없음
left	0x03	오브젝트를 컨테이너의 left에 위치시킴, 크기변화 없음
right	0x05	오브젝트를 컨테이너의 right에 위치시킴, 크기변화 없음
center_vertical	0x10	오브젝트를 수직방향으로 컨테이너의 center에 위치시킴, 크기변화 없음
fill_vertical	0x70	오브젝트의 수직방향 크기를 필요하다면 컨테이너의 크기에 맞도록 증가시킴
center_horizontal	0x01	오브젝트를 수평방향으로 컨테이너의 center에 위치시킴, 크기변화 없음
fill_horizontal	0x07	오브젝트의 수평방향 크기를 필요하다면 컨테이너의 크기에 맞도록 증가시킴
center	0x11	오브젝트를 수평과 수직방향에서 컨테이너의 center에 위치시킴, 크기변화 없음
fill	0x77	오브젝트의 수직, 수평방향 크기를 필요하다면 컨테이너의 크기에 맞도록 증가시킴
clip_vertical	0x80	오브젝트의 가장자리들을 수직방향 축을 따라 컨테이너에 고정시킴
clip_horizontal	0x08	오브젝트의 가장자리들을 수평방향 축을 따라 컨테이너에 고정시킴

한편 017행은 위젯인 텍스트의 색상을 지정한다. xml 코드의 `android:textColor="#ff0000"`과 같은 의미가 된다. 그리고 018행은 글자의 크기를 지정한다. xml 코드의 `android:textSize="15pt"`와 같은 의미가 된다.

여기까지 Ch05Ex01_BasicWidgetActivity.java 파일의 수정을 완료하였으면 수정된 파일들을 저장한 후 프로젝트를 다시 실행시켜보자. 그리고 그 결과를 확인해보자.

<그림5-3>은 【예제5-1】의 실행 결과를 나타낸다. 앞의 설명처럼 <그림5-2>와 같이 화면상에 표시되었던 위젯의 속성이 015행~018행에 의해 새로이 변경되었음을 확인할 수 있다.

<그림5-3> 【예제5-1】의 실행 결과 화면

【예제5-1】을 통하여 익힌 감각을 가지고 텍스트의 크기, 색상, 정렬 위치 그리고 배경색을 변경해 보라. 또한 setText("... ") 명령을 추가하여 에뮬레이터 상에 표시되는 텍스트 위젯의 내용도 직접 바꾸어보라. xml 파일이 아닌 자바 소스 프로그램을 통하여 텍스트 위젯의 속성을 변경하는 방법에 대한 감각을 익히게 될 것이다.

5.2 버튼 위젯 이용하기

GUI(Graphic User Interface) 환경에서 화면상에 표시된 버튼이나 이미지를 클릭함으로써 다음 단계의 프로세스로 진행하는 것은 기본 중의 기본이 되는 동작이다. 따라서 클릭 방식을 이용하여 다음 프로세스로 진행하는 절차에 대하여 살펴보는 것은 매우 흥미로운 일일 것이다.

이번에는 버튼을 클릭하는 경우에 대하여 알아보자. 버튼을 클릭하고 이에 반응하는 과정을 자바 코드를 사용하여 만들어보기로 한다.

이를 위하여 새로이 사용할 클래스는 Button 클래스이다. 이 클래스는 푸시 버튼 위젯을 나타내는 클래스이다.

<Button 클래스>
  : 푸시 버튼 위젯을 나타내는 클래스

이클립스를 실행하여 Ch05Ex02_ButtonClick이라는 이름으로 다음과 같이 새로운 프로젝트를 생성한다.

Project name : Ch05Ex02_ButtonClick
Application name : Ch05Ex02_ButtonClick
Package name : kj.it.ch05ex02_buttonclick
Create Activity : Ch05Ex02_ButtonClickActivity
Min SDK Version : 8

이미 경험하여 잘 알고 있듯이 생성한 프로젝트를 처음 실행하였을 때는 기본적으로 안드로이드 에뮬레이터 화면에 "Hello World, 액티비티 이름"과 같은 간단한 텍스트 스트링이 표시된다.

이제 이 텍스트 스트링을 '버튼을 클릭하세요~'로 바꾸고 그 밑에 'Click!'이라는 레이블을 가진 버튼을 추가하자. 그리고 버튼을 클릭하면 '버튼을 클릭하세요~'가 '버튼이 클릭되었습니다!'라는 메시지로 바뀌도록 소스 프로그램을 만들어보자.

예제 5-2

(main.xml)

```
001 <?xml version="1.0" encoding="utf-8"?>
002 <LinearLayout
    xmlns:android="http://schemas.android.com/apk/res/andro
    id"
003     android:orientation="vertical"
004     android:layout_width="fill_parent"
005     android:layout_height="fill_parent"
006     >
007 <TextView
008     android:layout_width="fill_parent"
009     android:layout_height="wrap_content"
010     android:text="@string/hello"
011     android:id="@+id/hello"
012     />
013 <Button
014     android:id="@+id/button1"
015     android:layout_width="wrap_content"
016     android:layout_height="wrap_content"
017     android:text="@string/button1"
018     android:width="200px"
019     android:layout_gravity="center"
020     android:gravity="center"
021     />
022 </LinearLayout>
```

기본으로 표시되는 텍스트 스트링을 '버튼을 클릭하세요~'로 바꾸는 것은 앞의 예제에서와 같이 소스 프로그램에서 처리하기로 하자. 단 이를 위하여 011행에서처럼 텍스트 스트링의 이름, hello에 id를 부여해주어야 한다. 그래야만 나중에 소스 프로그램에서 이 id를 참조하여 해당 위치에 표시된 텍스트 스트링의 내용을 바꿀 수 있다.

다음에는 버튼을 위한 태그를 추가한다. 버튼은 200 픽셀의 너비를 가지며(018행)

수평방향으로 화면의 중앙에 위치(019행)하도록 하고 버튼위에 새겨지는 레이블의 위치도 중앙(020행)이 되도록 한다. 물론 017행에 의해 버튼에 레이블을 표시하도록 하고, 소스 프로그램에서의 사용을 위해 014행과 같이 버튼에 id도 부여한다.

한편 버튼에 표시될 레이블을 위하여 strings.xml 파일에서는 005행과 같이 'Click!'이라는 값을 가진 스트링 이름 button1을 추가 지정한다.

(strings.xml)

```
001 <?xml version="1.0" encoding="utf-8"?>
002 <resources>
003     <string name="hello">Hello World,
                        Ch05Ex02_ButtonClickActivity!  </string>
004     <string name="app_name">Ch05Ex02_ButtonClick</string>
005     <string name="button1">Click!       </string>
006 </resources>
```

여기까지 진행된 상태를 저장하고 프로젝트를 실행하면 <그림5-4>와 같은 화면이 된다. 텍스트 스트링 밑줄의 중앙부분에 'Click!'이라는 레이블의 버튼이 추가되었음을 알 수 있다.

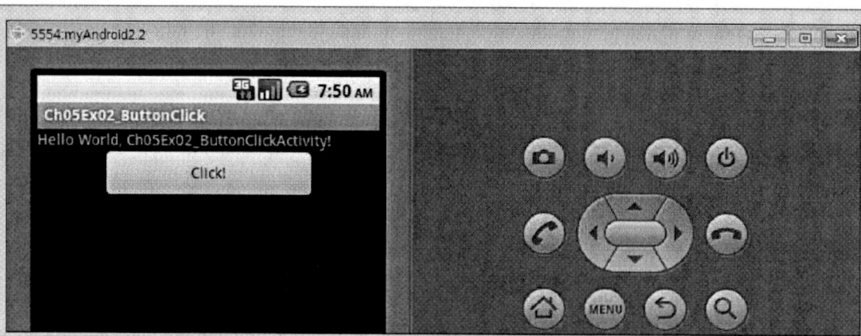

<그림5-4> 【예제5-2】에서 버튼이 추가된 화면

이제 자바 소스 프로그램을 열고 우리의 목적하는 바에 맞추어 프로그램을 수정해보자.

먼저 화면에 표시된 'Hello World, Ch05Ex02_ButtonClickActivity!'를 '버튼을 클릭하세요~'로 바꾸어보자. 그리고 그 밑에 있는 버튼을 클릭하면 '버튼을 클릭하세요~'가 '버튼이 클릭되었습니다!'라는 메시지로 바뀌도록 프로그램을 추가해보자.

(Ch05Ex02_ButtonClickActivity.java)

```
package kj.it.ch05ex02_buttonclick;

import android.app.Activity;
import android.os.Bundle;
import android.widget.TextView;
import android.view.*;
import android.widget.Button;

public class Ch05Ex02_ButtonClickActivity extends Activity {
    /** Called when the activity is first created. */
    @Override
    public void onCreate(Bundle savedInstanceState) {
        super.onCreate(savedInstanceState);
        setContentView(R.layout.main);
        TextView t=(TextView)findViewById(R.id.hello);
        t.setText("버튼을 클릭하세요~");
        t.setGravity(Gravity.CENTER);
        t.setTextSize(20);

        Button btn=(Button)findViewById(R.id.button1);
        btn.setOnClickListener(new View.OnClickListener() {
          public void onClick(View v) {
           TextView t=(TextView)findViewById(R.id.hello);
           t.setText("버튼이 클릭되었습니다!");
           t.setGravity(Gravity.CENTER);
           t.setTextColor(0xffFFFF00);
           }
        });
    }
}
```

화면상에 표시된 기본 스트링을 '버튼을 클릭하세요~'로 바꾸기 위해 015행~018행이 추가되었다. 이들 각 행들은 이미 【예제5-1】의 자바 코드로 텍스트 위젯의 속성을 수정하는 과정에서 사용된바 있는 명령들이다.

015행에서 TextView 클래스용 레퍼런스 변수 t를 설정하고 findViewById() 메소드를 사용하여 014행에 의해 생성된 View 위젯을 위젯의 id를 통해 참조하도록 한다. 그리고 016행에 의해 자바 코드로 직접 014행에 의해 생성된 View 위젯 대신 그 위치에서 새로운 텍스트 스트링을 화면에 표시하도록 한다.

017행과 018행은 각각 텍스트 스트링의 수평방향에서의 위치와 글자 크기를 지정한다.

한편 015행~018행의 실행을 위해 앞의 예제에서처럼 005행과 006행에서 필요한 클래스들을 import하였다. 여기서 프로그램에 필요한 클래스들은 [Ctrl]-[Shift]-[o] 키를 동시에 누르면 자동으로 import된다.

020행은 Button 클래스용 레퍼런스 변수로 btn을 설정하고 TextView 클래스의 경우와 마찬가지로 main.xml 파일의 014행에서 정의된 id에 의해 Button 형식으로 button1 위젯을 참조한다.

이 형식은 앞으로도 계속 사용되는 유형이므로 반드시 기억하면 좋겠다고 앞에서도 강조하였던 바로 그 형식이다.

021행의 `setOnClickListener()` 메소드는 버튼이 클릭되었을 때 수행하게 될 메소드이다. `OnClickListener()`라는 인터페이스를 구현한 객체를 `setOnClickListener()`를 통해 리스너(Listener)로 등록한다.

022행은 실제적으로 버튼이 클릭되었을 때 실행할 `onClick()` 메소드이다. 023행~026행에 의해 종전의 텍스트 스트링 '버튼을 클릭하세요~'가 '버튼이 클릭되었습니다!'라는 메시지로 바뀌게 된다. 이는 023행에서 사용된 findViewById() 메소드가 텍스트 스트링 '버튼을 클릭하세요~'의 id와 동일한 R.id.hello를 매개변수로 사용하기 때문으로 해당 위치의 위젯의 내용이 새로운 내용의 위젯으로 대체되는 것이다. 다시 말해서 id에 의해 지정된 TextView 앨리먼트 위치의 텍스트 스트링이 새로운 텍스트 스트링으로 바뀌는 것이다. 007행의 `Button` 클래스는 버튼 위젯을 다루기 위해 import된 클래스이다.

<그림5-5>와 <그림5-6>은 각각 버튼 클릭 전과 후의 화면을 나타낸다.

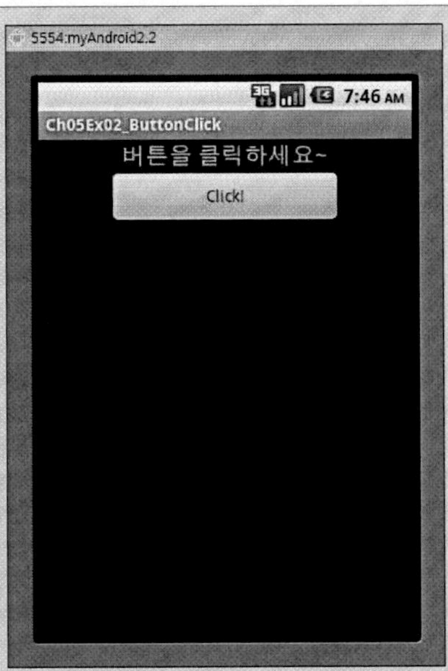

<그림5-5> 【예제5-2】의 버튼 클릭 전 화면

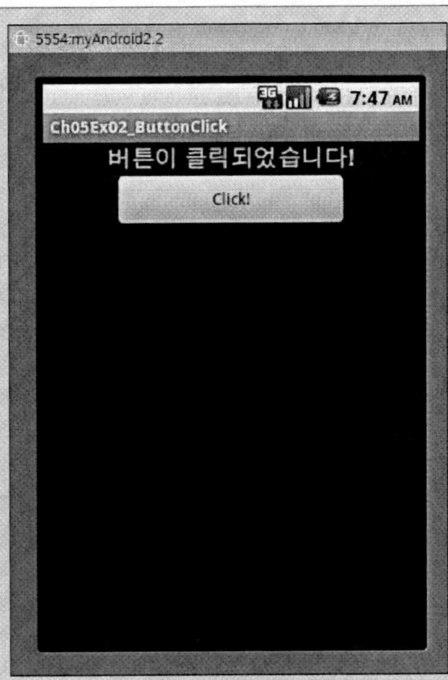

<그림5-6> 버튼 클릭 후 화면

이번에는 여러분 각자 '버튼이 클릭되었습니다!'라는 메시지가 '버튼을 클릭하세요~'의 위치가 아닌, 버튼 밑에 추가적으로 생성되도록 【예제5-2】 의 프로젝트를 수정해보라. strings.xml 파일에 text라는 이름의 스트링 태그를 추가하고 main.xml 파일의 Button 앨리먼트 다음에 TextView 앨리먼트를 추가하여 text 태그에 id를 부여해 준다. 그리고 소스 프로그램의 023행에서 findViewById()의 매개변수를 R.id.text로 바꾸어주면 될 것이다.

5.3 이미지 위젯 이용하기

이번에는 앞의 【예제5-2】 에서 버튼의 위치에 버튼 대신 이미지를 위치시키고 이 이미지를 클릭하면 반응하는 프로그램을 만들어보자.

이클립스를 실행하여 Ch05Ex03_ImageClick이라는 이름으로 다음과 같이 새로운 프로젝트를 생성한다.

Project name : Ch05Ex03_ImageClick
Application name : Ch05Ex03_ImageClick

Package name : kj.it.ch05ex03_imageclick
Create Activity : Ch05Ex03_ImageClickActivity
Min SDK Version : 8

예제 5-3

(main.xml)

```
<?xml version="1.0" encoding="utf-8"?>
<LinearLayout xmlns:android="http://schemas.android.com/apk/res/android"
    android:orientation="vertical"
    android:layout_width="fill_parent"
    android:layout_height="fill_parent"
    >
<TextView
    android:layout_width="fill_parent"
    android:layout_height="wrap_content"
    android:text="@string/hello"
    android:background="#ffe650"
    android:textSize="10pt"
    android:textColor="#0000ff"
    />
<ImageView
    android:layout_width="fill_parent"
    android:layout_height="wrap_content"
    android:src="@drawable/doggy"
    android:scaleType="center"
    android:id="@+id/image"
    />
<TextView
    android:layout_width="fill_parent"
    android:layout_height="wrap_content"
    android:id="@+id/result"
```

```
026        android:textSize="12pt"
027        />
028    </LinearLayout>
```

TextView 앨리먼트 다음에 015행~021행에 걸쳐 ImageView 앨리먼트와 필요한 속성들을 추가하였다.

화면에는 007행의 TextView 앨리먼트가 먼저 표시되고 그 다음 행에 ImageView 앨리먼트가 표시될 것이다.

표시되는 ImageView 앨리먼트는 `doggy.jpg`라는 이미지 파일(018행)이며 수평방향으로 화면의 중앙(019행)에 위치하며 id는 image(020행)이다.

ImageView 앨리먼트 다음 행에 022행~027행의 TextView 앨리먼트가 추가된다.

이 앨리먼트의 id는 result이며 글자 크기는 '12pt'이다. 그러나 이 앨리먼트는 아직 010행에서와 같이 기본으로 표시할 텍스트가 설정되지 않은 상태이다. 이 앨리먼트는 후에 자바 소스 프로그램이 실행되고 이미지가 클릭되면 새로운 텍스트로 채워질 부분으로 남는다.

(strings.xml)

```
001    <?xml version="1.0" encoding="utf-8"?>
002    <resources>
003        <string name="hello">이미지를 클릭하세요! </string>
004        <string name="app_name">Ch05Ex03_ImageClick</string>
005    </resources>
```

strings.xml 파일은 003행의 문자열만 '이미지를 클릭하세요!'로 바꾸었다. 그리고 더 이상의 수정을 가할 부분은 없다. 필요하다면 자바 소스 프로그램에서 수정이 이루어질 것이다.

다음은 자바 소스 프로그램이다. 이 프로그램에서는 새로운 클래스로서 Gravity 클래스와 View 클래스, 그리고 ImageView 클래스가 새로이 추가된다.

Gravity 클래스는 큰 컨테이너 안에 하나의 오브젝트를 위치시키기 위한 표준 상수와 수단을 나타내는 클래스이며 View 클래스는 사용자 인터페이스 컴포넌트들을 위한 기본적인 빌딩 블록을 표현하는 클래스이다. 그리고 ImageView 클래스는 아이콘과 같은 임의의 이미지를 표시하는 클래스이다.

<Gravity 클래스>
: 큰 컨테이너 안에 하나의 오브젝트를 위치시키기 위한 표준 상수와 수단을 나타내는 클래스

<View 클래스>
: 사용자 인터페이스 컴포넌트들을 위한 기본적인 빌딩 블록을 표현하는 클래스

<ImageView 클래스>
: 아이콘과 같은 임의의 이미지를 표시하는 클래스

(Ch05Ex03_ImageClickActivity.java)

```
package kj.it.ch05ex03_imageclick;

import android.app.Activity;
import android.os.Bundle;
import android.widget.TextView;
import android.view.Gravity;
import android.view.View;
import android.widget.ImageView;

public class Ch05Ex03_ImageClickActivity extends Activity {
    /** Called when the activity is first created. */
    @Override
    public void onCreate(Bundle savedInstanceState) {
        super.onCreate(savedInstanceState);
        setContentView(R.layout.main);

        ImageView img=
            (ImageView)findViewById(R.id.image);
        img.setOnClickListener(new View.OnClickListener()
```

```
    {
019         public void onClick(View v) {
020         TextView t=
               (TextView)findViewById(R.id.result);
021         t.setText("이미지가 클릭되었습니다!");
022         t.setGravity(Gravity.CENTER);
023         t.setTextColor(0xffFFFF00);
024         }
025       });
026     }
027 }
```

015행의 `setContentView()` 메소드는 화면 첫 행에 레이아웃 파일인 main.xml 파일의 010행과 strings.xml 파일의 003행에 의해 '버튼을 클릭하세요~!'를 표시한다. 그리고 또한 그 다음 행에 main.xml 파일의 015행~021행에 의해 이미지를 표시한다. 이 이미지는 위의 프로그램 017행에서 `ImageView` 클래스의 레퍼런스 변수 `img`에 의해 참조된다.

017행은 이미 앞에서 두 차례에 걸쳐 강조한 형식이다. 이번에는 TextView 클래스나 Button 클래스가 아닌 ImageView 클래스를 사용하였을 뿐이다.

018행~025행은 이미지가 클릭되었을 때 수행되는 부분이다. 앞의 【예제5-2】의 021행~028행과 매우 유사하다. 차이라면 【예제5-2】에서는 Button 클래스의 레퍼런스 변수 btn이 사용되었고 여기서는 ImageView 클래스의 레퍼런스 변수 img가 사용되었을 뿐이다.

또한 이번에는 020행의 R.id.result와 main.xml 파일의 025행에 의해 이미지가 클릭되면 그 결과인 문자열 '이미지가 클릭되었습니다!'가 화면에서 이미지 다음 행에 표시된다는 것이 차이라면 차이이다.

이 결과는 각각 <그림5-7>과 <그림5-8>에 나타난다. <그림5-7>은 이미지를 클릭하기 전의 화면을 나타내고 <그림5-8>은 이미지를 클릭한 후의 화면을 나타낸다.

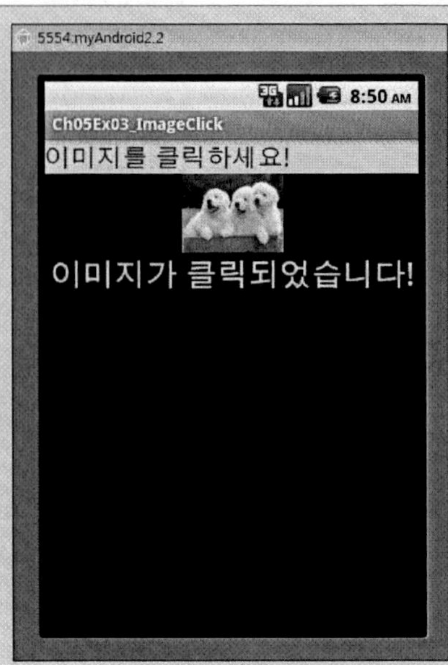

<그림5-7> 【예제5-3】의 이미지 클릭 전 화면 <그림5-8> 이미지 클릭 후 화면

5.4 입력 필드 위젯 이용하기

이번에는 입력 필드 위젯을 사용하여 문자열을 입력하고 버튼을 클릭하면 입력된 문자열이 화면에 나타나는 프로그램을 만들어보자.

이클립스를 실행하여 Ch05Ex04_TextInput이라는 이름으로 다음과 같이 새로운 프로젝트를 생성한다.

Project name : Ch05Ex04_TextInput
Application name : Ch05Ex04_TextInput
Package name : kj.it.ch05ex04_textinput
Create Activity : Ch05Ex04_TextInputActivity
Min SDK Version : 8

예제 5-4

(main.xml)

```
<?xml version="1.0" encoding="utf-8"?>
<LinearLayout
xmlns:android="http://schemas.android.com/apk/res/andro
id"
    android:orientation="vertical"
    android:layout_width="fill_parent"
    android:layout_height="fill_parent"
    >
<TextView
    android:layout_width="fill_parent"
    android:layout_height="wrap_content"
    android:text="@string/hello"
    android:padding="10dp"
    />
 <EditText
    android:layout_width="fill_parent"
    android:layout_height="wrap_content"
    android:id="@+id/input"
    />
 <Button
    android:id="@+id/button"
    android:layout_width="wrap_content"
    android:layout_height="wrap_content"
    android:text="@string/button"
    android:width="200px"
    android:layout_gravity="center"
    android:gravity="center"
    />
 <TextView
    android:layout_width="fill_parent"
    android:layout_height="wrap_content"
    android:id="@+id/result"
```

```
031        />
032    </LinearLayout>
```

013행~017행에 걸쳐 EditText 앨리먼트와 필요한 속성들이 추가되었다.

화면에는 007행의 TextView 앨리먼트가 먼저 표시되고 그 다음 행에 013행의 EditText 앨리먼트에 의한 입력 필드가 표시될 것이다.

그리고 그 다음 행에는 018행에 의해 Button 앨리먼트가 표시되며 그 다음 행에는 027행에 의해 초기 값이 없는 빈 공간의 TextView 앨리먼트가 위치할 것이다. 이 공간에는 후에 프로그램이 실행되고 입력 필드에 임의의 문자열이 입력되면 Button의 클릭에 의해 입력된 문자열의 내용이 그대로 표시될 것이다.

EditText 앨리먼트의 id는 input이고 Button 앨리먼트의 id는 button이다.

(strings.xml)

```
001    <?xml version="1.0" encoding="utf-8"?>
002    <resources>
003        <string name="hello">이름을 입력하세요 :  </string>
004        <string name="app_name">Ch05Ex04_TextInput</string>
005        <string name="button1">Click!      </string>
006    </resources>
```

strings.xml 파일은 003행의 문자열을 '이름을 입력하세요 :'로 바꾸었다. 그리고 버튼위에 표시되는 레이블을 위해 005행을 추가하였다. 버튼에는 'Click!'이라는 레이블이 표시될 것이다.

다음은 자바 소스 프로그램이다. 이 프로그램에는 새로운 클래스로서 EditText 클래스가 새로이 추가된다. 이 클래스는 텍스트를 편집할 수 있도록 구성되는 텍스트 뷰 위의 레이어 클래스로서 화면에 입력 필드를 표시하게 될 것이다.

> <EditText 클래스>
>
> : 텍스트를 편집할 수 있도록 구성되는 텍스트 뷰 위의 레이어 클래스

(Ch05Ex04_TextInputActivity.java)

```
package kj.it.ch05ex04_textinput;

import android.app.Activity;
import android.os.Bundle;
import android.view.Gravity;
import android.view.View;
import android.widget.Button;
import android.widget.TextView;
import android.widget.EditText;

public class Ch05Ex04_TextInputActivity extends Activity
{
        /** Called when the activity is first created. */
    @Override
    public void onCreate(Bundle savedInstanceState) {
        super.onCreate(savedInstanceState);
        setContentView(R.layout.main);

        Button btn=(Button)findViewById(R.id.button);
        btn.setOnClickListener(new View.OnClickListener()
{
          public void onClick(View v) {
            TextView t=
               (TextView)findViewById(R.id.result);
            EditText textinput=
               (EditText)findViewById(R.id.input);
            t.setText(textinput.getText().toString());
            t.setGravity(Gravity.CENTER);
            t.setTextColor(0xffFFFF00);
            }
        });
    }
}
```

016행까지는 앞의 예제들과 동일하게 공통적으로 포함되는 부분이다. 016행의 setContentView() 메소드에 의해 레이아웃 파일인 main.xml 파일의 앨리먼트들이 에뮬레이터 화면에 표시될 것이다.

018행은 Button 클래스의 레퍼런스 변수 btn을 설정하여 레이아웃의 Button 앨리먼트를 참조한다.
그리고 019행의 setOnClickListener() 메소드에 의해 버튼이 클릭되면 021행~027행이 수행된다.

022행은 TextView 클래스의 레퍼런스 변수 t를 설정하고 레이아웃의 id가 result인 TextView 앨리먼트를 참조한다. 이는 화면에서 버튼 밑에 위치하는 앨리먼트로서 입력된 문자열이 표시될 위치이다.

023행에서는 EditText 클래스의 레퍼런스 변수 textinput을 설정하고 이 변수는 레이아웃의 id가 input인 입력 필드 EditText 앨리먼트를 참조한다.
그리고 024행에서 getText().toString() 메소드에 의해 입력 필드의 내용을 읽고, 이 내용을 레퍼런스 변수 t가 참조하는 위치에 setText() 메소드에 의해 그대로 표시하게 된다. 여기서 toString() 메소드는 객체를 문자열로 변환하는 메소드이다.
025행과 026행은 각각 표시할 문자열의 수평 방향에서의 위치와 색상을 결정한다.

프로그램의 실행 결과는 <그림5-9>, <그림5-10>에 나타난 바와 같다.
<그림5-9>는 【예제5-4】를 실행한 화면이고 <그림5-10>은 입력 필드에 임의의 문자열을 입력하고 Click! 버튼을 클릭한 후의 화면 모습이다. 입력 필드에 입력된 문자열이 화면의 수평 방향에서 중앙의 위치에 노란색으로 표시됨을 볼 수 있다.

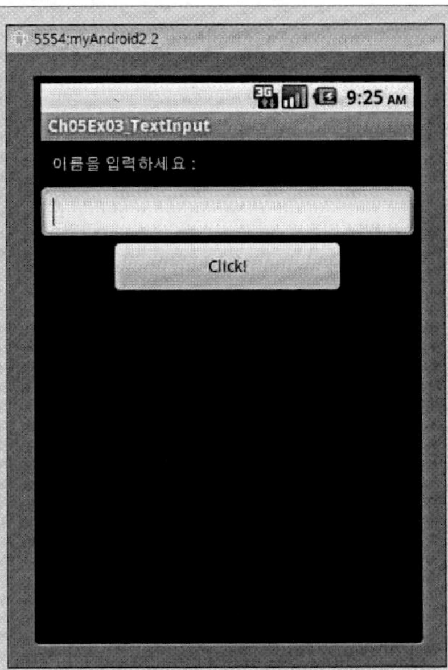

<그림5-9> 【예제5-4】 실행 화면

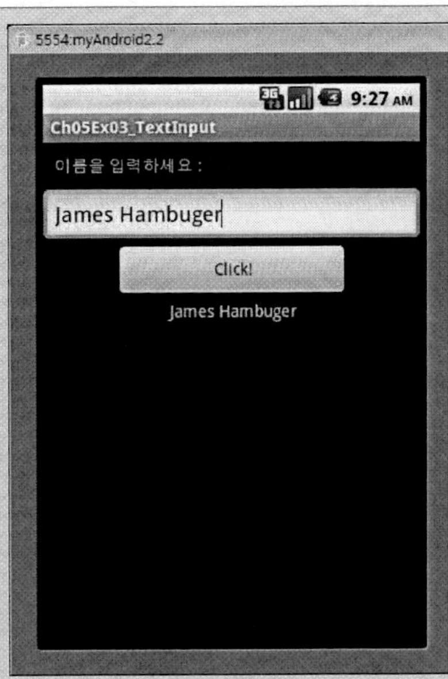

<그림5-10> 문자입력 후 실행 화면

5.3 플리퍼 기능

이번에는 플리퍼(Flipper)라는 기능을 사용하는 프로그램을 만들어보자.

플리퍼 기능이란 한마디로 화면 넘기기 기능이라고 할 수 있다. 탭이나 버튼에 의해서건 혹은 타이머와 같이 일정 시간이 경과하면 다음 화면으로 넘어 가도록 프로그램을 설계할 수 있다.

이러한 기능을 실현하기 위하여 사용할 수 있는 클래스로는 ViewFlipper 클래스가 있다. 이 클래스는 더해진 두 개 이상의 뷰들 사이를 움직이도록(animate)하는 간단한 뷰 애니메이터 클래스이다.

> <ViewFlipper 클래스>
> : 더해진 두 개 이상의 뷰들 사이를 움직이도록(animate)하는 간단한 뷰 애니메이터 클래스

이클립스를 실행하고 Ch05Ex05_Flipper라는 이름으로 다음과 같이 새로운 프로젝트를 생성한다.

Project name : Ch05Ex05_Flipper
Application name : Ch05Ex05_Flipper
Package name : kj.it.ch05ex05_flipper
Create Activity : Ch05Ex05_FlipperActivity
Min SDK Version : 8

예제 5-5

(main.xml)

```
<?xml version="1.0" encoding="utf-8"?>
<LinearLayout xmlns:android="http://schemas.android.com/apk/res/android"
    android:orientation="vertical"
    android:layout_width="fill_parent"
    android:layout_height="fill_parent"
    >
   <Button
    android:id="@+id/btnflipper"
    android:layout_width="wrap_content"
    android:layout_height="wrap_content"
    android:text="@string/button"
    android:width="200px"
    android:layout_gravity="center"
    android:gravity="center"
    />
  <ViewFlipper
    android:id="@+id/pages"
    android:layout_width="fill_parent"
    android:layout_height="fill_parent"
    >
   <TextView
    android:layout_width="fill_parent"
```

```
023        android:layout_height="wrap_content"
024        android:text="@string/hello1"
025        />
026      <TextView
027        android:layout_width="fill_parent"
028        android:layout_height="wrap_content"
029        android:text="@string/hello2"
030        android:background="#ffe650"
031        android:textSize="10pt"
032        android:textColor="#0000ff"
033        />
034        </ViewFlipper>
035   </LinearLayout>
```

016행에 ViewFlipper 앨리먼트가 설정되었다. 그리고 이 앨리먼트의 설정 과정은 034행의 앨리먼트 닫기 태그에 의하여 종료된다. 즉 016행과 034행 사이의 앨리먼트들이 ViewFlipper 앨리먼트의 구성요소라고 할 수 있는 하위 앨리먼트들이다.

여기서는 021행의 TextView 앨리먼트와 026행의 TextView 앨리먼트가 ViewFlipper 앨리먼트의 하위 앨리먼트이며 각각 하나의 페이지를 설정한다.

021행의 TextView 앨리먼트가 첫 번째 페이지이며 026행의 TextView 앨리먼트는 두 번째 페이지가 된다.

(strings.xml)

```
<?xml version="1.0" encoding="utf-8"?>
<resources>
    <string name="app_name">Ch05Ex05_Flipper</string>
    <string name="button">다음 페이지로!</string>
    <string name="hello1">첫번 째 페이지입니다!</string>
    <string name="hello2">두번 째 페이지입니다!</string>
</resources>
```

004행~006행이 플리퍼 기능을 실현하기 위하여 추가된 태그들이다. 004행은 페이지 넘기기 기능을 수행할 버튼에 표시될 레이블이고 005행과 006행은 각각 페이지에 표시될 문자열들이다.

(Ch05Ex05_FlipperActivity.java)

```
package kj.it.ch05ex05_flipper;

import android.app.Activity;
import android.os.Bundle;
import android.view.View;
import android.widget.Button;
import android.widget.ViewFlipper;

public class Ch05Ex05_FlipperActivity extends Activity {
    /** Called when the activity is first created. */
        ViewFlipper vflipper;
    @Override
    public void onCreate(Bundle savedInstanceState) {
        super.onCreate(savedInstanceState);
        setContentView(R.layout.main);

        vflipper=(ViewFlipper)findViewById(R.id.pages);

        Button btn=(Button)findViewById(R.id.btnflipper);
        btn.setOnClickListener(new View.OnClickListener() {
            public void onClick(View v) {
            vflipper.showNext();
            }
        });
    }
}
```

011행에서 ViewFlipper 클래스의 레퍼런스 변수 vflipper가 설정되었다. 그리고 017행에서 이 레퍼런스 변수가 레이아웃 파일의 id가 pages인 ViewFlipper 앨리먼트를 참조하도록 하였다.

019행에서는 Button 클래스의 레퍼런스 변수 btn을 설정하여 id가 btnflipper인 Button 앨리먼트를 참조하도록 하였다. 그리고 020행에서 setOnClickListener() 메소드를 호출하여 버튼의 클릭에 반응하도록 하였다.

버튼이 클릭되면 022행의 showNext() 메소드가 수행되어 다음 페이지의 내용을 에뮬레이터 화면에 표시하게 된다. 단지 showNext() 메소드의 실행만으로 레이아웃 파일의 ViewFlipper 앨리먼트 안에 설정된 페이지들이 화면에 표시되는 것이다.

이 예제의 실행 결과는 <그림5-11>, <그림5-12>와 같다.

<그림5-11>은 예제 프로그램의 실행에 의해 기본으로 표시되는 버튼 위젯과 첫 번째 페이지 화면이다. 반면 <그림5-12>는 버튼 위젯을 클릭하여 두 번째 페이지가 화면에 나타난 모습이다.

이 예제에서는 ViewFlipper 앨리먼트 안에 두 개의 TextView 앨리먼트들만이 포함되어 있으므로 버튼 위젯을 클릭할 때마다 두 페이지가 교대로 화면에 표시될 것이다.

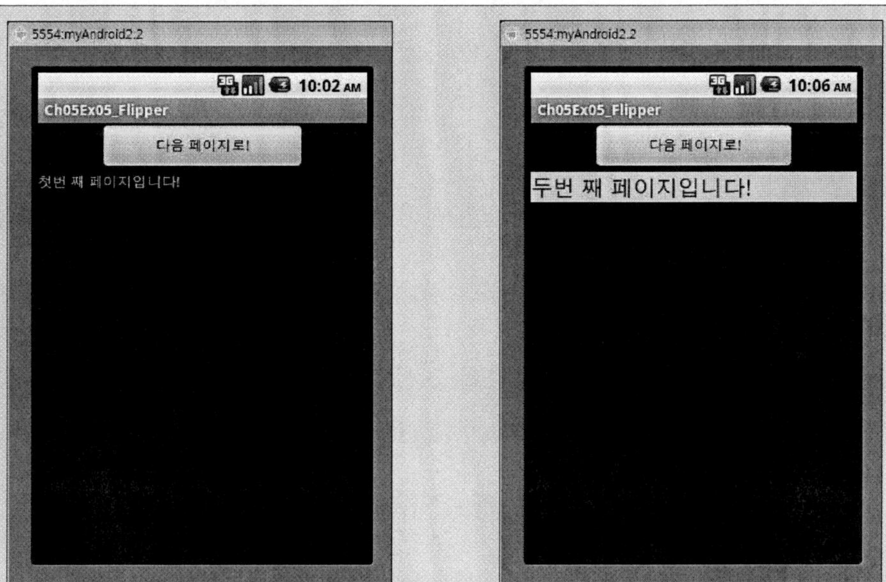

<그림5-11> 【예제5-5】 실행 화면1 <그림5-12> 실행 화면2

이제 여러분 각자 화면에 표시될 페이지 수를 늘려보고 또한 페이지 내용도 이미지

파일등을 포함하도록 바꾸어보라. 그리고 그 결과를 확인해보자.

<사용된 class 정리>

<Activity 클래스>
: 사용자가 실행할 수 있도록 된 하나의(single, focused) 액티비티 단위를 다루는 클래스

<Bundle 클래스>
: 문자열 값들을 여러 단위 형태들로 매핑해주는 클래스

<TextView 클래스>
: 사용자에게 텍스트를 표시하고 그것을 편집할 수 있도록 허용하는 클래스

<View.* 클래스>
: 화면 레이아웃과 사용자와의 상호작용을 다루는 기본적인 사용자 인터페이스를 제공하는 클래스들 전체

<Button 클래스>
: 푸시 버튼 위젯을 나타내는 클래스

<Gravity 클래스>
: 큰 컨테이너 안에 하나의 오브젝트를 위치시키기 위한 표준 상수와 수단을 나타내는 클래스

<View 클래스>
: 사용자 인터페이스 컴포넌트들을 위한 기본적인 빌딩 블록을 표현하는 클래스

<ImageView 클래스>
: 아이콘과 같은 임의의 이미지를 표시하는 클래스

<EditText 클래스>
: 텍스트를 편집할 수 있도록 구성되는 텍스트 뷰 위의 레이어 클래스

<ViewFlipper 클래스>
: 더해진 두 개 이상의 뷰들 사이를 움직이도록(animate)하는 간단한 뷰 애니메이터 클래스

제 6 장

탭(Tab) 만들기

6.1 탭(Tab) 생성하기

6.2 탭(Tab) 확장하기

6.3 아이콘 넣기

6.4 프로젝트에 클래스 추가하기

제 6 장 탭(Tab) 만들기

6.1 탭(Tab) 생성하기

화면에 카테고리별로 내용을 분류하여 표시하고자 할 경우나 혹은 많은 액티비티를 사용하고자 할 경우에는 탭을 사용하는 것도 하나의 방법이다. 그리고 이러한 탭 기능은 또한 매우 효율적으로 화면을 관리할 수 있게 한다.

이 장에서는 탭을 생성하고 탭 버튼이 클릭되었을 때 화면의 나머지 부분에 탭 내용이 표시되는 탭 기능에 대하여 알아본다. 탭 버튼을 확장하고 탭 내용을 표시하기 위해 프로젝트에 새로운 클래스를 추가하는 방법까지도 살펴본다.

먼저 간단한 탭을 생성하는 예제부터 시작해보자.
이 예제를 위해 사용될 클래스는 TabHost 클래스이다. 이 클래스는 탭으로 표시되는 윈도우 뷰를 위한 컨테이너 클래스이다.

<TabHost 클래스> : 탭으로 표시되는 윈도우 뷰를 위한 컨테이너 클래스

이클립스를 실행하여 Ch06Ex01_TabWidget이라는 이름으로 다음과 같이 새로운 프로젝트를 생성한다.

Project name : Ch06Ex01_TabWidget
Application name : Ch06Ex01_TabWidget
Package name : kj.it.ch06ex01_tabwidget
Create Activity : Ch06Ex01_TabWidgetActivity
Min SDK Version : 8

프로젝트의 생성으로 만들어진 파일들 중 main.xml 파일과 Ch06Ex01_TabWidgetActivity.java 파일을 이용하여 탭 기능을 수행하는 프로그램을 만들어보자.

예제 6-1

(main.xml)

```
<?xml version="1.0" encoding="utf-8"?>
<LinearLayout
xmlns:android="http://schemas.android.com/apk/res/android"
    android:orientation="vertical"
    android:layout_width="fill_parent"
    android:layout_height="fill_parent"
    >
<TabHost android:id="@+id/tabhost"
    android:layout_width="fill_parent"
    android:layout_height="fill_parent"
    >
    <TabWidget android:id="@android:id/tabs"
        android:layout_width="fill_parent"
        android:layout_height="wrap_content"
        />
    <FrameLayout android:id="@android:id/tabcontent"
        android:layout_width="fill_parent"
        android:layout_height="fill_parent"
        android:paddingTop="65px"
        >
        <AnalogClock android:id="@+id/tab1"
        android:layout_width="fill_parent"
        android:layout_height="fill_parent"
        android:layout_centerHorizontal="true"
        />
        <DigitalClock android:id="@+id/tab2"
        android:layout_width="fill_parent"
        android:layout_height="fill_parent"
        android:gravity="center"
        />
    </FrameLayout>
```

```
031     </TabHost>
032 </LinearLayout>
```

탭 기능을 실현하기 위해서는 세 가지의 중요한 태그들이 사용되어져야 한다. TabHost 태그와 TabWidget 태그, 그리고 FrameRayout 태그이다. 이들 세 가지 태그가 정의되어야만 비로소 화면상에 탭 기능을 실현시킬 수 있다.

따라서 main.xml 파일에 이들 세 가지 태그들을 포함시켰다. 007행, 011행, 015행이 이들 태그이다.

TabHost는 탭 버튼과 탭 버튼에 의해 표시되는 탭 내용을 담는 컨테이너 클래스로서 전체적인 탭 구성을 정의하는 틀이다. 따라서 007행에서 TabHost 앨리먼트를 선언하고 main.xml 파일의 끝 부분, 즉 탭 버튼과 탭 내용에 관한 선언이 모두 끝난 031행에서 TabHost 앨리먼트를 닫도록 처리해준다.

011행의 TabWidget은 탭 버튼의 리스트를 관리한다. TabHost의 경우와 같이 id를 부여해 주어야 하며 TabWidget의 경우는 지금까지의 방식이었던 '`@+id/리소스이름`' 형식이 아닌 '`@android:id/리소스이름`' 형식으로 id를 부여해 주어야 한다. 반드시 기억하여 사용하도록 하자.

015행의 FrameRayout은 각 탭이 표시할 내용을 관리한다. 사용하고자 하는 탭 버튼에 해당하는 각각의 내용들이 태그 형식으로 포함되어야 하며 마지막에는 030행과 같이 닫는 태그를 사용하여 마무리하여야 한다.

본 예제에서는 FrameRayout 안에 AnalogClock 위젯과 DigitalClock 위젯이 포함되었다. 즉 두 종류의 탭 내용이 사용될 것임을 알 수 있다. 또한 FrameRayout 역시 id를 부여해 주어야 하며 TabWidget의 경우와 같이 '`@android:id/리소스이름`'의 형식을 사용하여 id를 부여해 준다.

한편 018행에서는 `android:paddingTop="65px"`가 지정되었다. 이는 화면상에서 탭 버튼이 차지하게 될 수직방향에서의 공간만큼을 떼어내고 그 나머지 공간 안에서 탭 내용을 표시하기 위한 조치이다. 만일 paddingTop에 의하여 화면상에서 탭 버튼이 차지하는 공간을 떼어내지 않는다면 탭 내용은 탭 버튼의 존재 유무와 상관없이 화면의 맨 윗부분에서부터 표시되기 시작할 것이다. 즉 탭 버튼과 탭 내용의 부분적인 중복이 발생할 것이라는 이야기다. 그러므로 paddingTop에 의해 탭 버튼이 차지하는 공간만큼 수직방향으로 적정한 공간을 떼어준 것이다. 이 공간은 62px~65px 정도가 적정하다.

다시 한 번 강조하지만 주의할 것은 TabHost 태그와 FrameRayout 태그의 사용방법이다. 태그를 선언하고 닫는 방식이 지금까지의 태그들과 다르다는 것에 주의하자.

지금까지의 방식은 011행의 TabWidget의 경우처럼 태그의 선언과 함께 속성들의 지정이 끝나면 '/>'에 의해 바로 닫는 형식이었다. 그러나 TabHost와 FrameRayout은 탭 관련 틀을 지정하는 태그이다. 따라서 010행과 019행처럼 해당 태그의 선언부에서는 '>'에 의해 닫되 해당되는 틀을 마무리하는 부분에서는 030행의 '</FrameRayout>'이나 031행의 '</TabHost>' 태그 등으로 마무리해 주어야 한다.

또한 TabWidget과 FrameRayout의 id 부여 방식이 종전의 방식과 다르다는 것도 주의해야 할 사항이다. 이는 안드로이드 SDK가 TabWidget과 FrameRayout의 경우 이러한 형식에 의해 선언된 id를 인식하도록 되어있기 때문에 발생하는 현상이다.

main.xml 파일의 작성이 끝났으면 다음에는 Ch06Ex01_TabWidgetActivity.java 파일을 열고 자바 코드를 작성해보자.

(Ch06Ex01_TabWidgetActivity.java)

```
package kj.it.ch06ex01_tabwidget;

import android.app.Activity;
import android.os.Bundle;
import android.widget.TabHost;

public class Ch06Ex01_TabWidgetActivity extends Activity {
    /** Called when the activity is first created. */
    @Override
    public void onCreate(Bundle savedInstanceState) {
        super.onCreate(savedInstanceState);
        setContentView(R.layout.main);

        TabHost tabs=(TabHost)findViewById(R.id.tabhost);
        tabs.setup();
```

```
016
017         TabHost.TabSpec spec ;
018         spec=tabs.newTabSpec("tag1");
019         spec.setContent(R.id.tab1);
020         spec.setIndicator("아날로그시계");
021         tabs.addTab(spec);
022
023         spec=tabs.newTabSpec("tag2");
024         spec.setContent(R.id.tab2);
025         spec.setIndicator("디지털시계");
026         tabs.addTab(spec);
027         tabs.setCurrentTab(0);
028     }
029 }
```

014행에서 TabHost 클래스의 레퍼런스 변수 tabs를 설정하고 findViewById() 메소드에 의해 레이아웃 파일인 main.xml 파일에서 정의한 id가 tabhost인 TabHost 앨리먼트를 참조하도록 한다.

그리고 015행에서 setup() 메소드를 호출한다. 여기서의 setup() 메소드는 005행에서 import된 TabHost 클래스 안에 존재하는 메소드로서 탭들을 추가하기 전에 호출되는 메소드이다.

다음에 017행에서 TabHost.TabSpec 클래스의 레퍼런스 변수 spec을 설정한다.

이 클래스는 탭 기능을 수행하기 위해 사용되는 탭 표식(Indicator)과 내용(Content) 그리고 태그(Tag)를 구성한다. 레퍼런스 변수 spec을 사용하여 탭 버튼의 표식과 탭 내용 그리고 태그를 설정하게 될 것이다.

018행~020행과 023행~025행이 이 과정을 수행하고 있다.

방금 설명한바 대로 018행에서 newTabSpec() 메소드에 의해 'tag1'이라는 태그를 설정하였다. 그리고 019행에서 리소스의 id가 tab1인 위젯을 탭 내용으로 설정하였다. 또한 020행에서 탭 버튼의 표식으로 '아날로그시계'라는 표식을 설정하였다. 이렇게 설정된 탭 표식과 내용 그리고 태그를 가지고 021행의 addTab() 메소드를 통해 탭을 추가하였다. 첫 번째 탭이 만들어진 것이다.

023행~026행은 앞의 018행~021행의 반복이며 두 번째 탭 버튼과 탭 내용을 지정한다. '디지털시계'라는 탭 버튼 표식과 tab2라는 디지털 시계 위젯이 'tag2'라는 태그와 함께 생성될 것이다. 그리고 026행의 addTab() 메소드에 의해 새로운 두 번째 탭이 만들어질 것이다.

마지막으로 027행의 setCurrentTab(0) 메소드에 의해 0번째 탭, 즉 실질적으로 첫 번째 탭인 '아날로그시계' 표식과 이에 해당하는 탭 내용인 tab1 위젯, 즉 AnalogClock 위젯이 기본으로 에뮬레이터 화면에 표시될 것이다.

한편 여기서 사용된 'tag1', 'tag2' 태그의 이름은 특별한 의미를 지니는 것이 아니다. 단지 생성되는 탭들을 구별하여 추적하기 위한 목적으로 사용되는 정도로만 생각하면 된다. 즉 사용자 임의의 넘버링이 가능한 부분이다.

여기까지 작성된 프로그램을 저장하고 프로젝트를 실행시켜보자. <그림6-1>과 같은 화면이 기본으로 나타날 것이다. 앞에서도 설명하였듯이 '아날로그시계'와 해당하는 탭 내용인 tab1 위젯, 즉 AnalogClock 위젯이 표시된 것을 볼 수 있다.
한편 화면에서 두 번째 탭 표식인 '디지털시계'를 클릭하면 화면은 <그림6-2>로 바뀔 것이다. 두 번째 탭 버튼과 탭 내용이 활성화되는 것이다.

<그림6-1> 탭 화면1

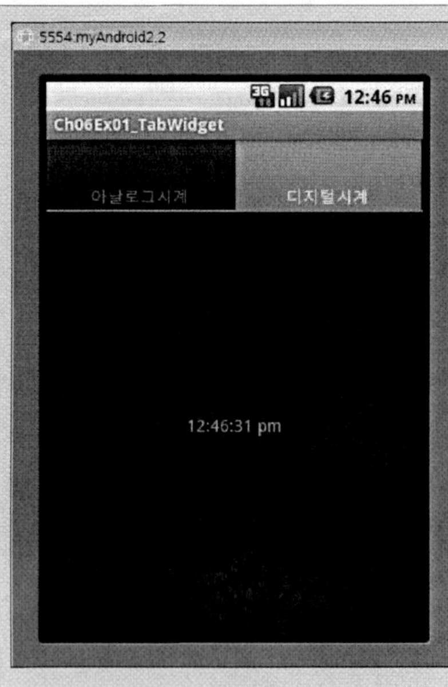

<그림6-2> 탭 화면2

한편 본 예제에서는 strings.xml 파일에는 전혀 손을 대지 않았음을 기억하자. main.xml 파일에서 직접 위젯의 id를 지정하는 것으로, 그리고

Ch06Ex01_TabWidgetActivity.java 파일을 작성하는 것만으로 충분히 원하는 결과를 얻어 낼 수 있었음을 기억하자.

이제 여러분 각자 프로그램을 조금씩 수정하여보라.

027행의 setCurrentTab()번호를 1로 바꾸어 본다든지, 또는 018행과 023행의 탭 표식 'tag1', 'tag2'를 동일한 값으로 일치시켜 보거나 또는 각각 '1'과 '2'라는 숫자로만 설정해본다든지 해 보자. 그리고 결과를 확인해 보자.

> 탭 구성 요소와 태그 형식
> - TabHost 태그 : 탭 버튼 + 탭 내용 포함 탭 전체 정의
>   <TabHost ... >
> - TabWidget 태그 : 탭 버튼(표식) 목록 관리
>   <TabWidget ... />
> - FrameRayout 태그 : 탭 내용(위젯) 관리
>   <FrameRayout ... >
>   </FrameRayout>
>   </TabHost>

6.2 탭(Tab) 확장하기

이번에는 【예제6-1】에서의 main.xml 파일은 그대로 유지한 채, 세 번째 탭 버튼만을 추가해 보도록 하자. 그리고 세 번째 탭 버튼을 클릭했을 때 main.xml 파일의 FrameRayout 안에 있는 두 개의 위젯인 AnalogClock 위젯과 DigitalClock 위젯 중 하나가 화면에 표시되도록 Ch06Ex01_TabWidgetActivity.java 프로그램을 확장시켜보자. 그리고 그 결과를 확인해보자.

예제 6-2

(Ch06Ex01_TabWidgetActivity.java)

```
001  package kj.it.ch06ex01_tabwidget;
 .                    .
```

```
 .                    // 【예제6-1】과 동일 소스(생략)
 .                                  .
026                                 .
027        spec=tabs.newTabSpec("tag3");
028        spec.setContent(R.id.tab1);
029        spec.setIndicator("시계");
030        tabs.addTab(spec);
031
032        tabs.setCurrentTab(0);
033    }
034 }
```

027행~030행이 소스 프로그램에 추가된 부분으로 앞의 예제에서 설명하였듯이 하나의 탭을 화면에 추가하는 과정이다.

'tag3' 태그와 AnalogClock인 tab1 위젯 그리고 '시계'라는 탭 표식이 세 번째 탭으로 추가된다.

간단한 프로그램의 확장으로 세 번째 탭이 화면상에 추가되었음을 확인할 수 있다. 그러나 탭 버튼 표식만 추가되었을 뿐, 탭 내용은 첫 번째 탭에 있던 내용의 중복이다. 여러분 각자 프로그램의 실행 결과를 확인해보라. 그리고 탭을 추가하는 방법에 대한 개념을 세우는 계기가 되기를 바란다.

이번에는 탭 내용으로 자신의 사진이나 이미지 파일을 표시하는 세 번째 탭을 만들어보자.

이클립스를 실행하여 Ch06Ex02_TabExt라는 이름으로 다음과 같이 새로운 프로젝트를 생성한다.

Project name : Ch06Ex02_TabExt
Application name : Ch06Ex02_TabExt
Package name : kj.it.ch06ex02_tabext
Create Activity : Ch06Ex02_TabExtActivity
Min SDK Version : 8

프로젝트가 생성되었으면 앞의 예제에서와 같이 main.xml 파일과 Ch06Ex02_TabExtActivity.java 파일만을 수정함으로써 세 번째 탭과 사진 또는 이미지를 올릴 수 있다.

예제 6-3

(main.xml)

```
001 <?xml version="1.0" encoding="utf-8"?>
 .                       .
 .        //【예제6-1】과 동일 소스(생략)
 .                       .
029                      .
030       <ImageView android:id="@+id/tab3"
031       android:layout_width="fill_parent"
032       android:layout_height="fill_parent"
033       android:src="@drawable/doggy1"
034       android:scaleType="fitXY"
035       />
036     </FrameLayout>
037   </TabHost>
038 </LinearLayout>
```

세 번째 탭의 내용을 표시하기위해 main.xml 파일의 FrameLayout 안에 030행~035행과 같이 ImageView 앨리먼트를 추가하였다. 그리고 이미지 위젯은 프로젝트 폴더의 res/drawable-hdpi 폴더 밑에 doggy1.jpg 파일로 추가하였다. 이 위젯의 id는 'tab3'으로 지정하였으며 이미지 위젯이 가로, 세로 비율에 관계없이 화면 전체에 맞춰 표시되도록 scaleType 속성을 034행과 같이 'fitXY'로 설정하였다. 그 결과로 FrameLayout 태그 안에는 020행~024행, 025행~029행, 030행~035행 등 세 개의 위젯들이 포함되었다.

(Ch06Ex02_TabExtActivity.java)

```
package kj.it.ch06ex02_tabext;
                       .
        //【예제6-2】와 동일 소스(생략)
                       .
                       .
      spec=tabs.newTabSpec("tag3");
```

```
028          spec.setContent(R.id.tab3);
029          spec.setIndicator("My pet");
030          tabs.addTab(spec);
031
032          tabs.setCurrentTab(0);
033     }
034 }
```

자바 소스 프로그램 파일인 Ch06Ex02_TabExtActivity.java 파일 역시 세 개의 탭을 표시하기 위해 수정되어야 한다. 【예제6-2】의 소스 프로그램 중 027행~030행을 이미지 파일을 표시하기 위한 세 번째 탭 표식과 내용으로 수정해주면 된다.

탭 내용은 R.id.tab3에 의해 참조되도록 하고 탭 표식의 이름은 'My pet'으로 수정하였다.

프로젝트를 실행한 결과는 <그림6-3>과 같다.

<그림6-3> 【예제6-3】실행 화면

같은 방법으로 이제 여러분 각자 자신의 사진이나 혹은 가족사진, 또는 임의의 이미지 파일을 에뮬레이터 화면 위에 올려보라. 탭 버튼 수를 4개로 확장하고 또 다른 이미지를 해당 탭 표식에 맞춰 화면상에 올려보라.

6.3 아이콘 넣기

이번에는 탭 표식에 아이콘을 넣어보자. 각각의 탭 표식마다 두 개의 아이콘을 준비한다. 하나는 탭이 선택되었을 때를 나타내는 아이콘이며, 또 하나는 탭이 선택되지 않았을 때를 나타내는 아이콘이다. 세 개의 탭 버튼에 대하여 선택되었을 때는 각각 Red, Green, Blue 모양의 아이콘이 표시되도록 한다. 그리고 선택되지 않았을 경우에는 모든 탭에서 White Blue 색의 아이콘이 표시되도록 한다.

이를 위해서 Resources 클래스가 추가로 사용될 것이다. 이 클래스는 응용 프로그램의 리소스에 접근하기 위한 클래스이다.

> <Resources 클래스>
> : 응용 프로그램의 리소스에 접근하기 위한 클래스

이클립스를 실행하고 다음과 같이 프로젝트를 생성한다.

Project name : Ch06Ex03_TabIcon
Application name : Ch06Ex03_TabIcon
Package name : kj.it.ch06ex03_tabicon
Create Activity : Ch06Ex03_TabIconActivity
Min SDK Version : 8

프로젝트가 생성되었으면 먼저 main.xml 파일과 Ch06Ex03_TabIconActivity.java 파일의 내용이 앞의 【예제6-3】의 두 파일들과 동일하도록 만든다. 그러한 상태에서 먼저 프로젝트를 실행시켜 이 프로젝트에서도 프로그램이 정상적으로 실행되는지 확인해 본다.

그 다음에 탭 표식에 아이콘을 넣기 위한 작업을 진행한다. 필요한 아이콘들을 가져다 res/drawable-hdpi 폴더 밑에 위치시킨다. 아이콘 파일은 .png나 .jpg 또는 .gif 파일이면 된다. 각각의 탭 표식마다 선택되었을 경우에 표시되는 아이콘과 선택되지 않았을 경우에 표시되는 아이콘을 사용할 수 있도록 준비한다. 여기서는 탭 표식이 선택되었을 경우는 탭 표식마다 각기 다른 아이콘을 사용하고 탭 표식이 선택되지 않았을 경우에는 공통적으로 사용할 수 있는 하나의 아이콘만을 준비한다.

이렇게 준비한 상태에서 다음의 예제를 수행한다.

예제 6-4

(tabred.xml)

```
<?xml version="1.0" encoding="utf-8"?>
<selector xmlns:android="http://schemas.android.com/apk/res/android">
<!-- When selected -->
<item android:drawable="@drawable/buttonred"
        android:state_selected="true"
    />
<!-- When unselected -->
    <item android:drawable="@drawable/buttonlightblue"
    />
</selector>
```

먼저 탭 표식이 선택되었을 때와 선택되지 않았을 때의 아이콘을 선택적으로 표시하기 위해 xml 파일을 새로이 작성한다. xml 파일은 이클립스에서 File - New - File을 선택하면 나타나는 <그림6-4>와 같은 창에서 파일이 저장될 폴더 위치와 파일 이름을 입력하고 Finish 버튼을 클릭하면 생성되는 창에서 작성할 수 있다. 그러나 이보다도 xml 파일이 위치할 폴더를 직접 선택한 후 File - New - File을 선택하는 것이 파일을 저장할 폴더 위치를 자동으로 지정하도록 하므로 훨씬 간편한 방법이다.

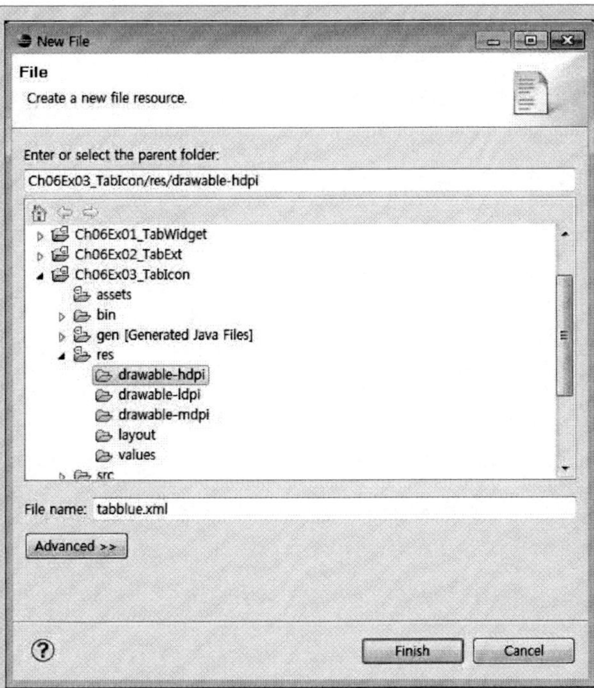

<그림6-4> xml 파일 생성 화면

본 예제에서는 세 개의 탭 표식 각각에 대한 xml 파일을 작성한다.

각각 tabred.xml, tabgreen.xml, tabblue.xml로 이름을 지정한다. 그리고 각 xml 파일 모두 002행과 같이 selector라는 태그를 사용하여 탭 표식이 선택되었을 때와 선택되지 않았을 때를 선택적으로 구분하도록 한다. 그리고 tabred.xml 파일에서는 탭 표식이 선택되었을 때 004행처럼 buttonred.png 파일이 선택되도록 하고, 탭 버튼이 선택되지 않았을 때는 008행과 같이 buttonlightblue.png 파일이 선택되도록 한다.

한편 tabgreen.xml 파일의 경우는 buttongreen.png 파일이, 그리고 tabblue.xml 파일의 경우는 buttonblue.png 파일이 탭 표식 선택 시 선택되도록 한다. 물론 탭 표식이 선택되지 않았을 때는 모두 tabred.xml 파일에서와 같이 buttonlightblue.png 파일이 선택되도록 한다.

세 개의 파일, 즉 tabred.xml, tabgreen.xml, tabblue.xml 파일을 작성하여 res/drawable-hdpi 폴더 밑에 위치시킨다.

그리고 그 다음으로 자바 소스 프로그램인 Ch06Ex03_TabIconActivity.java 프로그램을 작성한다. 앞에서 이 파일은 【예제6-3】의 Ch06Ex02_TabExtActivity.java 파일과 동일하도록 수정하라고 한 바 있다. 이 상태에서 이 프로그램을 수정해보자.

(Ch06Ex03_TabIconActivity.java)

```
package kj.it.ch06ex03_tabicon;

import android.app.Activity;
import android.os.Bundle;
import android.widget.TabHost;
import android.content.res.Resources;
public class Ch06Ex03_TabIconActivity extends Activity {
    /** Called when the activity is first created. */
    @Override
    public void onCreate(Bundle savedInstanceState) {
        super.onCreate(savedInstanceState);
        setContentView(R.layout.main);

        Resources res=getResources();

        TabHost tabs=(TabHost)findViewById(R.id.tabhost);
        tabs.setup();

        TabHost.TabSpec spec ;
        spec=tabs.newTabSpec("tag1");
        spec.setContent(R.id.tab1);
        spec.setIndicator("아날로그시계",
                    res.getDrawable(R.drawable.tabred));
        tabs.addTab(spec);

        spec=tabs.newTabSpec("tag2");
        spec.setContent(R.id.tab2);
        spec.setIndicator("디지털시계",
                  res.getDrawable(R.drawable.tabgreen));
        tabs.addTab(spec);

        spec=tabs.newTabSpec("tag3");
        spec.setContent(R.id.tab3);
        spec.setIndicator("My pet",
```

```
                        res.getDrawable(R.drawable.tabblue));
033         tabs.addTab(spec);
034 
035         tabs.setCurrentTab(0);
036     }
037 }
```

014행에서 `Resources` 클래스의 레퍼런스 변수로 **res**를 설정하고 `getResources()` 메소드를 참조하도록 한다. 이는 탭 표식에 사용될 리소스를 다루는 세 개의 xml 파일들을 참조하기 위한 것이다. 이를 위해 006행에서 `Resources` 클래스가 import되었다.

다음에 022행에서 `setIndicator()` 메소드를 사용하여 탭 표식을 설정하였다. 여기서는 특히 해당 탭 표식에 '아날로그시계'라는 텍스트와 함께 아이콘을 올리기 위해 `getDrawable()` 메소드를 이용해 tabred.xml 파일을 참조하였다. 이미 알고 있듯이 이 파일은 탭 표식이 선택되었을 때와 선택되지 않았을 때를 구별하여 각각의 경우에 해당하는 아이콘을 표시하는 파일이었다.

이 결과, 즉 020행~022행에서 수행된 태그, 탭 내용, 탭 표식의 설정은 023행의 `addTab()` 메소드에 의해 하나의 탭으로 에뮬레이터 화면에 추가된다.

마찬가지로 027행과 032행에서는 같은 방식으로 각각 tabgreen.xml 파일과 tabblue.xml 파일을 참조하여 두 번째 및 세 번째 탭 표식에 사용되도록 하였다.

물론 여기서 만일 탭 표식의 선택 여부와 관계없이 고정된 아이콘이 표시되기를 원한다면 022행, 027행, 032행의 해당위치에 xml 파일이름 대신 아이콘 파일 이름을 직접 지정하면 된다. 예를 들면 `res.getDrawable(R.drawable.`*`tabred`*`)` 대신 `res.getDrawable(R.drawable.`*`buttonred`*`)`로처럼 말이다.

【예제6-4】의 실행 결과는 <그림6-5>와 같다. 탭 표식이 선택되었을 때와 선택되지 않았을 때의 아이콘의 색상이 바뀌는 것을 확인할 수 있다.

<그림6-5> 【예제6-4】 실행 결과 화면

6.4 프로젝트에 클래스 추가하기

이미 잘 알고 있듯이 지금까지의 자바 소스 프로그램은 하나의 클래스 파일만으로 탭 기능을 처리하였다. 하나의 클래스 파일(액티비티.java)과 main.xml 파일에서의 TabHost, TabWidget, FrameRayout 앨리먼트를 사용하여 여러 개의 탭 표식과 탭 내용, 그리고 태그를 생성하였다.

이번에는 프로젝트의 기본 소스 프로그램 파일에 더하여 새로운 클래스 파일을 추가하고 이 클래스 파일이 탭 내용을 표시하도록 만들어보자. 다시 말해서 탭 표식은 기존의 소스 프로그램인 액티비티 클래스 파일(액티비티.java)에 의하여 처리하되, 각각의 탭 표식을 클릭하였을 때 화면에 표시되는 탭 내용은 새로운 클래스 파일에 의하여 표시되도록 하자는 것이다.

이를 위하여 추가될 새로운 클래스는 TabActivity 클래스와 Intent 클래스이다.

TabActivity 클래스는 여러 개의 액티비티나 뷰를 포함하고 또한 가동하는 액티비티 클래스이며 Intent 클래스는 실행 중인 액티비티에서 또 다른 액티비티를 가동할 때 사용하는 클래스이다.

<TabActivity 클래스>
: 여러 개의 내장형 액티비티나 뷰를 포함하고 또한 가동하는 액티비티 클래스

<Intent 클래스>
: 실행 중인 액티비티에서 또 다른 액티비티를 가동할 때 유용한 클래스

이클립스를 실행하고 다음과 같이 새로운 프로젝트를 생성한다.

Project name : Ch06Ex04_ClassAdd
Application name : Ch06Ex04_ClassAdd
Package name : kj.it.ch06ex04_classadd
Create Activity : Ch06Ex04_ClassAddActivity
Min SDK Version : 8

생성된 프로젝트에서도 그대로 사용할 수 있도록 【예제6-4】에서 준비한 아이콘 파일들과 각 탭 표식의 선택용 파일들인 세 개의 파일, 즉 tabred.xml, tabgreen.xml, tabblue.xml 파일들을 앞의 프로젝트에서 그대로 옮겨와 현 프로젝트의 res/drawable-hdpi 폴더 밑에 위치시킨다.

그리고 【예제6-4】의 소스 프로그램인 Ch06Ex03_TabIconActivity.java 프로그램의 내용을 새로이 생성된 Ch06Ex04_ClassAddActivity.java 파일에 복사하여 놓는다. 그리고 여기서부터 【예제6-5】를 시작한다.

예제 6-5

(Ch06Ex04_ClassAddActivity.java)

```
package kj.it.ch06ex04_classadd;

import android.app.TabActivity;
import android.content.Intent;
```

```
import android.content.res.Resources;
import android.os.Bundle;
import android.widget.TabHost;

public class Ch06Ex04_ClassAddActivity extends
TabActivity {
    /** Called when the activity is first created. */
    @Override
    public void onCreate(Bundle savedInstanceState) {
        super.onCreate(savedInstanceState);
        setContentView(R.layout.main);
        Resources res=getResources();
        TabHost tabs=getTabHost();
        tabs.setup();
        Intent intent;
        intent=new Intent(this, RedWidget.class);

        TabHost.TabSpec spec;
        spec=tabs.newTabSpec("tag1");
        spec.setContent(intent);
        spec.setIndicator("Red",
                res.getDrawable(R.drawable.tabred));
        tabs.addTab(spec);

        intent=new Intent();
        intent.setClass(this, GreenWidget.class);
        spec=tabs.newTabSpec("tag2");
        spec.setContent(intent);
        spec.setIndicator("Green",
               res.getDrawable(R.drawable.tabgreen));
        tabs.addTab(spec);

        intent=new Intent().setClass(this,
                                   BlueWidget.class);
        spec=tabs.newTabSpec("tag3");
```

```
035         spec.setContent(intent);
036         spec.setIndicator("Blue",
                    res.getDrawable(R.drawable.tabblue));
037         tabs.addTab(spec);
038
039         tabs.setCurrentTab(0);
040     }
041 }
```

이번 예제에서의 중요한 변화는 소스 프로그램이 지금까지는 Activity라는 슈퍼클래스를 상속받아 작성되었던 것에 반해 이 예제에서는 탭 레이아웃 기능을 내장하고 있는 TabActivity 클래스를 슈퍼클래스로 상속받아 사용하고 있다는 것이다. 이로 인하여 002행에서 Activity 클래스 대신 TabActivity 클래스가 import 되었다. 또한 008행 역시 TabActivity 클래스를 상속받고 있다.

TabActivity 클래스의 상속은 또한 이 클래스 자체가 탭 레이아웃 기능을 내장하고 있기 때문에 탭 구성을 위한 xml 레이아웃 파일의 별도 작성을 필요로 하지 않는다. 즉 main.xml 파일을 통하여 TabHost, TabWidget, FrameRayout 앨리먼트들을 준비할 필요가 없다는 것이다. 따라서 TabActivity 클래스의 상속으로 이 예제에서는 main.xml 파일에 대하여 더 이상 관심을 갖지 않아도 되는 것이다. 그리고 이러한 이유로 인해 013행의 `setContentView(R.layout.main)` 메소드는 더 이상 사용할 필요가 없다.

015행에서는 `TabHost` 클래스의 레퍼런스 변수 `tabs`를 설정하고 `getTabHost()` 메소드를 참조하도록 한다. 앞의 예제에서처럼 main.xml 파일을 탭 레이아웃 표시를 위하여 사용하지 않으므로 `findViewById()` 메소드에 의해 위젯의 id를 참조할 필요가 없어졌다. 또한 015행의 수행으로 인해 016행도 의미가 없어진다. 삭제한다.

다음에는 017행, 018행과 같은 `Intent`(인텐트) 클래스의 사용이다. `Intent` 클래스는 안드로이드에서 현재의 액티비티에 더하여 추가적으로 액티비티를 가동하고자 할 때 사용하는 클래스이다. 즉 프로젝트의 기본 액티비티가 동작하는 가운데 추가적으로 실행할 액티비티들을 `Intent` 클래스를 사용하여 동작시킬 수 있다는 것이다. 현재의 애플리케이션에 통합하여서 말이다.

`Intent()` 메소드의 사용을 위해 003행에서는 `Intent` 클래스를 import하였다.

Intent 클래스를 사용하여 또 다른 액티비티 클래스를 추가적으로 동작시킬 때 사용할 수 있는 기본 형식들은 다음과 같다.

- new Intent(this, 액티비티이름.class);

- intent=new Intent();
  intent.setClass(this, 액티비티이름.class);

- intent=new Intent().intent.setClass(this, 액티비티이름.class);

017행은 Intent 클래스의 레퍼런스 변수 intent를 설정한 것이고, 018행은 Intent() 메소드를 사용하여 레퍼런스 변수 intent로 참조하는 객체를 생성하는 모습이다. 매개 변수로 RedWidget.class라는 새로운 액티비티 클래스를 사용하였다.

021행~024행은 첫 번째 탭 표식을 추가하는 부분이다.

'tag1'이라는 이름의 태그를 사용하며 탭 내용으로는 변수 intent에 의해 참조되는 객체와 참조 파일인 RedWidget.class 파일을 사용한다. 즉 탭 표식이 선택되었을 때 에뮬레이터 화면에는 RedWidget.class 파일의 내용이 나타나게 된다. 그리고 023행에 의해 탭 표식으로 'Red'라는 이름과 함께 앞의 예제에서와 동일하게 아이콘을 사용한다.

한편 026행~027행과 033행은 각각 017행~018행의 또 다른 표현형식이다. 세 가지 형식들이 차례로 사용되었다.

또한 029행과 035행은 022행처럼 각각 변수 intent에 의해 참조되는 객체와 참조 파일에 의하여 탭 내용을 표시한다.

각각 GreenWidget.class 파일과 BlueWidget.class 파일의 내용을 표시하게 된다.

그리고 이는 변수 intent에 의해 참조되는 액티비티 클래스 파일의 내용이 화면에 표시되도록 하는 방식으로 종전의 R.id.tab1과 같은 id에 의해 main.xml 파일내의 해당 앨리먼트를 화면에 표시하는 방식과는 다른 방식이다. 좀 더 복잡한 내용을 처리할 수 있는 보다 확장된 방식이라 할 수 있겠다.

한편 023행, 030행, 036행에서는 탭 표식에 표시되는 텍스트로 각각 'Red', 'Green', 'Blue'를 설정하였다. 그리고 텍스트와 함께 표시되는 아이콘은 【예제6-4】의 경우와 동일한 아이콘을 사용하도록 하였다.

한편 Intent 클래스를 사용한 액티비티 클래스의 추가는 인텐트 필터의 정의를 필요로 한다. 안드로이드는 특정 인텐트가 발생했을 때 액티비티에 정의된 인텐트 필터에 의해 해당 액티비티에 인텐트를 전달해야 하는지 결정하기 때문이다.

인텐트 필터는 지금까지 전혀 다루지 않았던 AndroidManifest.xml 파일에서 정의해 주어야 한다.

지금부터 AndroidManifest.xml 파일에 인텐트 필터를 정의하는 과정을 진행해보자.

생성된 프로젝트 폴더에서 AndroidManifest.xml 파일을 찾아 열어보자. 작업창에는 Manifest탭의 AndroidManifest 화면이 나타날 것이다. <그림6-6>과 같이 Application 탭을 선택한 후 Application Nodes 부분을 찾아 Add 버튼을 클릭하여 Activity를 추가한다.

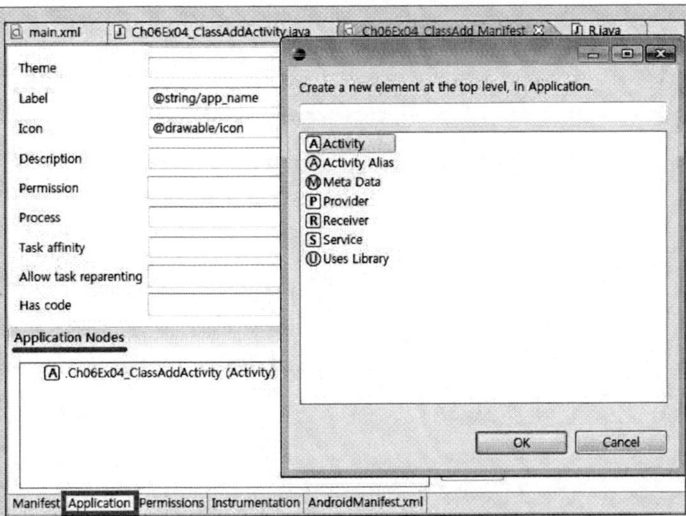

<그림6-6> 액티비티 추가 화면

<그림6-6>의 새로운 앨리먼트 생성 창에서 Activity를 선택한 후 OK버튼을 누른다. 그리고 이어서 오른 편에 있는 Attributes for Activity 부분에서 Name*을 클릭한다. 그러면 <그림6-7>과 같이 추가할 클래스 파일을 생성할 창이 나타난다. 여기서 생성할 새로운 클래스 파일의 이름을 입력하고 Finish버튼을 클릭한다. 그러면 새로운 클래스 파일을 작성할 작업창이 만들어질 것이다.

여기서는 RedWidget.class 파일을 생성하기 위하여 RedWidget을 입력하였다. 이 이름은 앞의 Ch06Ex04_ClassAddActivity.java 파일의 018행에서 사용되고 있음을 볼 수 있다.

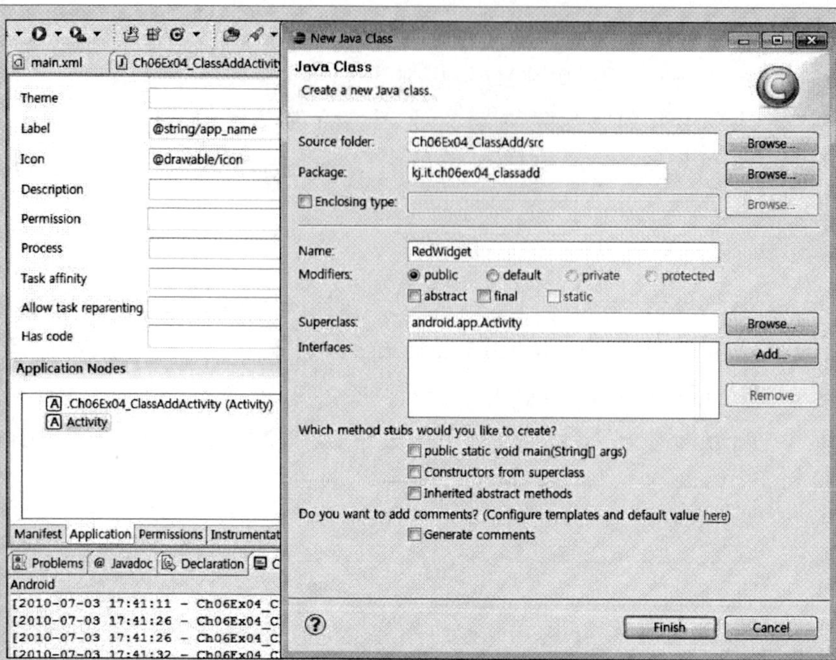

<그림6-7> 클래스 이름 입력 화면

RedWidget.class 파일을 작성한다. 이 클래스 파일은 탭 버튼이 선택되었을 때 탭 내용으로서 에뮬레이터 화면에 표시될 내용이 될 것이다.

여기서는 기본적으로 생성된 내용에 'Red Color'라는 문자열을 화면에 표시할 수 있도록 다음과 같이 몇 줄의 내용만 더하기로 한다.

(RedWidget.class)

```
package kj.it.ch06ex04_classadd;

import android.app.Activity;
import android.os.Bundle;
import android.widget.TextView;

public class RedWidget extends Activity {

        /** Called when the activity is first created. */
        @Override
        public void onCreate(Bundle savedInstanceState) {
            super.onCreate(savedInstanceState);
```

```
013
014         TextView textview = new TextView(this);
015         textview.setText("Red Color");
016         setContentView(textview);
017     }
018 }
```

014행~016행에서 'Red Color'라는 텍스트가 탭 내용으로 표시되도록 작성되었다. 005행은 텍스트 표시를 위해 TextView 클래스가 사용되었으므로 당연히 import되어야 하는 클래스이다. 이 클래스는 사용자에게 텍스트를 표시하고 그것을 편집할 수 있도록 허용하는 클래스로서 이미 앞 장에서 설명한 바 있다.

새로운 클래스 파일의 작성이 완료되었으면 다시 AndroidManifest.xml 탭으로 이동한다. Activity 파일의 작성이 완료되었으므로 이번에는 인텐트 필터를 정의해 줄 차례이다. 화면에서 해당 Activity를 선택한 후 Add 버튼을 클릭하면 <그림6-8>과 같은 창이 나타날 것이다. 여기서 Intent Filter를 선택하고 OK버튼을 클릭한다.

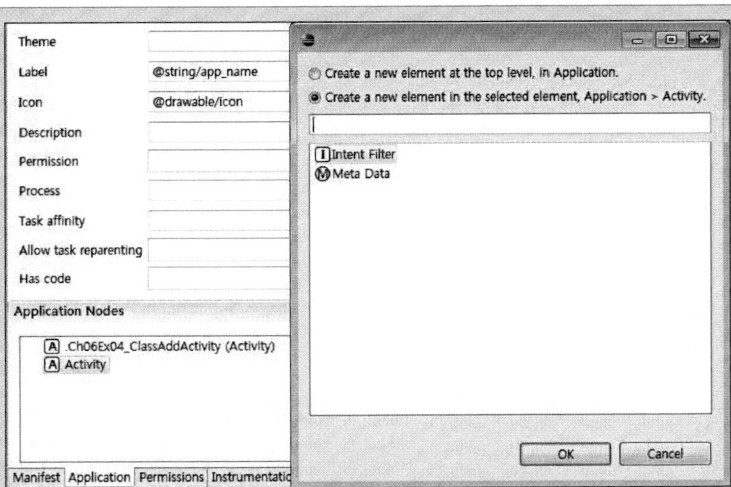

<그림6-8> 인텐트 필터 설정 화면

인텐트 필터가 정의되었으면 바로 이어서 카테고리를 지정해 주어야 한다. Application Nodes에서 Intent Filter를 선택하고 Add 버튼을 클릭한다. 그러면 <그림6-9>와 같이 카테고리 설정 화면이 나타난다.

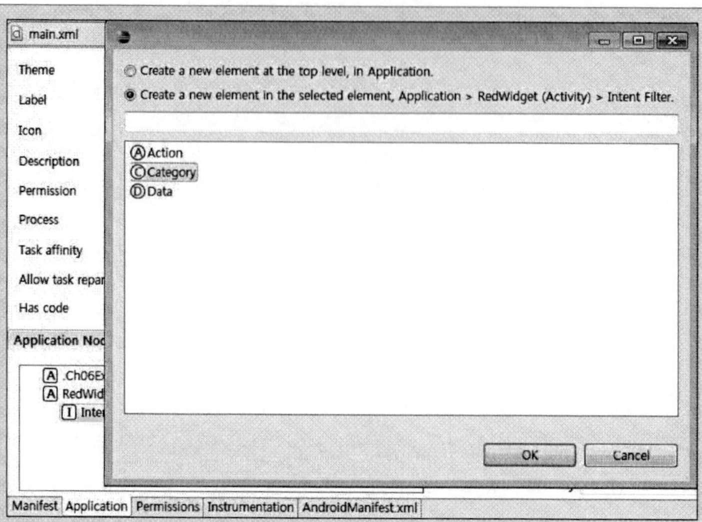

<그림6-9> 카테고리 설정 화면1

Category를 선택한 후 OK버튼을 클릭한다. 그리고 <그림6-10>과 같이 오른 편의 Attributes for Category 화면에서 'android.intent.category.LAUNCHER'를 선택한다. 그리고 AndroidManifest 파일을 저장한다. 그러면 인텐트 필터에 대한 모든 정의가 완료된다.

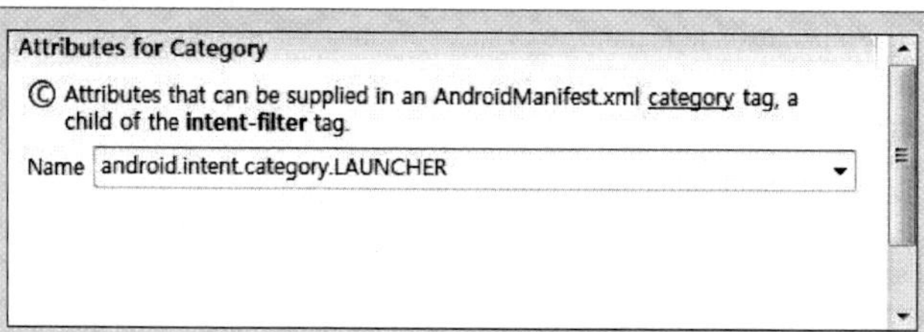

<그림6-10> 카테고리 설정 화면2

이상으로 추가 클래스인 RedWidget.class 파일의 생성과 인텐트 필터의 정의가 모두 완료되었다.

같은 방법으로 두 번째, 그리고 세 번째 탭의 내용을 위해 GreenWidget.class 파일과 BlueWidget.class 파일을 생성하고 인텐트 필터를 정의해 주자.

AndroidManifest.xml 파일에는 다음과 같이 추가된 세 개의 액티비티들이 포함되어 있음을 발견할 수 있다.

(AndroidManifest.xml):세 개의 클래스가 추가된 매니페스트 파일

```
<?xml version="1.0" encoding="utf-8"?>
<manifest
xmlns:android="http://schemas.android.com/apk/res/android"
     package="kj.it.ch06ex04_classadd"
     android:versionCode="1"
     android:versionName="1.0">
<application android:icon="@drawable/icon"
     android:label="@string/app_name">
<activity
     android:name=".Ch06Ex04_ClassAddActivity"
               android:label="@string/app_name">
<intent-filter>
<action
     android:name="android.intent.action.MAIN" />
<category
     android:name="android.intent.category.LAUNCHER" />
   </intent-filter>
   </activity>
<activity
android:name="RedWidget"><intent-filter><category
android:name="android.intent.category.LAUNCHER"></category>
   </intent-filter>
   </activity>
<activity
android:name="GreenWidget"><intent-filter><category
android:name="android.intent.category.LAUNCHER"></category>
   </intent-filter>
   </activity>
<activity
android:name="BlueWidget"><intent-filter><category
android:name="android.intent.category.LAUNCHER"></categ
```

```
    ory>
020     </intent-filter>
021     </activity>
022     </application>
023     <uses-sdk android:minSdkVersion="7" />
024 </manifest>
```

013행~021행에 걸쳐 세 개의 액티비티 - 인텐트 필터 - 카테고리가 AndroidManifest 파일에 추가되었음을 볼 수 있다.

지금까지 수행된 내용, 즉 `Ch06Ex04_ClassAddActivity.java` 파일의 수정과 세 개의 클래스 파일, 즉 RedWidget.class 파일, GreenWidget.class 파일 및 BlueWidget.class 파일의 추가, 그리고 AndroidManifest 파일의 수정 등을 거쳐 완성된 프로젝트를 실행해보자. <그림6-11>과 같은 실행 결과 화면이 나타날 것이다. 각각의 탭 표식을 선택하면 생성된 각각의 클래스 파일이 해당 탭 내용으로 화면에 표시될 것이다.

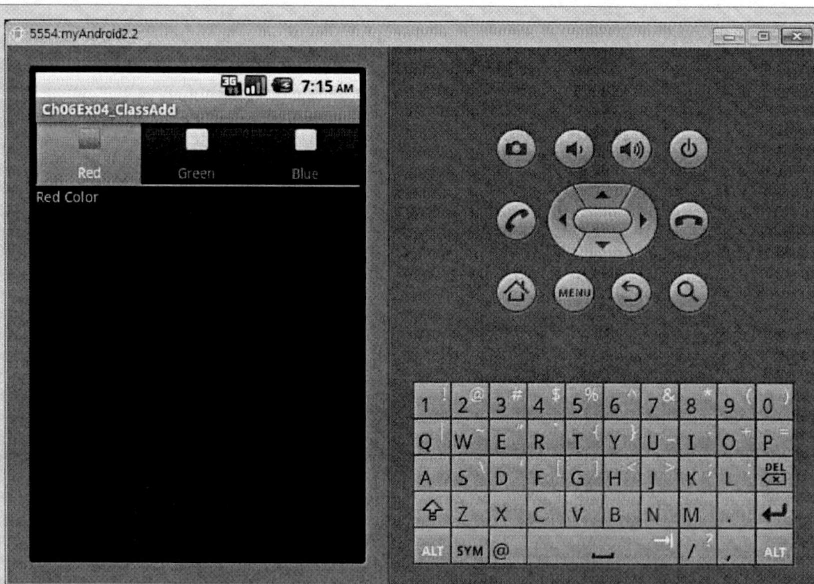

<그림6-11> 【예제6-5】의 실행 화면

최종적으로 완성된 프로젝트 폴더의 내용은 <그림6-12>와 같다.

<그림6-12> 【예제6-5】의 프로젝트 폴더 내용

프로젝트 폴더에서 main.xml 파일, strings.xml 파일에는 전혀 손을 댄 적이 없음을 기억하자.

지금까지의 학습을 바탕으로 【예제6-5】의 세 클래스 파일인 RedWidget.class 파일, GreenWidget.class 파일, BlueWidget.class 파일의 내용을 수정하여 탭 내용으로 각각의 색상이 배경색으로 표시되도록 하고 텍스트 위치는 화면의 중앙에, 그리고 텍스트 크기는 20px로 표시되도록 앞 장의 【예제5-1】을 참조하여 프로그램을 수정하여 보라. 그리고 그 결과를 확인해 보자.

<사용된 class 정리>

<TabHost 클래스>
: 탭으로 표시되는 윈도우 뷰를 위한 컨테이너 클래스

<Resources 클래스>
: 응용 프로그램의 리소스에 접근하기 위한 클래스

<TabActivity 클래스>
: 여러 개의 내장형 액티비티나 뷰를 포함하고 또한 가동하는 액티비티 클래스

<Intent 클래스>
: 실행 중인 액티비티에서 또 다른 액티비티를 가동할 때 유용한 클래스

제 7 장

웹 사용하기

제 7 장 웹 사용하기

7.1 웹킷 브라우저

안드로이드는 웹킷(WebKit)이라고 하는 웹 브라우저를 내장하고 있다. 이 웹킷 브라우저를 호출함으로써 간단한 프로그래밍으로 안드로이드 기기 상에 웹 페이지를 표시할 수 있다.

이 장에서는 웹킷 브라우저를 호출하여 사용하는 간단한 방법으로부터 시작하여 웹 페이지 표시 언어인 HTML로 작성된 태그나 파일을 안드로이드 기기 상에서 표현하기, 그리고 탭이나 버튼을 이용하여 웹에 연결하기 등의 기능에 대하여 살펴본다.

이를 위해서 지금까지 사용해 온 TextView 클래스나 ImageView 클래스처럼 이미 만들어져 제공되고 있는 WebView라는 클래스를 사용할 것이다. 웹 페이지를 표시하는 뷰 클래스인 WebView 클래스를 호출하여 사용함으로써 간단하게 웹 페이지를 안드로이드 화면상에 표시할 수 있다.

<WebView 클래스> : 웹 페이지를 표시하는 뷰 클래스

이클립스를 실행하여 Ch07Ex01_WebView라는 이름으로 다음과 같이 새로운 프로젝트를 생성한다.

Project name : Ch07Ex01_WebView
Application name : Ch07Ex01_WebView
Package name : kj.it.ch07ex01_webview
Create Activity : Ch07Ex01_WebViewActivity
Min SDK Version : 8

프로젝트의 생성으로 만들어진 파일들 중 main.xml 파일과 Ch07Ex01_WebViewActivity.java 파일, 그리고 AndroidManifest.xml 파일을 수정함으로써 안드로이드 기기 상에 웹 페이지를 표시하도록 한다.

예제 7-1

(main.xml)

```
001 <?xml version="1.0" encoding="utf-8"?>
002 <LinearLayout
    xmlns:android="http://schemas.android.com/apk/res/andro
    id"
003     android:orientation="vertical"
004     android:layout_width="fill_parent"
005     android:layout_height="fill_parent"
006     >
007 <WebView android:id="@+id/webview"
008     android:layout_width="fill_parent"
009     android:layout_height="fill_parent"
010     />
011 </LinearLayout>
```

007행~010행에 걸쳐 WebView 앨리먼트를 설정하고, 이 앨리먼트에 'webview'라는 id를 부여하였다. 그리고 이 앨리먼트가 사용할 화면의 수평, 수직방향에서의 영역은 모두 'fill_parent'로 설정하였다. 즉 웹 페이지를 표시하기 위하여 화면 전체를 사용하겠다는 의도이다.

WebView 앨리먼트의 설정으로 간단히 웹 페이지를 화면에 표시할 레이아웃 파일에서의 준비는 마친다.

(Ch07Ex01_WebViewActivity.java)

```
package kj.it.ch07ex01_webview;

import android.app.Activity;
import android.os.Bundle;
import android.webkit.WebView;

public class Ch07Ex01_WebViewActivity extends Activity {
    /** Called when the activity is first created. */
```

```
009     @Override
010     public void onCreate(Bundle savedInstanceState) {
011         super.onCreate(savedInstanceState);
012         setContentView(R.layout.main);
013
014         WebView browser;
015         browser=(WebView)findViewById(R.id.webview);
016         browser.loadUrl("http://www.android.com");
017     }
018 }
```

자바 소스 프로그램에서의 작업도 간단하다.

014행에서 WebView 클래스의 레퍼런스 변수를 browser로 설정하고 015행에서 findViewById() 메소드에 의해 레이아웃 파일인 main.xml 파일 안의 webview 앨리먼트를 참조한다.

그리고 016행의 `loadUrl()` 메소드에 의해 표시할 웹 페이지를 불러와 화면에 표시하게 된다. 웹 페이지 주소를 사용 인자로 하여 `loadUrl()` 메소드를 수행함으로써 웹 연결 및 웹 페이지 표시까지의 과정을 수행하게 되는 것이다.

005행의 WebView 클래스는 이러한 일련의 기능 수행을 위해 import되었다. 그리고 이 클래스의 사용으로 너무도 간단하게 화면상에 웹 페이지를 표시할 수 있게 된다.

한편 웹 페이지의 표시는 main.xml 파일과 Ch07Ex01_WebViewActivity.java 파일의 작성만으로는 아직 부족하다. AndroidManifest.xml 파일에서의 추가 작업이 필요하다. 그리고 이 작업 또한 그리 복잡하지 않다. 앞 장의 【예제6-5】에서 액티비티를 추가하기 위해 사용하였던 과정처럼 AndroidManifest.xml 파일에 `uses-permission`으로 '`android.permission.INTERNET`'을 추가하면 된다.

<그림7-1>은 `uses-permission` 설정 결과를 나타낸다. AndroidManifest.xml 파일을 열고 하단의 `Permissions` 탭을 선택한다. 그리고 우측의 Add 버튼을 클릭하여 `uses-permission` 속성을 선택하면 Name 필드가 나타난다. 여기서 '`android.permission.INTERNET`'을 찾아 추가해주면 된다. 이 결과가 <그림7-1>이다.

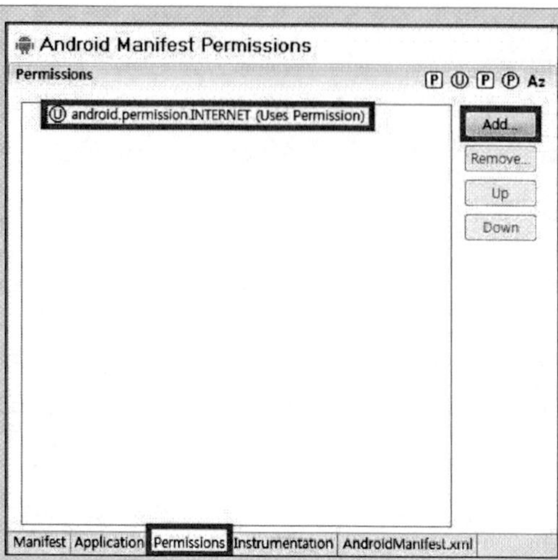

<그림7-1> 웹 브라우저 화면

uses-permission을 추가한 후의 AndroidManifest.xml 파일의 내용은 다음과 같다. 006행에서 uses-permission 속성이 추가되어 있음을 볼 수 있다.

(AndroidManifest.xml)

```
001 <?xml version="1.0" encoding="utf-8"?>
002 <manifest
    xmlns:android="http://schemas.android.com/apk/res/andro
    id"
003      package="kj.it.ch07ex01_webview"
004      android:versionCode="1"
005      android:versionName="1.0">
006 <uses-permission
     android:name="android.permission.INTERNET"/>
007   <application android:icon="@drawable/icon"
                   android:label="@string/app_name">
008                          .
 .                //이하 자동 생성된 코드(생략)
 .                           .
 .                           .
015 </manifest>
```

여기까지 진행되었으면 이제 안드로이드 에뮬레이터에 웹 페이지를 표시할 준비가 끝난 것이다.

<그림7-2>는 【예제7-1】의 실행 결과를 나타낸다. 웹 페이지가 정상적으로 연결되어 화면에 표시되었음을 볼 수 있다.

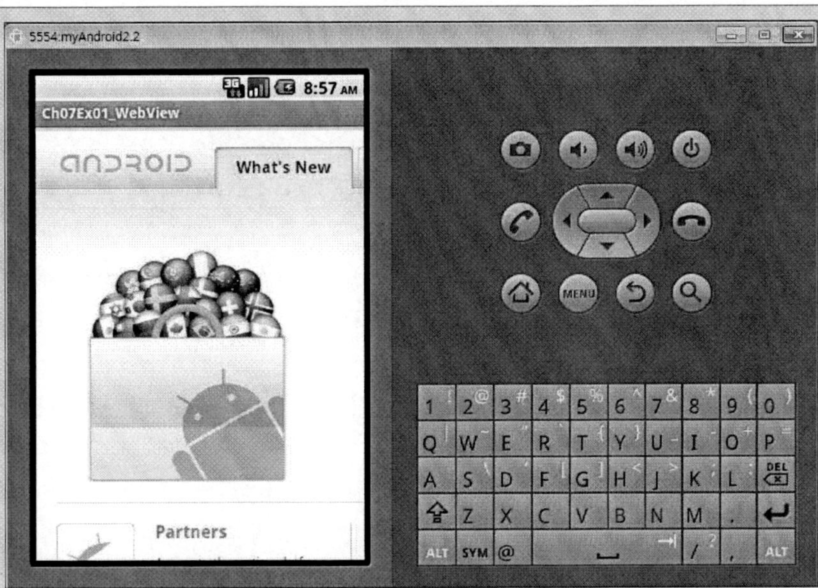

<그림7-2> 【예제7-1】의 실행 결과 화면

7.2 HTML 적용하기

이번에는 웹 페이지 주소 대신 HTML로 작성된 파일을 프로그램 상에서 직접 읽어와 화면에 표시하는 기능을 만들어보자.

그 전에 【예제7-1】의 Ch07Ex01_WebViewActivity.java 파일에서 016행의 `loadUrl()` 메소드를 `loadData()` 메소드로 바꾸고 사용 인자로 직접 HTML 태그를 작성하여 넣어보자. 그리고 그 결과가 어떻게 안드로이드 기기에 나타나는지 확인해보자.

【예제7-1】의 파일들 중 Ch07Ex01_WebViewActivity.java 파일을 다음과 같이 수정한다. 수정할 부분은 016행이다.

(Ch07Ex01_WebViewActivity.java)

```
001 package kj.it.ch07ex01_webview;
 .                              .
 .               // 【예제7-1】 과 동일 소스(생략)
 .                              .
014                             .
015         browser=(WebView)findViewById(R.id.webview);
016         browser.loadData("<html><body>Hello<br>Welcome to
    Android World!</body></html>", "text/html", "UTF-8");
017     }
018 }
```

016행에서 `loadData()` 메소드를 사용하였다. 그리고 사용 인자로 HTML 태그를 직접 작성하여 적용하였다.

실행 결과는 <그림7-3>과 같다.

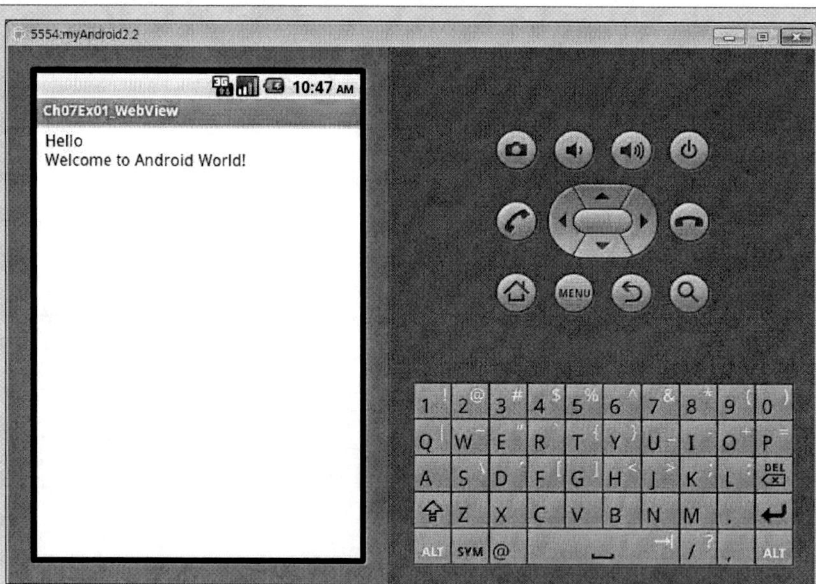

<그림7-3> HTML 태그 실행 화면

이번에는 016행의 HTML 태그 부분을 파일로 만들어 assets 폴더에 위치시키고 프로그램에서 직접 호출하여보자.

이클립스를 실행하여 다음과 같이 새로운 프로젝트를 생성한다.

Project name : Ch07Ex02_HtmlView
Application name : Ch07Ex02_HtmlView
Package name : kj.it.ch07ex02_htmlview
Create Activity : Ch07Ex02_HtmlViewActivity
Min SDK Version : 8

예제 7-2

(htmlview.html)

```
<meta http-equiv='Content-Type' content='text/html; charset=euc-kr'/>
<html>
<body>
Hello<br>
Welcome to Android World!
</body>
</html>
```

앞의 Ch07Ex01_WebViewActivity.java 파일의 016행 HTML 태그 부분을 htmlview.html 파일로 작성한다. 그리고 이 파일을 프로젝트의 assets 폴더에 위치시킨다.

(Ch07Ex02_HtmlViewActivity.java)

```
package kj.it.ch07ex02_htmlview;

import android.app.Activity;
import android.os.Bundle;
import android.webkit.WebView;

public class Ch07Ex02_HtmlViewActivity extends Activity {
```

```java
008     /** Called when the activity is first created. */
009     @Override
010     public void onCreate(Bundle savedInstanceState) {
011         super.onCreate(savedInstanceState);
012         setContentView(R.layout.main);
013 
014         WebView browser;
015         browser=(WebView)findViewById(R.id.webview);
016 browser.loadUrl("file:///android_asset/htmlview.html");
017     }
018 }
```

016행에서 `loadUrl()` 메소드의 사용 인자로 HTML 태그들이 담긴 htmlview.html 파일의 위치를 사용한 것 외에는 【예제7-1】의 자바 소스 프로그램과 동일하다.

'http://' 대신 'file://'을 사용하여 html파일의 위치를 지정하면 html 파일에 담긴 웹 페이지가 안드로이드 기기에 표시된다.

여러분 각자 【예제7-1】과 【예제7-2】를 이용하여 다양한 인터넷 사이트를 표시하거나 또는 HTML 파일의 내용을 수정하여 또 다른 웹 화면이 표시될 수 있도록 프로그램을 조금씩 수정하여보라. 그리고 그 결과를 확인해 보자.

7.3 탭에서 웹 연결하기

이번에는 앞 장에서 다뤘던 탭 기능을 이용하여 여러 웹 페이지들을 연결할 수 있도록 기능을 확장시켜보자.

먼저 두 개의 인터넷 사이트를 탭 버튼에 의해 선택적으로 표시할 수 있도록 만들어보자. 두 개의 탭 버튼을 사용하고 각각의 탭 버튼이 클릭되었을 때 해당하는 웹 페이지가 선택되어 나타나도록 한다.

앞 장의 【예제6-5】에서와 같이 탭 버튼의 클릭에 의해 표시되는 각각의 웹 페이지는 별도의 클래스 파일을 만들어 사용하기로 한다.

이클립스를 실행하여 다음과 같이 새로운 프로젝트를 생성한다.

Project name : Ch07Ex03_TabWeb
Application name : Ch07Ex03_TabWeb
Package name : kj.it.ch07ex03_tabweb
Create Activity : Ch07Ex03_TabWebActivity
Min SDK Version : 8

프로젝트의 생성으로 만들어진 파일들 중 두 개의 파일들에 대하여 그 내용을 수정하거나 추가한다. Ch07Ex03_TabWebActivity.java 파일과 AndroidManifest.xml 파일이다. 그리고 각각의 탭 버튼이 클릭되었을 때 화면에 표시될 웹 페이지를 위해 별도로 두 개의 java 파일이 만들어져야 한다. 이는 【예제6-5】에서 이미 경험하였던 내용이다.

여기서는 두 개의 java 파일을 각각 'WebSite1.java'와 'WebSite2.java'라는 이름으로 만들기로 한다.

예제 7-3

(Ch07Ex03_TabWebActivity.java)

```
package kj.it.ch07ex03_tabweb;

import android.app.TabActivity;
import android.content.Intent;
import android.os.Bundle;
import android.widget.TabHost;

public class Ch07Ex03_TabWebActivity extends TabActivity
{
    /** Called when the activity is first created. */
    @Override
    public void onCreate(Bundle savedInstanceState) {
        super.onCreate(savedInstanceState);

        TabHost tabs=getTabHost();

        Intent intent;
```

```
017         intent=new Intent(this, WebSite1.class);
018
019         TabHost.TabSpec spec;
020         spec=tabs.newTabSpec("tag1");
021         spec.setContent(intent);
022         spec.setIndicator("Android");
023         tabs.addTab(spec);
024
025         intent=new Intent();
026         intent.setClass(this, WebSite2.class);
027         spec=tabs.newTabSpec("tag2");
028         spec.setContent(intent);
029         spec.setIndicator("Google code");
030         tabs.addTab(spec);
031
032         tabs.setCurrentTab(0);
033     }
034 }
```

【예제6-5】의 자바 소스 프로그램의 복사본이라 해도 무방할 정도로 내용이 같다. 다만 탭 버튼을 눌렀을 때 실행될 java 프로그램으로 각각 017행과 026행에서처럼 'WebSite1.class'와 'WebSite2.class'가 호출되도록 한 것과 또한 022행과 029행에서 보듯 탭 버튼에 표시되는 표식이 각각 'Android'와 'Google code'라고 한 것만이 다를 뿐이다.

여기서 032행의 `tabs.setCurrentTab(0)` 기능은 사용하지 않아도 된다. 안드로이드 기기가 첫 번째 탭과 그 내용을 기본으로 선택하여 표시하기 때문이다. 물론 두 번째 탭과 탭의 내용을 기본으로 표시하고자 한다면 이 기능은 반드시 필요하다. `tabs.setCurrentTab(1)`로 표시해주어야 한다.

다음에는 017행과 026행에서 호출하게 될 두 개의 추가적인 클래스들, 즉 'WebSite1.java' 파일과 'WebSite2.java' 파일을 만들어주어야 한다.

이를 위한 과정, 즉 추가적인 클래스의 생성 과정은 이미 앞 장에서 다룬 바 있다. 여기서는 간략하게 전체적인 과정을 정리하는 것으로 대신한다.

생성된 프로젝트 폴더에서 AndroidManifest.xml 파일을 찾아 열어보자. 그리고 다음의 순서에 따라 클래스 파일 생성 및 AndroidManifest.xml 파일 설정 과정을 진행해보자.

① AndroidManifest 화면의 작업창에서 열려진 Manifest탭을 Application탭으로 바꾸어 연다.
② 작업창 하단부의 Application Nodes를 찾아 Add 버튼을 클릭하여 Activity를 추가한다.
③ 이어서 오른 편에 있는 Attributes for Activity 부분에서 Name*을 클릭하여 클래스 파일 생성 창을 연다.
④ 생성할 새로운 클래스 파일의 이름, 'WebSite1'을 입력하고 Finish버튼을 클릭한다.
⑤ WebSite1.class 파일을 작성한다. 이 클래스 파일은 첫 번째 탭 버튼이 선택되었을 때 웹 페이지의 내용으로서 화면에 표시될 java 파일이 된다.

이제 java 파일을 작성할 차례이다. 그러나 파일의 작성은 일단 뒤로 미루고 먼저 AndroidManifest.xml 파일의 설정 과정을 완성하기 위해 계속 진행하기로 한다.

⑥ 다음에는 ② ~ ③에 의하여 생성된 액티비티에 인텐트 필터를 설정한다.

작업창 하단부의 Application Nodes에서 새로이 생성된 클래스 액티비티 WebSite1(Activity)를 찾아 선택하고 Add 버튼을 클릭하면 액티비티에 Intent Filter를 설정할 수 있는 창이 생성된다.

⑦ 생성된 창에서 Intent Filter를 선택하고 OK 버튼을 눌러 인텐트 필터의 설정을 마무리하면 다음에는 바로 이어서 카테고리를 지정해 주어야 한다. Application Nodes에서 WebSite1(Activity)의 Intent Filter를 선택하고 Add 버튼을 클릭한다. 카테고리를 설정할 수 있는 창이 열린다.
⑧ 카테고리를 선택한 후 OK버튼을 클릭한다. 그리고 오른 편의 Attributes for Category 부분으로 이동해서 'android.intent.category.LAUNCHER'를 찾아 선택한다.

지금까지의 과정, 즉 ① ~ ⑧의 과정을 한 번 더 반복한다. 이번에는 WebSite2 클래스를 위한 것이다.

⑨ 그리고 마지막으로 안드로이드 기기에서의 인터넷 연결을 위한 uses-permission

설정을 AndroidManifest.xml 파일에 추가해 준다.

이로써 AndroidManifest.xml 파일의 설정 과정은 모두 끝난다. 최종적으로 완성된 AndroidManifest.xml 파일의 내용은 다음과 같다.

(AndroidManifest.xml)

```
<?xml version="1.0" encoding="utf-8"?>
<manifest
xmlns:android="http://schemas.android.com/apk/res/andro
id"
     package="kj.it.ch07ex03_tabweb"
     android:versionCode="1"
     android:versionName="1.0">
<uses-permission
 android:name="android.permission.INTERNET"/>
<application android:icon="@drawable/icon"
     android:label="@string/app_name">
<activity
     android:name=".Ch07Ex03_WebSite1Activity"
               android:label="@string/app_name">
<intent-filter>
<action
     android:name="android.intent.action.MAIN" />
<category
     android:name="android.intent.category.LAUNCHER" />
   </intent-filter>
   </activity>
<activity
android:name="WebSite1"><intent-filter><category
android:name="android.intent.category.LAUNCHER"></categ
ory>
   </intent-filter>
   </activity>
<activity
android:name="WebSite2"><intent-filter><category
```

```
    android:name="android.intent.category.LAUNCHER"></categ
    ory>
018     </intent-filter>
019     </activity>
020 
021     </application>
022     <uses-sdk android:minSdkVersion="7" />
023 </manifest>
```

006행에서 인터넷 연결을 위한 uses-permission이 추가되었다.

014행~016행, 017행~019행에 각각 WebSite1과 WebSite2에 대한 액티비티, 인텐트 필터, 카테고리가 설정되어 있음을 볼 수 있다.

이제 남은 것은 WebSite1과 WebSite2 클래스 파일을 완성하는 것이다. 웹 페이지를 호출하여 에뮬레이터 기기상의 탭 내용으로 표시될 수 있도록 작업창에서 WebSite1.java 파일을 찾아 프로그램을 작성해준다.

(WebSite1.class)

```
package kj.it.ch07ex03_tabweb;

import android.app.Activity;
import android.os.Bundle;
import android.webkit.WebView;

public class WebSite1 extends Activity {

        /** Called when the activity is first created. */
        @Override
        public void onCreate(Bundle savedInstanceState) {
            super.onCreate(savedInstanceState);

            WebView browser;
            browser=new WebView(this);
            setContentView(browser);
```

```
017             browser.loadUrl("http://www.android.com");
018         }
019 }
```

기본으로 생성된 파일에 014행~015행처럼 WebView 클래스의 레퍼런스 변수 browser를 설정하고 객체를 생성한다. 그리고 016행의 setContentView() 메소드와 017행의 loadUrl() 메소드에 의해 해당하는 웹 페이지를 탭 내용으로 화면에 표시한다. 이를 위하여 005행에서 WebView 클래스가 import되었다.

WebSite2.java 파일 역시 WebSite1.java 파일과 그 내용에 있어 별반 차이가 없다. 단지 호출하는 웹 페이지 주소만이 다를 뿐이다. WebSite1.java 파일에서는 loadUrl() 메소드에 의해 'http://www.android.com'을 호출하였다. WebSite2.java 파일에서는 'http://code.google.com'을 호출하기로 한다.

WebSite2.java 파일을 작성하면 프로젝트를 실행할 모든 준비가 끝난다.

<그림7-4>는 【예제7-3】의 실행 결과를 나타낸다.

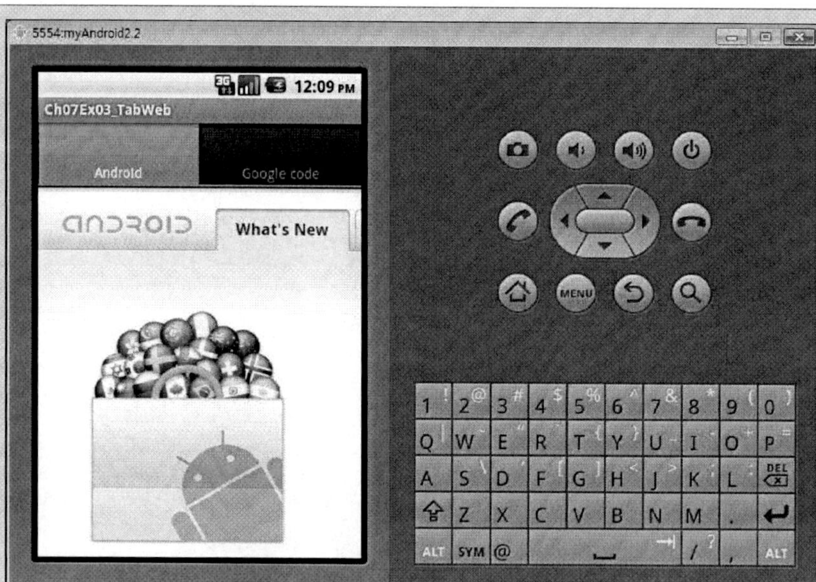

<그림7-4> 【예제7-3】의 실행 결과 화면

여러분 각자 【예제7-3】에 세 번째 탭을 추가하여보라. 버튼의 이름과 탭 내용으로 표시될 웹 페이지 주소는 각자 결정해보라. 그리고 그 실행 결과를 확인해보자.

7.4 버튼으로 웹 연결하기

이번에는 앞 예제에서 다뤘던 탭 기능 대신 탭 자리에 버튼을 넣어보자. 그리고 버튼을 클릭하면 원하는 웹 페이지가 연결되어 화면에 표시되도록 해보자.

앞 예제에서는 탭 기능을 실현하기위하여 TabActivity 클래스를 슈퍼클래스로 상속받았다. 그리고 WebSite1.java와 WebSite2.java 파일은 웹 페이지를 화면에 표시하는 기능이므로 TabActivity 클래스가 아닌 Activity 클래스를 상속받으면 되었다. 따라서 TabActivity 클래스를 상속받는 자바 소스 프로그램과 Activity 클래스를 상속받는 웹 페이지 표시 프로그램이 각각 분리되어 별도의 파일로 작성되었다.
그러나 이번에는 탭 대신 기본 위젯인 버튼을 사용하므로 더 이상 TabActivity 클래스를 상속받을 이유가 없다. 따라서 한 개의 자바 소스 프로그램에 모든 것을 포함시킬 수 있을 것이다.

이클립스를 실행하여 다음과 같이 새로운 프로젝트를 생성한다.

Project name : Ch07Ex04_ButtonWeb
Application name : Ch07Ex04_ButtonWeb
Package name : kj.it.ch07ex04_buttonweb
Create Activity : Ch07Ex04_ButtonWebActivity
Min SDK Version : 8

예제 7-4

(main.xml)

```
<?xml version="1.0" encoding="utf-8"?>
<LinearLayout xmlns:android="http://schemas.android.com/apk/res/android"
    android:orientation="vertical"
    android:layout_width="fill_parent"
    android:layout_height="fill_parent"
```

```
    >
 <LinearLayout
    android:orientation="horizontal"
    android:layout_width="fill_parent"
    android:layout_height="wrap_content"
    >
    <Button
    android:id="@+id/btn1"
    android:layout_width="wrap_content"
    android:layout_height="wrap_content"
    android:text="Android"
    />
    <Button
    android:id="@+id/btn2"
    android:layout_width="wrap_content"
    android:layout_height="wrap_content"
    android:text="Google code"
    />
</LinearLayout>
<LinearLayout
    android:orientation="vertical"
    android:layout_width="fill_parent"
    android:layout_height="wrap_content"
    >
    <WebView android:id="@+id/webview"
    android:layout_width="fill_parent"
    android:layout_height="wrap_content"
    />
</LinearLayout>
</LinearLayout>
```

2개의 버튼과 그 밑에 웹 화면을 표시하기 위한 화면 레이아웃 구성이다. 2개의 버튼은 수평방향으로 배열되며 웹 화면은 2개의 버튼 아래에 위치하여 나머지 화면 전체를 사용한다.

따라서 전체적으로 LinearLayout을 사용하였으며 내부적으로도 버튼을 위한 LinearLayout과 웹 페이지를 위한 LinearLayout을 추가적으로 사용하였다.

버튼을 위한 LinearLayout은 수평 배열을 위해 008행과 같이 수평 오리엔테이션을 설정하고 화면을 위한 LinearLayout은 026행과 같이 수직 배열을 위한 오리엔테이션을 설정하였다.

버튼의 id는 각각 btn1, btn2로 설정하였으며 웹 화면은 webview로 설정하였다.

(Ch07Ex04_ButtonWebActivity.java)

```
package kj.it.ch07ex04_buttonweb;

import android.app.Activity;
import android.os.Bundle;
import android.view.View;
import android.webkit.WebView;
import android.widget.Button;

public class Ch07Ex04_ButtonWebActivity extends Activity
{
    /** Called when the activity is first created. */
    @Override
    public void onCreate(Bundle savedInstanceState) {
        super.onCreate(savedInstanceState);
        setContentView(R.layout.main);

        int a=1;
        Webpage(a);

        Button btn1=(Button)findViewById(R.id.btn1);
        Button btn2=(Button)findViewById(R.id.btn2);
        btn1.setOnClickListener(new
            View.OnClickListener() {
          public void onClick(View v) {
               int a=1;
```

```
024                Webpage(a);
025             }
026          });
027          btn2.setOnClickListener(new
                  View.OnClickListener() {
028             public void onClick(View v) {
029                int a=2;
030                Webpage(a);
031             }
032          });
033       }
034       public void Webpage(int a){
035          WebView browser;
036          browser=(WebView)findViewById(R.id.webview);
037          if (a==1)
038             browser.loadUrl("http://www.android.com");
039          else if (a==2)
040             browser.loadUrl("http://code.google.com");
041       }
042 }
```

014행의 `setContentView()` 메소드에 의해 main.xml에서 설정한 화면 레이아웃이 생성된다.

016행에서 정수형 변수 a를 선언하고 초기 값을 1로 설정하였다. 그리고 017행에서 변수 a를 매개변수로 하여 `Webpage()` 메소드를 호출하였다.

`Webpage()` 메소드는 034행~041행에 위치해 있다.

035행과 036행에서 `WebView` 클래스의 레퍼런스 변수 `browser`로 main.xml 파일의 `WebView` 앨리먼트 위치를 참조한다. 그리고 만일 매개변수 a의 값이 1이면 웹 페이지 '`http://www.android.com`'을 표시하도록 하고 a의 값이 2이면 웹 페이지 '`http://code.google.com`'을 화면에 표시하도록 한다.

한편 019행과 020행은 각각 레이아웃 상의 버튼1과 버튼2를 참조하며 만일 버튼1이 클릭되었을 때는 021행~026행이 수행되어 매개변수 a의 값을 1로 하는 `Webpage()`

메소드가 호출된다.

반면 버튼2가 클릭되면 027행~032행이 수행되고 매개변수 a의 값을 2로 하는 030행의 `Webpage()` 메소드가 호출된다. 끝으로 AndroidManifest.xml 파일을 열고 uses-permission으로 `android.permission.INTERNET` 속성을 추가한 후 프로젝트를 실행하면 <그림7-5>와 같은 결과 화면을 얻게 된다.

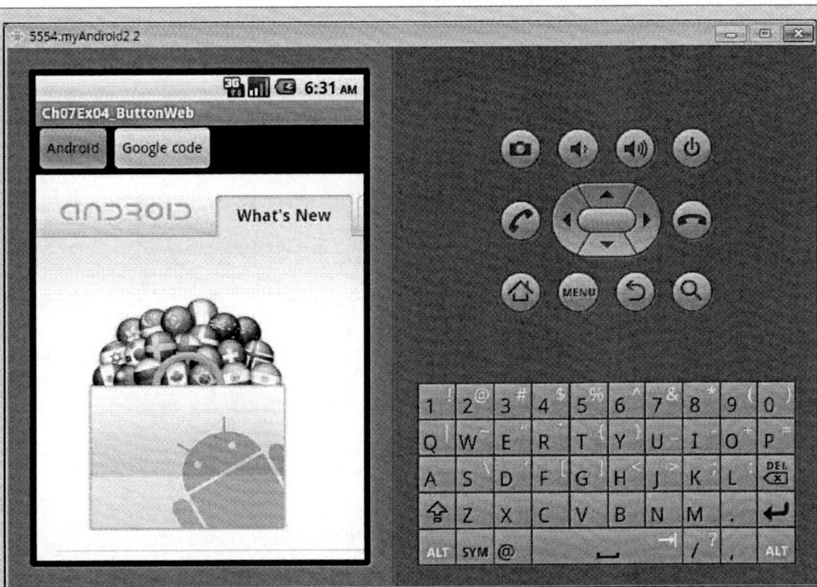

<그림7-5> 【예제7-4】의 실행 결과 화면

화면에는 2개의 버튼, 즉 Android 버튼과 Google code 버튼이 나타나고 그 아래에는 기본 웹 페이지인 '`http://www.android.com`'을 표시하는 화면이 자리 잡는다.

그리고 Google code 버튼을 클릭하면 '`http://code.google.com`'을 화면에 표시하게 된다.

다음에는 <그림7-5>의 화면에 페이지 이동 기능을 추가하여 보자. Back 버튼과 Forward 버튼을 추가하고 Back 버튼을 클릭하면 웹 페이지를 전 화면으로 이동하게 하며 Forward 버튼을 클릭하면 웹 페이지를 다음 페이지 화면으로 이동하도록 만들어보자. 물론 이때 이동할 전 화면이나 다음 화면이 존재하지 않는다면 실제적인 화면의 이동은 발생하지 않을 것이다.

【예제7-4】 의 프로젝트를 그대로 이용하여 프로그램을 추가하기로 한다.

예제 7-5

(main.xml)

```
001 <?xml version="1.0" encoding="utf-8"?>
 .                          .
 .          // 【예제7-4】 와 동일 소스(생략)
 .                          .
023                         .
024     <Button
025     android:id="@+id/btn3"
026     android:layout_width="wrap_content"
027     android:layout_height="wrap_content"
028     android:text="Back"
029     />
030     <Button
031     android:id="@+id/btn4"
032     android:layout_width="wrap_content"
033     android:layout_height="wrap_content"
034     android:text="Forward"
035     />
036 </LinearLayout>
037 <LinearLayout
038     android:orientation="vertical"
039     android:layout_width="fill_parent"
040     android:layout_height="wrap_content"
041     >
042     <WebView android:id="@+id/webview"
043     android:layout_width="fill_parent"
044     android:layout_height="wrap_content"
045     />
046 </LinearLayout>
047 </LinearLayout>
```

main.xml 파일에서는 024행~029행에서 Back 버튼이, 그리고 030행~035행에서

Forward 버튼이 추가로 설정된다. 추가되는 각 버튼의 id는 각각 btn3과 btn4이다.

(Ch07Ex04_ButtonWebActivity.java)

```
package kj.it.ch07ex04_buttonweb;
                         .
            //【예제7-4】와 동일 소스(생략)
                         .
                         .
        Button btn2=(Button)findViewById(R.id.btn2);
        Button btn3=(Button)findViewById(R.id.btn3);
        Button btn4=(Button)findViewById(R.id.btn4);

        btn1.setOnClickListener(new
            View.OnClickListener() {
          public void onClick(View v) {
                int a=1;
                Webpage(a);
            }
        });
        btn2.setOnClickListener(new
              View.OnClickListener() {
            public void onClick(View v) {
              int a=2;
                Webpage(a);
              }
          });
        btn3.setOnClickListener(new
                View.OnClickListener() {
            public void onClick(View v) {
              int a=3;
                Webpage(a);
              }
          });
        btn4.setOnClickListener(new
               View.OnClickListener() {
```

```
045                 public void onClick(View v) {
046                     int a=4;
047                       Webpage(a);
048                     }
049               });
050         }
051         public void Webpage(int a){
052               WebView browser;
053               browser=(WebView)findViewById(R.id.webview);
054               switch(a){
055               case 1:
056                     browser.loadUrl("http://www.android.com");
057                     break;
058               case 2:
059                     browser.loadUrl("http://code.google.com");
060                     break;
061               case 3:
062                     browser.goBack();
063                     break;
064               case 4:
065                     browser.goForward();
066                     break;
067               }
068               return;
069         }
070 }
```

021행과 022행에서 버튼 btn3과 btn4가 레이아웃 파일의 버튼 앨리먼트들을 각각 참조한다.

btn3, 즉 Back 버튼이 클릭되면 038행~043행이 수행되며 btn4, 즉 Forward 버튼이 클릭되면 044행~049행이 수행된다. 각각 3과 4로 지정된 매개변수 a를 가지고 `Webpage()` 메소드를 호출한다.

051행~069행으로 구성된 `Webpage()` 메소드는 버튼의 수가 4개로 증가하였으므로 【예제7-4】 의 경우와 달리 switch ~ case 문을 사용하여 처리한다.

첫 번째 버튼은 웹 페이지 'http://www.android.com'을 화면에 표시하고 두 번째 버튼은 웹 페이지 'http://code.google.com'을 화면에 표시한다.

반면 세 번째 버튼은 `goBack()` 메소드를 수행하여 화면에 전 화면의 웹 페이지를 표시하고 네 번째 버튼은 `goForward()` 메소드를 수행하여 화면에 다음 화면의 웹 페이지를 표시한다.

<그림7-6>은 【예제7-5】 의 실행 결과 화면을 나타낸다.

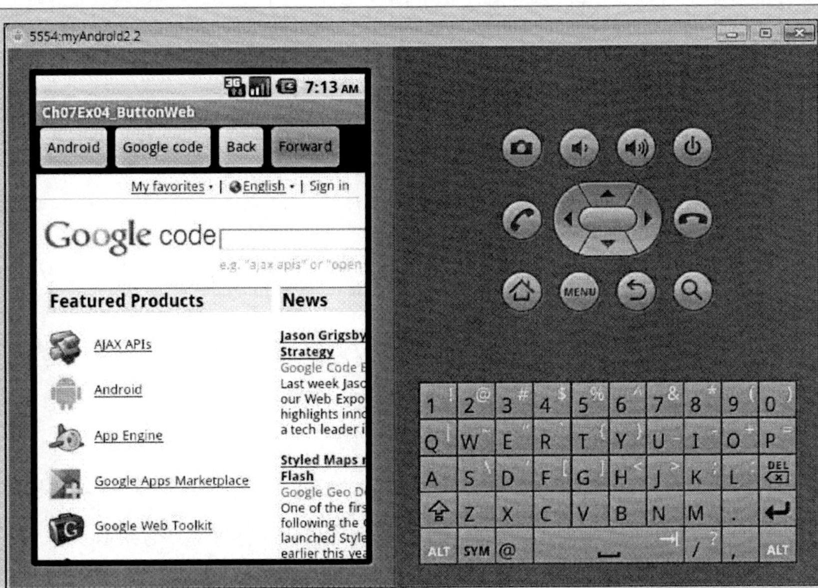

<그림7-6> 【예제7-5】의 실행 결과 화면

한편 【예제7-5】 에서 소개된 `goBack()` 메소드와 `goForward()` 메소드 외에도 브라우저 네비게이션 기능으로 다양한 메소드들이 사용된다. 여기서 그들 중 몇 가지를 소개한다.

- canGoBack() : WebView가 뒤로 돌아갈 수 있는 항목(Back History Item)을 가지고 있으면 True를 반환한다.

- canGoForward() : WebView가 앞으로 이동할 수 있는 항목(Forward History Item)을 가지고 있으면 True를 반환한다.

- canGoBackOrForward(int steps) : 페이지가 주어진 스텝 수만큼 뒤로나 앞으로 이동할 수 있으면 True를 반환한다.

- getTitle() : 현재 페이지에 대한 제목을 얻는다.

- getUrl() : 현재 페이지에 대한 URL을 얻는다.

- pageDown() : 페이지 크기의 반만큼 뷰의 내용을 아래쪽으로 스크롤한다.

- pageUp() : 페이지 크기의 반만큼 뷰의 내용을 위쪽으로 스크롤한다.

- reload() : 현재의 URL을 다시 로드한다.

- zoomIn() : webview에서 줌 인을 수행한다.

- zoomOut() : webview에서 줌 아웃을 수행한다.

이들 메소드 외의 더 많은 메소드들은 'http://developer.android.com/reference' 주소를 참조하기 바란다.

한편 실습을 통해서도 알 수 있겠지만 안드로이드 기기 상에서 많은 웹 페이지들을 표시할 때마다 종종 탭이나 버튼 레이아웃이 무너지는 현상을 경험하게 될 것이다. 이는 WebView에는 네비게이션 툴바 기능이 포함되어 있지 않기 때문으로 이러한 현상을 해결하기 위해서는 결국 제대로 된 네비게이션 툴바를 만들 필요가 있다. 그리고 이는 각자의 몫으로 남기도록 한다.

<사용된 class 정리>

<WebView 클래스> : 웹 페이지를 표시하는 뷰 클래스

제 8 장
리스트 뷰

제 8 장 리스트 뷰

8.1 리스트 뷰

우리는 앞의 제 4 장에서 테이블 레이아웃 기능에 대하여 학습한 바 있다. 그리고 이 레이아웃 기능은 표시할 항목들을 일일이 xml 파일에 열거해 주어야만 했다. main.xml 파일 뿐 아니라 strings.xml 파일 또한 열거할 항목들로 채워졌었다.

어디 이뿐이었는가. 열거할 항목이 많을 경우에는 main.xml 파일의 테이블 레이아웃 전체를 스크롤 뷰(ScrollView)라는 앨리먼트로 덧씌워주어야만 했다. xml 파일에서의 단순한 처리 과정이었지만 다소 복잡하고 불편한 것은 사실이다.

이제 배열과 같이 동일한 유형의 항목들로 구성된 목록을 다루는 기능으로 리스트 뷰(ListView)라는 기능을 사용해보자. 리스트 뷰(ListView) 클래스를 이용하여 많은 항목들을 간단히 화면에 열거할 수 있도록 해보자. 그리고 그 결과를 가지고 제 4 장의 【예제4-9】 와 비교해 보자.

리스트 뷰(ListView) 기능을 다루기 위해 우선적으로 사용하게 될 클래스는 ListActivity 클래스와 ArrayAdapter 클래스이다.

ListActivity 클래스는 항목들을 어레이나 커서와 같은 데이터 소스에 묶어서 목록으로 표시하고 사용자가 항목을 선택할 때 이벤트 핸들러를 가동시키는 액티비티 클래스이며 ArrayAdapter<T> 클래스는 임의의 오브젝트들로 구성된 어레이에 의해 지원되는 리스트 뷰를 관장하는 리스트 어댑터 클래스이다.

<ListActivity 클래스>

: 항목들을 어레이나 커서와 같은 데이터 소스에 묶어서 목록으로 표시하고 사용자가 항목을 선택할 때 이벤트 핸들러를 가동시키는 액티비티 클래스

<ArrayAdapter<T> 클래스>

: 임의의 오브젝트들로 구성된 어레이에 의해 지원되는 리스트 뷰를 관장하는 리스트 어댑터 클래스

이클립스를 실행하여 Ch08Ex01_ListView라는 이름으로 다음과 같이 새로운 프로젝트를 생성한다.

Project name : Ch08Ex01_ListView
Application name : Ch08Ex01_ListView
Package name : kj.it.ch08ex01_listview
Create Activity : Ch08Ex01_ListViewActivity
Min SDK Version : 8

프로젝트의 생성으로 만들어진 파일들 중 main.xml 파일과 Ch08Ex01_ListViewActivity.java 파일을 수정함으로써 리스트 뷰 기능을 수행하는 프로그램을 만들어보자.

예제 8-1

(main.xml)

```
<?xml version="1.0" encoding="utf-8"?>
<LinearLayout
xmlns:android="http://schemas.android.com/apk/res/android"
    android:orientation="vertical"
    android:layout_width="fill_parent"
    android:layout_height="fill_parent"
    >
<TextView
    android:id="@+id/select"
    android:layout_width="fill_parent"
    android:layout_height="wrap_content"
    android:text="@string/hello"
    />
<ListView
    android:id="@android:id/list"
    android:layout_width="fill_parent"
    android:layout_height="wrap_content"
    android:drawSelectorOnTop="false"
```

```
018        />
019   </LinearLayout>
```

008행에서 TextView 앨리먼트에 대한 id를 'select'로 부여하였다. 그리고 011행의 초기 텍스트 지정은 본 예제에서는 사용하지 않기 때문에 삭제하였다. 안드로이드 에뮬레이터 초기 화면의 첫째 행에는 어떠한 텍스트도 표시되지 않을 것이다.

013행~018행에 걸쳐 ListView 앨리먼트가 추가되었다.

이 앨리먼트의 id는 014행에 의해 'list'로 설정되며 여기서 id를 설정하는 형식은 앞의 제 6 장의 TabWidget의 경우와 같이 '`@+id/리소스이름`' 형식이 아닌 '`@android:id/리소스이름`' 형식임에 주의하여야 한다. 이는 사용하는 안드로이드 SDK의 버전에 따른 제약이므로 지켜져야 한다.

그리고 id의 설정에 의해 자바 소스 프로그램에서 슈퍼클래스로 상속받아 사용할 ListActivity 클래스에서 해당하는 리스트 박스를 찾아 기본 리스트로 사용하게 된다.

한편 017행의 `android:drawSelectorOnTop`을 '`false`'로 한 것은 프로젝트가 실행될 때 에뮬레이터 화면상에 나타나는 목록 중 선택된 항목의 표시 탭에 의해 항목의 내용이 가리어지는 것을 막기 위함이다. 이 속성을 '`true`'로 했을 경우는 항목 표시 탭에 의해 해당 항목의 내용이 가리어질 것이다. 물론 017행을 지정하지 않아도 기본으로 표시 속성을 '`false`'로 지정한 것과 동일한 결과를 얻게 된다.

(Ch08Ex01_ListViewActivity.java)

```
package kj.it.ch08ex01_listview;

import android.app.ListActivity;
import android.os.Bundle;
import android.widget.ArrayAdapter;

public class Ch08Ex01_ListViewActivity extends ListActivity {
    /** Called when the activity is first created. */
        String[] items={"Book", "Business", "Education", "Entertainment", "Finance", "News", "Phone", "Restaurant", "Shopping", "Web"};
```

```
010
011     @Override
012     public void onCreate(Bundle savedInstanceState) {
013         super.onCreate(savedInstanceState);
014         setContentView(R.layout.main);
015
016         setListAdapter(new     ArrayAdapter<String>(this,
    android.R.layout.simple_list_item_1, items));
017     }
018 }
```

자바 소스 프로그램에서는 먼저 007행의 상속받을 슈퍼클래스를 Activity에서 ListActivity로 바꾸어준다. 이에 따라 003행의 import문도 그에 맞추어 ListActivity 클래스로 바꾸어주었다.

다음에는 리스트 뷰에서 표시할 항목들을 009행과 같이 스트링 배열 형식(`String[]`)의 변수 `items`에 의해 열거해준다.

다음에는 009행에서 선언된 배열의 항목들을 읽어 와서 문자열 목록 형식으로 화면에 표시해 주는 기능이 추가되어야 한다. 그래야만 해당 항목들을 화면에 표시하여 볼 수 있기 때문이다. 이러한 기능은 ArrayAdapter<T> 클래스를 사용하면 매우 간단하게 해결할 수 있다. 배열이나 인스턴스를 ArrayAdapter에 실어주기만 하면 된다. 그리고 리스트 뷰로 목록을 표시할 setAdapter() 메소드에 ArrayAdapter를 넘겨주기만 하면 된다.

본 예제에서는 ListActivity 클래스를 상속받으므로 setListAdapter() 메소드를 호출하여 사용할 수 있다. 016행은 이러한 과정을 나타낸다. 배열이나 인스턴스가 실린 ArrayAdapter를 setListAdapter() 메소드에 의해 실행하는 모습이다.

이를 위하여 005행에서는 프로그램에서 사용된 ArrayAdapter<T> 클래스가 import되었다. 이러한 클래스들의 import는 이클립스에서 프로그램을 작성한 후 프로그램 오류를 수정하는 과정에서도 자동으로 추천되며 또한 [Ctrl]+[Shift]+[o] 키를 누르면 필요한 클래스들이 자동으로 프로그램에 추가되기 때문에 클래스들의 선택을 고민할 필요는 없겠다.

setListAdapter() 메소드의 호출로 배열에 의해 선언되었던 문자열 형식의 항목들이 목록 형식으로 화면에 표시된다. 그 결과는 <그림8-1>과 같다.

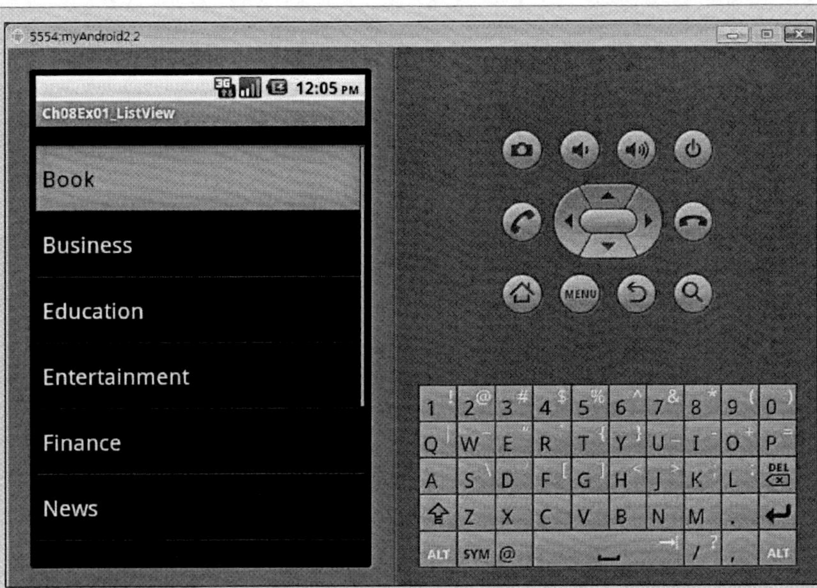

<그림8-1> 【예제8-1】실행 화면

main.xml 파일에서의 011행의 삭제로 인해 화면의 첫 번째 행은 비어있음을 볼 수 있다. 그리고 두 번째 행부터 배열 항목들이 리스트 뷰 형식으로 나열됨을 볼 수 있다.

ArrayAdapter라는 어댑터의 사용으로 너무도 간단하게 리스트 뷰 기능을 실현할 수 있었다. 그리고 이 과정은 제 4 장의 【예제4-9】와 대비된다.

ArrayAdapter의 사용 형식은 다음과 같다.

- ArrayAdapter의 형식

```
String[] items={"abc", "def", "ghi", "jkl", "mno" };
new ArrayAdapter<String>(this, android.R.layout.simple_list_item_1, items);
```

- ArrayAdapter의 사용 인자들
  - context 인스턴스(액티비티의 인스턴스)
  - 리소스 id(시스템 리소스 id)
  - 배열변수(화면에 표시될 데이터가 정의되어 있는 배열이름);

한편 016행의 ArrayAdapter 사용 인자인 'android.R.layout.simple_list_item_1'은 넘겨받은 문자열 값을 TextView 객체로 변환시키고, 변환된 TextView의 목록이 화면에 나타나도록 한다.

이번에는 【예제8-1】의 자바 소스 프로그램을 보완하여 선택된 항목의 이름이 화면 상단 첫째 행에 표시되도록 만들어보자. 어떤 항목이 선택되었는지 쉽게 확인할 수 있도록 말이다.

이를 위하여 ListView 클래스가 새로이 추가된다. 이 클래스는 수직방향으로 스크롤되는 목록 안의 항목들을 보여주는 뷰 클래스이다.

> <ListView 클래스>
> : 수직방향으로 스크롤되는 목록 안의 항목들을 보여주는 뷰 클래스

번거로움을 덜기 위하여 【예제8-1】 프로젝트의 파일들을 그대로 이용하기로 한다.

예제 8-2

(Ch08Ex01_ListViewActivity.java)

```
001 package kj.it.ch08ex01_listview;
002
003 import android.app.ListActivity;
004 import android.os.Bundle;
005 import android.widget.TextView;
006 import android.widget.ArrayAdapter;
007 import android.view.View;
008 import android.widget.ListView;
009
010 public class Ch08Ex01_ListViewActivity extends ListActivity {
011     /** Called when the activity is first created. */
012         TextView selected;
013         String[] items={"Book", "Business", "Education", "Entertainment", "Finance", "News", "Phone", "Restaurant", "Shopping", "Web"};
```

```
014
015     @Override
016     public void onCreate(Bundle savedInstanceState) {
017         super.onCreate(savedInstanceState);
018         setContentView(R.layout.main);
019
020         setListAdapter(new      ArrayAdapter<String>(this, android.R.layout.simple_list_item_1, items));
021     }
022
023     public  void  onListItemClick(ListView  parent,  View view, int position, long id){
024
025         selected=(TextView)findViewById(R.id.select);
026         selected.setText(items[position]);
027     }
028 }
```

023행에서 `onListItemClick()` 메소드가 사용되었다. 이 메소드는 ListActivity 클래스에 포함되어 있는 메소드로서, 리스트안의 항목이 선택될 때 호출된다.

항목이 선택되어 `onListItemClick()` 메소드가 호출되면 025행의 매개 변수인 `R.id.select`가 지정하는 위젯의 위치, 즉 【예제8-1】의 main.xml 파일의 008행에서 설정한 앨리먼트의 위치인 에뮬레이터 화면 첫 번째 행에 026행에서 수행되는 `setText()` 메소드에 의해 선택된 항목의 이름이 표시된다.

선택된 항목의 위치와 이름은 026행의 매개변수 `items[position]`에 의하여 추출된다.

한편 여기서 025행 및 026행의 변수 `selected`는 012행에서 설정한 `TextView` 클래스의 레퍼런스 변수이다. 항목이 선택되었을 때 표시할 위젯이 텍스트이므로 TextView 클래스가 사용되었으며 이를 위하여 레퍼런스 변수 `selected`가 설정된 것이다. 이 변수로 025행의 `findViewById()` 메소드를 참조하고 또한 026행에서 `setText()` 메소드에 의해 선택된 항목의 이름을 에뮬레이터 화면 첫 번째 행에 표시한 것이다.

【예제8-2】의 실행 결과는 <그림8-2>와 같다. 화면 상단 첫 행에 선택된 항목의 이름이 표시되어 있음을 확인할 수 있다. 007행, 008행은 프로그램에 추가된 메소드들의 적용에 의해 더해진 클래스들이다. 그리고 View 클래스는 이미 앞의 제 5 장에서 설명된 바 있어 여기서는 더 이상 설명하지 않는다.

<그림8-2> 【예제8-2】실행 화면

8.2 리스트에 아이콘 넣기

이번에는 리스트 뷰에 의해 표시되는 각 항목의 문자열 앞이나 혹은 뒤에 아이콘을 추가해보자. 이러한 전개는 그저 단순하게만 펼쳐졌던 목록을 보다 사용자 친화적으로 눈에 띄고 때론 멋지게 보이게까지 만든다.

앞의 예제를 그대로 이용하여 만들어보자.

먼저 목록을 구성하는 각 항목마다 그 앞에 아이콘을 넣기 위해서는, 다시 말해서 각 항목마다 아이콘과 문자열이 나란히 배열되도록 하기 위해서는 또 하나의 XML 파일이 더하여질 필요가 있다.

앞의 【예제8-1】에서 작성했던 main.xml 파일은 화면 전체의 레이아웃을 관장한다.

다음의 main.xml 파일을 다시 한 번 살펴보자.

(main.xml)

```
001 <?xml version="1.0" encoding="utf-8"?>
002 <LinearLayout
    xmlns:android="http://schemas.android.com/apk/res/andro
    id"
003     android:orientation="vertical"
004     android:layout_width="fill_parent"
005     android:layout_height="fill_parent"
006     >
007 <TextView
008     android:id="@+id/select"
009     android:layout_width="fill_parent"
010     android:layout_height="wrap_content"
011     />
012 <ListView
013     android:id="@android:id/list"
014     android:layout_width="fill_parent"
015     android:layout_height="wrap_content"
016     android:drawSelectorOnTop="false"
017     />
018 </LinearLayout>
```

이 파일은 화면 전체를 LinearLayout 구조로 정의하고 있다. 그리고 003행과 같이 android:orientation을 'vertical'로 설정하여 각 앨리먼트들이 수직방향으로만 배열되도록 하였다. 그리고 배열순서도 먼저 007행에 의해 한 줄의 텍스트가 표시될 공간을 만들고, 그 다음에 012행의 리스트 뷰 앨리먼트에 의해 각 항목들이 배열되도록 하였다. 이는 우리가 이미 앞의 예제들에서 확인하였던 그대로 이다. 목록 중 하나의 항목이 선택되면 선택된 항목의 이름이 007행에서 정의한 TextView 앨리먼트의 위치, 즉 화면 상단의 첫 번째 행에 표시되게 된다.

결과적으로 main.xml 파일은 화면 전체의 구성을 정의할 뿐 본 예제에서 수행하고자 하는 아이콘과 항목 이름의 동시 표시에는 전혀 관여하지 않음을 알 수 있다.

그러므로 이 용도, 즉 각 행마다 아이콘과 항목 이름이라는 문자열을 동시에 표시하기 위한 목적의 또 하나의 xml 파일을 만들어 이를 사용할 필요가 있다.

main.xml 파일의 위치인 res/layout 폴더 밑에 list_item.xml이라는 이름으로 파일을 하나 생성한다. 또한 이와 함께 res/drawable 폴더 밑에 아이콘으로 사용할 이미지 파일을 하나 준비한다. 여기서는 작업의 편의상 res/drawable 폴더 밑에 기본으로 저장되어 있는 icon.png 파일을 아이콘 이미지로 사용하기로 한다.

예제 8-3

(list_item.xml)

```
001 <?xml version="1.0" encoding="UTF-8"?>
002 <LinearLayout
003 xmlns:android="http://schemas.android.com/apk/res/andro
    id"
004     android:orientation="horizontal"
005     android:layout_width="fill_parent"
006     android:layout_height="wrap_content"
007     >
008 <ImageView
009     android:id="@+id/icon"
010     android:layout_width="25px"
011     android:layout_height="wrap_content"
012     android:padding="3dp"
013     android:src="@drawable/icon"
014     />
015 <TextView
016     android:id="@+id/label"
017     android:layout_width="wrap_content"
018     android:layout_height="wrap_content"
019     android:textSize="30dp"
020     />
021 </LinearLayout>
```

이 파일 역시 LinearLayout 구조로 정의되어 있다. 그러나 004행과 같이 `android:`

orientation은 'vertical'이 아닌 'horizontal'로 설정하였다. 아이콘과 항목 이름의 수평 방향으로의 배열을 위해서이다.

006행의 android:layout_height 또한 'wrap_content'로 설정하여 화면의 나머지 전체가 아닌 한 행씩 처리하도록 하였다.

다음에 008행과 015행에서 각각 ImageView 앨리먼트와 TextView 앨리먼트를 설정함으로써 이미지 위젯과 텍스트 위젯이 수평방향으로 나란히 표시되도록 하였다.

010행에서 이미지 위젯의 너비는 '25px'로 설정하고, 017행에서 텍스트 위젯의 너비는 이미지를 표시하고 난 다음의 위치에서 항목 이름이 차지하는 문자열만큼의 공간을 사용하도록 android:layout_width를 'wrap_content'로 설정하였다. 즉 먼저 아이콘이 25 픽셀의 범위 안에 표시되고 그 다음에 항목 이름이 필요한 공간만큼의 범위에서 표시된다.

이 list_item.xml 파일을 자바 소스 프로그램에서 참조함으로써 에뮬레이터 화면상에 아이콘과 문자열을 동시에 표시하는 리스트 뷰 화면을 만들 수 있다.

이제 자바 소스 프로그램을 수정해보자. 【예제8-2】에서 사용했던 파일 그대로를 가지고 수정해보자.

(Ch08Ex01_ListViewActivity.java)

```
package kj.it.ch08ex01_listview;
                    .
            //【예제8-2】와 동일 소스(생략)
                    .
                    .

        setContentView(R.layout.main);

        setListAdapter(new     ArrayAdapter<String>(this,
android.R.layout.simple_list_item_1,R.layout.list_item,
R.id.label, items));
    }

    public  void  onListItemClick(ListView  parent,  View
```

```
    view, int position, long id){
024
025         selected=(TextView)findViewById(R.id.select);
026         selected.setText(items[position]);
027     }
028 }
```

수정된 부분은 한 곳뿐이다. 020행에서 ArrayAdapter() 메소드의 사용 인자를 수정하였다. 사용 인자 중 하나인 `android.R.layout.simple_list_item_1`을 `R.layout.list_item`과 `R.id.label`로 대체하였다.

`R.layout.list_item`은 R.java 파일을 열어보면 쉽게 찾을 수 있다. res/layout 폴더 밑에 위치한 list_item.xml 파일을 가리킨다.

또한 `R.layout.label`은 list_item.xml 파일 안에 있는 TextView 앨리먼트의 id이다. id를 사용하여 items 스트링 어레이의 문자열을 TextView 객체로 변환시킨다. 그리고 이 변환된 TextView의 목록은 020행의 `setListAdapter()` 메소드에 의해 화면에 나타나게 된다.

<그림8-3>은 이 예제의 실행 결과를 나타낸다.

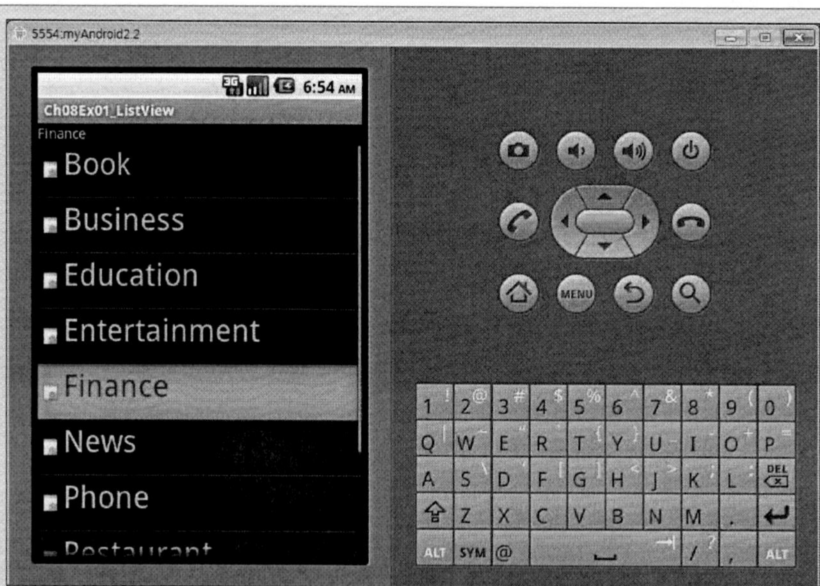

<그림8-3> 【예제8-3】실행 화면

각 항목마다 아이콘과 항목 이름이 함께 표시됨을 볼 수 있다.

이제 여러분 각자 아이콘의 모양이나 리스트로 표시되는 항목들의 이름을 변경하고 프로그램을 실행하여보자. 또한 각 항목의 아이콘 + 문자열 구조를 문자열 + 아이콘의 구조로 바꾸어보라. 그리고 그 결과를 확인해보자.

8.3 드롭다운 리스트

리스트 뷰의 또 다른 유형으로 스핀컨트롤이라는 기능이 있다. spinner라는 클래스를 이용하는 것으로 이 클래스의 객체를 이용하면 드롭다운 형식의 리스트를 만들 수 있다. 화면에 목록 전체를 표시하는 대신 하나의 항목과 드롭다운 버튼으로 구성하여 표시하며, 드롭다운 버튼을 누르면 전체 목록이 화면상에 펼쳐진다.

spinner 클래스를 이용하며 `setDropDownViewResource()` 메소드를 통해 화면에 드롭다운 방식으로 표시할 목록을 지정한다. 그리고 `setListAdapter()` 메소드 대신 `setAdapter()` 메소드를 사용하여 목록을 표시한다.

> <Spinner 클래스>
> : 한 번에 한 차일드(child)를 표시하고 사용자가 차일드 중에서 선택할(뽑을) 수 있도록 하는 뷰 클래스

이클립스를 실행하여 Ch08Ex04_Spinner라는 이름으로 다음과 같이 새로운 프로젝트를 생성한다.

Project name : Ch08Ex04_Spinner
Application name : Ch08Ex04_Spinner
Package name : kj.it.ch08ex04_spinner
Create Activity : Ch08Ex04_SpinnerActivity
Min SDK Version : 8

예제 8-4

(main.xml)

```
001 <?xml version="1.0" encoding="utf-8"?>
002 <LinearLayout
    xmlns:android="http://schemas.android.com/apk/res/andro
    id"
003     android:orientation="vertical"
004     android:layout_width="fill_parent"
005     android:layout_height="fill_parent"
006     >
007 <TextView
008     android:id="@+id/select"
009     android:layout_width="fill_parent"
010     android:layout_height="wrap_content"
011     />
012 <Spinner
013         android:id="@+id/spinner"
014         android:layout_width="fill_parent"
015         android:layout_height="wrap_content"
016         android:drawSelectorOnTop="true"
017     />
018 </LinearLayout>
```

main.xml 파일은 【예제8-1】 ~ 【예제8-3】 까지 사용했던 main.xml 파일을 일부 수정하면 된다. 앞의 예제들에서는 main.xml 파일에서 ListView 앨리먼트를 사용하였다. 그러나 스핀 컨트롤에서는 ListView 앨리먼트 대신 spinner 앨리먼트를 사용한다.

012행~017행은 spinner 앨리먼트를 설정하는 부분이다. 앨리먼트의 id는 'spinner'로 부여하였으며 016행의 `android:drawSelectorOnTop`은 이번에는 'false'가 아닌 'true'로 설정하였다.

(Ch08Ex04_SpinnerActivity.java)

```
001 package kj.it.ch08ex04_spinner;
002
003 import android.app.Activity;
004 import android.os.Bundle;
005 import android.widget.ArrayAdapter;
006 import android.widget.Spinner;
007 import android.widget.TextView;
008
009 public class Ch08Ex04_SpinnerActivity extends Activity{
010     /** Called when the activity is first created. */
011         TextView selected;
012         String[] items={"Book", "Business", "Education",
    "Entertainment", "Finance", "News", "Phone",
    "Restaurant", "Shopping", "Web"};
013         @Override
014     public void onCreate(Bundle savedInstanceState) {
015         super.onCreate(savedInstanceState);
016         setContentView(R.layout.main);
017         selected=(TextView)findViewById(R.id.select);
018
019         Spinner spin=(Spinner)findViewById(R.id.spinner);
020         ArrayAdapter<String> aa=
                new ArrayAdapter<String>(this,
                android.R.layout.simple_spinner_item, items);
021         spin.setAdapter(aa);
022         }
023 }
```

자바 소스 프로그램이다. 여기서는 앞에서도 거듭 주장하였듯이 ListView 앨리먼트 대신 spinner 앨리먼트를 사용한다. 이 점이 앞의 예제들과 다른 점이다.

따라서 009행의 `Ch08Ex04_SpinnerActivity` 클래스는 더 이상 ListActivity 클래스를 상속받을 필요가 없다. 대신 일반적인 Activity 클래스를 상속받으면 된다.

그 외 017행까지는 앞의 예제들에서 이미 사용했던 내용들이다. 지금까지 잘 따라왔다면 이해하는데 특별한 어려움은 없을 것이다.

019행에서 Spinner 클래스를 이용할 레퍼런스 변수로 spin을 설정하였다. 그리고 이 변수는 main.xml 파일의 spinner 앨리먼트를 참조한다.

020행에서는 ArrayAdapter<String> 클래스의 레퍼런스 변수 `aa`를 설정하고 배열이나 인스턴스를 사용인자로 하는 객체를 생성한다. 여기서 사용된 인자들은 모두 앞의 예제들에서 사용되었던 그대로이다.

다음에 021행에서 레퍼런스 변수 `aa`를 매개 변수로 하는 `spin.setAdapter()` 메소드를 수행하여 스핀컨트롤에 의한 드롭다운 리스트 기능이 에뮬레이터 상에서 실현되도록 한다.

여기까지 진행되는 동안 사용된 파일은 main.xml 파일과 자바 소스 프로그램인 `Ch08Ex04_SpinnerActivity.java` 파일뿐이다.

그리고 지금까지의 결과를 실행시키면 <그림8-4>, <그림8-5>가 나타난다. <그림8-4>는 드롭다운 버튼을 누르기 전의 화면이고 <그림8-5>는 드롭다운 버튼을 누른 후 전체 목록이 표시된 상태를 보여준다.

<그림8-4> 【예제8-4】실행 화면1

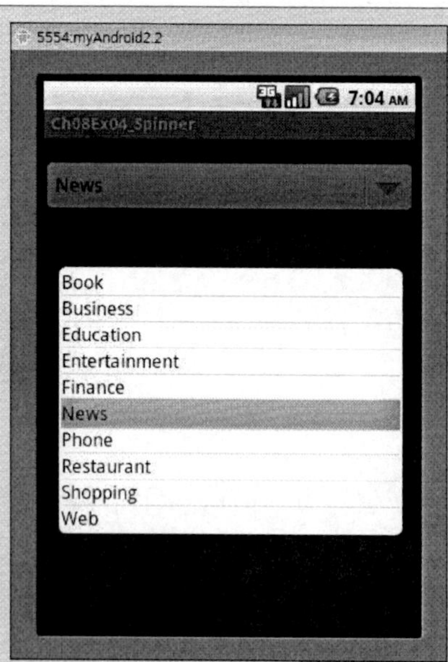

<그림8-5> 실행 화면2

이번에는 드롭다운 버튼을 눌렀을 때 나타나는 리스트의 모습에 변화를 주어보자. 리스트의 항목들이 화면 가득 채워지도록, 그리고 문자열 뿐 아니라 Radio버튼도 함께 표시되도록 만들어보자.

예제 8-5

(Ch08Ex04_SpinnerActivity.java)

```
001 package kj.it.ch08ex04_spinner;
 .                                 .
 .                    //【예제8-4】와 동일 소스(생략)
 .                                 .
020                                .
021         spin.setAdapter(aa);
022
023         aa.setDropDownViewResource(
              android.R.layout.simple_spinner_dropdown_item);
024         }
025 }
```

023행에 `setDropDownViewResource()` 메소드를 추가하였다.

이 메소드의 추가와 함께 화면에 표시될 드롭다운 리스트의 표시 형식에 대한 리소스가 `simple_spinner_dropdown_item` 형식으로 지정된다. 그리고 지정된 형식의 드롭다운 리스트가 화면에 표시된다.

<그림8-6>은 【예제8-5】의 실행에 의해 나타난 화면에서 드롭다운 버튼을 클릭하였을 때 나타나는 화면의 모습이다. 화면상에 리스트가 표시되는 범위와 Radio 버튼 등을 확인하고 또한 그 결과를 <그림8-5>와 비교하여 보라.

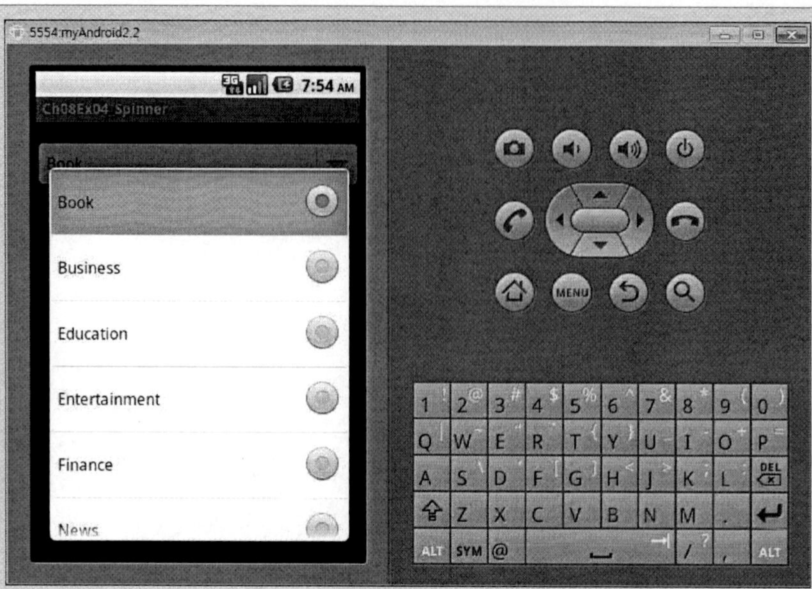

<그림8-6> 【예제8-5】실행 화면

다음에는 이 프로그램을 한 번 더 손질해보자. 앞의 【예제8-2】나 【예제8-3】에서처럼 선택된 항목의 이름도 화면 윗부분에 함께 나타나도록 해보자.

이를 위해서 AdapterView라는 클래스가 사용된다. 이 클래스는 자식들(children)이 어댑터에 의하여 결정되는 뷰 클래스이다.

> <AdapterView 클래스>
> : 자식들(children)이 어댑터에 의하여 결정되는 뷰 클래스

이 예제를 위해 【예제8-5】의 프로그램을 그대로 이용하기로 한다. 자바 소스 프로그램의 일부를 조금 보완하면 될 것이기 때문이다.

예제 8-6

(Ch08Ex04_SpinnerActivity.java)

```
package kj.it.ch08ex04_spinner;

import android.app.Activity;
import android.os.Bundle;
```

```
import android.widget.ArrayAdapter;
import android.widget.Spinner;
import android.widget.TextView;
import android.view.View;
import android.widget.AdapterView;

public class Ch08Ex04_SpinnerActivity extends Activity
implements AdapterView.OnItemSelectedListener{
    /** Called when the activity is first created. */
        TextView selected;
        String[] items={"Book", "Business", "Education",
"Entertainment", "Finance", "News", "Phone",
"Restaurant", "Shopping", "Web"};
        @Override
    public void onCreate(Bundle savedInstanceState) {
        super.onCreate(savedInstanceState);
        setContentView(R.layout.main);

        selected=(TextView)findViewById(R.id.selection);

        Spinner spin=(Spinner)findViewById(R.id.spinner);
        ArrayAdapter<String> aa=
            new ArrayAdapter<String>(this,
            android.R.layout.simple_spinner_item, items);
        spin.setAdapter(aa);
aa.setDropDownViewResource(android.R.layout.simple_spinn
er_dropdown_item);

        spin.setOnItemSelectedListener(this);
        }
        public void onItemSelected(AdapterView<?> parent,
View view, int position, long id){
        selection.setText(items[position]);
    }

```

```
033         @Override
034         public void onNothingSelected(AdapterView<?> parent) {
035             selection.setText("");
036         }
037 }
```

【예제8-5】의 자바 소스 프로그램을 이용하여 프로그램을 일부 추가하였다. 추가된 내용은 항목이 선택되었을 때 화면 윗부분에 선택된 항목의 이름이 문자열로 더해지도록 하는 기능이다.

이를 위하여 011행에서 인터페이스 `AdapterView.OnItemSelectedListener`를 구현한다. 자바 프로그래밍에 익숙한 사람은 이미 잘 알고 있겠지만 인터페이스의 구현은 extends가 아닌 implements를 사용한다.

027행에서는 `setOnItemSelectedListener()` 메소드에 의해 항목 선택 리스너가 등록되어 가동된다. 이를 위하여 011행에서 `AdapterView` 클래스의 인터페이스 `OnItemSelectedListener`가 구현되었다. 이 인터페이스는 뷰 안의 항목이 선택되었을 때 호출되는 callback을 정의하는 인터페이스이다.

029행~031행은 `onItemSelected()` 메소드와 `setText()` 메소드를 사용하여 선택된 항목의 이름이 main.xml 파일이 지정하는 TextView 앨리먼트의 위치, 즉 화면 레이아웃의 상단 첫 번째 행에 표시되도록 한다.

반면 034행~036행은 `onNothingSelected()` 메소드와 `setText()` 메소드를 사용하여 항목이 선택되지 않았을 때의 동작을 컨트롤한다. `setText("")`에 의해 화면의 첫 번째 행에 표시되는 내용은 없다.

결국 027행~036행은 항목의 선택 여부와 그에 대한 반응을 컨트롤하는 하나의 프로그램 단위 블록이라고 생각하면 되겠다. 잘 기억하여 필요할 때 적절히 사용할 수 있어야겠다.

【예제8-6】의 실행 결과는 <그림8-7>, <그림8-8>과 같다. 각각 항목이 선택된 후와 드롭다운 버튼을 클릭했을 때의 화면을 나타낸다.

<그림8-7> 【예제8-6】실행 화면1

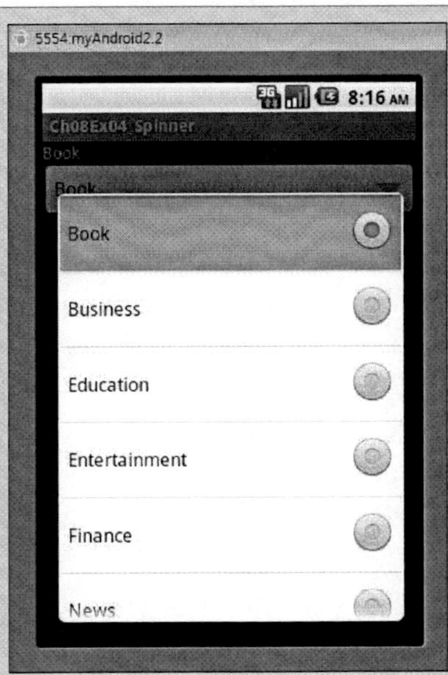

<그림8-8> 실행 화면2

이제 【예제8-6】에서 수행한 프로그램을 이용하여 여러분 각자 리스트 항목에 아이콘을 더하는 프로그램을 작성하여 보라. 그리고 그 결과를 확인해보자.

<사용된 class 정리>

<ListActivity 클래스>
: 항목들을 어레이나 커서와 같은 데이터 소스에 묶어서 목록으로 표시하고 사용자가 항목을 선택할 때 이벤트 핸들러를 가동시키는 액티비티 클래스

<ArrayAdapter<T> 클래스>
: 임의의 오브젝트들로 구성된 어레이에 의해 지원되는 리스트 뷰를 관장하는 리스트 어댑터 클래스

<ListView 클래스>
: 수직방향으로 스크롤되는 목록 안의 항목들을 보여주는 뷰 클래스

<Spinner 클래스>
: 한 번에 한 차일드(child)를 표시하고 사용자가 차일드 중에서 선택할(뽑을) 수 있도록 하는 뷰 클래스

<AdapterView 클래스>
: 자식들(children)이 어댑터에 의하여 결정되는 뷰 클래스

제 9 장
그리드 뷰

9.1 그리드 뷰

9.2 토스트 기능

9.3 이미지 파일 배열하기

제 9 장 그리드 뷰

9.1 그리드 뷰

그리드 뷰는 화면에 표시되는 위젯들을 2차원 격자모양으로 배열하는 형식으로 대부분의 스마트폰들에서 메뉴 등을 표시하기 위하여 사용하는 방식이다. 표시되는 위젯이 문자열이든 이미지이든 상관없이 사용할 수 있으며, 위젯이 배열되는 열의 개수와 열의 너비는 레이아웃 파일을 통하여 설정할 수 있다. 또한 그리드 뷰는 표시할 위젯의 수가 많아서 한 화면 안에 모두 표시할 수 없을 경우에는 스크롤 기능도 자동으로 제공한다.

그리드 뷰는 2차원 격자모양으로 배열된다는 특징을 제외하면 개념상 리스트 뷰와 크게 다르지 않다. 따라서 앞 장의 리스트 뷰에 대하여 충실히 이해하였다면 어렵지 않게 학습할 수 있을 것이다.

그런 의미에서 앞 장의 예제를 기본으로 하여 그리드 뷰의 학습을 시작해보자.

첫 번째로 사용할 클래스는 GridView 클래스이다. 이 클래스는 스크롤이 가능한 2차원 격자 구조로 위젯들을 표시하는 뷰 클래스이다.

> <GridView 클래스>
> : 스크롤이 가능한 2차원 격자 구조로 위젯들을 표시하는 뷰 클래스

이클립스를 실행하여 Ch09Ex01_GridView라는 이름으로 다음과 같이 새로운 프로젝트를 생성한다.

Project name : Ch09Ex01_GridView
Application name : Ch09Ex01_GridView
Package name : kj.it.ch09ex01_gridview
Create Activity : Ch09Ex01_GridViewActivity
Min SDK Version : 8

프로젝트의 생성으로 만들어진 파일들 중 main.xml 파일과 Ch09Ex01_GridViewActi

vity.java 파일을 수정함으로써 그리드 뷰 기능을 수행하는 프로그램을 만들어보자.

예제 9-1

(main.xml)

```
<?xml version="1.0" encoding="utf-8"?>
<LinearLayout
xmlns:android="http://schemas.android.com/apk/res/android"
    android:orientation="vertical"
    android:layout_width="fill_parent"
    android:layout_height="fill_parent"
    >
<TextView
    android:id="@+id/select"
    android:layout_width="fill_parent"
    android:layout_height="wrap_content"
    />
<GridView
        android:id="@+id/grid"
        android:layout_width="fill_parent"
        android:layout_height="fill_parent"
        android:verticalSpacing="40px"
        android:horizontalSpacing="10px"
        android:numColumns="auto_fit"
        android:columnWidth="100px"
        android:stretchMode="columnWidth"
        android:gravity="center"
    />
</LinearLayout>
```

레이아웃 파일의 형식은 이제 우리에게 매우 친숙할 것이다. 이 파일은 LinearLayout을 사용하여 화면 레이아웃을 설정하였다.

LinearLayout에 의해 레이아웃 형식을 선언한 후 설정한 첫 번째 앨리먼트는 id가 select인 TextView 앨리먼트이다. android:layout_height가 'wrap_content'로 지정되었으므로 이 앨리먼트는 화면의 첫 번째 행을 텍스트 표시용으로 사용하겠다는 의미가 된다.

TextView 앨리먼트 다음에 012행에서 GridView 앨리먼트가 설정되었다. 앞 장의 예제들에서는 ListView나 Spinner와 같은 앨리먼트들이 사용된 바 있다. 【예제8-1】, 【예제8-4】의 main.xml 파일들을 참조해보라.
리스트 뷰(ListView)를 사용할지, 혹은 드롭다운 리스트(Spinner)를 사용할지 또는 그리드 뷰(GridView)를 사용할지에 의해 main.xml 파일의 앨리먼트가 결정되는 것이 차이일 뿐이다.

012행~022행에 GridView 앨리먼트와 그 속성들이 정의되었다. 상세 내용은 다음과 같다.
015행까지는 이미 잘 알고 있는 바이다. 더 이상의 설명이 필요 없을 것이다.

016행의 android:verticalSpacing은 항목간의 수직방향에서의 여백을 의미한다. 여기서는 40 픽셀(40px)로 설정되었다.

017행의 android:horizontalSpacing은 항목간의 수평방향에서의 여백을 의미한다. 10 픽셀(10px)로 설정되었다.

018행의 android:numColumns는 열의 개수를 지정한다. '1', '2', '3'과 같은 숫자로 열의 개수를 지정할 수 있으며, 'auto_fit'으로 지정함으로써 안드로이드 에뮬레이터가 알아서 적절한 열의 개수를 계산하여 실행하도록 할 수도 있다.

019행의 android:columnWidth는 말 그대로 열의 너비를 의미한다. 다시 말해서 하나의 항목이 사용할 수 있는 폭의 크기이다. 여기서는 100 픽셀(100px)로 지정하였다.

020행의 android:stretchMode는 행에 대한 여유 공간이 발생할 경우 그 여유 공간을 어떻게 처리할 것인지에 대하여 정의한다. 'columnWidth'는 행에 여유 공간이 있을 경우 각 열의 너비를 확장시켜 화면의 수평방향에서의 폭을 채운다. 반면 'spacingWidth'는 행에 여유 공간이 있을 경우 각 열과 열 사이의 여백의 폭을 넓혀 화면의 수평방향에서의 폭을 채운다. 여기서는 열의 너비를 확장시키는 'columnWidth'로 지정하였다.

021행의 android:gravity는 이미 앞에서 설명한 바 있다. 할당된 화면 영역에서의 위젯의 중심 위치를 결정한다. 여기서도 2차원 배열 항목들에 할당되는 각각의 위치 안에서의 내부 위치를 결정한다. 여기서는 'center'로 지정하였으며 따라서 각 위젯들이 열과 행으로 구성되는 각 셀 안에서 중앙에 위치하게 된다.

(Ch09Ex01_GridViewActivity.java)

```
package kj.it.ch09ex01_gridview;

import android.app.Activity;
import android.os.Bundle;
import android.view.View;
import android.widget.AdapterView;
import android.widget.ArrayAdapter ;
import android.widget.GridView;
import android.widget.TextView;

public class Ch09Ex01_GridViewActivity extends Activity
implements AdapterView.OnItemSelectedListener{
    /** Called when the activity is first created. */
        TextView selected;
        String[]   items={"Bank",   "Book",   "Business",
"Diary",   "Education",   "Entertainment",   "Finance",
"Gallery",   "Hospital",   "MP3",   "News",   "Phone",
"Restaurant", "Shopping", "Web"};
    @Override
    public void onCreate(Bundle savedInstanceState) {
        super.onCreate(savedInstanceState);
        setContentView(R.layout.main);

        selected=(TextView)findViewById(R.id.select);

        GridView gview=(GridView)findViewById(R.id.grid);
        ArrayAdapter<String> aa=
             new ArrayAdapter<String>(this,
             android.R.layout.simple_list_item_1, items);
```

```
024         gview.setAdapter(aa);
025         gview.setOnItemSelectedListener(this);
026         }
027     public  void  onItemSelected(AdapterView<?>  parent,
    View view, int position, long id){
028         selected.setText(items[position]);
029     }
030     public void onNothingSelected(AdapterView<?> parent){
031         selected.setText("");
032     }
033 }
```

그리드 뷰 클래스를 사용하여 그리드 뷰를 실현하는 자바 소스 프로그램이다. 그런데 앞 장의 드롭다운 리스트(Spinner) 프로그램인 【예제8-6】의 자바 소스 프로그램과 거의 동일하다.

008행에서 Spinner 클래스 대신 GridView 클래스를 import한 것과 022행에서 Spinner 클래스 대신 GridView 클래스를 사용하여 레퍼런스 변수 gview를 선언하고 레이아웃 리소스 파일인 main.xml 파일의 GridView 앨리먼트를 참조한 것만이 다를 뿐이다. 물론 그리드 뷰에서는 드롭다운 기능을 사용하지 않기 때문에 【예제8-6】의 `setDropDownViewResource()` 메소드는 여기서는 더는 필요하지 않아 삭제되었다.

한편 014행의 `String[] items`는 그리드 뷰 예제를 위하여 【예제8-6】의 경우보다 항목들이 추가되었다. 위젯들이 화면상에 2차원 격자 구조로 배열되므로 더 많은 항목들이 포함될 필요가 있어서이다.

전체적인 프로그램의 동작은 다음과 같다.

013행에서 TextView 클래스의 레퍼런스 변수 selected가 설정되었다. 이 변수는 020행에서 main.xml 파일의 id가 select인 TextView 앨리먼트를 참조한다. 그리드 형식으로 펼쳐진 위젯들 가운데 선택된 위젯의 이름을 표시할 화면에서의 위치를 지정한다.

014행의 `String[] items`는 배열을 구성할 항목들을 정의한다. 그리고 이들 항목들은 023행에서 인스턴스인 `ArrayAdapter`에 실리게 된다. 그리고 022행에서 설정된 GridView 클래스의 레퍼런스 변수 gview가 참조하는 GridView 앨리먼트의 위치, 즉 main.xml 파일의 id가 grid인 리소스의 위치에, 024행의 `gview.setAdapter()` 메소드에 의해 그리드 뷰의 형태로 표시된다.

025행~031행은 앞 장에서도 설명한 바 있듯이 화면에 표시된 위젯의 선택 여부와 그에 대한 반응을 컨트롤하는 프로그램 단위 블록이다. 위젯이 선택되었을 때의 동작과 선택되지 않았을 때의 동작을 규정한다.

이를 위하여 앞 장의 【예제8-6】에서와 마찬가지로 011행에서 `AdapterView` 클래스의 인터페이스 `OnItemSelectedListener`가 구현되었다.

【예제9-1】의 실행결과는 <그림9-1>과 같다.

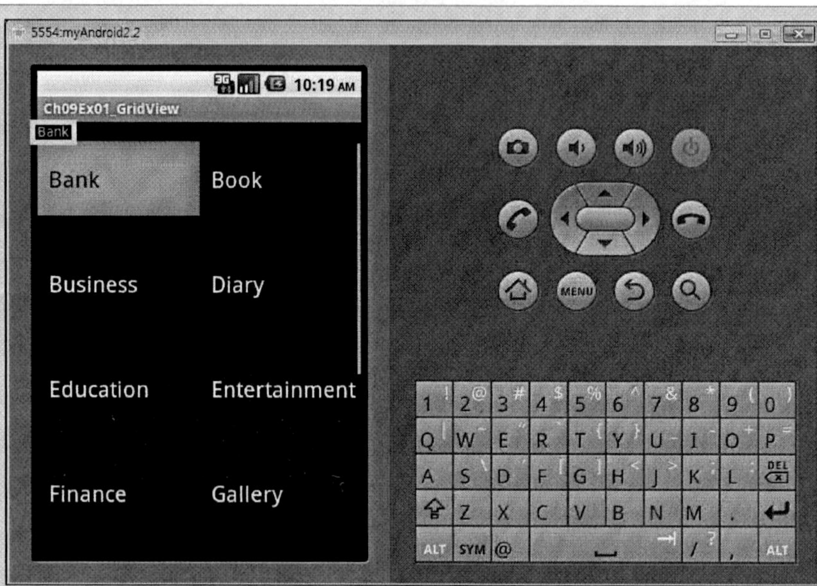

<그림9-1> 【예제9-1】실행 화면

화면상에 위젯들이 2차원 격자 형식으로 배열된 것을 볼 수 있다. 여기서는 위젯들이 2열로 배열되었는데 이는 main.xml 파일에서 `numColumns`를 `auto_fit`으로 지정하고 `columnWidth`를 100 픽셀(`100px`)로 지정하였기 때문에 안드로이드 에뮬레이터가 설정된 레이아웃 조건에 맞춰 자동으로 표시한 결과이다.

`numColumns`를 `3`으로 지정한다든지 혹은 `columnWidth`의 값을 줄인다든지 하면 화면은 3열의 배열로도 표시될 수 있을 것이다.

여러분 각자 main.xml 파일의 GridView 엘리먼트 속성들을 변화시켜가면서 프로그램을 재실행시켜보라. 그리고 그 결과가 어떻게 나타나는지 확인해보자.

9.2 토스트 기능

토스트(Toast)란 팝업창 기능의 일종으로서 사용자를 위한 빠르고 작은 메시지를 담고 있는 뷰를 의미한다. 사용자와의 상호작용이 필요 없는 일방적인 메시지의 전달 등의 필요에 의해 많이 채택되어 사용되어지는 기능이다.

주로 해설이나 팁과 같은 보조적인 정보를 제공하는 수단으로서 사용자에 의한 클릭이 아닌 일정시간 경과 후 자동으로 사라지도록 되어 있다.

그리드 뷰에 의하여 펼쳐진 위젯들 가운데 선택된 위젯의 이름이나 또는 관련 정보를 토스트 기능에 의해 화면에 표시하는 것도 매우 유용한 기능이 될 것이다.

앞 절에서는 그리드 뷰에 의해 나열된 위젯들 가운데 선택된 위젯의 이름을 화면의 첫 번째 행에 표시하는 방식이었다. 이번에는 토스트 기능을 사용하여 화면의 하단부에 선택된 항목의 이름을 표시해보기로 한다.

이를 위해 Toast 클래스가 사용되며 이 클래스는 사용자를 위한 빠르고 작은 메시지를 담고 있는 뷰를 생성하고 보여주는 것을 돕는 클래스이다.

> <Toast 클래스>
> : 사용자를 위한 빠르고 작은 메시지를 담고 있는 뷰를 생성하고 보여주는 것을 돕는 클래스

이클립스를 실행하여 Ch09Ex02_Toast라는 이름으로 다음과 같이 새로운 프로젝트를 생성한다.

Project name : Ch09Ex02_Toast
Application name : Ch09Ex02_Toast
Package name : kj.it.ch09ex02_toast
Create Activity : Ch09Ex02_ToastActivity
Min SDK Version : 8

예제 9-2

(main.xml)

```
<?xml version="1.0" encoding="utf-8"?>
<GridView
```

```
xmlns:android="http://schemas.android.com/apk/res/android"
        android:id="@+id/grid"
        android:layout_width="fill_parent"
        android:layout_height="fill_parent"
        android:verticalSpacing="30px"
        android:horizontalSpacing="5px"
        android:numColumns="auto_fit"
        android:columnWidth="80px"
        android:stretchMode="columnWidth"
        android:gravity="center"
    />
```

프로젝트 생성 시 기본으로 생성되는 main.xml 파일에서 LinearLayout 대신 GridView 앨리먼트만을 사용하여 main.xml 파일을 구성하였다. 안드로이드 에뮬레이터 화면 전체를 GridView 앨리먼트만으로 표시할 것이므로 LinearLayout과 같은 레이아웃 형식의 지정은 생략해도 무방하다.

GridView 앨리먼트 안의 속성들은 이미 앞의 【예제9-1】에서 설정된 내용과 동일하다. 더 이상의 설명이 필요치 않을 것이다.

(Ch09Ex02_ToastActivity.java)

```
package kj.it.ch09ex02_toast;

import android.app.Activity;
import android.os.Bundle;
import android.view.View;
import android.widget.AdapterView;
import android.widget.ArrayAdapter;
import android.widget.GridView;
import android.widget.Toast;
import android.widget.AdapterView.OnItemClickListener;

public class Ch09Ex02_ToastActivity extends Activity {
    /** Called when the activity is first created. */
```

```
014
015         String[]   items={"Bank",   "Book",   "Business",
    "Diary",   "Education",   "Entertainment",   "Finance",
    "Gallery",   "Hospital",   "MP3",   "News",   "Phone",
    "Restaurant", "Shopping", "Web"};
016     @Override
017     public void onCreate(Bundle savedInstanceState) {
018         super.onCreate(savedInstanceState);
019         setContentView(R.layout.main);
020
021         GridView gview=(GridView)findViewById(R.id.grid);
022             ArrayAdapter<String> aa=
                  new ArrayAdapter<String>(this,
                  android.R.layout.simple_list_item_1, items);
023             gview.setAdapter(aa);
024
025         gview.setOnItemClickListener(new
                  OnItemClickListener(){
026         public   void   onItemClick(AdapterView<?>   parent,
    View view, int position, long id){
027                 Toast.makeText(Ch09Ex02_ToastActivity.this,
    ""+items[position], Toast.LENGTH_SHORT).show();
028             }
029         });
030     }
031 }
```

이 예제에서는 【예제9-1】 025행의 setOnItemSelectedListener() 메소드 대신 025행에서 setOnItemClickListener() 메소드를 사용하였다. 따라서 012행에서 보는 바와 같이 Activity 클래스를 상속받는 것만으로 충분하며 setOnItemClickListener() 메소드의 실행에 의해 항목이 클릭되는 것을 감지하는 리스너가 등록되어 가동된다.

026행의 onItemClick() 메소드는 화면상의 위젯이 클릭되었을 때 실제적으로 실행하게 되는 메소드이다. 그리고 이 메소드 안에는 027행의 `Toast.makeText()` 메소드가 포함되어 있다.

즉 위젯이 클릭되면 `onItemClick()` 메소드 안의 027행이 실행된다. Toast 클래스의 `makeText()` 메소드에 의해 화면상에 선택된 위젯의 이름이 <그림9-2>와 같이 잠시 나타났다가 사라진다.

한편 `makeText()` 메소드의 사용 인자 중 `""+items[position]`은 배열의 항목 번호를 나타내는 변수 position에 의하여 지칭되는 선택된 위젯의 이름을 표시하라는 의미이며 만일 `items`가 생략된 채 `""+position`만 사용한다면 배열의 선택된 항목 번호(0, 1, 2, 3, ,...)만이 토스트 기능으로 화면에 표시될 것이다.

또한 `makeText()` 메소드의 사용 인자 중 `Toast.LENGTH_SHORT`은 화면에 나타나는 토스트 기능의 표시 시간을 조절한다. `LENGTH_SHORT`와 `LENGTH_LONG` 두 종류가 있으며 `LENGTH_SHORT`은 짧은 시간 동안, `LENGTH_LONG`은 보다 긴 시간 동안 토스트 기능을 표시하도록 한다.

009행은 Toast 기능의 사용을 위해 Toast 클래스가 import되었음을 보여준다.

<그림9-2>는 【예제9-2】의 실행화면이다. 화면에 3개의 열이 만들어진 것은 main.xml 파일에서 `horizontalSpacing`을 5픽셀(5px)로, `columnWidth`를 80픽셀(80px)로 설정하였기 때문이다.

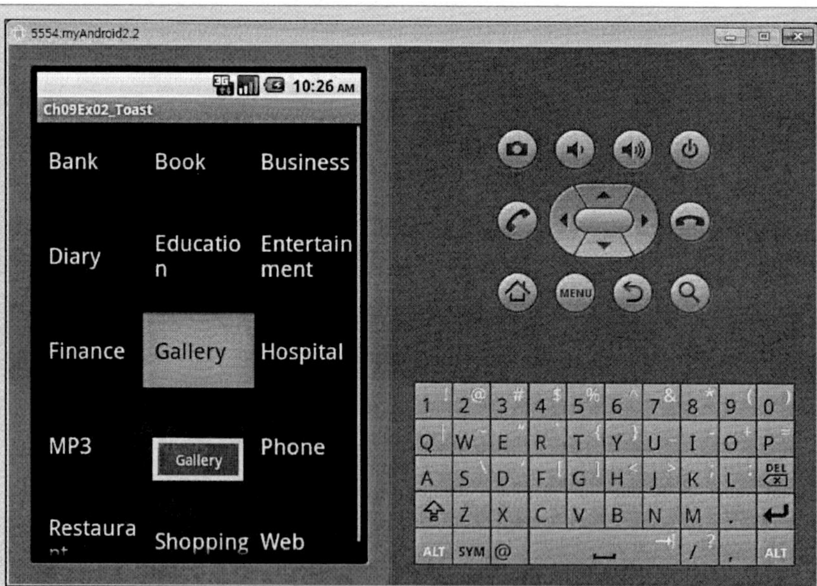

<그림9-2> 【예제9-2】실행 화면

이번에는 【예제9-2】에 【예제9-1】의 기능을 추가해보자.

토스트 기능과 함께 화면 상단의 첫 행에 선택된 위젯의 배열번호가 함께 표시되도록 해보자.

이를 위해서는 main.xml 파일은 【예제9-1】에서와 같이 LinearLayout을 사용하여 구성하고 그 안에 TextView와 GridView를 설정해주면 되겠다. 그리고 그 결과는 【예제9-1】의 main.xml 파일과 매우 흡사할 것이다.

한편 자바 소스 프로그램에서는 `Toast.makeText()` 메소드와 함께 `setText()` 메소드를 사용하면 된다.

【예제9-1】의 `selected.setText(items[position]);`를 추가하면 될 것이다. 물론 이를 위해 레퍼런스 변수 `selected`에 대하여 정의를 해 주어야 하며 또한 main.xml 파일의 리소스도 참조할 수 있도록 해 주어야 할 것이다.

예제 9-3

(Ch09Ex02_ToastActivity.java)

```
package kj.it.ch09ex02_toast;

import android.app.Activity;
import android.os.Bundle;
import android.view.View;
import android.widget.AdapterView;
import android.widget.ArrayAdapter;
import android.widget.GridView;
import android.widget.AdapterView.OnItemClickListener;
import android.widget.TextView;
import android.widget.Toast;

public class Ch09Ex02_ToastActivity extends Activity {
    /** Called when the activity is first created. */
        TextView selected;
        String[]  items={"Bank",  "Book",  "Business",
"Diary",  "Education",  "Entertainment",  "Finance",
"Gallery",  "Hospital",  "MP3",  "News",  "Phone",
"Restaurant", "Shopping", "Web"};
```

```
017     @Override
018     public void onCreate(Bundle savedInstanceState) {
019         super.onCreate(savedInstanceState);
020         setContentView(R.layout.main);
021         selected=(TextView)findViewById(R.id.select);
022         GridView gview=(GridView)findViewById(R.id.grid);
023             ArrayAdapter<String> aa=
                  new ArrayAdapter<String>(this,
                  android.R.layout.simple_list_item_1, items);
024             gview.setAdapter(aa);
025
026         gview.setOnItemClickListener(new
                  OnItemClickListener(){
027         public void onItemClick(AdapterView<?> parent,
                   View view, int position, long id){
028                Toast.makeText(Ch09Ex02_ToastActivity.this,
               ""+items[position], Toast.LENGTH_SHORT).show();
029                selected.setText(""+position);
030             }
031         });
032     }
033 }
```

026행의 setOnItemClickListener() 메소드를 사용하면서 029행에 setText() 메소드를 추가하였다. 그리고 사용 인자로 앞 예제의 items[position] 대신 ""+position만을 사용하였다. 선택된 항목의 배열번호만을 표시하기 위함이다.

한편 setText() 메소드를 사용하게 됨에 따라 우리에게 이미 익숙해진 015행, 021행이 또한 추가되었다.

【예제9-1】과 달리 013행에서 AdapterView 클래스의 인터페이스 OnItemSelectedListener를 구현하지 않고, Activity 클래스만을 상속받는 가운데 setOnItemClickListener() 메소드를 사용하여 토스트 기능과 화면상에 선택된 항목의 배열번호를 표시하는 기능 모두를 실현하였다. 물론 이를 위해 main.xml 파일도 【예제9-1】의 레이아웃 구조와 같이 수정되었다.

(main.xml)

```
<?xml version="1.0" encoding="utf-8"?>
<LinearLayout
xmlns:android="http://schemas.android.com/apk/res/android"
    android:orientation="vertical"
    android:layout_width="fill_parent"
    android:layout_height="fill_parent"
    >
<TextView
    android:id="@+id/select"
    android:layout_width="fill_parent"
    android:layout_height="wrap_content"
    />
<GridView
    android:id="@+id/grid"
    android:layout_width="fill_parent"
    android:layout_height="fill_parent"
    android:verticalSpacing="30px"
    android:horizontalSpacing="5px"
    android:numColumns="auto_fit"
    android:columnWidth="80px"
    android:stretchMode="columnWidth"
    android:gravity="center"
    />
</LinearLayout>
```

【예제9-3】의 실행결과는 <그림9-3>과 같다.

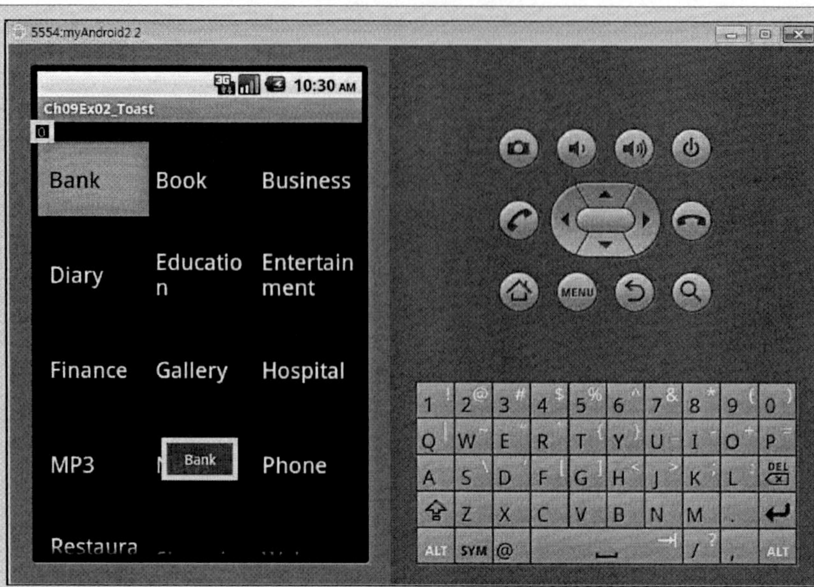

<그림9-3> 【예제9-3】실행 화면

화면의 목록 가운데 첫 번째 위젯인 'Bank'가 클릭되었기 때문에 토스트 기능으로 'Bank'가 표시되었고 화면 상단에는 위젯, 'Bank'의 배열번호인 '0'이 표시되었다.

9.3 이미지 파일 배열하기

그리드 뷰 형식으로 표시되는 위젯으로는 이미지 또한 많이 사용된다. 이번에는 이미지를 사용하여 그리드 뷰 화면을 만들어보자.

이클립스를 실행하여 Ch09Ex03_GridImage라는 이름으로 다음과 같이 새로운 프로젝트를 생성한다.

Project name : Ch09Ex03_GridImage
Application name : Ch09Ex03_GridImage
Package name : kj.it.ch09ex03_gridimage
Create Activity : Ch09Ex03_GridImageActivity
Min SDK Version : 8

예제 9-4

(main.xml)

```
<?xml version="1.0" encoding="utf-8"?>
<GridView xmlns:android="http://schemas.android.com/apk/res/android"
        android:id="@+id/grid"
        android:layout_width="fill_parent"
        android:layout_height="fill_parent"
        android:verticalSpacing="10px"
        android:horizontalSpacing="10px"
        android:numColumns="auto_fit"
        android:columnWidth="90px"
        android:stretchMode="columnWidth"
        android:gravity="center"
    />
```

【예제9-2】 에서처럼 main.xml 파일은 레이아웃 구성을 생략하고 GridView 앨리먼트만을 설정하였다. 그리고 GridView 앨리먼트 속성으로는 verticalSpacing과 horizontalSpacing을 각각 10 픽셀(10px)로 하고 columnWidth는 90 픽셀(90px)로 설정하였다.

(Ch09Ex03_GridImageActivity.java)

```
package kj.it.ch09ex03_gridimage;

import android.app.Activity;
import android.os.Bundle;
import android.view.View;
import android.widget.AdapterView;
import android.widget.GridView;
import android.widget.AdapterView.OnItemClickListener;
import android.widget.Toast;
```

```
010
011 public class Ch09Ex03_GridImageActivity extends Activity {
012     /** Called when the activity is first created. */
013
014     @Override
015     public void onCreate(Bundle savedInstanceState) {
016         super.onCreate(savedInstanceState);
017         setContentView(R.layout.main);
018
019         GridView gview=(GridView)findViewById(R.id.grid);
020         gview.setAdapter(new GridImageView(this));
021
022         gview.setOnItemClickListener(new
                OnItemClickListener(){
023         public void onItemClick(AdapterView<?> parent,
                 View view, int position, long id){
024
025            Toast.makeText(Ch09Ex03_GridImageActivity.this,
                 ""+position, Toast.LENGTH_SHORT).show();
026            }
027         });
028     }
029 }
```

자바 소스 프로그램은 오히려 간단하다. 또한 이미 앞에서 몇 차례에 걸쳐 예제 프로그램들을 수행해 왔기 때문에 익숙한 상태에 있을 것이다.

020행에서 `GridImageView()`라는 메소드를 참조한 것을 제외하고는 특이한 것이 없다.

022행~028행의 `setOnItemClickListener()` 메소드를 이용한 토스트 기능의 사용을 위한 프로그램 단위 블록을 제외한다면 프로그램은 너무도 간단하다.

019행~020행이 실질적인 화면 표시를 위한 프로그램의 전부이며 `R.id.grid`에 의해 지정된 화면 위치(여기서는 전체화면을 지정하였음)에 `setAdapter()` 메소드에 의해 위젯들을 GridView 형식으로 배열하는 것뿐이다.

그렇지만 여기서는 이미지 파일들을 배열하기 위해 새로운 클래스 파일을 하나 만들었다. 그리고 이 파일을 `GridImageView()` 메소드로 호출한 것이다.

【예제9-4】의 경우, 아래에 정리된 (023), (024)처럼 ArrayAdapter를 사용하여 문자열 항목들을 간단히 배열하였던 앞의 예제들에 반해 여기서는 새로운 클래스 파일인 `GridImageView.java`를 생성하고 이를 호출하여 GridView를 실행하는 방식을 사용하였다.

```
(023) ArrayAdapter<String> aa= new ArrayAdapter<String>(this,
          android.R.layout.simple_list_item_1, items);
(024) gview.setAdapter(aa);

(023+024) ⇒
      gview.setAdapter(new ArrayAdapter<String>(this,
          android.R.layout.simple_list_item_1, items));

【예제9-4】(020) ⇒  gview.setAdapter(new GridImageView(this));
```

(GridImageView.java)

```
package kj.it.ch09ex03_gridimage;

import android.content.Context;
import android.view.View;
import android.view.ViewGroup;
import android.widget.BaseAdapter;
import android.widget.GridView;
import android.widget.ImageView;

public class GridImageView extends BaseAdapter {
      private Context mContext;
      public GridImageView(Context c) {
            mContext = c;
            }
```

```
      public int getCount() {
             return mThumbIds.length;
             }

      public Object getItem(int position) {
             return null;
             }

      public long getItemId(int position) {
             return 0;
             }

      public View getView(int position, View convertView, ViewGroup parent) {
             ImageView imageView;
             if (convertView == null) {
                  imageView = new ImageView(mContext);
                  imageView.setLayoutParams(new
                           GridView.LayoutParams(85, 85));

                    imageView.setScaleType(
                     ImageView.ScaleType.CENTER_CROP);
                    imageView.setPadding(10, 10, 10, 10);
                    }
             else {
                    imageView = (ImageView) convertView;
                    }

          imageView.setImageResource(mThumbIds[position]);
             return imageView;
             }

private Integer[] mThumbIds = {
             R.drawable.chrysanthemum, R.drawable.desert,
```

```
047                 R.drawable.hydrangeas, R.drawable.jellyfish,
048                 R.drawable.koala, R.drawable.lighthouse,
049                 R.drawable.penguins, R.drawable.tulips,
050                 R.drawable.chrysanthemum, R.drawable.desert,
051                 R.drawable.hydrangeas, R.drawable.jellyfish,
052                 R.drawable.koala, R.drawable.lighthouse,
053                 R.drawable.penguins, R.drawable.tulips,
054         };
055 }
```

GridImageView라는 임의의 이름으로 만들어지는 새로운 클래스 프로그램은 010 행에서처럼 BaseAdapter 클래스를 슈퍼클래스로 상속받는다.

BaseAdapter 클래스는 리스트 뷰와 스피너 모두에서 사용될 수 있는 어댑터를 위한 공통 실행의 기본 클래스이다.

028행에서 getView() 메소드를 오버라이드해서 convertView라는 View 인스턴스를 사용 인자로 넘겨받는다.

만일 convertView가 null이라면 imageView라는 새로운 인스턴스를 생성한다. 그리고 032행~035행에 걸쳐 setLayoutParams(), setScaleType(), setPadding()등의 메소드를 실행하여 표시될 이미지의 속성을 결정한다.

여기서 setLayoutParams()는 이미지 위젯의 가로 및 세로 크기를 지정한다. 이미지는 파일의 크기와 상관없이 setLayoutParams()에 의해 지정된 크기로 조정된다.

setScaleType()이 CENTER_CROP으로 지정된 것은 이미지 위젯이 이미지의 중앙부를 향하여 resizing됨을 의미한다.

setPadding()은 이미지 위젯의 상, 하, 좌, 우의 간격을 결정한다. 여기서는 10 픽셀로 설정되었다. 즉 표시되는 이미지 위젯을 중심으로 상, 하, 좌, 우의 방향으로 10 픽셀씩 간격을 두게 된다.

한편 convertView가 null이 아니라는 것은 이 값이 이미 getView() 메소드에 의해 생성되었던 인스턴스라는 것을 의미하며, 이 경우라면 038행에서처럼 이미 존재하는 값을 imageView에 참조시킨다.

이러한 일련의 과정은 화면에 표시할 이미지 위젯들이 처음으로 생성되는 것인지 혹은 이미 생성된 적이 있는 것인지를 구별하는데 그 목적이 있다. 스크롤 기능에 의하여 종종 화면에서 사라지기도 하는 이미지 위젯들을 다시 불러 와 사용해야 하는 경우가 있기 때문에 이러한 절차가 반드시 필요하다. 그렇지 않으면 매번 이미지 위젯을 화면에 표시할 때마다 새로이 인스턴스를 생성해 주어야만 한다. 프로그램의 실행에 부담으로 작용하게 될 것이다.

041행에서는 045행~054행의 배열로 정의된 이미지 리소스들을 정수형 변수로 하여 `setImageResource()` 메소드를 실행함으로써 이미지가 화면에 표시될 수 있도록 한다.

`GridImageView` 클래스를 호출하였던 `Ch09Ex03_GridImageActivity.java` 파일의 020행 `setAdapter()` 메소드와 함께 그리드 뷰 형식의 이미지 위젯들을 가진 화면을 완성하게 된다.

한편 012행~024행의 `GridImageView()`, `getCount()`, `getItem()`, `getItemId()`는 `GridImageView` 클래스가 `BaseAdapter` 클래스를 상속받음에 따라 필수적으로 포함되어야 하는 메소드들이다.

016행의 `getCount()`는 045행의 배열 변수 `mThumbIds`의 길이 값을 반환한다.

020행의 `getItem()`은 배열에 포함된 이미지 항목의 위치 번호를 사용 인자로 하여 지정된 어댑터 위치에 이미지 항목을 돌려준다. 여기서는 null 값을 반환한다.

024행의 `getItemId()`는 이미지 항목의 id를 반환한다. 반환 값은 0이다.

한편 045행에서 시작하는 이미지 배열은 각 이미지들이 이클립스 프로젝트 폴더의 res/drawable 폴더 안에 png나 jpg, gif 등의 파일 형태로 존재하도록 하여야 한다. 또한 이 항목들은 R.java 파일에 의해 각각 자동으로 정수형 id로 변환되어 지정된다.

<그림9-4>는 【예제9-4】의 실행 결과를 나타낸다.

<그림9-4> 【예제9-4】실행 화면

이미지 위젯을 클릭하면 화면 하단부에 토스트 기능에 의한 이미지 항목의 배열번호가 잠시 동안 표시됨을 볼 수 있다.

이 예제를 위해 새로이 사용한 클래스들은 다음과 같다.

<Context 클래스>
: 응용 환경에 관한 포괄적 정보로의 인터페이스를 제공하는 클래스

<ViewGroup 클래스>
: 자식(children)이라 불리는 다른 뷰들을 포함할 수 있는 특별한 뷰 / 레이아웃과 뷰 컨테이너들을 위한 기본 클래스

<BaseAdapter 클래스>
: ListView와 Spinner 모두에서 사용될 수 있는 어댑터를 위한 공통 실행의 기본 클래스

이제 여러분 각자 이미지 파일과 그 속성들, 그리고 Toast 기능에 의해 표시되는 정보의 내용 등을 바꾸어가며 【예제9-4】를 재실행해 보라. 그리고 그 결과를 확인해 보자.

다음에는 그리드 뷰로 표시된 화면의 이미지 항목을 클릭하였을 때, 해당 항목의 이미지가 바탕화면에 표시되도록 하는 프로그램을 만들어보자.

앞의 【예제9-4】에서는 토스트 기능에 의해 선택된 항목의 배열번호가 화면 하단부에 잠시 표시되었다가 사라졌지만, 이번에는 선택된 이미지 위젯이 화면 전체에 걸쳐 바탕화면으로 이미지 위젯들 밑에 표시될 것이다.

이클립스를 실행하여 Ch09Ex04_ImageGround라는 이름으로 다음과 같이 새로운 프로젝트를 생성한다.

Project name : Ch09Ex04_ImageGround
Application name : Ch09Ex04_ImageGround
Package name : kj.it.ch09ex04_imageground
Create Activity : Ch09Ex04_ImageGroundActivity
Min SDK Version : 8

예제 9-5

(Ch09Ex04_ImageGroundActivity.java)

```
package kj.it.ch09ex04_imageground;

import android.app.Activity;
import android.content.Context;
import android.os.Bundle;
import android.view.View;
import android.view.ViewGroup;
import android.widget.AdapterView;
import android.widget.BaseAdapter;
import android.widget.GridView;
import android.widget.AdapterView.OnItemClickListener;
import android.widget.ImageView;

public class Ch09Ex04_ImageGroundActivity extends Activity
{
    /** Called when the activity is first created. */

```

```
        ImageView imageView;
        private Integer[] mThumbIds = {
            R.drawable.chrysanthemum, R.drawable.desert,
            R.drawable.hydrangeas, R.drawable.jellyfish,
            R.drawable.koala, R.drawable.lighthouse,
            R.drawable.penguins, R.drawable.tulips,
            };
        @Override
        public void onCreate(Bundle savedInstanceState) {
            super.onCreate(savedInstanceState);
            setContentView(R.layout.main);

    final GridView gview=(GridView)findViewById(R.id.grid);
    gview.setAdapter(new ImageGroundView(this));

    gview.setOnItemClickListener(new OnItemClickListener(){
        public void onItemClick(AdapterView<?> parent, View
                view, int position, long id){

        gview.setBackgroundResource(mThumbIds[position]);
        }
    });
}

 public class ImageGroundView extends BaseAdapter {
    private Context mContext;
    public ImageGroundView(Context c) {
        mContext = c;
        }
    public int getCount() {
       return mThumbIds.length;
        }

    public Object getItem(int position) {
       return null;
```

```
        }

    public long getItemId(int position) {
        return 0;
        }

  // create a new ImageView for each item referenced by the Adapter

 public View getView(int position, View convertView,
     ViewGroup parent) {
    ImageView imageView;
    if (convertView == null) {
  // if it's not recycled, initialize some attributes
        imageView = new ImageView(mContext);
        imageView.setLayoutParams(new
                GridView.LayoutParams(85, 85));

imageView.setScaleType(ImageView.ScaleType.CENTER_CROP);
        imageView.setPadding(10, 10, 10, 10);
        }
    else {
        imageView = (ImageView) convertView;
        }
  imageView.setImageResource(mThumbIds[position]);
  return imageView;
  }
 }
}
```

main.xml 파일은 【예제9-4】의 경우와 동일하도록 설정한다. 즉 화면 레이아웃을 GridView 엘리먼트만으로 채운다.

자바 소스 프로그램은 이번에는 앞의 【예제9-4】의 경우와 달리 하나의 파일에 모든 클래스들을 포함시킨다. 【예제9-4】에서는 GridImageView.java라는 별도의 클래스 파일을 만들었으나 여기서는 Ch09Ex04_ImageGroundActivity.java 파일에 이 클래스를 포함시킨다.

040행~075행이 이 클래스 프로그램이며 ImageGroundView라는 클래스 이름만이 바뀌었을 뿐 그 외의 내용은 【예제9-4】의 GridImageView.java 파일과 동일하다.

또한 【예제9-4】에서는 추가된 클래스 프로그램의 하단부에 위치하였던 이미지 파일들의 배열 변수, mThumbIds가 여기서는 소스 프로그램의 서두인 018행에 위치되었다. 그리고 배경화면의 표시공간을 확보하기 위해 배열의 항목수를 절반으로 줄였다.

014행~038행까지의 메인 프로그램도 【예제9-4】의 메인 프로그램과 큰 차이가 없다. 단지 앞의 예제에서는 Toast 기능을 사용하였으나 여기서는 이 기능을 사용하지 않았다. 대신 035행의 setBackgroundResource() 메소드의 사용으로 선택된 이미지 위젯이 간단히 바탕화면에 표시되도록 하였다.

<그림9-5>는 【예제9-5】의 실행 결과를 나타낸다. 선택된 이미지 위젯이 에뮬레이터의 배경 이미지로 표시됨을 볼 수 있다.

<그림9-5> 【예제9-5】실행 화면

<사용된 class 정리>

<GridView 클래스>
: 스크롤이 가능한 2차원 격자 구조로 위젯들을 표시하는 뷰 클래스

<Toast 클래스>
: 사용자를 위한 빠르고 작은 메시지를 담고 있는 뷰를 생성하고 보여주는 것을 돕는 클래스

<Context 클래스>
: 응용 환경에 관한 포괄적 정보로의 인터페이스를 제공하는 클래스

<ViewGroup 클래스>
: 자식(children)이라 불리는 다른 뷰들을 포함할 수 있는 특별한 뷰 / 레이아웃과 뷰 컨테이너들을 위한 기본 클래스

<BaseAdapter 클래스>
: ListView와 Spinner 모두에서 사용될 수 있는 어댑터를 위한 공통 실행의 기본 클래스

제 10 장
갤 러 리

제 10 장 갤러리

10.1 이미지 스크롤

갤러리는 리스트 뷰와 달리 위젯들을 수평방향으로 배열한다. 수평방향에서 자동으로 위젯들이 스크롤되며 선택된 위젯이 화면 중앙에 위치되도록 한다.

갤러리는 말 그대로 사진이나 이미지 등을 수평방향으로 배열하고 원하는 이미지나 사진을 선택하여 볼 수 있는 장점이 있다. 따라서 이미지나 사진 미리보기 기능에 가장 잘 어울리는 뷰가 바로 갤러리이다.

앞에서 우리는 리스트 뷰, 스피너, 그리드 뷰 기능들을 살펴보았다. 그리고 이들 각 기능들의 표현 방법은 서로 크게 다르지 않았음을 알고 있다. 해당 기능을 실현할 수 있도록 준비된 클래스를 호출하는 것 외엔 소스 프로그램에서의 큰 변화는 없었다.

갤러리 역시 마찬가지이다. 갤러리 클래스를 호출하는 것 외엔 앞의 기능들과 크게 달라지는 부분은 없다.

따라서 이 장에서의 첫 번째 예제는 앞 장의 【예제9-5】를 기본으로 하여 시작하기로 한다. 갤러리 역시 지금까지 학습해 온 뷰 기능들과 크게 다르지 않음을 확인함으로써 소스 프로그램에 대한 자신감을 얻기 위해서이다.

참고로 【예제9-5】는 【예제9-4】의 경우와 달리 추가로 더해진 클래스 프로그램도 자바 소스 프로그램에 포함시켜 하나의 소스 프로그램으로 처리하였음을 기억하자. 클래스 파일 별로 나누어 프로그램을 작성할 수도 있겠지만 편의상 하나의 소스 파일 안에 통합하여 작성하기로 하겠다는 뜻이다.

갤러리 기능을 실현하기 위하여 사용하게 될 클래스는 Gallery 클래스이다. 이 클래스는 선택된 위젯이 중앙에 고정되고, 수평방향으로 스크롤하는 리스트에서 항목들을 보여주는 뷰 클래스이다.

> <Gallery 클래스>
> : 중앙에 고정되고, 수평방향으로 스크롤하는 리스트에서 항목들을 보여주는 뷰 클래스

이클립스를 실행하여 Ch10Ex01_Gallery1이라는 이름으로 다음과 같이 새로운 프로젝트를 생성한다.

Project name : Ch10Ex01_Gallery1
Application name : Ch10Ex01_Gallery1
Package name : kj.it.ch10ex01_gallery1
Create Activity : Ch10Ex01_Gallery1Activity
Min SDK Version : 8

프로젝트의 생성으로 만들어진 파일들 중 main.xml 파일과 Ch10Ex01_Gallery1Activity.java 파일을 수정함으로써 갤러리 기능을 수행하는 프로그램을 만든다.

예제 10-1

(main.xml)

```
001 <?xml version="1.0" encoding="utf-8"?>
002 <Gallery xmlns:android="http://schemas.android.com/apk/res/android"
003     android:id="@+id/gallery1"
004     android:layout_width="fill_parent"
005     android:layout_height="fill_parent"
006     />
```

main.xml 파일에는 Gallery 앨리먼트만을 포함시킨다. 이는 화면 레이아웃의 구성에 있어 갤러리 기능을 표시하는 공간 외에는 다른 용도로 사용할 공간을 가지지 않는다는 의미이다. 화면 전체를 갤러리 기능만으로 채우겠다는 뜻이다.

003행에서 'gallery1' 이라는 이름으로 id를 부여하였다. 그리고 004행, 005행에서 가로, 세로 레이아웃을 모두 'fill_parent'로 지정하였다. 갤러리 기능을 실현하는 것이기 때문에 수평방향은 당연히 화면 전체를 사용하여야 하지만, 수직 방향의 경우는 'wrap_content'로 설정하여 화면의 일부만을 사용할 수도 있다. 그러나 여기서는 수직 방향도 화면 전체를 사용하고자 한다. 전체 화면에 걸쳐 갤러리 기능을 실현하기 위해서이다.

결과론적으로 에뮬레이터 화면은 화면의 중앙을 기준으로 화면 전체를 사용하는 갤러리를 표시하게 될 것이다.

(Ch10Ex01_Gallery1Activity.java)

```
package kj.it.ch10ex01_gallery1;

import android.app.Activity;
import android.content.Context;
import android.os.Bundle;
import android.view.View;
import android.view.ViewGroup;
import android.widget.BaseAdapter;
import android.widget.ImageView;
import android.widget.Gallery;

public class Ch10Ex01_Gallery1Activity extends Activity
{
    /** Called when the activity is first created. */

        private Integer[] mGalleryIds = {
            R.drawable.chrysanthemum, R.drawable.desert,
            R.drawable.hydrangeas, R.drawable.jellyfish,
            R.drawable.koala, R.drawable.lighthouse,
            };
    @Override
    public void onCreate(Bundle savedInstanceState) {
        super.onCreate(savedInstanceState);
        setContentView(R.layout.main);

        final Gallery gallery=
                (Gallery)findViewById(R.id.gallery1);

        gallery.setAdapter(new GalleryImageView(this));
    }

```

```
public class GalleryImageView extends BaseAdapter {
    private Context mContext;
    public GalleryImageView(Context c) {
            mContext = c;
            }
    public int getCount() {
            return mGalleryIds.length;
            }

    public Object getItem(int position) {
            return null;
            }

    public long getItemId(int position) {
            return 0;
            }

// create a new ImageView for each item referenced by the Adapter

    public View getView(int position,
          View convertView, ViewGroup parent) {
            ImageView imageView;
            if (convertView == null) {
// if it's not recycled, initialize some attributes
               imageView = new ImageView(mContext);
               imageView.setLayoutParams(new
                     Gallery.LayoutParams(200, 400));
               imageView.setScaleType(
                     ImageView.ScaleType.CENTER_CROP);
               }
            else {
               imageView = (ImageView) convertView;
               }
            imageView.setImageResource(
```

```
                    mGalleryIds[position]);
061               return imageView;
062               }
063     }
064 }
```

갤러리 기능을 실현하는 자바 소스 프로그램이다. 앞 장 【예제9-5】의 자바 소스 프로그램과 거의 동일하다.

010행에서 GridView 클래스 대신 Gallery 클래스를 import하였다.

015행에서는 배열변수 이름만 임의로 mGalleryIds로 바꾸었다.

025행에서는 Gallery 클래스의 레퍼런스 변수 gallery를 설정하고 main.xml 파일의 gallery1 리소스를 참조하도록 하였다.

그리고 027행에서 gallery.setAdapter() 메소드를 실행하여 갤러리 기능을 가진 이미지 위젯 리스트를 화면에 표시하도록 하였다. 물론 이 과정에서 화면에 이미지를 표시하는 기능은 030행~063행의 GalleryImageView 클래스에서 수행되었다.

여기서 GalleryImageView 클래스 프로그램은 클래스 이름만 바뀌었을 뿐 앞 장 【예제9-5】의 소스 프로그램과 같다. 단지 차이가 있다면 054행에서 갤러리용 레이아웃 파라미터로 가로 200, 세로 400의 픽셀을 설정하였다는 것뿐이다. 이는 화면상에 표시되는 이미지의 크기를 지정하는 것이다.

이미 앞 장에서도 설명하였듯이 032행~045행의 GalleryImageView(), getCount(), getItem(), getItemId()는 GridImageView 클래스가 BaseAdapter 클래스를 상속받음에 따라 필수적으로 포함되어야 하는 메소드들이다.

035행의 getCount()는 015행의 배열변수 mGalleryIds의 길이 값을 반환한다.

039행의 getItem()은 배열에 포함된 이미지 항목의 위치 번호를 사용 인자로 하여 지정된 어댑터 위치에 이미지 항목을 돌려준다. 앞 장에서와 같이 null값을 반환한다.

043행의 getItemId()는 이미지 항목의 id를 반환한다. 마찬가지로 반환 값은 0이다.

049행~062행의 getView() 메소드는 이미지 파일의 화면 표시를 위한 속성들을 설정한다. 앞 장에서 설명한대로 convertView 값에 의해 신규 이미지 인지 혹은 이미 표시되었던 이미지인지를 구분하여 신규 이미지일 경우(convertView가 null인 경우) 이미지의 레이아웃 파라미터(가로, 세로 크기)와 스케일링 유형(여기서는 CENTER_CROP)을 지정해준다.

그리고 060행에서 배열로 정의된 이미지 리소스들을 정수형 변수로 하여 setImageResource() 메소드를 실행함으로써 이미지가 화면에 표시될 수 있도록 한다. 그리고 GalleryImageView 클래스를 호출하였던 027행의 setAdapter() 메소드에 의해 화면상에 그리드 뷰 형식의 갤러리 기능이 실현된다.

【예제10-1】의 실행 결과는 <그림10-1>과 같다. 중앙에 위치한 이미지가 현재 선택된 이미지이며 좌, 우에 위치한 부분 이미지를 클릭하면 이미지가 좌, 우 방향으로 스크롤되는 것을 볼 수 있다.

이 예제에서는 이미지의 클릭에 의해 좌, 우로 스크롤되는 기능만을 볼 수 있다.

<그림10-1> 【예제10-1】의 실행 화면

이미지 파일을 바꾸고 표시 크기를 조절해 가면서 소스 프로그램의 내용을 수정해 보자. 그리고 실행 결과를 확인해보자.

10.2 기본적인 갤러리 기능

이번에는 보다 현실적인 갤러리 기능을 실현하기 위해 이미지의 크기를 줄이고 화면 상단에 배치되도록 해보자. 이에 더하여 <그림10-1>의 경우처럼 이미지 주변의 경계가 없어 이미지간의 구분이 명확하지 않은 점을 개선해보자. 이미지 주변의 경계가 액자와 같은 틀 모양으로 표시되도록 만들어보자는 것이다.

이 예제를 위해서 TypedArray라는 클래스를 사용하기로 한다. 이 클래스는 obtainStyledAttributes나 obtainAttributes와 함께 얻어진 값들의 어레이를 위한 컨테이너 클래스이다.

> <TypedArray 클래스>
> : obtainStyledAttributes나 obtainAttributes와 함께 얻어진 값들의 어레이를 위한 컨테이너 클래스

이클립스를 실행하여 다음과 같은 프로젝트를 생성한다.

Project name : Ch10Ex02_Gallery2
Application name : Ch10Ex02_Gallery2
Package name : kj.it.ch10ex02_gallery2
Create Activity : Ch10Ex02_Gallery2Activity
Min SDK Version : 8

생성된 프로젝트 파일들 중 먼저 main.xml 파일을 열고 【예제10-1】의 경우와 동일하게 Gallery 앨리먼트만으로 파일을 구성한다. 단 이번에는 갤러리를 구성하는 이미지들이 화면 상단에 위치할 것이므로 005행의 `layout_height` 속성은 '`wrap_content`'로 설정한다. 그래야만 갤러리 위젯이 자연스럽게 화면 상단에 위치하게 될 것이다.

예제 10-2

(main.xml)

```
<?xml version="1.0" encoding="utf-8"?>
<Gallery
xmlns:android="http://schemas.android.com/apk/res/andro
id"
    android:id="@+id/gallery1"
    android:layout_width="fill_parent"
    android:layout_height="wrap_content"
    />
```

다음에는 또 하나의 xml 파일을 생성하자. 파일 이름은 편의상 attr.xml이라고 하자. strings.xml 파일이 위치해 있는 res/values 폴더 안에 위치시킨다. 앞에서도 xml 파일을 만들어 본 적이 있는데, res/values 폴더에서 마우스 오른쪽 버튼을 누른 후 'New - XML'을 선택하면 xml 파일을 생성할 수 있는 에디터 창이 나타난다. 이 에디터 창에서 만들면 된다.

(attr.xml)

```
001 <?xml version="1.0" encoding="utf-8"?>
002 <resources>
        <declare-styleable name="Gallery1">
003             <attr name=
004                 "android:galleryItemBackground"></attr>
005         </declare-styleable>
006 </resources>
```

002행~006행은 레이아웃에 추가로 적용될 리소스에 대한 표현 스타일을 지정한다. 'Gallery1'이라는 이름을 가진 `styleable` 앨리먼트에 대하여 속성(attribute) 스타일을 `android:galleryItemBackground` 스타일로 적용한다는 것이다. 즉 표시되는 각 이미지의 주변 경계가 안드로이드 SDK에 포함되어 있는 스타일 속성 중 하나인 `galleryItemBackground` 스타일로 표시되도록 한 것이다.

물론 attr.xml 파일의 생성만으로 이 모든 것이 실현되는 것은 아니다. 이미 잘 알고 있다시피 attr.xml 파일의 생성에 따른 리소스 정보는 R.java 파일에 자동으로 업데이트되는 것으로 끝난다. R.java 파일에 새로이 추가된 리소스 정보가 자바 소스 프로그램에 의해 참조되어야만 비로소 우리가 원하는 결과를 실현시킬 수 있는 것이다.

(Ch10Ex02_Gallery2Activity.java)

```
package kj.it.ch10ex02_galerry2;

import android.app.Activity;
import android.content.Context;
import android.os.Bundle;
import android.view.View;
import android.view.ViewGroup;
import android.widget.BaseAdapter;
import android.widget.ImageView;
import android.widget.Gallery;
import android.content.res.TypedArray;

public class Ch10Ex02_Gallery2Activity extends Activity
{
    /** Called when the activity is first created. */

        private Integer[] mGalleryIds = {

          R.drawable.chrysanthemum,R.drawable.desert,
          R.drawable.hydrangeas, R.drawable.jellyfish,
          R.drawable.koala, R.drawable.lighthouse,
          R.drawable.penguins, R.drawable.tulips,
        };
    @Override
    public void onCreate(Bundle savedInstanceState) {
        super.onCreate(savedInstanceState);
        setContentView(R.layout.main);

        final Gallery gallery=
```

```
                (Gallery)findViewById(R.id.gallery1);

        gallery.setAdapter(new GalleryImageView(this));
    }

    public class GalleryImageView extends BaseAdapter {
        int mGalleryItemBackground;
        private Context mContext;
        public GalleryImageView(Context c) {
                mContext = c;
                TypedArray ta=
                    obtainStyledAttributes(
                    R.styleable.Gallery1);
                mGalleryItemBackground=
                    ta.getResourceId(
R.styleable.Gallery1_android_galleryItemBackground, 0);
                ta.recycle();
                }
        public int getCount() {
                return mGalleryIds.length;
                }

        public Object getItem(int position) {
                return null;
                }

        public long getItemId(int position) {
                return 0;
                }

    // create a new ImageView for each item referenced by
the Adapter

        public View getView(int position,
              View convertView, ViewGroup parent) {
```

```
057                 ImageView imageView;
058                 if (convertView == null) {
059 // if it's not recycled, initialize some attributes
060                    imageView = new ImageView(mContext);
061                    imageView.setLayoutParams(new
                           Gallery.LayoutParams(150, 120));
062                    imageView.setScaleType(
                           ImageView.ScaleType.CENTER_CROP);
063                    imageView.setBackgroundResource(
                           mGalleryItemBackground);
064                    }
065                 else {
066                    imageView = (ImageView) convertView;
067                    }
068                 imageView.setImageResource(
                       mGalleryIds[position]);
069                 return imageView;
070         }
071     }
072 }
```

011행에서 `TypedArray` 클래스가 import되었다. 이는 038행에서 `TypedArray` 클래스가 사용되기 때문에 import된 것이다.

038행에서 `TypedArray` 클래스의 레퍼런스 변수 ta를 설정하고, 이 변수로 `obtainStyledAttributes()`메소드를 참조한다. 즉 현재 설정되어 있는 속성(attribute) 스타일을 참조하는 것이다.

여기서 사용 인자, `R.styleable.Gallery1`은 R.java 파일의 리소스를 참조하는 것으로 이에 대해서는 이미 앞의 attr.xml 파일에서 설정한 바 있다.

039행에서는 `getResourceId()` 메소드에 의해 리소스와 속성(attribute) 스타일을 연결시킨다. 그리고 040행의 `recycle()` 메소드의 수행에 의해 전에 얻어진 StyledAttributes를 다음의 재사용을 위해 돌려준다.

그리고 063행의 `imageView` 클래스의 `setBackgroundResource()` 메소드를 실

행함으로써 표시될 각 이미지의 주변 경계에 속성(attribute) 스타일이 적용된다.
이 결과는 069행에서 반환되어 030행에서 화면상에 표시된다.

실행 결과는 <그림10-2>와 같다. 각 이미지마다 주변에 속성(attribute) 스타일이 적용된 모습을 확인할 수 있다.

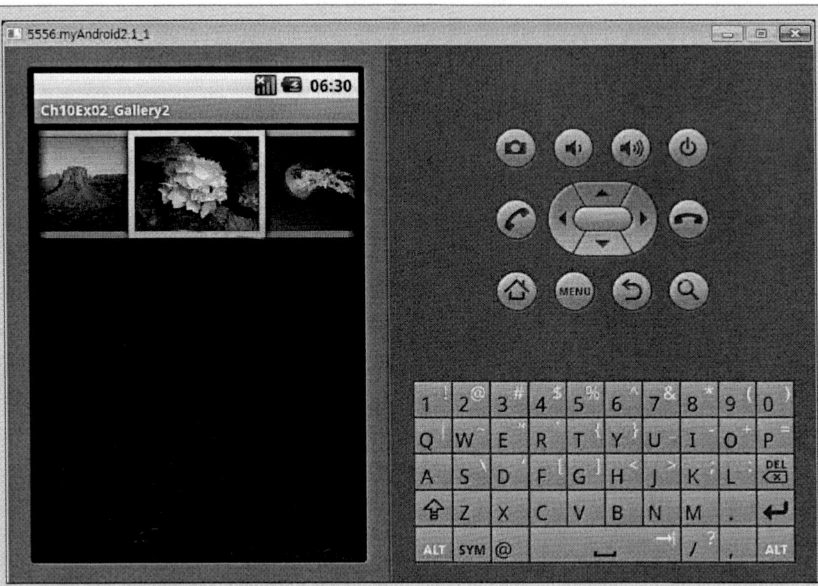

<그림10-2> 【예제10-2】의 실행 화면

다음에는 【예제10-2】의 결과를 좀 더 보강하여보자. 이를테면 이미지 위젯을 클릭하였을 때 위젯의 번호와 추가하고 싶은 내용이 화면 하단에 표시되도록 해보자. 이러한 기능은 앞에서 학습한 바 있는 토스트 기능에 의하여 실현될 수 있을 것이다.
이클립스를 실행하고 다음과 같이 새로운 프로젝트를 생성한다.

Project name : Ch10Ex03_Gallery3
Application name : Ch10Ex03_Gallery3
Package name : kj.it.ch10ex03_gallery3
Create Activity : Ch10Ex03_Gallery3Activity
Min SDK Version : 8

예제 10-3

(Ch10Ex03_Gallery3Activity.java)

```
package kj.it.ch10ex03_galerry3;

import android.app.Activity;
import android.content.Context;
import android.os.Bundle;
import android.view.View;
import android.view.ViewGroup;
import android.widget.BaseAdapter;
import android.widget.ImageView;
import android.widget.Gallery;
import android.content.res.TypedArray;
import android.widget.Toast;
import android.widget.AdapterView;
import android.widget.AdapterView.OnItemClickListener;

public class Ch10Ex03_Gallery3Activity extends Activity {
    /** Called when the activity is first created. */

        private Integer[] mGalleryIds = {
          R.drawable.chrysanthemum,R.drawable.desert,
          R.drawable.hydrangeas, R.drawable.jellyfish,
          R.drawable.koala, R.drawable.lighthouse,
          R.drawable.penguins, R.drawable.tulips,
         };
    private String[] mGalleryDataIds = {
        "Photo by Kim in 2001", "Photo by David in 2002",
        "Photo by Jung in 2004", "Photo by John in 2006",
        "Photo by Park in 2008", "Photo by Ronald in 2007",
        "Photo by Lee in 2010", "Photo by Peter in 2000",
        };
    @Override
```

```
032     public void onCreate(Bundle savedInstanceState) {
033         super.onCreate(savedInstanceState);
034         setContentView(R.layout.main);
035
036         final Gallery gallery=
                (Gallery)findViewById(R.id.gallery1);
037         gallery.setAdapter(new GalleryImageView(this));
038
039         gallery.setOnItemClickListener(new
               OnItemClickListener(){
040            public void onItemClick(AdapterView<?> parent,
                    View view, int position, long id){
041
042            Toast.makeText(Ch10Ex03_Gallery3Activity.this,
                  ""+"Photo number"+position+"/"
                  +mGalleryDataIds[position],
                  Toast.LENGTH_LONG).show();
043     }
044 });
045 }
046
047     public class GalleryImageView extends BaseAdapter {
 .                              .
 .       //【예제10-2】의 034~071행과 동일 소스(생략)
 .                              .
084                             .
085 }
```

main.xml 파일과 attr.xml 파일은 【예제10-2】 파일의 내용들과 동일하다. 【예제10-2】의 각 파일을 복사하여 사용할 수도 있겠다.

자바 소스 프로그램인 `Ch10Ex03_Gallery3Activity.java` 파일에서는 토스트 기능에 의해 이미지 항목의 번호와 그 외에 추가하고 싶은 내용을 화면 하단에 표시하는데 목적이 있다. 따라서 먼저 【예제10-2】의 소스 프로그램에 025행~030행과 같이 표시할 문자열 배열을 추가한다. 여기서는 'Photo by Kim in 2001'처럼 사진이 찍힌 연도와 저자 정보를 가상하여 표시하기로 한다.

추가되는 문자열 배열의 변수 이름은 임의로 mGalleryDataIds라고 하고, 019행의 이미지 배열인 mGalleryIds 변수의 구성 항목들과 일대일 대응되도록 그 구성 요소를 배열한다. 이는 mGalleryIds 변수의 구성 항목에 대한 설명이 mGalleryDataIds 변수의 구성 항목이 되기 때문이다.

다음에는 039행~044행에 걸쳐 많이 익숙한 프로그램 단위 블록인 setOnItemClickListener() 메소드를 수행한다. 즉 화면상의 위젯이 선택되는 경우에 반응하도록 클릭 리스너를 등록하고 위젯이 선택되었을 때 042행의 토스트 기능이 실행되도록 한다. 이러한 패턴은 이미 앞 장의 토스트 기능에서 학습한바 있다.

단 여기서는 토스트 기능에 의해 표시되는 내용이 기존의 이미지 위젯의 배열 번호에 더하여 이미지 위젯에 관한 추가 정보까지 포함한다는 것이 다를 뿐이다. 따라서 이를 위하여, 즉 이미지 위젯 번호와 이미지 정보를 함께 토스트 기능으로 표시하기 위하여 042행의 Toast.makeText() 메소드의 두 번째 사용 인자를 ""+"Photo number"+position+"/"+mGalleryDataIds[position]으로 지정하였다.

"Photo number"와 이미지 위젯 번호, 그리고 "/" 다음에 mGalleryDataIds 변수에 의하여 지정되는 위치의 이미지 위젯 정보가 화면상에 표시되게 된다.

이러한 결과는 <그림10-3>에 나타나 있다.

<그림10-3> 【예제10-3】의 실행 화면

화면 상단에 위치한 이미지들 중 하나의 이미지가 선택되면 선택된 이미지가 이미지 배열의 중앙에 표시되고 화면 하단에는 토스트 기능에 의해 이미지 위젯의 배열 번호와 이미지 위젯에 대한 기타 정보가 함께 표시됨을 확인할 수 있다.

여러분 각자 이미지 위젯의 정보와 토스트 기능에 의한 표시 내용을 변화시켜 가면서 【예제10-3】의 프로그램을 재실행해 보라. 그리고 그 결과를 확인해보자.

10.3 간단한 갤러리 완성

이번에는 화면 상단의 이미지를 선택하면 선택된 이미지가 화면 하단부에 표시되도록 만들어보자. 또한 토스트 기능에 의한 이미지 항목 번호와 항목의 정보도 앞의 예제처럼 그대로 표시되도록 해보자. 제법 그럴듯한 갤러리가 완성될 것이다.

이를 위해 `ImageSwitcher` 클래스와 `ViewSwitcher.ViewFactory` 인터페이스를 사용하기로 한다.

`ImageSwitcher` 클래스 안에는 `setImageResource()` 메소드가 있어 이미지 리소스 정보를 이용하여 이미지를 표시할 수 있다.

한편 `ViewSwitcher.ViewFactory` 인터페이스는 `ViewSwitcher` 안의 뷰들을 생성하는 인터페이스로서 `makeView()` 메소드를 필요로 하며 이 메소드를 통하여 화면에 표시되는 이미지의 표시 속성을 결정하게 된다.

이 외에도 ViewGroup.LayoutParams 클래스가 사용된다. 이 클래스는 뷰들이 어떻게 배정되기를 원하는지 그들의 부모들에게 알려주기 위해 뷰들에 의해 사용되는 LayoutParams 클래스이다.

<ImageSwitcher 클래스>
: 이미지 스위칭을 위한 클래스

<ViewFactory 인터페이스>
: ViewSwitcher 안의 뷰들을 생성하는 인터페이스

<ViewGroup.LayoutParams 클래스>
: 뷰들이 어떻게 배정되기를 원하는지를 그들의 부모들에게 알려주기 위해 뷰들에 의해 사용되는 LayoutParams 클래스

이클립스를 실행하여 Ch10Ex04_Gallery4라는 이름으로 다음과 같이 새로운 프로젝트를 생성하자.

Project name : Ch10Ex04_Gallery4
Application name : Ch10Ex04_Gallery4
Package name : kj.it.ch10ex04_gallery4
Create Activity : Ch10Ex04_Gallery4Activity
Min SDK Version : 8

예제 10-4

(main.xml)

```
<?xml version="1.0" encoding="UTF-8"?>
<LinearLayout
xmlns:android="http://schemas.android.com/apk/res/android"
        android:orientation="vertical"
        android:layout_width="fill_parent"
        android:layout_height="fill_parent"
        >
        <Gallery
             android:id="@+id/gallery1"
             android:layout_width="fill_parent"
             android:layout_height="wrap_content"
        />
        <ImageSwitcher
             android:id="@+id/imageswitcher"
             android:layout_width="fill_parent"
             android:layout_height="fill_parent"
             android:layout_alignParentLeft="true"
             android:layout_alignParentRight="true"
             android:layout_alignParentBottom="true"
        />
</LinearLayout>
```

main.xml 파일에 변화의 요인이 생겼다. 화면 상단에 이미지 배열이 위치하고 화면의 하단부 나머지 부분에는 선택된 이미지가 표시되어야 한다. 따라서 앞의 예제들처럼 main.xml 파일을 Gallery 앨리먼트만으로 지정할 순 없다. 화면 하단부, 즉 `ImageSwitcher` 클래스에 의해 표시될 이미지를 위한 앨리먼트의 추가 지정이 필요하다. main.xml 파일을 레이아웃 설정부터 시작해야 하는 상황이 된 것이다.

레이아웃을 LinearLayout으로 지정하기로 하자. 그러면 먼저 화면 상단부의 이미지 배열을 위해 Gallery 앨리먼트가 설정되어야 할 것이다. 007행~011행이 그것이다.

그리고 다음에 선택된 이미지를 화면 하단부에 표시하기 위해 012행~019행과 같이 ImageSwitcher 앨리먼트가 설정되어야 한다.

ImageSwitcher 앨리먼트의 id를 'imageswitcher'로 부여하고, 016행~018행처럼 표시될 이미지가 좌, 우측, 그리고 하단부에 맞춰 위치하도록 alignment를 'true'로 설정한다.

결과적으로 main.xml 파일의 레이아웃 지정에 의해 화면 상단부에는 이미지 배열이 표시되고, 화면 하단부에는 alignment 속성에 맞춰 선택된 이미지가 표시될 것이다.

물론 토스트 기능에 의해 화면 하단부에 선택된 이미지 정보가 문자열 형태로 더해질 수도 있다.

한편 attr.xml 파일의 `android:galleryItemBackground` 스타일은 【예제10-2】나 【예제10-3】의 경우와 동일하게 적용하기로 한다. 따라서 이 파일의 내용 변화는 없다. 앞의 예제에서 attr.xml 파일을 그대로 복사해 오면 될 것이다.

(Ch10Ex04_Gallery4Activity.java)

```
package kj.it.ch10ex04_galerry4;

import android.app.Activity;
import android.content.Context;
import android.os.Bundle;
import android.view.View;
import android.view.ViewGroup;
import android.widget.BaseAdapter;
import android.widget.ImageView;
import android.widget.Gallery;
import android.content.res.TypedArray;
import android.widget.Toast;
```

```
import android.widget.AdapterView;
import android.widget.AdapterView.OnItemClickListener;
import android.widget.ImageSwitcher;
import android.widget.ViewSwitcher.ViewFactory;
import android.view.ViewGroup.LayoutParams;

public class Ch10Ex04_Gallery4Activity extends Activity
implements ViewFactory{
    /** Called when the activity is first created. */

        private Integer[] mGalleryIds = {

          R.drawable.chrysanthemum,R.drawable.desert,
          R.drawable.hydrangeas, R.drawable.jellyfish,
          R.drawable.koala, R.drawable.lighthouse,
          R.drawable.penguins, R.drawable.tulips,
         };
    private String[] mGalleryDataIds = {
        "Photo by Kim in 2001", "Photo by David in 2002",
        "Photo by Jung in 2004", "Photo by John in 2006",
        "Photo by Park in 2008", "Photo by Ronald in 2007",
        "Photo by Lee in 2010", "Photo by Peter in 2000",
        };
    private ImageSwitcher imageSwitcher;
    @Override
    public void onCreate(Bundle savedInstanceState) {
        super.onCreate(savedInstanceState);
        setContentView(R.layout.main);

        imageSwitcher = (ImageSwitcher)
                findViewById(R.id.imageswitcher);
        imageSwitcher.setFactory(this);
        final Gallery gallery=
                (Gallery)findViewById(R.id.gallery1);
        gallery.setAdapter(new GalleryImageView(this));
```

```
        gallery.setOnItemClickListener(new
            OnItemClickListener(){
             public void onItemClick(AdapterView<?> parent,
                 View view, int position, long id){

             imageSwitcher.setImageResource(
                       mGalleryIds[position]);
             Toast.makeText(Ch10Ex04_Gallery4Activity.this,
                ""+"Photo number"+position+"/"
                +mGalleryDataIds[position],
                Toast.LENGTH_LONG).show();
    }
});
}
public View makeView()
    {
            ImageView imageView1 = new ImageView(this);
            imageView1.setBackgroundColor(0xFF000000);
            imageView1.setScaleType(
                  ImageView.ScaleType.FIT_XY);
            imageView1.setLayoutParams(new
                  ImageSwitcher.LayoutParams(
                  LayoutParams.FILL_PARENT,
                  LayoutParams.FILL_PARENT));
           return imageView1;
    }
    public class GalleryImageView extends BaseAdapter {
                              .
           // 【예제10-2】의 034~071행과 동일 소스(생략)
                              .
                              .
}
```

자바 소스 프로그램이다.

019행에서 인터페이스 ViewFactory를 구현한다. 이 인터페이스는 앞에서도 언급한 것처럼 ViewSwitcher 안의 뷰들을 생성하는 인터페이스이다.

035행에서 ImageSwitcher의 레퍼런스 변수 imageSwitcher를 선언하고, 041행에서 레이아웃 파일인 main.xml 파일의 ImageSwitcher 앨리먼트를 참조한다. 그리고 042행에서 ViewSwitcher가 두 개의 뷰들 사이에서 움직이는 뷰를 생성하기 위해 사용되는 factory를 설정하는 setFactory() 메소드를 실행한다.

다음에는 044행의 setAdapter() 메소드에 의해 수평 방향으로 스크롤되는 이미지 배열이 화면 상단에 표시되게 된다.

그리고 046행의 setOnItemClickListener() 메소드의 실행에 의해 리스너를 등록하고 항목이 선택되었을 때의 반응을 컨트롤하게 된다.

리스너의 가동에 따라 049행의 setImageResource() 메소드에 의해 선택된 이미지가 화면에 나타나게 된다.

050행의 토스트 기능은 이미 앞에서 언급한 대로 그대로 유지되었다.

055행~062행에서는 ViewFactory 인터페이스에 의해 요구되는 makeView() 메소드를 실행한다. 그리고 이 메소드에 의해 화면에 표시되는 이미지의 표시 속성이 결정된다. 058행에서 화면의 배경색이, 059행에서 이미지 표시 스케일이, 그리고 060행에서 레이아웃 파라미터가 결정된다.

063행 이하는 【예제10-3】의 내용 그대로이다.

이미 앞에서도 언급했던 것처럼 ImageSwitcher 클래스와 ViewFactory 인터페이스의 적절한 사용에 의해 간단히 갤러리 기능을 완성할 수 있다.

<그림10-4>는 【예제10-4】의 실행 결과를 나타낸다.

<그림10-4> 【예제10-4】의 실행 화면

그런대로 멋진 갤러리가 완성되었다. 화면 상단에 이미지 배열이 나타나고 선택된 이미지가 배열의 중앙에 위치하게 되며 또한 해당 이미지가 화면 하단부에 표시된다. 또한 화면 하단부에 표시되는 이미지는 main.xml 파일의 ImageSwitcher 앨리먼트의 alingment 설정 조건에 맞춰 화면상에 위치를 잡게 된다.

아울러 본 예제에서는 토스트 기능도 앞의 예제처럼 그대로 유지하였다. 따라서 토스트 기능에 의해 화면 하단부에 이미지 배열 번호와 관련 정보가 또한 표시됨을 볼 수 있다.

여기서 여러분 각자 059행의 `ImageView.ScaleType`을 현재의 `FIT_XY`에서 `FIT_CENTER`, `CENTER_CROP` 등등으로 바꾸어보자. 그리고 그 결과가 화면상에 어떻게 나타나는지 비교해보자.

다음에는 【예제10-4】에 의하여 완성된 갤러리를 보다 멋지게 바꾸어보자. 이미지 배열을 화면 하단부에 위치시키고 선택된 이미지는 화면 중앙부를 중심으로 화면 전체에 걸쳐 표시되도록 만들어보자. 물론 화면 하단부의 이미지배열에는 영향을 미치지 않도록 화면 하단부에 표시되는 선택된 이미지의 일부분은 투명도를 낮춰 표시하기로 하자.

【예제10-4】의 프로그램을 일부 수정하거나 혹은 새로운 이름의 프로젝트를 생성하여 프로그래밍 작업을 진행할 수 있겠다.

여기서는 편의상 【예제10-4】의 프로그램을 일부 수정하기로 한다. 필요하다면 여러분 각자 새로운 프로젝트(예:Ch10Ex05_Gallery5)를 생성하여 프로그래밍을 해도 좋겠다.

예제 10-5

(main.xml)

```
<?xml version="1.0" encoding="utf-8"?>
<RelativeLayout xmlns:android="http://schemas.android.com/apk/res/android"
    android:layout_width="fill_parent"
    android:layout_height="fill_parent">
    <ImageSwitcher android:id="@+id/imageswitcher"
        android:layout_width="fill_parent"
        android:layout_height="fill_parent"
        android:layout_alignParentTop="true"
        android:layout_alignParentLeft="true"/>
    <Gallery android:id="@+id/gallery1"
        android:background="#88000000"
        android:layout_width="fill_parent"
        android:layout_height="50dp"
        android:spacing="15dp"
        android:layout_alignParentBottom="true"
        android:layout_alignParentLeft="true"
        android:gravity="center_vertical"
        />
</RelativeLayout>
```

main.xml 파일의 레이아웃 유형을 LinearLayout에서 RelativeLayout으로 바꾸었다. 그리고 선택된 이미지를 화면 상단에 표시하기위해 ImageSwitcher 앨리먼트의 alignment 속성을 Top, Left로 설정하였다. 따라서 선택된 이미지는 화면의 Top과 Left 부분에 맞춰 표시될 것이다.

한편 이미지 배열은 화면 하단에 표시하기 위해 015행, 016행처럼 Gallery 앨리먼트의 alignment 속성을 Bottom, Left로 설정하였다. 즉 이미지 배열은 화면의 Bottom과 Left 부분에 맞춰 표시될 것이다.

또한 화면 하단부에 표시될 이미지 배열은 013행에 의해 높이가 50dp이고 이미지간 간격은 014행에 의해 15dp이며, 배경색은 011행에 의해 #88000000으로 하여 투명도가 88(00~ff 사이)이며 색상은 Red, Green, Blue 모두 00으로 검정색을 띄도록 하였다.

한편 자바 소스 프로그램에도 다음과 같이 약간의 변화가 생겼다.

(Ch10Ex04_Gallery4Activity.java)

```
001 package kj.it.ch10ex04_galerry4;
002
003 import android.app.Activity;
004 import android.content.Context;
005 import android.os.Bundle;
006 import android.view.View;
007 import android.view.ViewGroup;
008 import android.widget.BaseAdapter;
009 import android.widget.ImageView;
010 import android.widget.Gallery;
011 import android.content.res.TypedArray;
012 import android.widget.Toast;
 .                              .
 .      // 【예제10-4】의 013~062행과 동일 소스(생략)
 .                              .
062                             .
063   public class GalleryImageView extends BaseAdapter {
064      int mGalleryItemBackground;
065      private Context mContext;
066      public GalleryImageView(Context c) {
067            mContext = c;
068            TypedArray ta=
                  obtainStyledAttributes(
                  R.styleable.Gallery1);
```

```
            mGalleryItemBackground=
                ta.getResourceId(
R.styleable.Gallery1_android_galleryItemBackground, 0);
            ta.recycle();
            }
        public int getCount() {
            return mGalleryIds.length;
            }

        public Object getItem(int position) {
            return null;
            }

        public long getItemId(int position) {
            return 0;
            }

    // create a new ImageView for each item referenced by
the Adapter

        public View getView(int position,
              View convertView, ViewGroup parent) {
            ImageView imageView;
            if (convertView == null) {
// if it's not recycled, initialize some attributes
              imageView = new ImageView(mContext);
              imageView.setLayoutParams(new
         Gallery.LayoutParams(LayoutParams.WRAP_CONTENT,
                 LayoutParams.WRAP_CONTENT));
              imageView.setScaleType(
                    ImageView.ScaleType.CENTER_CROP);
              imageView.setBackgroundResource(
                    mGalleryItemBackground);
              }
            else {
```

```
096                 imageView = (ImageView) convertView;
097                 }
098             imageView.setImageResource(
                    mGalleryIds[position]);
099             return imageView;
100         }
101     }
102 }
```

배열되는 이미지의 주변 경계를 표시하던 속성인 068행~070행을 삭제하였다. 따라서 이미지 배열을 구성하는 각 이미지는 별도의 주변 경계 없이 main.xml 파일에서 설정한 배경색에 의해 구별될 것이다. 또한 이로 인해 011행의 `TypedArray` 클래스도 더 이상 import할 필요가 없어졌다.

한편 배열되는 이미지의 크기 역시 앞에서 언급한 바와 같이 main.xml 파일의 013행에 의해 50dp로 설정하였기 때문에 자바 소스 프로그램의 091행에서는 앞의 예제의 (150, 120) 대신 (`LayoutParams.WRAP_CONTENT, LayoutParams.WRAP_CONTENT`)로 지정하였다. 그리고 이 결과는 <그림10-5>와 같다.

<그림10-5> 【예제10-5】의 실행 화면

<그림10-5>의 실행 결과 화면을 잠시 즐겨보자. 그리고 여러분 각자의 기호에 따라 여러분 자신의 이미지 파일들을 가지고 갤러리를 만들어보라. 그리고 그 결과를 확인해보자.

<사용된 class 정리>

<Gallery 클래스>
: 중앙에 고정되고, 수평방향으로 스크롤하는 리스트에서 항목들을 보여주는 뷰 클래스

<TypedArray 클래스>
: obtainStyledAttributes나 obtainAttributes와 함께 얻어진 값들의 어레이를 위한 컨테이너 클래스

<ImageSwitcher 클래스>
: 이미지 스위칭을 위한 클래스

<ViewFactory 인터페이스>
: ViewSwitcher 안의 뷰들을 생성하는 인터페이스

<ViewGroup.LayoutParams 클래스>
: 뷰들이 어떻게 배정되기를 원하는지를 그들의 부모들에게 알려주기 위해 뷰들에 의해 사용되는 LayoutParams 클래스

제 11 장
메 뉴

제 11 장 메 뉴

11.1 옵션 메뉴

안드로이드에서 화면상에 메뉴를 표시하는 방식에는 크게 두 가지가 있다. 하나는 옵션(options) 메뉴 방식이고 또 하나는 컨텍스트(context) 메뉴 방식이다.

옵션 메뉴 방식은 안드로이드 기기의 버튼(예: MENU 버튼)을 눌렀을 때 화면상에 메뉴가 나타나는 방식이다. 예를 들면 프로젝트가 처음 실행되었을 때는 화면상에 메뉴가 존재하지 않는다. 그러다가 안드로이드 기기의 키패드에 위치한 버튼을 클릭하였을 때 화면상에 메뉴 목록이 나타나는 그런 방식이다.

반면 컨텍스트 메뉴 방식은 화면상에 메뉴와 연결되는 위젯이 있고 이 위젯을 선택하여 일정 시간 누르고 있으면 화면상에 메뉴 목록이 나타나는 방식이다. 두 방식 모두 각각 `onCreateOptionsMenu()` 메소드와 `onCreateContextMenu()` 메소드를 사용하여 간단하게 실현할 수 있다.

먼저 옵션 메뉴 방식부터 실현하여 보자.

잘 알다시피 메뉴라고해서 화면상에 표시되는 내용이 특별한 것은 아니다. 우리가 이미 앞에서 실현해 왔던 프로젝트들에 메뉴 기능을 추가하는 정도로 간단히 메뉴를 만들 수 있다. 따라서 여기서는 앞의 제 8 장에서 학습하였던 리스트 뷰 예제(【예제 8-1】)를 기본으로 해서 옵션 메뉴를 실현해 보기로 한다.

그리고 이 예제를 위하여 사용할 인터페이스는 Menu 인터페이스이다. 이 인터페이스는 메뉴에서 항목들을 관리하기 위한 인터페이스이다.

<Menu 인터페이스> : 메뉴에서 항목들을 관리하기 위한 인터페이스

이클립스를 실행하여 Ch11Ex01_OptionMenu라는 이름으로 다음과 같이 새로운 프로젝트를 생성한다.

Project name : Ch11Ex01_OptionMenu
Application name : Ch11Ex01_OptionMenu

Package name : kj.it.ch11ex01_optionmenu
Create Activity : Ch11Ex01_OptionMenuActivity
Min SDK Version : 8

생성된 파일들 중 main.xml 파일과 Ch11Ex01_OptionMenuActivity.java 파일을 수정함으로써 옵션 메뉴를 표시하는 프로그램을 만든다.

예제 11-1

(main.xml)

```
<?xml version="1.0" encoding="utf-8"?>
<ListView
xmlns:android="http://schemas.android.com/apk/res/android"
    android:id="@android:id/list"
    android:layout_width="fill_parent"
    android:layout_height="wrap_content"
    android:drawSelectorOnTop="false"
    />
```

화면에는 리스트 뷰에 의한 위젯들 외에 다른 앨리먼트가 표시되지 않는다. 물론 옵션 메뉴가 화면에 추가될 예정이지만 이 메뉴는 마치 팝업 창처럼 리스트 뷰 위젯위에 덧씌워질 것이다. 따라서 리스트 뷰 외에 별도의 레이아웃이 필요치 않다. 그러므로 main.xml 파일은 직접 ListView 앨리먼트를 설정하는 것으로 마무리한다.

리스트 뷰 앨리먼트의 id를 'list'로 부여하고 `android:drawSelectorOnTop`은 '`false`'로 설정하였다. 이는 에뮬레이터 화면에 나타나는 목록 중 선택된 항목의 표시 탭에 의해 항목의 내용이 가리어지는 것을 막기 위함이라고 하였다. 만일 이 속성을 '`true`'로 설정한다면 항목 표시 탭에 의해 해당 항목의 내용이 가리어질 것이다. 【예제8-1】의 main.xml 파일의 ListView 앨리먼트 속성 그대로이다.

(Ch11Ex01_OptionMenuActivity.java)

```
package kj.it.ch11ex01_optionmenu;

```

```
import android.app.ListActivity;
import android.os.Bundle;
import android.widget.ArrayAdapter;
import android.view.Menu;

public class Ch11Ex01_OptionMenuActivity extends ListActivity {
   /** Called when the activity is first created. */
      String[] items={"Book", "Business", "Education", "Entertainment", "Finance", "News", "Phone", "Restaurant", "Shopping", "Web"};

   @Override
   public void onCreate(Bundle savedInstanceState) {
      super.onCreate(savedInstanceState);
      setContentView(R.layout.main);

      setListAdapter(new ArrayAdapter<String>(this,
         android.R.layout.simple_list_item_1, items));
      }
      @Override
      public boolean onCreateOptionsMenu(Menu menu){
            pop_Menu(menu);
            return true;
      }

      private void pop_Menu(Menu menu){
         menu.add(Menu.NONE, 1, 1, "메뉴1");
         menu.add(Menu.NONE, 2, 2, "메뉴2");
         menu.add(Menu.NONE, 3, 3, "메뉴3");
         menu.add(Menu.NONE, 4, 4, "메뉴4");
         menu.add(Menu.NONE, 5, 5, "메뉴5");
         menu.add(Menu.NONE, 6, 6, "메뉴6");
         menu.add(Menu.NONE, 7, 7, "메뉴7");
         menu.add(Menu.NONE, 8, 8, "메뉴8");
```

```
034             menu.add(Menu.NONE, 9, 9, "메뉴9");
035             menu.add(Menu.NONE, 10, 10, "메뉴10");
036         }
037 }
```

【예제8-1】의 리스트 뷰 소스 프로그램을 기본으로 해서 그 위에 옵션 메뉴 기능을 추가한다. 020행~036행 부분이 옵션 메뉴 기능을 위해 더해진 부분이다.

017행의 `setListAdapter()` 메소드에 의해 리스트 뷰 위젯이 화면에 표시된다. 그리고 015행의 `setContentView()` 메소드는 main.xml 파일에서 정의한 레이아웃이 화면에 적용되도록 한다. 그러나 여기서는 생략해도 무방하다. 017행의 `setListAdapter()` 메소드에 의해 화면은 리스트 뷰 위젯으로 대체될 것이기 때문이다. 015행의 실행 결과가 있더라도 이내 017행에 의해 묻히게 될 것이다.
이 뿐이다. 여기까지가 프로그램의 실행에 의해 기본적으로 이루어지는 부분이다.

다음에는 안드로이드 기기의 MENU 버튼을 클릭하면 실행되는 옵션 메뉴 처리부분이다. 020행~036행이 옵션 메뉴를 처리하는 부분이다.
MENU 버튼이 클릭되면 020행의 `onCreateOptionsMenu()` 메소드가 호출된다.
이 메소드는 액티비티의 표준 옵션 메뉴의 내용을 초기화한다. 그리고 이 메소드는 옵션 메뉴가 처음으로 표시될 때 딱 한 번 호출되는 메소드이기도 하다. 따라서 옵션 메뉴 항목을 교체하여 표시하고자 할 경우, 즉 옵션 메뉴가 표시될 때마다 업데이트된 메뉴 항목들을 표시하기 위해서는 `onCreateOptionsMenu()` 메소드 대신 `onPrepareOptionsMenu()` 메소드를 사용해야 한다. 이 메소드는 옵션 메뉴가 오픈될 때마다 호출되는 메소드이므로 동적인 메뉴 항목의 교체가 가능하다.

`onCreateOptionsMenu()` 메소드가 호출되면 021행에서 025행의 `pop_Menu()` 메소드를 호출해 026행~035행에 걸쳐 '메뉴1'부터 '메뉴10'까지 10개의 메뉴 항목들을 생성한다. 그리고 이렇게 생성된 메뉴 항목들이 화면에 표시된다.
옵션 메뉴 기능의 사용을 위해 006행에서 Menu 인터페이스가 import되었다.

한편 025행~036행은 `pop_Menu()`라는 임의의 이름으로 만들어진 메소드이며, 옵션 메뉴의 각 항목들을 설정하고 추가하는 부분이다.
`menu.add()` 메소드에 의해 메뉴의 항목들이 추가되는데 여기서 이 메소드와 함께 사용되는 인자로는 int groupId, int itemId, int order, CharSequence title이 있다. groupId는 사용할 메뉴 목록을 그룹화하여 정수형의 id를 지정하는 것이며, itemId는

각 메뉴 항목별로 id를 부여하는 것이다. 여기서의 id는 정수형이거나 혹은 문자열도 사용할 수 있겠다. 또한 order는 메뉴 항목이 표시되는 순서를 지정하는 것으로 역시 정수형으로 표시하며 title은 메뉴 항목에 표시될 메뉴 이름을 지정하는 것이다.

여기서는 groupId는 Menu.NONE으로, 즉 id를 지정하지 않는 것으로 하였으며 항목별 id와 표시 순서는 1부터 10까지 순차적으로 지정하였다.

프로젝트를 실행한 후 나타나는 안드로이드 에뮬레이터에서 <그림11-1>의 오른편 표시처럼 키패드위의 MENU 버튼을 클릭하면 화면에는 026행~035행에서 지정한 메뉴 항목들이 팝업 창 형태로 화면 하단부에 나타나게 된다. 이것이 옵션 메뉴 방식이다.

여기서 메뉴 항목을 클릭하면 메뉴 목록이 화면에서 사라진다. 그리고 더 이상의 특별한 기능은 수행되지 않는다. 이는 메뉴 항목의 클릭과 연결되는 프로그램을 추가로 작성하지 않았기 때문이다.

한편 메뉴의 항목수가 많아 한 화면에 모두 표시할 수 없을 경우에는 메뉴 항목의 한 자리를 More 항목이 차지하도록 하여 More 항목의 클릭에 의해 표시하지 못한 나머지 메뉴 항목들이 화면에 표시되도록 한다. 이처럼 항목수가 많아 한 화면에 표시하지 못하고 More 항목의 클릭에 의해 표시되는 메뉴를 확장 메뉴라고 한다. 이 메뉴는 <그림11-2>에서 보는 바와 같이 화면의 수직방향에서 일렬로 표시된다.

<그림11-1>과 <그림11-2>는 【예제11-1】의 실행 결과를 나타낸다.

<그림11-1> 【예제11-1】의 실행 화면과 옵션 메뉴

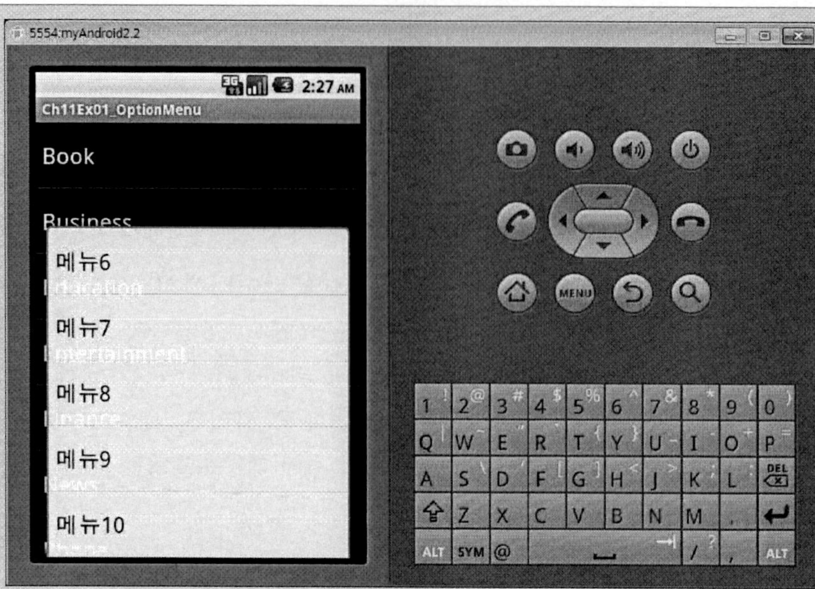

<그림11-2> 【예제11-1】의 실행 화면과 확장 메뉴

<그림11-1>에서 보이는 바와 같이 안드로이드 에뮬레이터 오른편의 MENU 버튼을 클릭하면 화면 하단부에 메뉴 항목들이 나타난다. 메뉴 항목 수가 많아 More(더보기) 항목이 메뉴 항목과 함께 표시되고 있음을 볼 수 있다.

또한 <그림11-1>에서 More(더보기) 항목을 클릭하면 <그림11-2>와 같이 표시되지 못했던 나머지 메뉴 항목들이 화면상에 표시됨을 볼 수 있다.

한편 자바 소스 파일인 `Ch11Ex01_OptionMenuActivity.java` 파일에서 메뉴 항목을 추가하는 부분인 026행~035행의 사용 인자들 중 int order 인자의 순서를 변경하면 어떻게 될까?

만일 030행의 항목 추가 메소드, `menu.add(Menu.NONE, 5, 5, "메뉴5");`에서 order를 5에서 0으로, 즉 `menu.add(Menu.NONE, 5, 0, "메뉴5");`로 바꾸면 어떻게 될까?

또한 만일 order 인자를 특별히 지정하지 않고 `Menu.NONE`으로 일괄 설정하면 어떻게 될까?

여러분 각자 메뉴 항목의 이름과 개수, 항목 표시 order를 변경(`Menu.NONE` 포함)시켜 가며 【예제11-1】을 재실행시켜보라. 그리고 실행 결과를 확인해보자.

11.2 컨텍스트 메뉴

이번에는 컨텍스트 메뉴 방식에 대하여 알아보자. 앞에서도 잠시 언급하였던 것처럼 컨텍스트 메뉴는 화면상에 표시된 위젯 중 메뉴에 연결된 위젯을 선택하여 잠시 동안 누르고 있으면 해당 메뉴 항목들이 화면에 나타나는 방식이다.

컨텍스트 메뉴를 사용하기 위해 이용할 인터페이스는 ContextMenu 인터페이스이다. 이 인터페이스는 컨텍스트 메뉴의 헤더를 수정하도록 기능성을 제공하는 컨텍스트 메뉴들을 위한 메뉴 인터페이스의 확장 인터페이스이다.

> <ContextMenu 인터페이스>
> : 컨텍스트 메뉴의 헤더를 수정하도록 기능성을 제공하는 컨텍스트 메뉴들을 위한 메뉴 인터페이스의 확장 인터페이스

컨텍스트 메뉴 기능을 실현하기 위해 이클립스를 실행하고 다음과 같이 프로젝트를 생성한다.

Project name : Ch11Ex02_ContextMenu
Application name : Ch11Ex02_ContextMenu
Package name : kj.it.ch11ex02_contextmenu
Create Activity : Ch11Ex02_ContextMenuActivity
Min SDK Version : 8

main.xml 파일은 【예제11-1】 그대로이다. 옵션 메뉴 방식을 컨텍스트 메뉴 방식으로 바꾸는 것뿐이므로 main.xml 파일에서의 레이아웃에 대한 변경은 없다. 즉 컨텍스트 메뉴 방식 역시 옵션 메뉴 방식과 마찬가지로 화면상에 표시된 위젯들과 관계없이 팝업 창 형식으로 화면상에 해당 메뉴 항목들이 덧씌워질 뿐이다. 별도의 레이아웃 지정이 필요하지 않다는 뜻이다.

예제 11-2

(Ch11Ex02_ContextMenuActivity.java)

```
package kj.it.ch11ex02_contextmenu;

```

```
import android.app.ListActivity;
import android.os.Bundle;
import android.widget.ArrayAdapter;
import android.view.Menu;
import android.view.View;
import android.view.ContextMenu;

public class Ch11Ex02_ContextMenuActivity extends ListActivity {
   /** Called when the activity is first created. */
      String[] items={"Book", "Business", "Education", "Entertainment", "Finance", "News", "Phone", "Restaurant", "Shopping", "Web"};

   @Override
   public void onCreate(Bundle savedInstanceState) {
      super.onCreate(savedInstanceState);
      setContentView(R.layout.main);

      setListAdapter(new ArrayAdapter<String>(this,
         android.R.layout.simple_list_item_1, items));

      registerForContextMenu(getListView());
      }
      @Override
      public void onCreateContextMenu(ContextMenu menu,
        View v, ContextMenu.ContextMenuInfo menuInfo){
            pop_Menu(menu);
      }

      private void pop_Menu(Menu menu){
         menu.add(Menu.NONE, 0, Menu.NONE, "메뉴1");
         menu.add(Menu.NONE, 0, Menu.NONE, "메뉴2");
         menu.add(Menu.NONE, 0, Menu.NONE, "메뉴3");
         menu.add(Menu.NONE, 0, Menu.NONE, "메뉴4");
```

```
033             menu.add(Menu.NONE, 0, Menu.NONE, "메뉴5");
034             menu.add(Menu.NONE, 0, Menu.NONE, "메뉴6");
035             menu.add(Menu.NONE, 0, Menu.NONE, "메뉴7");
036             menu.add(Menu.NONE, 0, Menu.NONE, "메뉴8");
037             menu.add(Menu.NONE, 0, Menu.NONE, "메뉴9");
038             menu.add(Menu.NONE, 0, Menu.NONE, "메뉴10");
039         }
040 }
```

019행까지는 【예제11-1】의 내용과 동일하다. 화면에는 019행의 setListAdapter() 메소드에 의해 012행에서 초기화한 배열 항목들이 리스트 뷰 형식으로 나타난다.

그리고 021행에서 registerForContextMenu(getListView()) 메소드에 의해 리스트 뷰 위젯에 컨텍스트 메뉴를 등록시킨다.

여기서 registerForContextMenu() 메소드는 주어진 뷰를 위해 보여질 컨텍스트 메뉴를 등록하는 메소드이며 getListView() 메소드는 액티비티의 리스트 뷰 위젯을 얻는 메소드이다.

따라서 여기서는 getListView()를 인자로 사용하여 리스트 뷰 항목 전체에 대하여 컨텍스트 메뉴를 등록시킨다. 즉 리스트 뷰의 어떤 항목을 선택하든지 관계없이 동일한 컨텍스트 메뉴가 화면에 나타날 것이다.

한편 화면에 표시된 리스트 뷰 위젯을 클릭한 채 일정 시간이 경과하면 024행의 onCreateContextMenu() 메소드가 호출될 것이다. 이 메소드는 컨텍스트 메뉴가 뷰를 위해 보이려 할 때 호출되는 메소드이다.

이 메소드 안의 025행에 의해 028행의 pop_Menu() 메소드가 호출되며 그 결과로 029행~038행에 걸쳐 메뉴 항목들이 생성된다.

그리고 onCreateContextMenu() 메소드의 사용인자인 ContextMenu 인스턴스와 컨텍스트 메뉴가 연결된 View 인스턴스, 그리고 ContextMenu.ContextMenuInfo 인스턴스에 의해 컨텍스트 메뉴가 정상적으로 화면에 표시된다. ContextMenu의 사용을 위해 008행에서 ContextMenu 인터페이스가 import되었다.

<그림11-3>은 【예제11-2】의 실행 결과 화면을 나타낸다. 화면에 표시된 위젯을 일정 시간동안 선택하여 누르고 있으면 화면에는 <그림11-3>과 같이 화면 전체에 걸쳐 컨텍스트 메뉴가 나타남을 볼 수 있다.

<그림11-3> 【예제11-2】의 실행 화면

이 예제 역시 컨텍스트 메뉴의 표시 정도로 끝나는 수준이다. 그리고 메뉴 항목의 수가 많아 한 화면에 항목 전체를 표시할 수 없을 경우에는 스크롤 기능도 나타난다.

11.3 메뉴에 아이콘 넣기

이번에는 메뉴 항목에 아이콘을 넣어 표시해보자. 메뉴 항목에 아이콘을 넣는 것은 옵션 메뉴 방식에서만 가능하다. 컨텍스트 메뉴 방식에서는 아직 아이콘이나 단축키(Shortcut)가 지원되지 않는다.

따라서 【예제11-1】을 기본으로 해서 프로그램을 작성하는 것이 좋겠다.

이클립스를 실행하여 Ch11Ex03_IconMenu라는 이름으로 다음과 같이 새로운 프로젝트를 생성하자.

Project name : Ch11Ex03_IconMenu
Application name : Ch11Ex03_IconMenu
Package name : kj.it.ch11ex03_iconmenu
Create Activity : Ch11Ex03_IconMenuActivity

Min SDK Version : 8

여기서도 main.xml 파일은 【예제11-1】과 동일하다. ListView 앨리먼트만으로 레이아웃을 구성한다.

예제 11-3

(Ch11Ex03_IconMenuActivity.java)

```
package kj.it.ch11ex03_iconmenu;

import android.app.ListActivity;
import android.os.Bundle;
import android.widget.ArrayAdapter;
import android.view.Menu;

public class Ch11Ex03_IconMenuActivity extends ListActivity {
    /** Called when the activity is first created. */
        String[] items={"Book", "Business", "Education", "Entertainment", "Finance", "News", "Phone", "Restaurant", "Shopping", "Web"};

    @Override
    public void onCreate(Bundle savedInstanceState) {
        super.onCreate(savedInstanceState);

        setListAdapter(new ArrayAdapter<String>(this,
           android.R.layout.simple_list_item_1, items));
        }
        @Override
        public boolean onCreateOptionsMenu(Menu menu){
           menu.add(Menu.NONE, 1, 1, "Add")
                .setIcon(R.drawable.add);
           menu.add(Menu.NONE, 2, 2, "Wallpaper")
                .setIcon(R.drawable.wallpaper);
```

```
024             menu.add(Menu.NONE, 3, 3, "Search")
025                 .setIcon(R.drawable.search);
026             menu.add(Menu.NONE, 4, 4, "Notifications")
027                 .setIcon(R.drawable.notifications);
028             menu.add(Menu.NONE, 5, 5, "Settings")
029                 .setIcon(R.drawable.settings);
030             return true;
031         }
032 }
```

017행까지는 앞의 예제들과 다를 바 없다. 016행의 `setListAdapter()` 메소드에 의해 리스트 뷰 형식의 화면이 나타난다.

그리고 MENU 버튼의 선택에 의해 019행의 `onCreateOptionsMenu()` 메소드가 수행되며 020행~029행에 걸쳐 옵션 메뉴들이 생성된다.

그러나 이번에는 앞의 예제들과 표현 방법이 다소 다르다. 앞의 예제들에서는 `pop_Menu()` 메소드라는 별도의 메소드를 사용하여 메뉴 항목들을 생성하였는데 여기서는 메뉴 항목들의 수가 적기 때문에 `onCreateOptionsMenu()` 메소드 안에서 직접 메뉴 항목들을 생성한다.

또한 각 메뉴 항목마다 `setIcon()` 메소드를 사용하여 아이콘 이미지를 메뉴 항목에 추가한다. 020행~021행이 첫 번째 메뉴 항목을 생성하는 부분이다. 'Add'라는 문자열과 함께 `R.drawable.add`에 의해 참조되는 아이콘이 메뉴 항목에 표시된다.

022행~029행은 나머지 4개의 메뉴 항목들을 아이콘과 함께 생성하는 부분이다. 여기서 메뉴 항목에 표시되는 아이콘들은 res/drawable 폴더 안에 이미지 파일 형태로 위치된다.

<그림11-4>와 같이 MENU 버튼의 클릭에 의해 화면에는 모두 5개의 옵션 메뉴 항목이 표시되며 각 메뉴 항목마다 아이콘이 함께 표시됨을 볼 수 있다.

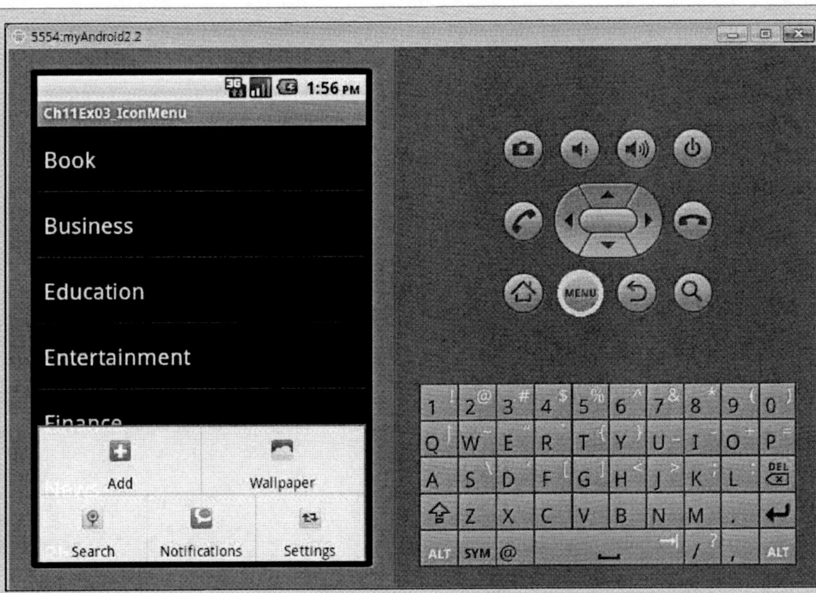

<그림11-4> 【예제11-3】의 실행 결과 화면

여러분 각자 【예제11-2】 의 프로그램에 아이콘을 추가하는 기능을 더하여보라. 그리고 컨텍스트 메뉴 방식에서도 아이콘이 표시되는지 그 결과를 확인해보자.

11.4 서브 메뉴 만들기

이번에는 메뉴에 추가되는 서브 메뉴에 대하여 알아보자. 서브 메뉴는 `addSubMenu()` 메소드를 사용하여 만들 수 있다.

서브 메뉴를 생성하기 위해서는 SubMenu 인터페이스를 사용할 수 있다. 이 인터페이스는 서브 메뉴들을 위한 Menu 인터페이스의 서브클래스이다.

<SubMenu 인터페이스> : 서브 메뉴들을 위한 Menu 인터페이스의 서브클래스

【예제11-3】 의 프로그램에서 처음 두 메뉴 항목에 대하여 서브 메뉴를 추가해보자. 추가되는 서브 메뉴 항목은 안드로이드 에뮬레이터에서 기본으로 실행되는 옵션 메뉴의 서브 메뉴와 그 내용이 동일하도록 해보자.

이클립스를 실행하고 다음과 같이 새로운 프로젝트를 생성한다.

Project name : Ch11Ex04_SubMenu
Application name : Ch11Ex04_SubMenu
Package name : kj.it.ch11ex04_submenu
Create Activity : Ch11Ex04_SubMenuActivity
Min SDK Version : 8

main.xml 파일은 계속 【예제11-1】의 내용 그대로를 유지한다. ListView 앨리먼트만으로 레이아웃을 구성한다.

예제 11-4

(Ch11Ex04_SubMenuActivity.java)

```
package kj.it.ch11ex04_submenu;

import android.app.ListActivity;
import android.os.Bundle;
import android.widget.ArrayAdapter;
import android.view.Menu;
import android.view.SubMenu;

public class Ch11Ex04_SubMenuActivity extends ListActivity {
        /** Called when the activity is first created. */
        String[] items={"Book", "Business", "Education", "Entertainment", "Finance", "News", "Phone", "Restaurant", "Shopping", "Web"};

    @Override
    public void onCreate(Bundle savedInstanceState) {
        super.onCreate(savedInstanceState);

        setListAdapter(new ArrayAdapter<String>(this,
           android.R.layout.simple_list_item_1, items));
        }
```

```
019         @Override
020         public boolean onCreateOptionsMenu(Menu menu){
021 
022             SubMenu submenu1=menu.addSubMenu("Add")
023                     .setIcon(R.drawable.add);
024                 submenu1.add("Shortcuts");
025                 submenu1.add("Widgets");
026                 submenu1.add("Folders");
027                 submenu1.add("Wallpapers");
028 
029             SubMenu submenu2=menu.addSubMenu("Wallpaper")
030                     .setIcon(R.drawable.wallpaper);
031                 submenu2.add("Live wallpapers");
032                 submenu2.add("Pictures");
033                 submenu2.add("Wallpapers");
034 
035             menu.add(Menu.NONE, 3, 3, "Search")
036                 .setIcon(R.drawable.search);
037             menu.add(Menu.NONE, 4, 4, "Notifications")
038                 .setIcon(R.drawable.notifications);
039             menu.add(Menu.NONE, 5, 5, "Settings")
040                 .setIcon(R.drawable.settings);
041             return true;
042         }
043 }
```

022행~033행이 서브 메뉴를 구성하기 위해 새로이 작성된 부분이다. 【예제11-3】의 메뉴 생성 부분 중 처음 두 메뉴들을 서브 메뉴 생성 기능으로 변경하였다. 그리고 나머지 세 메뉴들인 035행~040행은 기존 그대로를 유지하였다.

022행~027행이 첫 번째 메뉴와 그 메뉴에 속한 서브 메뉴를 생성하는 부분이다. `addSubMenu()` 메소드에 의해 'Add'라는 이름의 메뉴가 023행에 의한 아이콘과 함께 생성되며 이 메뉴의 서브 메뉴로서 `add()` 메소드에 의해 'Shortcuts', 'Widgets', 'Folders', 'Wallpapers' 등 4개의 서브 메뉴가 생성된다.

또한 029행~033행에 의해서는 두 번째 메뉴인 'Wallpaper'와 그 서브 메뉴들인

'Live wallpapers', 'Pictures', 'Wallpapers' 메뉴가 생성된다.

이 프로그램은 옵션 메뉴 방식으로 메뉴와 서브 메뉴를 생성하며 메뉴를 클릭하면 해당 메뉴의 서브 메뉴가 화면에 표시된다. 이 기능을 실현하기 위하여 007행의 SubMenu 인터페이스가 import되었다.

<그림11-5>는 【예제11-4】의 실행 결과를 나타낸다. MENU 버튼에 의해 나타나는 5개의 메뉴들 중 첫 두 메뉴들을 클릭하면 각각 해당 메뉴의 서브 메뉴들이 화면에 나타난다. <그림11-5>는 첫 번째 메뉴를 클릭하였을 때 나타나는 서브 메뉴의 모습이다.

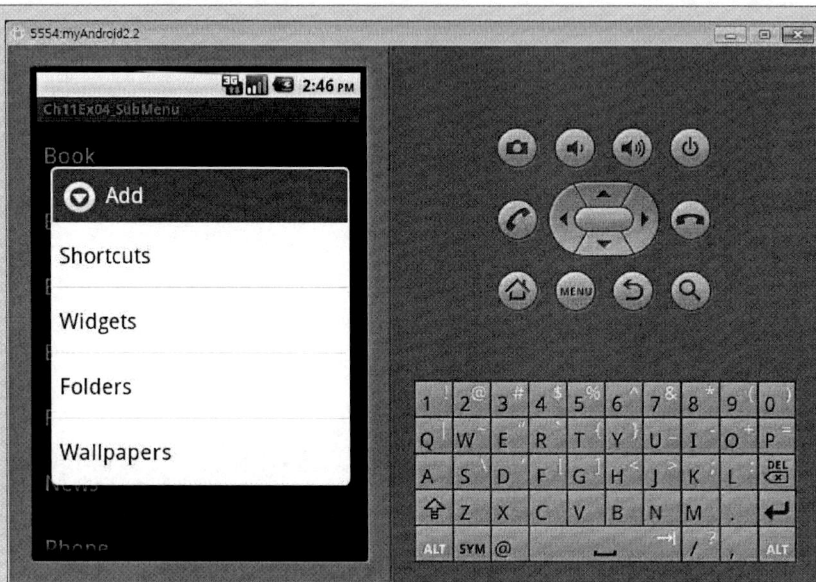

<그림11-5> 【예제11-4】의 실행 결과와 서브 메뉴 화면

11.5 메뉴 연결하기

이번에는 메뉴 프로그램을 확장시켜보자. 메뉴 항목을 클릭하면 새로운 액티비티에 의한 새로운 기능의 프로그램이 실행될 수 있도록 말이다.

이러한 기능을 실현하기위해서는 생성된 메뉴 항목으로의 직접적인 접근을 위한 인터페이스인 MenuItem 인터페이스를 사용할 수 있다.

<MenuItem 인터페이스>
: 전에 생성된 메뉴 항목으로의 직접적인 접근을 위한 인터페이스

이클립스를 실행하고 다음과 같이 새로운 프로젝트를 생성한다.

Project name : Ch11Ex05_MenuExt
Application name : Ch11Ex05_MenuExt
Package name : kj.it.ch11ex05_menuext
Create Activity : Ch11Ex05_MenuExtActivity
Min SDK Version : 8

편의상 【예제11-4】의 프로그램에서 출발하여 이를 확장시켜보자.

main.xml 파일과 Ch11Ex04_SubMenuActivity.java 파일을 그대로 【예제11-5】로 가져온다. 그리고 main.xml 파일은 ListView 앨리먼트만으로 구성된 상태 그대로를 유지한다.

예제 11-5

(Ch11Ex05_MenuExtActivity.java)

```
package kj.it.ch11ex05_menuext;

import android.app.ListActivity;
import android.os.Bundle;
import android.widget.ArrayAdapter;
import android.view.Menu;
import android.view.SubMenu;
import android.view.MenuItem;
import android.content.Intent;

public class Ch11Ex05_MenuExtActivity extends ListActivity {
      /** Called when the activity is first created. */
                              .
        // 【예제11-4】의 011~042행과 동일 소스(생략)
```

```
.                                    .
043                                  .
044     }
045         @Override
046     public boolean onOptionsItemSelected(MenuItem item){
047             return(menuSelected(item));
048         }
049     private boolean menuSelected(MenuItem item){
050         switch (item.getItemId()){
051         case 3:
052                 Intent intent=
                     new  Intent(Ch11Ex05_MenuExtActivity.this,
    MenuExt1.class);
053                 startActivity(intent);
054                 return(true);
055         case 4:
056                 finish();
057                 return(true);
058         case 5:
059                 getListView().setDividerHeight(5);
060                 return(true);
061         }
062         return(false);
063     }
064 }
```

044행까지는 앞의 【예제11-4】와 동일한 내용이다. 008행과 009행에서 MenuItem 클래스와 Intent 클래스를 import한 것 외에는 말이다. 그리고 Intent 클래스는 실행 중인 액티비티에서 또 다른 액티비티를 가동할 때 사용하는 클래스로서 이미 앞의 제 6 장에서 다룬바 있다.

046행에서 onOptionsItemSelected() 메소드가 수행된다. 이 메소드는 047행에서 menuSelected() 메소드를 호출하고 그 결과를 반환한다.

049행~063행이 `menuSelected()` 메소드가 수행되는 부분이다. 메뉴 항목들 중 항목 id가 3, 4, 5인 경우에만 switch ~ case 문에 의해 반응하도록 하였다. 이 항목 id는 037행, 039행, 041행에서 각각 지정되었다. 즉 처음 두 메뉴 항목들은 서브 메뉴를 표시하는 것으로 끝나고 세 번째부터 다섯 번째까지의 메뉴 항목만이 `menuSelected()` 메소드에 의해 반응하도록 한 것이다.

050행의 `getItemId()` 메소드에 의해 선택된 메뉴 항목이 읽혀지며 세 번째 메뉴가 선택되었으면 051행~054행을 수행하게 된다. 이 부분은 다음에 설명한다.

네 번째 메뉴가 선택되면 055행~057행이 수행되며 056행의 `finish()`에 의해 현재의 리스트 뷰 액티비티가 종료되고 에뮬레이터 초기화면으로 돌아간다.

058행~060행의 다섯 번째 메뉴는 `getListView().setDividerHeight(5)` 메소드를 수행하며 그 결과로 <그림11-6>과 같이 리스트 뷰의 항목 간 간격을 5픽셀씩 띄우도록 한다.

<그림11-6> 【예제11-5】의 실행 화면1

한편 051행~054행의 세 번째 메뉴는 인텐트를 사용하여 또 다른 액티비티를 가동시킨다. 052행에서 지정한 `MenuExt1` 클래스를 053행의 `startActivity(intent)`에 의해서 가동시키는 것이다.

이를 위해서 추가해야 할 작업이 있다.

`MenuExt1.class` 파일을 만들어야 한다. 또한 새로운 액티비티에서는 또 다른 화

면 레이아웃을 사용할 것이므로 또 하나의 xml 파일을 만들 필요가 있다. menuext1.xml이라는 이름으로 레이아웃 파일을 하나 더 만들고 이를 `MenuExt1.class` 파일에서 참조하도록 한다.

(menuext1.xml)

```
001 <?xml version="1.0" encoding="utf-8"?>
002 <LinearLayout
    xmlns:android="http://schemas.android.com/apk/res/andro
    id"
003     android:orientation="vertical"
004     android:layout_width="fill_parent"
005     android:layout_height="fill_parent"
006     >
007    <WebView android:id="@+id/webview"
008     android:layout_width="fill_parent"
009     android:layout_height="wrap_content"
010     />
011 </LinearLayout>
```

menuext1.xml 파일로부터 쉽게 알 수 있듯이 이 레이아웃은 LinearLayout 형식을 취했으나 그 내용은 007행의 WebView 앨리먼트 뿐이다. 즉 세 번째 메뉴는 인터넷을 연결하는 메뉴가 될 것임을 짐작할 수 있을 것이다.

다음에는 `AndroidManifest.xml` 파일을 통하여 인터넷 연결이 가능하도록 uses-permission에 android.permission.INTERNET을 설정해 주어야 하며 또한 <그림 11-7>과 같이 또 하나의 액티비티도 추가해 주어야 한다. 추가할 액티비티의 이름은 추가되는 클래스 파일 이름인 `MenuExt1`이다.

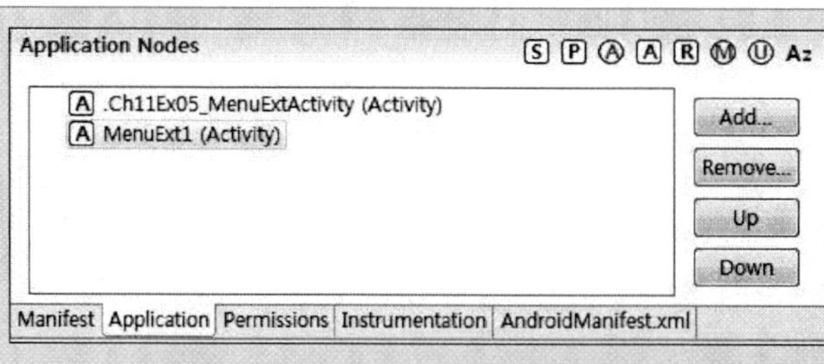

<그림11-7> AndroidManifest 파일에서의 액티비티 추가

(AndroidManifest.xml)

```
001 <?xml version="1.0" encoding="utf-8"?>
002 <manifest
    xmlns:android="http://schemas.android.com/apk/res/andro
    id"
003      package="kj.it.ch11ex05_menuext"
004      android:versionCode="1"
005      android:versionName="1.0">
006    <application android:icon="@drawable/icon"
            android:label="@string/app_name">
007        <activity
            android:name=".Ch11Ex05_MenuExtActivity"
                 android:label="@string/app_name">
008            <intent-filter>
009               <action
             android:name="android.intent.action.MAIN" />
010               <category
         android:name="android.intent.category.LAUNCHER" />
011            </intent-filter>
012        </activity>
013
014    <activity android:name="MenuExt1"></activity>
015 </application>
016    <uses-sdk android:minSdkVersion="8" />
017 <uses-permission
018 android:name="android.permission.INTERNET"></uses-permi
    ssion>
019 </manifest>
```

014행에서 MenuExt1이라는 액티비티가 추가되었음을 알 수 있다. 또한 017행~018행에서 uses-permission으로 android.permission.INTERNET이 설정되었음도 알 수 있다.

(MenuExt1.java)

```
package kj.it.ch11ex05_menuext;

import android.app.Activity;
import android.content.Intent;
import android.os.Bundle;
import android.view.Menu;
import android.view.MenuItem;
import android.view.SubMenu;
import android.webkit.WebView;

public class MenuExt1 extends Activity {
        /** Called when the activity is first created. */
        @Override
        public void onCreate(Bundle savedInstanceState) {
            super.onCreate(savedInstanceState);
            setContentView(R.layout.menuext1);
            WebView browser;
            browser=(WebView)findViewById(R.id.webview);
            browser.loadUrl("http://www.android.com");
        }
        @Override
        public boolean onCreateOptionsMenu(Menu menu){
          SubMenu submenu1=menu.addSubMenu("Add")
                .setIcon(R.drawable.add);
                submenu1.add("Shortcuts");
                submenu1.add("Widgets");
                submenu1.add("Folders");
                submenu1.add("Wallpapers");

           SubMenu submenu2=menu.addSubMenu("Wallpaper")
                .setIcon(R.drawable.wallpaper);
                submenu2.add("Live wallpapers");
                submenu2.add("Pictures");
                submenu2.add("Wallpapers");
```

```
035            menu.add(Menu.NONE, 3, 3, "ListView")
036                .setIcon(R.drawable.search);
037            menu.add(Menu.NONE, 4, 4, "Finish")
038                .setIcon(R.drawable.notifications);
039            return true;
040        }
041        @Override
042     public boolean onOptionsItemSelected(MenuItem item){
043                return(menuSelected(item));
044        }
045         private boolean menuSelected(MenuItem item){
046            switch (item.getItemId()){
047            case 3:
048                Intent    intent=new    Intent(MenuExt1.this, Ch11Ex05_MenuExtActivity.class);
049                startActivity(intent);
050                return(true);
051
052            case 4:
053                finish();
054                return(true);
055                }
056            return(false);
057          }
058 }
```

세 번째 메뉴의 클릭에 의해 새로이 가동되는 액티비티 파일이다. 017행~019행에 의해 menuext1.xml 파일의 webview 앨리먼트 위치에 http://www.android.com을 연결시킨다.

022행~057행은 새로이 가동된 MenuExt1 액티비티에 옵션 메뉴를 설정하는 부분이다. Ch11Ex05_MenuExtActivity.class 파일에서 설정한 옵션 메뉴 내용과 큰 차이가 없다.

여기서 세 번째 메뉴를 클릭하면 이번에는 MenuExt1 액티비티에서 메인 프로그램인 `Ch11Ex05_MenuExtActivity` 액티비티로 돌아가도록 하였다. 그리고 다섯 번째 메뉴는 리스트 뷰에서 작용하는 메뉴이므로 여기서는 생략하였다.

이 결과가 <그림11-8>에 나타나 있다. http://www.android.com 사이트가 에뮬레이터 화면에 나타나 있고 MENU 버튼의 클릭에 의해 화면 하단에 4개의 메뉴 항목이 표시됨을 볼 수 있다.

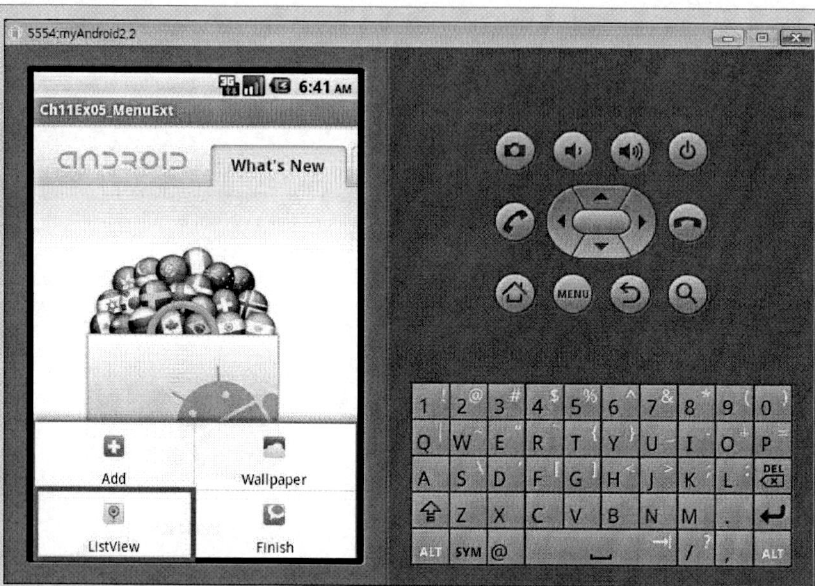

<그림11-8> 【예제11-5】의 실행 화면2

<그림11-8>의 에뮬레이터 화면에서 세 번째 메뉴를 클릭하면 <그림11-4>와 같은 리스트 뷰 초기화면으로 돌아감을 확인할 수 있다.

여러분 각자 메뉴와 서브 메뉴 항목을 변경해 가며 【예제11-5】를 재실행해 보라. 그리고 그 결과를 확인해보자.

<사용된 class 정리>

<Menu 인터페이스>
: 메뉴에서 항목들을 관리하기 위한 인터페이스

<ContextMenu 인터페이스>
: 컨텍스트 메뉴의 헤더를 수정하도록 기능성을 제공하는 컨텍스트 메뉴들을 위한 메뉴 인터페이스의 확장 인터페이스

<SubMenu 인터페이스>
: 서브 메뉴들을 위한 Menu 인터페이스의 서브클래스

<MenuItem 인터페이스>
: 전에 생성된 메뉴 항목으로의 직접적인 접근을 위한 인터페이스

제 12 장
구글 맵

12.1 API Key와 맵 뷰

12.2 맵 컨트롤

12.3 오버레이 기능

제 12 장 구글 맵

12.1 API Key와 맵 뷰

안드로이드에는 구글에서 제공하는 구글 맵이 내장되어 있어 어렵지 않게 맵 서비스 기능을 이용할 수 있다. 이는 안드로이드 에뮬레이터에서도 마찬가지이다. 안드로이드 에뮬레이터 화면상에 구글 맵을 표시하고 이를 바탕으로 다양한 맵 서비스 기능을 실현할 수 있다.

이 장에서는 에뮬레이터 상에 구글 맵을 표시하고 이를 활용하는 방법에 대하여 살펴본다.

에뮬레이터 상에 구글 맵을 성공적으로 표시하기 위해서는 프로젝트를 실행하기 전에 먼저 수행하여야 할 것이 있다. 안드로이드 맵 API Key를 발급받는 것이다.

프로그램이 정확하게 작성되었다 할지라도 API Key 없이는 구글로부터 구글 맵을 제공받을 수 없도록 되어있다. 또한 이 API Key는 각자의 구글 계정에 연결되도록 관리하고 있어 반드시 구글 계정을 만들어야 한다. 이러한 몇 가지의 사전 절차를 거쳐야만 프로젝트에 구글 맵을 포함시킬 수 있고 또한 에뮬레이터 상에 비로소 맵을 표시할 수 있게 된다.

이제 API Key를 발급받는 과정부터 시작해보자.

APIKey를 발행하기 위해서는 그 이전에 각자 고유의 MD5 핑거프린트를 생성해야만 한다. 왜냐하면 이 MD5 핑거프린트 값을 입력 데이터로 해서 APIKey가 생성되기 때문이다.

또한 MD5 핑거프린트는 debug.keystore라는 파일이 존재하는 폴더 위치에서 keytool이라는 실행 프로그램을 실행함으로써 생성할 수 있다. 따라서 keytool 프로그램이 윈도우 파일 시스템의 어떤 위치에서도 실행될 수 있도록 Path 설정을 먼저 해주어야 한다. 그런 다음에 debug.keystore 파일이 위치한 폴더에서 keytool 프로그램을 실행하여 여러분 각자의 MD5 핑거프린트를 생성할 수 있다.

<그림12-1>은 keytool 파일이 위치한 폴더 경로를 나타낸다.

C:\Program Files\Java\jdk1.6.0_18\bin 이라는 경로에 실행 파일 keytool.exe가 위치하고 있음을 알 수 있다. 여러분 각자 윈도우 파일 시스템을 실행하여 keytool.exe 프로그램의 위치를 확인하여 보라.

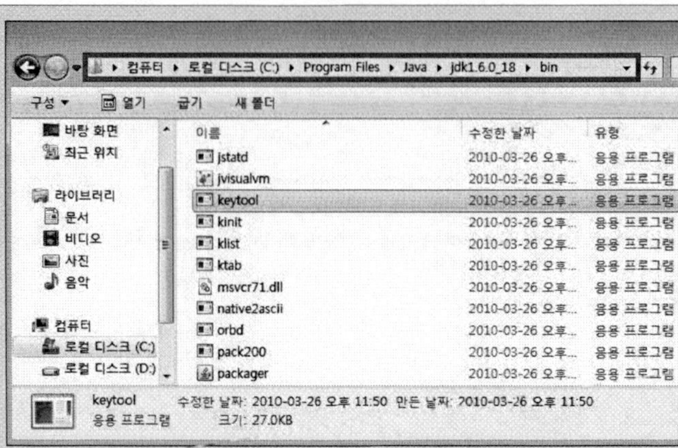

<그림12-1> keytool 파일의 위치

keytool.exe 프로그램의 위치가 확인되었으면 이제 프로그램이 위치한 폴더의 전체 경로를 컴퓨터의 시스템 변수 Path에 등록한다.

<그림12-2>는 keytool.exe 프로그램이 위치한 폴더의 전체 경로 C:\Program Files\Java\jdk1.6.0_18\bin\을 시스템에 Path로 등록하는 과정을 나타낸다. 이러한 과정은 이미 우리에게 익숙한 장면이겠지만 그럼에도 불구하고 그 과정을 정리해보면 먼저 시스템 등록정보 창을 열고 고급 탭의 환경변수를 클릭한다. 이어서 나타나는 창에서 시스템변수 중 Path를 찾아 선택한 후 편집을 클릭한다. <그림12-2>와 같이 시스템 변수를 편집할 수 있는 창이 나타난다. 여기에 keytool.exe 프로그램이 위치한 경로를 현재의 Path 내용에 추가한다. 현재 등록되어 있는 Path의 끝 부분에 ';' 표시와 함께 keytool 프로그램의 전체 경로 C:\Program Files\Java\jdk1.6.0_18\bin\을 추가하면 된다.

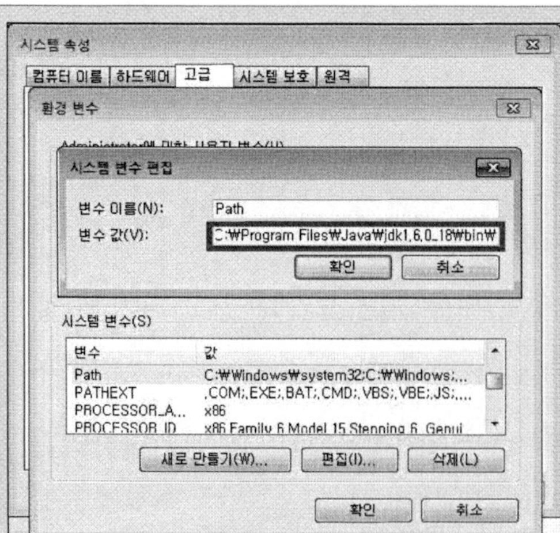

<그림12-2> keytool 파일의 PATH 등록

keytool 프로그램을 Path로 설정한 다음에는 debug.keystore 파일이 위치한 폴더로 이동하여 MD5 핑거프린트를 추출한다. 이는 명령 프롬프트 창에서 수행할 수 있다.

한편 debug.keystore 파일은 안드로이드 SDK의 설치와 함께 생성되며 파일의 생성 위치는 사용하는 컴퓨터 운영체제에 따라 다르다.

Window 7 운영체제의 경우는 C:\Documents and Settings\<user>\.android에서 debug.keystore 파일을 찾을 수 있으며 다른 운영체제의 경우는 다음의 위치에서 파일을 찾을 수 있다.

<Windows Vista>
    C:\Users\<user>\AppData\Local\Android\debug.keystore
<Windows XP>
    C:\Documents and Settings\<user>\Local Settings\Application
        Data\Android\debug.keystore
<OS X and Linux>
    ~/.android/debug.keystore

명령 프롬프트 창을 통하여 debug.keystore 파일이 위치한 폴더로 이동한 후 다음과 같이 keytool 명령을 실행하여 MD5 핑거프린트를 생성한다.

```
폴더 경로>keytool -list -keystore <keystore 경로/>debug.keystore
            -storepass android -keypass android
```

<그림12-3>은 MD5 핑거프린트의 생성 과정과 그 결과를 나타낸다.

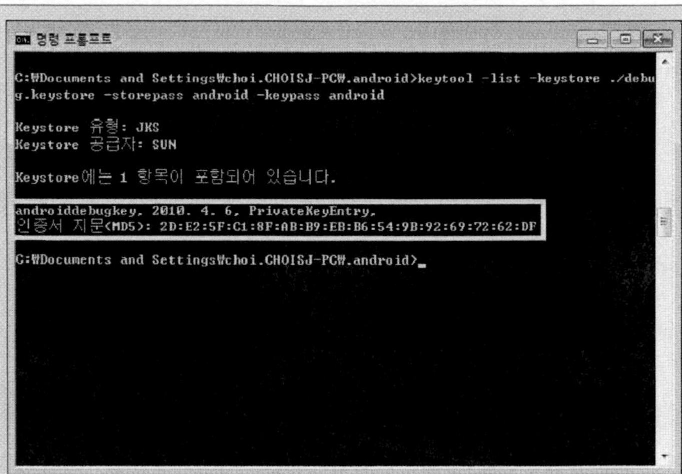

<그림12-3> MD5 핑거프린트의 생성

debug.keystore 파일이 위치한 폴더에서 keytool 프로그램을 실행함으로써 MD5 핑거프린트가 생성되었음을 볼 수 있다. 물론 여기서의 keytool 프로그램은 이미 <그림 12-2>의 과정을 거쳐 시스템 변수에 Path로 등록하였기 때문에 실행될 수 있다. 이제 이 MD5 핑거프린트 값을 가지고 APIKey를 발행받을 수 있다.

구글 사이트의 계정에 로그인한 후 다음의 위치로 이동하여 APIKey 생성과정을 진행한다.

http://code.google.com/android/maps-api-signup.html

여기서 구글 계정에 로그인하는 것은 발행되는 맵 APIKey가 여러분 각자의 구글 계정에 연결되도록 해 놓았기 때문이다.

먼저 나타난 화면의 동의서 내용을 읽고 동의한 후 조금 전에 생성한 인증용 MD5 핑거프린트 코드를 입력하고 APIKey를 생성한다. <그림12-4>는 이 결과를 나타낸다.

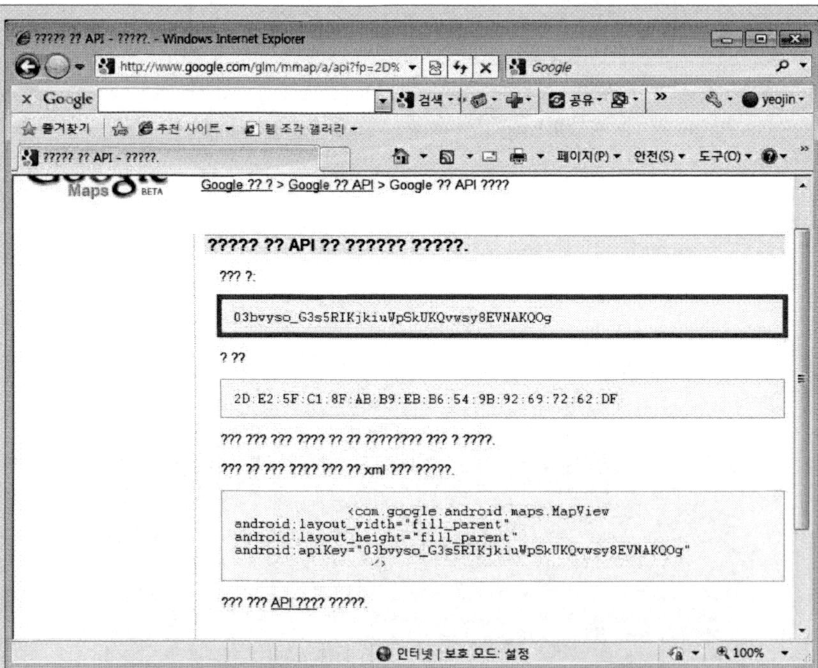

<그림12-4> 생성된 APIKey 값

이제 APIKey가 성공적으로 발행되었다. 이 APIKey는 나중에 프로젝트를 생성한 후에 레이아웃 파일에 복사하여 사용해야 한다. 따라서 이 키를 복사하여 잠시 보관해 둘 필요가 있다. 물론 키를 분실하였어도 얼마든지 앞의 과정들을 거쳐 동일한

APIKey를 재발행할 수 있다.

지금까지의 맵 APIKey 생성 과정을 정리하면 다음과 같다.

<Maps APIKey 생성 과정>

① keytool 프로그램을 사용하기 위한 Path 설정

예) C:\Program Files\Java\jdk1.6.0_18\bin\

② debug.keystore 파일 위치에서 keytool 프로그램을 실행하여 MD5 핑거프린트 생성

예) 폴더 경로>keytool -list -keystore ./debug.keystore -storepass android -keypass android

③ 구글 계정 로그인 후 구글 사이트에서 MD5 코드로 Maps APIKey 생성

예) http://code.google.com/android/maps-api-signup.html

이제 안드로이드 프로젝트를 시작할 수 있다. 그러나 아직 한 가지 더 확인할 것이 있다. 프로젝트를 생성하기 전에 반드시 확인해야 할 것이다.

<그림12-5>와 같이 이클립스에서 Window - Android SDK and Manager를 선택하여 설치되어 있는 가상기기들을 확인해보자. 그리고 가상기기 목록 안에 Google APIs가 설치되어 있는지 확인해보자.

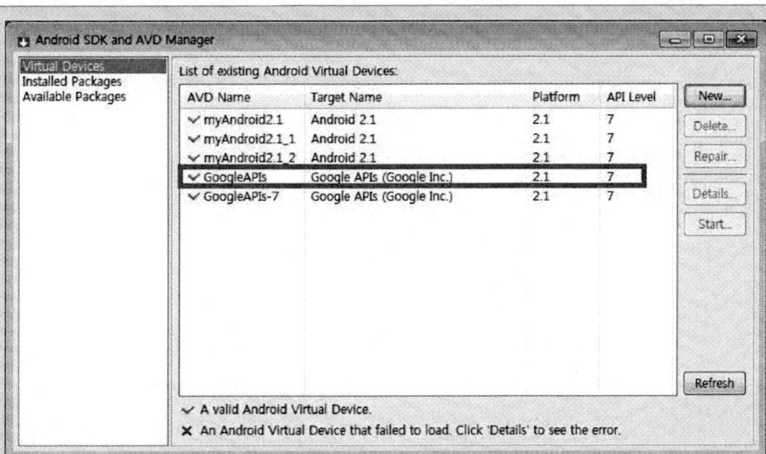

<그림12-5> 가상기기 목록과 구글 APIs

만일 가상기기 목록 중에 Google APIs가 설치되어 있다면 프로젝트를 생성하는 단계에서 지금까지의 Android 기기 대신 Google APIs를 선택하여 프로젝트를 생성하면 된다.

Google APIs는 사실 안드로이드 SDK를 컴퓨터에 처음 설치하는 과정에서 Add-on 라이브러리로 포함시키는 것이 바람직하다. 적어도 구글 맵과 연동하는 기능을 포함하는 프로그램을 작성하고자 한다면 말이다.

안드로이드 SDK 설치 과정 중에 다운로드할 패키지를 묻는 창이 나타나는데 이 때 Google APIs가 포함된 항목을 선택하고 설치를 진행하면 Add-ons 디렉터리에 Google APIs가 다운로드된다.

그러나 만일 Google APIs가 안드로이드 SDK의 가상기기 목록에 포함되어 있지 않다면 이제 Google APIs를 추가로 안드로이드 SDK에 설치해야 한다. 왜냐하면 에뮬레이터에서 구글 맵을 동작시키기 위해서는 구글에서 제공하는 별도의 클래스들을 사용해야 하고 이는 Google APIs를 사용할 때 import가 가능해지기 때문이다.

Google APIs를 추가로 안드로이드 SDK에 설치하는 과정은 다음과 같다.

① 이클립스에서 Window - Android SDK and Manager를 선택하고 나타난 창에서 Installed Packages를 선택한다.
<그림12-6>과 같은 화면이 보일 것이다. 여기서 Update All...을 클릭한다.

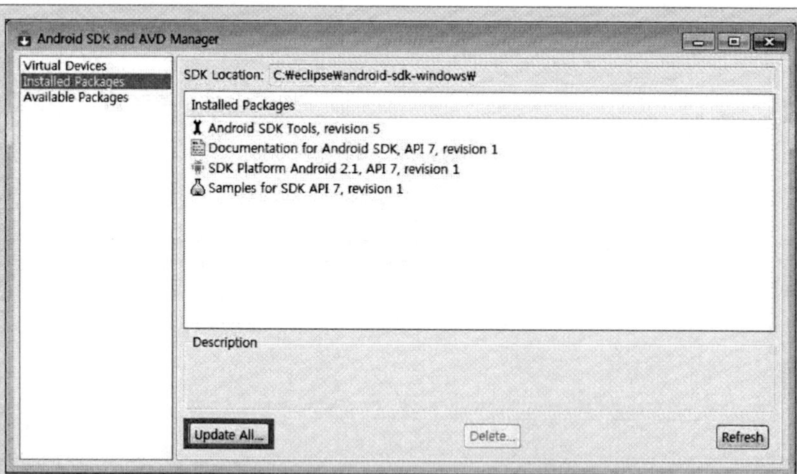

<그림12-6> 구글 APIs 설치과정 ①

② 나타난 창에서 '?'로 표시된 Google APIs를 찾아 선택하고 Accept를 선택한 후 Install 버튼을 클릭한다. <그림12-7>과 같은 화면이 될 것이다. Google APIs 설치과정에서 일부 경고 메시지가 뜰 수도 있으나 무시하고 계속 설치를 진행한다.

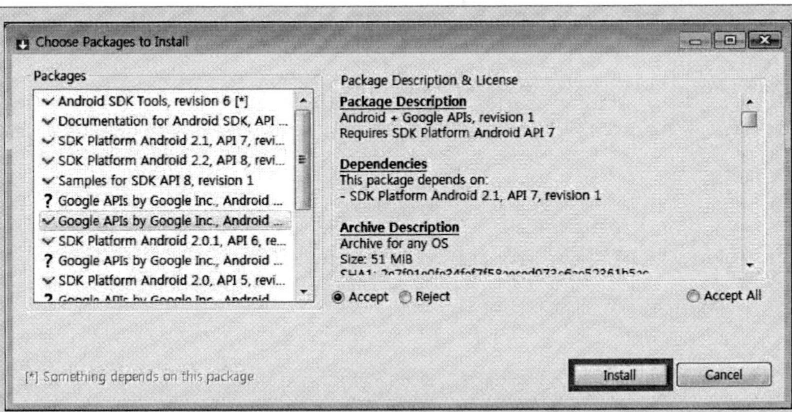

<그림12-7> 구글 APIs 설치과정 ②

③ Google APIs가 모두 설치되었으면 <그림12-8>과 같이 Virtual Devices를 선택하고 설치된 Google APIs로 새로운 안드로이드 가상기기를 생성한다. 이것으로 Google APIs를 가상기기에 사용할 수 있는 환경이 갖춰진다.

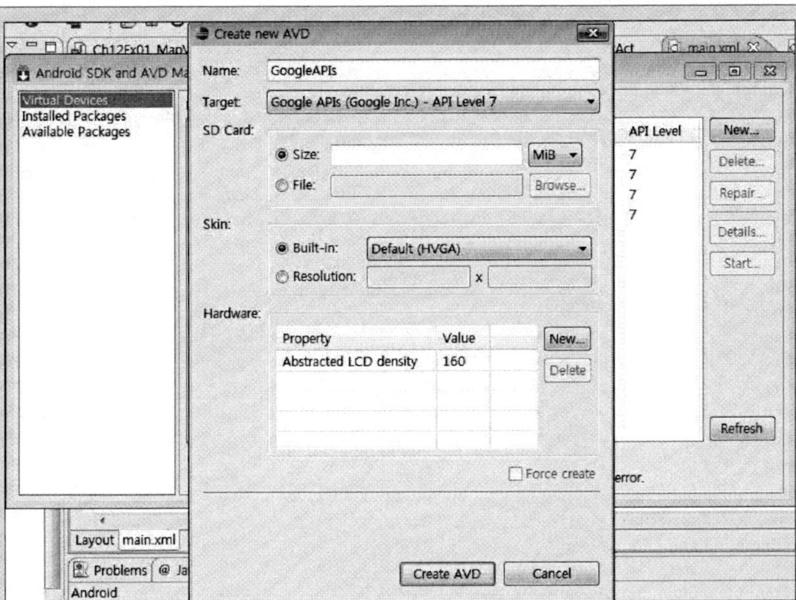

<그림12-8> 구글 APIs 설치과정 ③

이제 프로젝트를 시작할 수 있다.

이클립스를 실행하여 Ch12Ex01_MapView1이라는 이름으로 다음과 같이 새로운 프로젝트를 생성하자.

Project name : Ch12Ex01_MapView1
Application name : Ch12Ex01_MapView1
Package name : kj.it.ch12ex01_mapview1
Create Activity : Ch12Ex01_MapView1Activity
Min SDK Version : 7

단 이번에는 앞에서 언급한 바대로 <그림12-9>와 같이 프로젝트 생성 단계에서 Target을 Google APIs로 선택해야 한다.

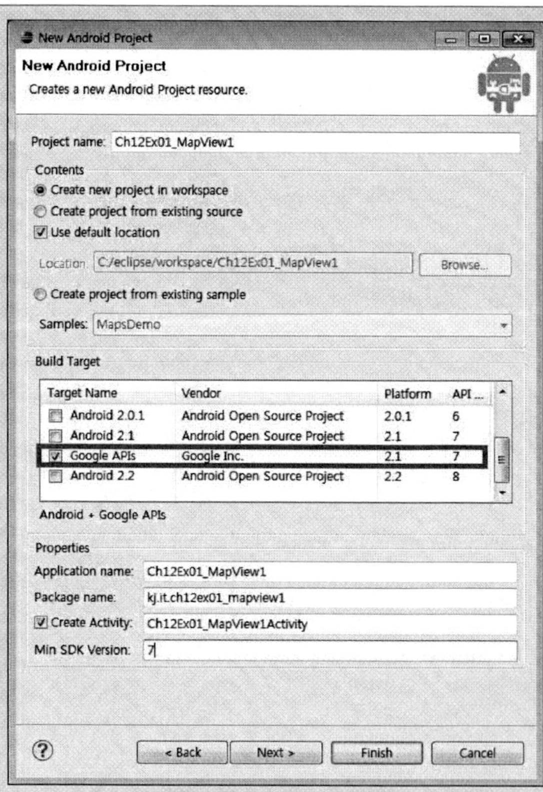

<그림12-9> 맵 프로젝트의 생성

예제 12-1

(main.xml)

```
001 <?xml version="1.0" encoding="utf-8"?>
002 <LinearLayout
    xmlns:android="http://schemas.android.com/apk/res/andro
    id"
003         android:layout_height="fill_parent"
004         android:layout_width="fill_parent"
005         android:orientation="vertical"
006         >
007 <com.google.android.maps.MapView
008         android:layout_height="wrap_content"
009         android:layout_width="fill_parent"
010         android:focusable="true"
011         android:clickable="true"
012         android:apiKey="발행된 맵 apiKey" />
013 </LinearLayout>
```

기존의 프로젝트들과 다른 부분은 007행부터이다.

com.google.android.maps.MapView가 앨리먼트로 설정되었다. 이러한 설정은 <그림12-9>에서처럼 Build Target으로 Google APIs를 사용하도록 하였기 때문에 가능한 것이다. 만일 Google APIs가 아닌 기존과 같은 Android를 Target으로 사용한다면 이 부분에서 에러가 발생할 것이다.

010행과 011행에서는 focusable과 clickable 속성을 설정하였으며 모두 'true'로 지정하였다. 여기서 focusable은 표시된 맵이 포커스 받는 기능을 결정하며 clickable은 맵에 대한 클릭 기능을 결정한다. 모두 'true'로 지정하였으므로 두 기능 모두 사용할 수 있다.

다음에 012행에서 우리가 앞서 발행하였던 APIKey를 복사해와 apiKey의 값으로 등록한다.

다음에는 AndroidManifest.xml 파일이다.

AndroidManifest.xml 파일을 열고 먼저 <그림12-10>과 같이 Application 탭을 선택

하여 Uses Library로 com.google.android.maps를 추가한다. 이는 바로 앞의 main.xml 파일에서 `com.google.android.maps.MapView` 앨리먼트를 사용하기로 하였음을 생각하면 당연한 조치이다. 여기서도 만일 Target으로 Google APIs가 아닌 Android를 선택하였다면 com.google.android.maps는 라이브러리로 사용할 수 없게 된다. 역시 com.google.android.maps를 이용한 프로젝트를 진행할 수 없게 될 것이다.

Uses Library의 설정으로 프로그램에서 안드로이드 API를 추가로 사용할 수 있게 된다.

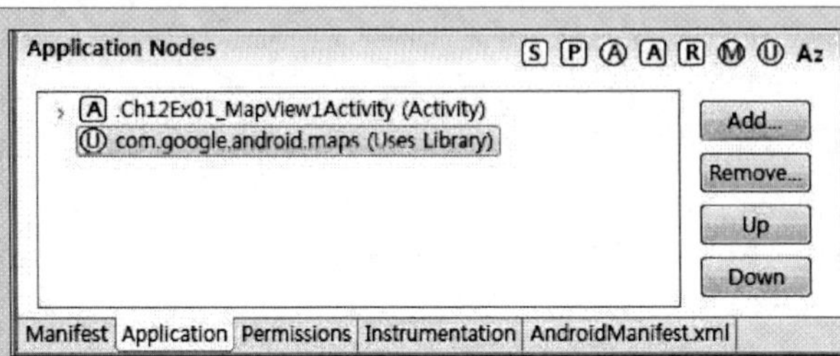

<그림12-10> Manifest Application 설정

다음에는 <그림12-11>과 같이 Permissions 탭을 선택하여 Uses Permission으로 android.permission.INTERNET과 android.permission.ACCESS_COARSE_LOCATION 등을 추가한다.

여기서 android.permission.INTERNET은 에뮬레이터에서의 인터넷 연결을 허용하며 android.permission.ACCESS_COARSE_LOCATION은 개략적인 위치 정보에 접근하는 것을 허용한다.

<그림12-11> Manifest Permissions 설정

이것으로 AndroidManifest.xml 파일의 설정도 모두 끝났다. 그 결과는 다음과 같을 것이다. 추가한 Uses Library와 Uses Permission이 모두 AndroidManifest.xml 파일에 포함되었음을 확인할 수 있다.

(AndroidManifest.xml)

```
<?xml version="1.0" encoding="utf-8"?>
<manifest
xmlns:android="http://schemas.android.com/apk/res/andro
id"
      package="kj.it.ch12ex01_mapview1"
      android:versionCode="1"
      android:versionName="1.0">
    <application android:icon="@drawable/icon"
          android:label="@string/app_name">
        <activity
          android:name=".Ch12Ex01_MapView1Activity"
                  android:label="@string/app_name">
            <intent-filter>
                <action
              android:name="android.intent.action.MAIN" />
                <category
      android:name="android.intent.category.LAUNCHER" />
            </intent-filter>
        </activity>

    <uses-library
 android:name="com.google.android.maps"></uses-library>
</application>
    <uses-sdk android:minSdkVersion="7" />

<uses-permission
        android:name="android.permission.INTERNET">
 </uses-permission>
<uses-permission
```

```
    android:name="android.permission.ACCESS_COARSE_LOCATION
    "></uses-permission>
</manifest>
```

이제 자바 소스 프로그램인 Ch12Ex01_MapView1Activity.java 프로그램을 작성할 차례이다.

이 프로그램은 사전 준비 과정이 다소 복잡했던 것에 비하면 의외로 간단하다. 그리고 이것이 가능한 것은 이 예제에서 사용할 클래스인 MapActivity 클래스 때문이다.

MapActivity 클래스는 지도를 기반으로 하는 액티비티를 만들 때 유용한 클래스이다. MapActivity 클래스의 사용으로 간단하게 에뮬레이터 상에 지도를 표시할 수 있다.

> <MapActivity 클래스>
> : 지도를 기반으로 하는 액티비티를 만들 때 사용하는 클래스

(Ch12Ex01_MapView1Activity.java)

```
package kj.it.ch12ex01_mapview1;

import com.google.android.maps.MapActivity;
import android.os.Bundle;

public class Ch12Ex01_MapView1Activity extends
     MapActivity {
    /** Called when the activity is first created. */
    @Override
    public void onCreate(Bundle savedInstanceState) {
        super.onCreate(savedInstanceState);
        setContentView(R.layout.main);
    }
   @Override
   protected boolean isRouteDisplayed() {
       return false;
```

```
016        }
017    }
```

006행에서 기존의 Activity 클래스 대신 MapActivity 클래스를 상속받는다. 그리고 이를 위해 003행에서 구글로부터 `MapActivity` 클래스를 import한다. 이 역시 main.xml 파일에서의 `com.google.android.maps.MapView` 앨리먼트 사용이나 AndroidManifest.xml 파일에서의 Uses Library로 com.google.android.maps를 추가한 것과 같은 맥락이다. 또한 에뮬레이터 Target을 Google APIs로 선택하였기 때문에 가능한 일이다. 따라서 import 경로도 `com.google.android.maps.MapActivity` 라는 전체 경로를 사용하여야 한다. 기존의 방식인 004행의 import 경로와 대비되는 부분이다.

한편 014행은 006행에서의 MapActivity 클래스의 상속으로 인해 반드시 포함되어져야 하는 부분이다. `isRouteDisplayed()` 메소드는 `MapActivity` 클래스의 추상 메소드이며 true는 애플리케이션에 라우트 정보를 표시하고 false는 라우트 정보를 표시하지 않는다.

<그림12-12>는 【예제12-1】의 실행 결과를 나타낸다. 구글 맵이 에뮬레이터 화면상에 표시됨을 볼 수 있다.

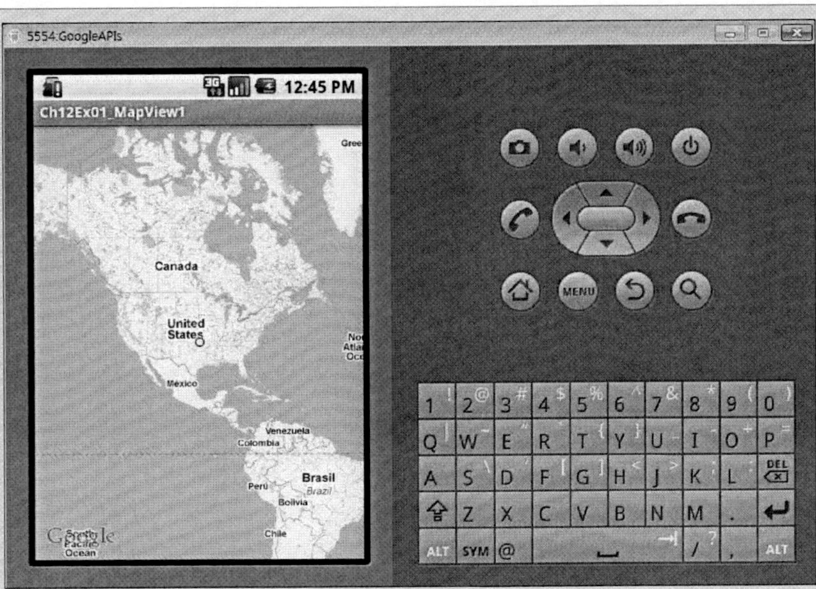

<그림12-12> 【예제12-1】의 실행 결과

12.2 맵 컨트롤

이번에는 표시된 맵 이미지에 줌(Zoom) 기능을 추가하고 맵 이미지도 일반지도가 아닌 위성지도로 표시하는 등 몇 가지의 맵 컨트롤 기능을 프로그램에 추가해보자.

추가될 기능은 줌(Zoom) 기능과 위성지도표시 기능, 그리고 교통량 표시 기능과 도로 뷰 표시 기능이다.

이러한 맵 컨트롤 기능을 수행하기 위해서 MapView 클래스가 추가로 사용된다. 이 클래스는 화면상에 지도를 표시하고 지도의 컨트롤을 수행하기 위해 사용하는 클래스이다.

> <MapView 클래스>
> : 지도를 표시하고 지도의 컨트롤을 수행하기 위해 사용하는 클래스

이클립스를 실행하고 Ch12Ex02_MapView2라는 이름으로 다음과 같이 새로운 프로젝트를 생성한다.

Project name : Ch12Ex02_MapView2
Application name : Ch12Ex02_MapView2
Package name : kj.it.ch12ex02_mapview2
Create Activity : Ch12Ex02_MapView2Activity
Min SDK Version : 7

프로젝트 생성과정에서 프로젝트 Target은 【예제12-1】과 마찬가지로 Google APIs를 선택한다.

예제 12-2

(main.xml)

```
<?xml version="1.0" encoding="utf-8"?>
<LinearLayout
xmlns:android="http://schemas.android.com/apk/res/andro
id"
```

```
003         android:layout_height="fill_parent"
004         android:layout_width="fill_parent"
005         android:orientation="vertical"
006         >
007 <com.google.android.maps.MapView
008         android:id="@+id/mapview"
009         android:layout_height="wrap_content"
010         android:layout_width="fill_parent"
011         android:focusable="true"
012         android:clickable="true"
013         android:apiKey="발행된 맵 apiKey" />
014 </LinearLayout>
```

008행에서 com.google.android.maps.MapView 앨리먼트에 id를 부여한다. id는 mapview이며 이 id를 이용하여 맵 컨트롤 기능을 관리할 것이다.

AndroidManifest.xml 파일은 【예제12-1】과 동일하다.

Uses Library로 com.google.android.maps를 추가하는 것과 Uses Permission으로 android.permission.INTERNET과 android.permission.ACCESS_COARSE_LOCATION 등을 추가하는 것은 계속 필요하다.

(Ch12Ex02_MapView2Activity.java)

```
package kj.it.ch12ex02_mapview2;

import com.google.android.maps.MapActivity;
import android.os.Bundle;
import com.google.android.maps.MapView;

public class Ch12Ex02_MapView2Activity extends
     MapActivity {
    /** Called when the activity is first created. */
    @Override
    public void onCreate(Bundle savedInstanceState) {
        super.onCreate(savedInstanceState);
        setContentView(R.layout.main);
```

```
013
014          MapView mapView =
                 (MapView) findViewById(R.id.mapview);
015          mapView.setBuiltInZoomControls(true);
016          mapView.setSatellite(true);
017          mapView.setTraffic(true);
018          mapView.setStreetView(true);
019      }
020     @Override
021     protected boolean isRouteDisplayed() {
022          return false;
023     }
024 }
```

014행에서 `MapView` 클래스의 레퍼런스 변수로 `mapView`를 선언하고 이 변수가 레이아웃 파일의 id가 mapview인 엘리먼트를 참조하도록 하였다.

그리고 이 변수로 015행~018행에 걸쳐 필요한 맵 컨트롤 기능들을 추가하도록 하였다.

015행의 `setBuiltInZoomControls()` 메소드는 줌(Zoom) 컨트롤의 사용 여부를 결정하며 매개변수 'true'는 줌(Zoom) 컨트롤 기능의 사용을 허락한다. 따라서 프로젝트를 실행하고 표시된 맵 화면을 클릭하면 에뮬레이터 화면 하단부에 줌(Zoom) 컨트롤 버튼이 표시된다. '+' 버튼을 클릭하면 화면이 확대되고 '-' 버튼을 클릭하면 화면이 축소된다.

016행의 `setSatellite()` 메소드는 위성지도 사용 여부를 결정한다. 'true'는 위성지도의 사용을 허락한다. 반면 'false'는 위성지도가 아닌 앞의 <그림12-12>와 같은 일반지도가 표시되도록 한다.

<그림12-13>은 【예제12-2】의 실행 결과를 보여준다. 화면 하단에 줌(Zoom) 컨트롤 기능이 표시되고 지도 표시 또한 <그림12-12>와 같은 일반지도가 아닌 위성지도가 표시됨을 볼 수 있다.

<그림12-13> 【예제12-2】의 실행 결과

한편 017행의 `setTraffic()` 메소드는 지도상에 예상 교통량을 표시하는 기능이며 018행의 `setStreetView(true)` 메소드는 지도상에 도로 표시 기능을 제공한다. 이들 기능들은 <그림12-13>의 지도를 줌(Zoom) 컨트롤 기능에 의해 확대해보면 쉽게 확인할 수 있다.

이번에는 원하는 위치의 지도를 화면상에 표시하는 기능에 대하여 알아보자.

물론 이러한 기능이 아니더라도 마우스로 화면상의 지도를 클릭한 채 이동시키기를 반복하면 원하는 위치로의 이동은 가능하다. 그리고 이는 매우 편리한 기능이며 또한 이미 인터넷의 사용으로 많이 익숙해 진 기능이다.

그러나 만일 지도 표시 기능을 수행할 때 마다 다른 나라 혹은 지구 반대편의 나라가 기본으로 표시된다면 상황은 달라진다. 지도를 검색하기 전에 매번 원하는 위치로 지도를 이동시켜야만 하는 상황이 반복될 것이다. 불편한 부분이라 하지 않을 수 없을 것이다.

이번 예제에서 사용할 대표적인 클래스는 MapController 클래스와 GeoPoint 클래스이다.

MapController 클래스는 맵을 제어하고 중심 위치와 확대 배율을 설정하는데 사용하는 클래스이며 GeoPoint 클래스는 위도와 경도 좌표를 나타내기 위해 사용하는 클래스이다.

<MapController 클래스>
: 맵을 제어하고 중심 위치와 확대 배율을 설정하는데 사용하는 클래스

<GeoPoint 클래스>
: 위도와 경도 좌표를 나타내기 위해 사용하는 클래스

이제 이클립스를 실행하고 Ch12Ex03_MapView3이라는 이름으로 새로운 프로젝트를 생성하여 원하는 위치의 지도가 표시될 수 있도록 프로그램을 만들어보자.

Project name : Ch12Ex03_MapView3
Application name : Ch12Ex03_MapView3
Package name : kj.it.ch12ex03_mapview3
Create Activity : Ch12Ex03_MapView3Activity
Min SDK Version : 7

예제 12-3

main.xml 파일과 AndroidManifest.xml 파일은 【예제12-2】의 경우와 동일하다.
Uses Library로 com.google.android.maps를 추가하는 것과 Uses Permission으로 android.permission.INTERNET과 android.permission.ACCESS_COARSE_LOCATION 등을 추가하는 것은 계속 필요하다.

(Ch12Ex03_MapView3Activity.java)

```java
package kj.it.ch12ex03_mapview3;

import com.google.android.maps.MapActivity;
import android.os.Bundle;
import com.google.android.maps.MapView;
import com.google.android.maps.MapController;
import com.google.android.maps.GeoPoint;

public class Ch12Ex03_MapView3Activity extends
     MapActivity {
   /** Called when the activity is first created. */
```

```java
011     @Override
012     public void onCreate(Bundle savedInstanceState) {
013         super.onCreate(savedInstanceState);
014         setContentView(R.layout.main);
015 
016         MapView mapView =
017             (MapView) findViewById(R.id.mapview);
018         mapView.setBuiltInZoomControls(true);
019         mapView.setSatellite(true);
020         mapView.setTraffic(true);
021         mapView.setStreetView(true);
022 
023         MapController mc = mapView.getController();
024         Double latitude = 37.0*1E6;
025         Double longitude = 132.0*1E6;
026         GeoPoint gpoint =
                 new GeoPoint(latitude.intValue(),
                 longitude.intValue());
027         mc.animateTo(gpoint);
028         mc.setZoom(7);
029     }
030    @Override
031    protected boolean isRouteDisplayed() {
032        return false;
033    }
034 }
```

023행에서 `MapController` 클래스의 레퍼런스 변수로 `mc`를 설정하고 `MapView` 클래스의 `getController()` 메소드를 참조한다. 여기서 `MapController` 클래스는 맵을 제어하고 중심 위치와 확대 단계를 설정하는 클래스이다. 본 예제의 목표인 원하는 위치의 지도를 화면상에 확대하여 표시하기 위해 매우 유용한 클래스이다.

024행과 025행은 화면상에 표시될 지도의 중심 위치 좌표를 지정한다. 변수 latitude를 위도 37도로 초기화하고 변수 longitude를 경도 132도로 초기화한다. 여기서 위도와 경도는 예를 들면 37도 29분 29.11초와 같이 '도-분-초'로 구성되며 024행처럼 37.292911*1E6 또는 대략적으로 37.0*1E6의 형식으로 표시할 수도 있다.

026행에서는 `GeoPoint` 클래스의 레퍼런스 변수로 `gpoint`를 설정하고 `GeoPoint()` 메소드를 호출하여 객체를 생성한다. `GeoPoint` 클래스는 위도와 경도 좌표를 나타내기 위해 사용하는 클래스이며, `GeoPoint()` 메소드의 매개변수 latitude와 longitude에 의해 위도와 경도 값을 참조한다.

그리고 027행에서의 `animateTo()` 메소드에 의해 레퍼런스 변수 `gpoint`가 참조하는 위치로 지도를 이동시킨다. 여기서 `animateTo()` 메소드는 지도를 매개변수에 의해 지정된 위치로 이동시킬 때 부드러운 화면 이동처리를 가능하게 해 준다.

028행의 `setZoom(7)` 메소드는 표시되는 지도의 배율을 나타낸다. 배율은 1부터 21배 범위까지의 정수로 지정되며 여기서는 7배로 확대된 배율의 지도가 화면상에 표시될 것이다.

<그림12-14>는 【예제12-3】의 실행 결과를 나타낸다. 지도가 위도 37도, 경도 132도를 중심 위치로 하고 있으며 7배의 배율로 확대된 상태를 보여주고 있다.

<그림12-14> 【예제12-3】의 실행 결과

【예제12-3】을 통하여 지정된 위도 및 경도 좌표를 중심 위치로 한 지도 표시 기능을 살펴보았다. 초기 값으로 주어진 위도와 경도 좌표를 중심 위치로 하는 지도가 에뮬레이터 화면상에 표시되었다.

이제 이러한 위치 이동 기능을 좀 더 발전시켜보자.

마치 핸드폰의 위치를 탐지하여 현재의 위치를 중심 위치로 하는 지도 표시 기능을 수행한다면 어떨까. 매우 유용한 기능이 될 것이다. 그러나 핸드폰에서는 이러한 기능이 가능할지라도 에뮬레이터에서는 상황이 다르다. 에뮬레이터는 컴퓨터상에서 실행되는 프로그램이므로 현재의 위치를 추적하는 기능도 없지만 설사 그러한 기능을 개발할 수 있다 하더라도 가해진 노력에 비하면 그 실효성은 미미할 뿐이다.

대신 에뮬레이터에는 안드로이드 SDK에서 제공하는 디버깅 툴인 DDMS(Dalvik Debug Monitor Service)가 있다. 이 DDMS를 이용하여 위치 정보를 지정하고 이 위치 정보를 에뮬레이터로 보내줌으로써 에뮬레이터가 해당 위치 정보에 반응하도록 할 수 있다.

즉 가상의 위치 정보를 만들어 에뮬레이터에 보내줌으로써 에뮬레이터가 수신된 위치 정보에 반응하여 해당 위치의 지도를 표시할 수 있도록 하는 것이다.

이러한 기능을 수행하기 위해서 사용할 클래스가 있다. MyLocationOverlay 클래스이다. 이 클래스는 Overlay 클래스의 서브클래스로서 지도상에서 현재의 위치와 장치의 방향을 표시하는데 사용하는 클래스이다.

<MyLocationOverlay 클래스>
: 현재의 위치와 장치의 방향을 표시하는데 사용하는 클래스

이클립스를 실행하고 Ch12Ex04_MapView4라는 이름으로 다음과 같이 새로운 프로젝트를 생성하자.

Project name : Ch12Ex04_MapView4
Application name : Ch12Ex04_MapView4
Package name : kj.it.ch12ex04_mapview4
Create Activity : Ch12Ex04_MapView4Activity
Min SDK Version : 7

예제 12-4

main.xml 파일은 【예제12-3】과 동일하다. 그러나 AndroidManifest.xml 파일에는 또 하나의 속성을 추가해 주어야 한다. android.permission.ACCESS_FINE_LOCATION 속성이다. 따라서 AndroidManifest.xml 파일에는 다음의 속성들이 등록되어야 한다.

Uses Library : com.google.android.maps

Uses Permission : android.permission.INTERNET
android.permission.ACCESS_COARSE_LOCATION
android.permission.ACCESS_FINE_LOCATION

(Ch12Ex04_MapView4Activity.java)

```
package kj.it.ch12ex04_mapview4;

import com.google.android.maps.MapActivity;
import android.os.Bundle;
import com.google.android.maps.MapView;
import com.google.android.maps.MapController;
import com.google.android.maps.MyLocationOverlay;

public class Ch12Ex04_MapView4Activity extends
     MapActivity {
    /** Called when the activity is first created. */
        private MapController mc;
        private MapView mapView;
        private MyLocationOverlay mylocoverlay;
    @Override
    public void onCreate(Bundle savedInstanceState) {
        super.onCreate(savedInstanceState);
        setContentView(R.layout.main);

        mapView =
            (MapView) findViewById(R.id.mapview);
        mc = mapView.getController();
        locateMap();
        mapView.setBuiltInZoomControls(true);
        mapView.setSatellite(true);
        mc.setZoom(10);
        mapView.setClickable(true);
    }
```

```
027
028     private void locateMap(){
029       mylocoverlay= new MyLocationOverlay(this, mapView);
030         mapView.getOverlays().add(mylocoverlay);
031         mylocoverlay.enableCompass();
032         mylocoverlay.enableMyLocation();
033         mylocoverlay.runOnFirstFix(new Runnable() {
034             public void run() {
035                 mc.animateTo(mylocoverlay.getMyLocation());
036             }
037         });
038     }
039
040     @Override
041     protected boolean isRouteDisplayed() {
042         return false;
043     }
044 }
```

011행~013행에서는 본 예제에서 유용하게 사용될 MapController 클래스, MapView 클래스, 그리고 MyLocationOverlay 클래스들을 모았고 각각의 레퍼런스 변수로 mc, mapView, mylocoverlay를 설정하였다. 이들 클래스들은 레퍼런스 변수가 객체를 생성하거나 혹은 메소드를 참조하는 단계에서 레퍼런스 변수와 함께 선언될 수도 있지만 이 예제에서는 사용할 클래스들을 강조하기 위하여 한 곳에 모아서 표시하였다.

020행까지는 이미 앞의 예제들에서 진행해 온 그대로다.
020행에서 getController() 메소드를 호출하여 맵을 제어하고 중심 위치의 이동과 배율 조정 등의 환경을 설정할 수 있도록 한다.

021행에서 locateMap() 메소드를 호출한다. 위치 정보가 입력되면 해당 정보를 받아 해당 위치의 지도로 표시하는 동작을 수행하도록 하는 메소드로서 우리가 작성해야 하는 메소드이며 028행~038행에 위치해 있다.

locateMap() 메소드의 029행은 013행에서 설정한 MyLocationOverlay 클래스의 레퍼런스 변수 mylocoverlay로 객체를 생성한다. 여기서 MyLocationOverlay 클래스는 지도상에서 현재의 위치와 장치의 방향을 표시하는데 사용하는 클래스이다. 또한 객체 생성을 위해 호출된 MyLocationOverlay() 메소드는 this와 mapView를 매개변수로 취한다.

030행의 getOverlays().add() 메소드는 화면상의 지도 위에 임의의 출력을 겹쳐서 표시하기 위해 사용하는 메소드이다. 지도 위에 위젯과 같은 또 다른 출력을 겹쳐서 표시하는 것을 오버레이라고 하는데 MapView 클래스는 오버레이 목록을 관리하며 getOverlays() 메소드에 의해 오버레이 목록을 구한다.

그리고 처음에는 오버레이 목록이 비워져있으며 add() 메소드에 의해 오버레이 목록이 하나씩 추가된다. 그리고 이 목록이 지도 위에 겹쳐서 표시될 것이다. 이는 나중에 예제를 실행하였을 때 <그림12-16>과 같이 화면 중앙 위치에서 깜빡이는 점으로 나타날 것이다.

031행의 enableCompass() 메소드는 나침반으로부터 업데이트를 받을 수 있도록 하는 메소드이며 에뮬레이터에서는 그 효과가 나타나지 않는다.

032행의 enableMyLocation() 메소드는 MyLocationOverlay 클래스의 객체 mylocoverlay가 새로운 위치 정보의 업데이트를 받을 수 있도록 하는 메소드이다.

033행의 runOnFirstFix() 메소드는 처음 위치 정보를 받았을 때 객체 mylocoverlay가 해야 할 동작을 관리하는 메소드이다.

이 메소드 안에서 animateTo() 메소드를 수행함으로써 지도의 현재 위치에서 getMyLocation() 메소드에 의해 새로이 얻어진 위치 정보가 가리키는 위치로 지도를 이동시키는 동작을 수행한다.

022행~025행은 이미 앞의 예제들에서 수차례에 걸쳐 사용했던 메소드들이다. 더 이상의 설명이 필요 없을 것이다.

한편 에뮬레이터에서의 위치 정보 입력은 이 예제를 시작하기 전에 잠시 소개했던 것처럼 DDMS 디버깅 툴을 통해서 이루어진다.

DDMS 디버깅 툴은 <그림12-15>와 같이 이클립스 메뉴 중 Window - Open Perspective - Other... 안의 DDMS를 선택함으로써 실행할 수 있다. 또한 한번 DDMS가 실행되면 이클립스 화면 우측 상단에 DDMS 메뉴가 자리를 잡게 된다.

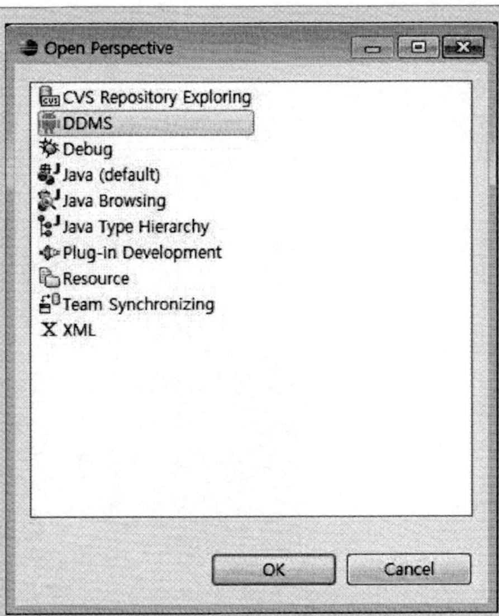

<그림12-15> 이클립스에서의 DDMS 메뉴

DDMS 디버깅 툴을 실행하면 화면 좌측에서 현재 사용 중인 에뮬레이터(예 : emulator-5554)를 발견할 수 있을 것이다. 이 에뮬레이터를 클릭하면 화면 하단의 Emulator Control 창이 사용 가능한 상태로 활성화됨을 볼 수 있다.

이 창에서 이동하고자 하는 위치의 경도 및 위도 좌표를 입력하고 Send 버튼을 클릭하면 에뮬레이터 상에는 입력된 위치를 중심 위치로 하는 지도가 표시될 것이다.

<그림12-16>은 이 결과를 보여주기 위해 DDMS 창과 에뮬레이터를 합성한 모습이다. 왼편의 Emulator Control 창에서 위치 정보를 입력하고 Send 버튼을 클릭하면 에뮬레이터에서 해당 위치의 지도가 표시됨을 확인할 수 있다. 또한 표시된 지도의 중심 위치에 깜빡이는 점이 오버레이로 겹쳐서 표시됨을 볼 수 있다.

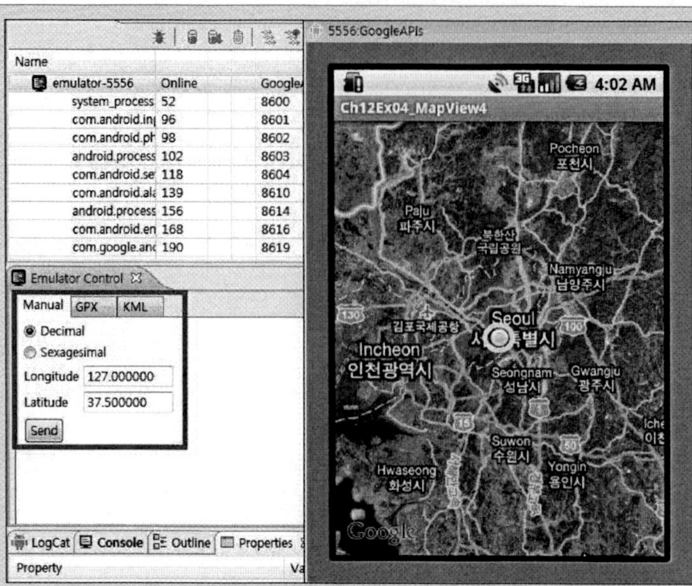

<그림12-16> 【예제12-4】의 실행 결과

12.3 오버레이 기능

<그림12-16>에서 보이는 것처럼 앞의 【예제12-4】에서 특정 위치를 지도 위에 표시하기 위해 깜빡이는 점을 지도와 겹쳐서 표시하였다. 이처럼 맵 뷰에 의해 표시되는 지도 위에 추가적인 정보를 표시하기 위해 문자나 그림 등 특정 표식을 지도와 겹쳐서 표시하는 기능을 오버레이라고 한다.

이번에는 오버레이 기능으로서 지도 위의 여러 위치에 색상 핀과 같은 동일한 표식들을 배치하고 해당 표식을 클릭하면 관련 정보가 표시되는 오버레이 기능을 실현하여 보자.

앞의 【예제12-4】에서는 간단한 오버레이 기능으로서 지도 위의 지정된 위치에 깜빡이는 점을 표시하였다. 그리고 이를 실현하기 위하여 MyLocationOverlay 클래스를 사용하였다.

그러나 이번에는 지도 위의 지정된 여러 위치에 동일한 모양의 색상 핀을 표시하고자 한다. MyLocationOverlay 클래스가 아닌 다른 클래스들의 적용이 필요하다.

Overlay 클래스와 이 클래스의 서브클래스인 ItemizedOverlay<Item> 클래스가 유용하게 사용될 것이다.

Overlay 클래스는 지도 위에 표시되는 오버레이를 대표하는 기본 클래스이다. 그리고 ItemizedOverlay<Item> 클래스는 OverlayItem 목록을 구성하는 오버레이용 기본 클래스이다. 특히 이 클래스는 OverlayItem과 함께 사용하여 OverlayItem의 목록을 구성하며 무한대에 이르는 많은 표식들을 지도 위에 표시하기 위해 유용하게 사용될 것이다.

이 외에도 OverlayItem 클래스가 사용된다. 이 클래스는 ItemizedOverlay 클래스의 기본 컴포넌트로서 지도 위에 표시할 표식 목록을 구성하기 위해 사용된다.

<Overlay 클래스>
: 지도 위에 표시되는 오버레이를 대표하는 기본 클래스

<ItemizedOverlay<Item> 클래스>
: OverlayItem 목록을 구성하는 오버레이용 기본 클래스

<OverlayItem 클래스>
: 지도 위에 표시할 표식 목록을 구성하기 위해 사용하는 클래스

이제 지도 위의 특정 위치에 색상 핀을 꽂고 해당 핀을 클릭하면 해당 위치의 이름이 Toast 기능에 의해 화면 하단에 표시되는 프로그램을 만들어보자.

이클립스를 실행하고 Ch12Ex05_MapView5라는 이름으로 다음과 같이 새로운 프로젝트를 생성하자.

Project name : Ch12Ex05_MapView5
Application name : Ch12Ex05_MapView5
Package name : kj.it.ch12ex05_mapview5
Create Activity : Ch12Ex05_MapView5Activity
Min SDK Version : 7

예제 12-5

main.xml 파일과 AndroidManifest.xml 파일은 【예제12-4】의 경우와 동일하다. 그대로 복사해서 사용할 수 있겠다.

한편 지도 위에 색상 핀을 꽂기 위해서는 색상 핀으로 사용할 이미지 파일을 준비해야 한다. 이미지 파일을 준비하여 res/drawable 폴더 안에 위치시킨다. 본 예제에서는 marker.png라는 이름의 이미지 파일을 사용한다.

자바 소스 프로그램은 `Ch12Ex05_MapView5Activity.java` 파일과 `ItemizedOverlayNew.java` 파일 등 두 개의 파일로 작성된다.

`Ch12Ex05_MapView5Activity.java` 파일이 메인 프로그램이며 `ItemizedOverlayNew.java` 파일은 메인 프로그램에 의하여 참조되는 파일이다.

(Ch12Ex05_MapView5Activity.java)

```
package kj.it.ch12ex05_mapview5;

import com.google.android.maps.MapActivity;
import android.os.Bundle;
import com.google.android.maps.MapView;
import com.google.android.maps.MapController;
import com.google.android.maps.GeoPoint;
import java.util.List;
import com.google.android.maps.Overlay;
import com.google.android.maps.OverlayItem;
import android.graphics.drawable.Drawable;

public class Ch12Ex05_MapView5Activity extends
    MapActivity {
    /** Called when the activity is first created. */

    @Override
    public void onCreate(Bundle savedInstanceState) {
        super.onCreate(savedInstanceState);
        setContentView(R.layout.main);

        MapView mapView =
            (MapView)findViewById(R.id.mapview);
        mapView.setBuiltInZoomControls(true);
        mapView.setSatellite(true);

```

```
025         MapController mc = mapView.getController();
026         Double latitude = 37.0*1E6;
027         Double longitude = 132.0*1E6;
028         GeoPoint gpoint = new
    GeoPoint(latitude.intValue(), longitude.intValue());
029         mc.animateTo(gpoint);
030         mc.setZoom(7);
031
032         List<Overlay> overlays=mapView.getOverlays();
033         Drawable drawable =
      this.getResources().getDrawable(R.drawable.marker);
034         ItemizedOverlayNew itemizedOverlay =
                new ItemizedOverlayNew(drawable, this);
035
036         OverlayItem  overlayitem1  =  new  OverlayItem(new
               GeoPoint(37142608,131521004), "독도",
               "(위도:37.1도, 경도:131.5도)");
037
038         OverlayItem overlayitem2 = new OverlayItem(new
                GeoPoint(37314600,130505000), "울릉도",
                "(위도:37.3도, 경도:130도)");
039
040         itemizedOverlay.addOverlay(overlayitem1);
041         itemizedOverlay.addOverlay(overlayitem2);
042         overlays.add(itemizedOverlay);
043      }
044     @Override
045     protected boolean isRouteDisplayed()
046     {
047         // TODO Auto-generated method stub
048         return false;
049     }
050 }
```

013행에서 슈퍼클래스로 MapActivity 클래스를 상속받았으며 017행~023행은 앞의 예제들과 동일한 부분으로 이제 어느 정도는 눈에 익숙해진 내용이다.

021행에서 MapView 클래스의 레퍼런스 변수 mapView를 설정하고 레이아웃 파일의 mapview 엘리먼트를 참조한다.

022행과 023행은 각각 지도에 줌(Zoom) 컨트롤 기능을 추가하고 또한 지도가 일반 지도가 아닌 위성지도로 표시되도록 한다. 이미 앞의 예제들에서 익혔던 내용들이다.

025행~030행은 【예제12-3】의 023행~028행과 동일한 내용이다. MapController 클래스와 GeoPoint 클래스를 사용하여 화면상에 표시될 지도의 중심 위치를 설정하고 해당 위치로 이동한 7배로 확대된 초기 화면을 보여준다. 상세한 설명은 【예제12-3】을 참조하면 된다.

032행은 지도 위에 표시할 오버레이들을 목록으로 처리하기 위하여 List<Overlay>의 레퍼런스 변수 overlays를 설정하는 부분이다. getOverlays()메소드를 호출하여 오버레이 목록을 만들 수 있는 환경이 준비된다.

033행은 Drawable 클래스의 레퍼런스 변수 drawable을 설정하고 res/drawable 폴더 안의 이미지 리소스인 marker.png 파일을 참조하도록 한다. 이미 예상했다시피 이 이미지 파일은 지도 위에서 지정된 좌표 위치를 표시하기 위하여 사용될 것이다. 마치 색상 핀처럼 말이다.

034행은 새로이 작성되는 ItemizedOverlayNew 클래스를 참조하기 위하여 레퍼런스 변수 itemizedOverlay를 설정하여 객체를 생성한다. 뒤에서 작성되는 ItemizedOverlayNew.java 파일의 015행의 ItemizedOverlayNew() 메소드를 참조한다.

036행과 038행은 OverlayItem() 메소드를 이용하여 오버레이로 표시할 위치 좌표와 지명 정보를 초기화하는 부분이다. 이렇게 초기화된 데이터들은 040행~041행에서 뒤에 보이는 새로이 작성된 ItemizedOverlayNew 클래스의 addOverlay() 메소드를 호출함으로써 OverlayItem 목록으로 추가되고 042행에서의 add() 메소드에 의해 오버레이로 추가되어 지도상에 표시된다.

(ItemizedOverlayNew.java)

```
001 package kj.it.ch12ex05_mapview5;
002
003 import java.util.ArrayList;
```

```
import android.content.Context;
import android.graphics.drawable.Drawable;
import android.widget.Toast;
import com.google.android.maps.ItemizedOverlay;
import com.google.android.maps.OverlayItem;

public class ItemizedOverlayNew extends
    ItemizedOverlay<OverlayItem> {

        private Context mContext;
        private ArrayList<OverlayItem> overlays =
            new ArrayList<OverlayItem>();

        public ItemizedOverlayNew(Drawable marker,
Context context) {
            super(boundCenterBottom(marker));
            mContext = context;
            }

            @Override
            protected OverlayItem createItem(int i) {
                // TODO Auto-generated method stub
                return overlays.get(i);
            }

            @Override
            public int size() {
                // TODO Auto-generated method stub
                return overlays.size();
            }

            public void addOverlay(OverlayItem overlay)
            {
                overlays.add(overlay);
                populate();
```

```
036            }
037            @Override
038            protected boolean onTap(int i) {
039                OverlayItem item = overlays.get(i);
040                Toast.makeText(mContext,
                           item.title()+item.getSnippet(),
                           Toast.LENGTH_LONG).show();
041                return true;
042            }
043        }
```

010행에서 `ItemizedOverlay<OverlayItem>` 클래스가 상속된다. 이미 이 단원의 시작부분에서 설명하였던 것처럼 이 클래스는 OverlayItem 목록을 구성하는 오버레이용 기본 클래스로서 지도 위에 많은 표식들을 표시하기 위해 유용하게 사용되는 클래스이다.

013행에서 `ArrayList<OverlayItem>` 클래스의 레퍼런스 변수 `overlays`를 설정하고 `ArrayList<OverlayItem>()` 메소드를 호출하여 객체를 생성한다.

015행은 `ItemizedOverlayNew()` 메소드가 실행되는 부분이다.
이 메소드는 015행에서 보듯 두 개의 매개변수를 사용한다. 따라서 앞의 `Ch12Ex05_MapView5Activity.java` 파일의 034행에서 객체를 생성하기 위하여 이 메소드를 호출할 때 두 개의 매개변수를 사용하였다.

016행의 super 생성자는 오버레이 생성자로서 마커 이미지의 가운데 아랫부분이 마커의 위치를 표시하는 기준점이 되도록 한다.

021행~024행에서 `createItem(int i)` 메소드는 i번째 표식 항목을 생성한다. 그리고 지정한 번호에 해당하는 `OverlayItem` 표식 항목을 반환한다.

027행~030행에서 `size()` 메소드는 표식 항목의 개수를 조사하며 그 결과를 반환한다.

032행~036행의 `addOverlay()` 메소드는 `Ch12Ex05_MapView5Activity.java`

파일의 040행, 041행에서 호출되는 메소드이며 add() 메소드에 의해 OverlayItem 표식 항목이 추가되며 populate() 메소드에 의해 OverlayItem 목록에 표식 항목이 추가된다.

038행~042행에서 onTap(int i) 메소드는 지도 위에서 i번째 표식 항목이 클릭(터치)되었을 때 이벤트가 발생하여 실행되는 메소드이다. i번째 표식 항목이 선택되면 040행의 Toast 기능이 실행되어 화면 하단에 해당 표식의 내용이 표시되도록 한다.

여기서 item.title()은 Ch12Ex05_MapView5Activity.java 파일의 036행의 '독도'에 해당하며 item.getSnippet()은 036행의 '(위도:37.1도, 경도:131.5도)'에 해당한다.

이 결과는 <그림12-17>과 같다. 화면상에서 표식(마커)을 클릭하면 화면 하단에 표식 위치의 지명이 표시된다.

이 예제에서는 두 곳의 표식만으로 OverlayItem 목록을 생성하였으므로 지도에서는 두 곳에서만 표식이 나타나 있다.

<그림12-17> 【예제12-5】의 실행 결과

<사용된 class 정리>

<MapActivity 클래스>
: 지도를 기반으로 하는 액티비티를 만들 때 사용하는 클래스

<MapView 클래스>
: 지도를 표시하고 지도의 컨트롤을 수행하기 위해 사용하는 클래스

<MapController 클래스>
: 맵을 제어하고 중심 위치와 확대 배율을 설정하는데 사용하는 클래스

<GeoPoint 클래스>
: 위도와 경도 좌표를 나타내기 위해 사용하는 클래스

<MyLocationOverlay 클래스>
: 현재의 위치와 장치의 방향을 표시하는데 사용하는 클래스

<Overlay 클래스>
: 지도 위에 표시되는 오버레이를 대표하는 기본 클래스

<ItemizedOverlay<Item> 클래스>
: OverlayItem 목록을 구성하는 오버레이용 기본 클래스

<OverlayItem 클래스>
: 지도 위에 표시할 표식 목록을 구성하기 위해 사용하는 클래스

제 13 장
전 화

제 13 장 전 화

13.1 전화 걸기

전화 기능은 안드로이드 기기의 핵심 기능 중 하나이다. 대표적인 안드로이드 기기는 휴대폰이며 따라서 당연히 이 기기들에는 완벽한 전화 기능이 내장되어 있다. 그럼에도 불구하고 이 장에서는 안드로이드의 전화걸기 기능에 대하여 살펴보고자 한다. 이는 안드로이드에서 전화 걸기 기능이 어떻게 구현되는가를 이해하게 되면 전화 기능을 이용한 어플리케이션의 개발이나 이해에도 도움이 될 것이기 때문이다.

한편 안드로이드 에뮬레이터에서의 전화 기능은 실제의 통신으로까지 이어지지 않는다. 말 그대로 에뮬레이터일 뿐이다. 에뮬레이터에서는 화면상에 나타나는 현상으로 전화 걸기 기능이 정상적으로 수행되는지를 확인할 뿐이다.

이 장에서는 전화 걸기 기능을 시작으로 DDMS와 통신하기, 전화 상태 확인하기 등의 기능을 학습할 것이다.

이제 전화 걸기 기능을 실현시켜보자.
이클립스를 실행하고 Ch13Ex01_Telephony1이라는 이름으로 다음과 같이 새로운 프로젝트를 생성한다.

Project name : Ch13Ex01_Telephony1
Application name : Ch13Ex01_Telephony1
Package name : kj.it.ch13ex01_telephony1
Create Activity : Ch13Ex01_Telephony1Activity
Min SDK Version : 8

이 프로젝트는 빌드 Target으로 앞 장의 맵에서 사용했던 Google APIs를 더 이상 사용하지 않는다. 앞에서도 언급했던 것처럼 전화 기능은 이미 안드로이드 기기에 내장된 기본 기능이기 때문에 더 이상 구글로부터 API를 지원받아 사용할 필요가 없다. 적어도 이 책의 예제 범위 내에서는 말이다.
따라서 이 장에서는 빌드 Target으로 Google APIs가 아닌 Android 패키지를 사용한다. 프로젝트 설정 단계에서 이 점에 주의하자.

한편 이 프로젝트에서 사용하게 될 새로운 클래스로는 Uri 클래스가 있다.

Uri 클래스는 문서나 데이터와 같은 어떤 컨텐츠에 접근하고자 할 때 사용하는 클래스이다. Uri란 용어 자체가 Universal Resource Identifier의 약자로서 문서, 이미지, 데이터베이스 등 다양한 정보 자원으로의 접근에 있어 유일성을 부여하고 식별을 가능케 하는 관리 체계를 제공한다는 것을 이해하면 Uri 클래스에 대한 이해도 훨씬 빠를 것이다.

또한 Uri의 구성 체계는 스키마, 데이터의 네임 스페이스, 인스턴스 ID로 구성되며 각각 '/'에 의해서 구분된다. 예를 들어 컨텐트 프로바이더에 접근하기 위한 'content' 스키마의 경우는 'content://contacts/people/1'과 같은 형식으로 표현된다.

여기서 'content://'가 스키마이며 URL 표시 형식인 'http://'와 유사하다. 또한 'contacts/people'은 데이터의 네임 스페이스, 그리고 '1'은 인스턴스 ID 값이다. 즉 인스턴스 ID가 스키마와 함께 표현되었을 때는 해당 ID(여기서는 1)에 해당하는 대상(여기서는 people이므로 대상이 인물임)의 정보를 가리키게 되며 만일 인스턴스 ID가 표시되지 않았으면 전체 데이터를 가리키게 된다.

Uri에 대한 개념은 이정도로 하고 이 예제에서 사용하는 또 다른 클래스를 살펴보자. Intent 클래스이다. 이 클래스는 이미 제 6 장에서 사용한 바 있다. 따라서 기억을 되살리는 의미에서 한 번 더 언급하고 넘어가기로 한다.

Intent 클래스는 실행 중인 액티비티에서 또 다른 액티비티를 가동하기 위해 사용하는 클래스이다. 즉 프로젝트의 메인 액티비티가 동작하는 가운데 추가적으로 실행할 액티비티들은 Intent 클래스를 사용하여 동작시킬 수 있다.

> <Uri 클래스>
> : 문서나 데이터와 같은 컨텐츠에 접근하고자 할 때 사용하는 클래스
>
> <Intent 클래스>
> : 실행 중인 액티비티에서 또 다른 액티비티를 가동할 때 유용한 클래스

예제 13-1

(Ch13Ex01_Telephony1Activity.java)

```
001 package kj.it.ch13ex01_telephony1;
002
003 import android.app.Activity;
004 import android.os.Bundle;
005 import android.content.Intent;
006 import android.net.Uri;
007
008 public class Ch13Ex01_Telephony1Activity extends Activity {
009     /** Called when the activity is first created. */
010     @Override
011     public void onCreate(Bundle savedInstanceState) {
012         super.onCreate(savedInstanceState);
013         setContentView(R.layout.main);
014
015         Intent intent=new Intent(Intent.ACTION_CALL);
016         intent.setData(Uri.parse("tel:0101112222"));
017         this.startActivity(intent);
018     }
019 }
```

main.xml 파일은 전혀 손을 대지 않았다. 자바 소스 프로그램만으로 직접 전화 걸기 기능을 실현하겠다는 뜻이다.

005행과 006행은 이 예제에서 사용하는 클래스들을 import한 것이다. 모두 android에서 제공하는 클래스들이다. 빌드 Target으로 Google APIs가 아닌 android 패키지를 사용해야 하는 이유이다.

015행~017행이 이 예제에서 새롭게 추가된 부분이다.

015행은 Intent 클래스의 레퍼런스 변수 intent를 설정하고 `Intent()` 메소드에 의해 객체를 생성한다. 현재의 액티비티에서 또 다른 액티비티를 이용하기 위해 Intent 클래스를 사용하겠다는 뜻이다. 그리고 매개변수로 사용된 `ACTION_CALL`은 전화 송신 기능을 처리하는 또 다른 액티비티이다.

한편 016행에서는 `setData()` 메소드와 `Uri.parse()` 메소드에 의해 전화번호가 지정되었다. 여기서 `Uri.parse()` 메소드는 문자열로 표현된 Uri를 Uri 클래스의 인스턴스로 변환해준다. 즉 단순한 문자열인 `"tel:0101112222"`를 tel:[전화번호]라는 Uri 클래스의 데이터로 변환해준다. 그리고 이 데이터는 `setData()` 메소드에 의해 Intent 클래스의 매개변수가 된다.

017행에서의 `startActivity()` 메소드는 `ACTION_CALL` 액티비티와 Intent 클래스의 매개변수인 전화번호를 이용해 직접 전화 걸기 기능을 가동하게 된다.

그리고 여기서 잠깐! 아직 프로그래밍이 끝난 것이 아니다. 한 가지 더 추가해야 할 것이 있다. AndroidManifest.xml 파일이다.

AndroidManifest.xml 파일을 열고 Permissions 탭을 선택한 후 Uses Permission으로 android.permission.CALL_PHONE을 추가해준다. 이는 에뮬레이터에서의 전화 걸기 기능을 가능하게 한다.

<그림13-1>은 이 예제 프로그램의 실행 결과를 나타낸다.

실제로 전화가 연결되는 것은 아니지만 에뮬레이터 화면을 통하여 전화 연결이 시도되고 있는 듯한 모습을 확인할 수 있다.

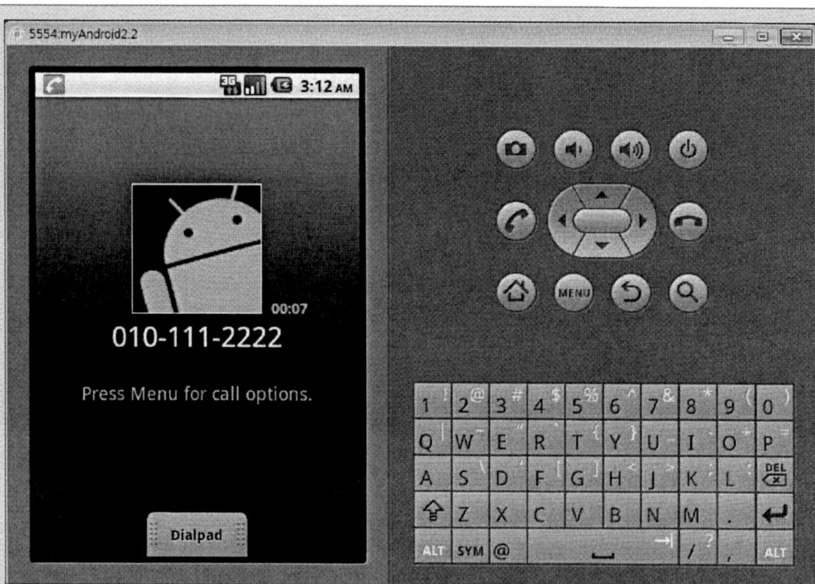

<그림13-1> 【예제13-1】의 실행 결과

여기서 에뮬레이터의 MENU 버튼을 클릭하여보라. 그러면 전화걸기 모드에서 사용 가능한 메뉴들이 옵션 메뉴 형식으로 화면에 나타날 것이다. 각각의 메뉴들을 클릭하면서 어떤 결과가 나타나는지 각자 확인해보라.

잠시 동안만이라도 각각의 메뉴들을 클릭하면서 어떤 결과가 나타나는지 관련 기능들을 탐색해보자.

그리고 여러분 각자 소스 프로그램인 `Ch13Ex01_Telephony1Activity.java` 파일의 015행과 016행의 내용 일부를 수정하고 그 결과를 확인해보라.

015행의 경우는 `ACTION_CALL`을 `ACTION_DIAL`로 바꾸고 016행의 전화번호는 임의의 번호로 바꾸어보라. 그리고 프로그램을 재실행시켜 그 결과를 확인해보라.

<그림13-2>와 같은 화면이 에뮬레이터 상에 나타날 것이다.

<그림13-2> 【예제13-1】의 수정 결과

다음에는 에뮬레이터 화면에서 전화번호를 직접 입력하고 전화걸기 버튼을 클릭하면 전화 걸기 기능이 가동되는 프로그램을 만들어보자. 이에 곁들여 취소 버튼을 만들고 이 버튼을 클릭하면 입력된 전화번호가 삭제되는 기능도 덧붙여보자.

이클립스를 실행하여 Ch13Ex02_Telephony2라는 이름으로 다음과 같이 새로운 프로젝트를 생성하자.

Project name : Ch13Ex02_Telephony2
Application name : Ch13Ex02_Telephony2

Package name : kj.it.ch13ex02_telephony2
Create Activity : Ch13Ex02_Telephony2Activity
Min SDK Version : 8

예제 13-2

(main.xml)

```
<?xml version="1.0" encoding="utf-8"?>
<RelativeLayout xmlns:android="http://schemas.android.com/apk/res/android"
    android:layout_width="fill_parent"
    android:layout_height="fill_parent"
    >
    <TextView
        android:id="@+id/label1"
        android:layout_width="fill_parent"
        android:layout_height="wrap_content"
        android:text="전화번호를 입력하시오: "
        android:padding="5px"
        />
    <EditText
        android:id="@+id/phoneno"
        android:layout_width="fill_parent"
        android:layout_height="wrap_content"
        android:cursorVisible="true"
        android:editable="true"
        android:singleLine="true"
        android:layout_below="@id/label1"
        android:padding="5px"
        />
    <Button
        android:id="@+id/dial"
        android:layout_width="wrap_content"
        android:layout_height="wrap_content"
```

```
      android:layout_centerHorizontal="true"
      android:width="100px"
      android:text="전화걸기"
      android:layout_below="@id/phoneno"
      />
   <Button
      android:id="@+id/cancel"
      android:layout_width="wrap_content"
      android:layout_height="wrap_content"
      android:layout_toRightOf="@id/dial"
      android:layout_alignTop="@id/dial"
      android:width="100px"
      android:text="취소"
      />
</RelativeLayout>
```

RelativeLayout을 사용하여 레이아웃 파일을 작성한다. 이미 앞의 여러 장에 걸쳐 사용했던 앨리먼트들이고 속성들이어서 눈에 익은 내용들이다. 더 이상의 설명이 필요 없을 것이다.

만일 일부 속성들에 대한 이해가 필요하다면 제 4 장 레이아웃 편을 참고하면 될 것이다.

AndroidManifest.xml 파일은 【예제13-1】의 내용과 같다. Uses Permission으로 android.permission.CALL_PHONE이 추가되어 있어야 한다.

(Ch13Ex02_Telephony2Activity.java)

```
package kj.it.ch13ex02_telephony2;

import android.app.Activity;
import android.os.Bundle;
import android.view.View;
import android.widget.Button;
import android.widget.EditText;
import android.content.Intent;
```

```
import android.net.Uri;

public class Ch13Ex02_Telephony2Activity extends Activity {
    /** Called when the activity is first created. */
    @Override
    public void onCreate(Bundle savedInstanceState) {
        super.onCreate(savedInstanceState);
        setContentView(R.layout.main);

        final EditText phoneno=
            (EditText)findViewById(R.id.phoneno);
        Button btn1=(Button)findViewById(R.id.dial);
        Button btn2=(Button)findViewById(R.id.cancel);

        btn1.setOnClickListener(new
                Button.OnClickListener(){
            public void onClick(View v){
                String phonenum=
                    "tel:"+phoneno.getText().toString();
            Intent intent=new Intent(Intent.ACTION_CALL);
            intent.setData(Uri.parse(phonenum));
            startActivity(intent);
            }
        });
        btn2.setOnClickListener(new
                Button.OnClickListener(){
            public void onClick(View v){
                phoneno.setText("");
                }
        });
    }
}
```

018행~020행에서는 main.xml 파일에서 설정한 앨리먼트들을 참조하는 변수들을 설정한다. 전화번호 입력 필드는 phoneno로, 전화걸기 버튼은 btn1로, 그리고 취소 버튼은 btn2로 설정하였다.

022행~029행은 전화걸기 버튼을 클릭했을 때 실행되는 부분이다.

`OnClickListener()`에 의해 리스너가 등록되며 전화걸기 버튼의 클릭이 발생하면 024행~027행이 가동된다.

024행에서 전화번호 입력 필드의 값을 읽어 `phonenum` 변수에 저장하고 【예제13-1】에서와 같이 025행~027행에 의해 전화걸기 기능이 가동하게 된다.

단 【예제13-1】의 경우는 `Uri.parse()` 메소드에 매개변수로 전화번호를 직접 사용하였으나 이 예제에서는 024행에서 읽혀진 전화번호를 저장하고 있는 `phonenum` 변수를 `Uri.parse()` 메소드의 매개변수로 사용한다는 것이 다를 뿐이다.

한편 030행~034행은 취소 버튼을 클릭했을 때 실행되는 부분으로 취소 버튼이 클릭되면 032행의 `setText("")` 메소드가 실행되어 전화번호 입력 필드(id : `phoneno`)는 빈 상태로 초기화된다.

<그림13-3>은 【예제13-2】의 실행 결과를 나타낸다. 전화번호를 입력하고 전화걸기 버튼을 클릭하면 <그림13-4>와 같이 전화걸기 기능이 가동하게 된다.

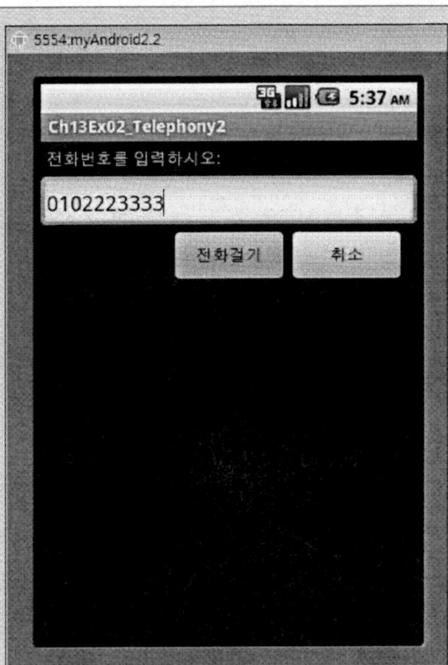

<그림13-3> 【예제13-2】의 실행 결과1

<그림13-4> 실행 결과2

물론 전화번호 입력 필드에 전화번호를 입력한 후 취소 버튼을 클릭하면 입력된 전화번호가 모두 삭제됨을 확인할 수 있다.

13.2 전화, SMS 수신하기

이번에는 가벼운 마음으로 앞 장에서 잠시 소개했던 DDMS 디버깅 툴과 에뮬레이터 사이의 전화 송수신 및 SMS 문자 메시지 송수신 기능을 잠시 즐겨보자.

아니 정확히 표현하자면 DDMS 디버깅 툴과 에뮬레이터 사이의 송수신이 아니라 DDMS 디버깅 툴에서의 송신과 에뮬레이터에서의 수신 기능이다. 간단히 전화 수신하기 기능 또는 SMS 문자 메시지 수신하기 기능이라고 하는 편이 좋겠다.

이 기능은 이 장에서 지금까지 살펴 본 전화 걸기 기능과는 전혀 상관없는 기능이다. 그럼에도 불구하고 이 기능이 전화 송수신 기능에 속하는 기능이기 때문에 이 장에서 포함시켜 다루는 것뿐이다.

【예제13-2】의 프로젝트를 다시 실행한다. 만일 이 프로젝트가 에뮬레이터 상에서 실행되고 있다면 이 상태를 그대로 이용해도 된다.

앞 장에서 에뮬레이터에 지도의 위치 정보를 입력하기 위해 DDMS 디버깅 툴을 이용했던 것처럼 이번에도 DDMS 디버깅 툴을 이용해 전화를 걸거나 SMS 문자 메시지를 송신하도록 한다.

먼저 DDMS 디버깅 툴을 열고 화면 좌측 하단의 Emulator Control 창으로 이동한다. 그리고는 <그림13-5>와 같이 Telephony Actions에서 전화번호를 입력하고 Call 버튼을 클릭한다.

이 결과는 <그림13-6>과 같이 즉시 에뮬레이터 화면에 나타난다. 마치 외부로부터 전화가 걸려오고 있는 듯한 느낌을 준다.

<그림13-5> DDMS에서 전화걸기

<그림13-6> 전화 수신하기

이번에는 에뮬레이터에서 SMS 문자메시지를 수신해보자. 마찬가지로 <그림13-7>과 같이 DDMS의 Emulator Control 창에서 전화번호와 문자 메시지를 함께 입력하고 Send 버튼을 클릭한다.

이 결과는 에뮬레이터로 즉시 전송된다. 에뮬레이터 화면 상단에 수신된 문자 메시지 내용이 표시되며 이 부분을 마우스로 드래그(끌기)하여 내리면 <그림13-8>과 같이 수신된 문자 메시지들과 그 내용을 확인할 수 있는 화면이 펼쳐진다.

<그림13-7> SMS 문자 전송하기

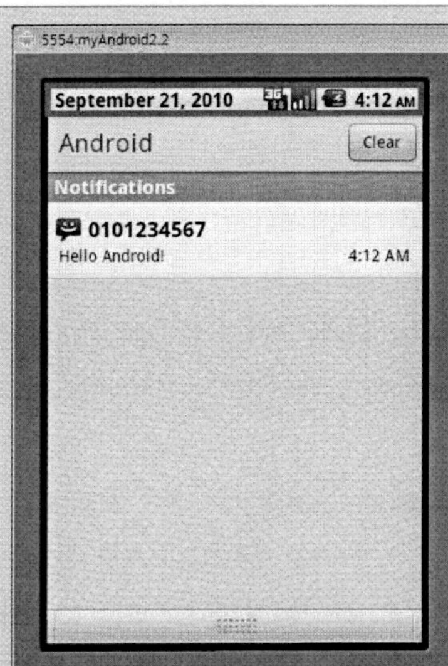

<그림13-8> SMS 문자 확인하기

전화 수신하기 기능이나 문자 메시지 수신하기 기능을 위해 직접 프로그램을 작성한 바가 없다. 그럼에도 불구하고 이처럼 전화나 문자 메시지 수신 기능이 DDMS 디버깅 툴을 통하여 실현되었다. 에뮬레이터에 이미 탑재되어 있는 기능이기 때문이다.

13.3 전화 상태 확인하기

이번에는 전화 연결에 대한 상태 정보까지 확인할 수 있도록 앞의 예제 프로그램을 확장시켜보자.

유용한 클래스로서 기기 상에서 전화 서비스에 관한 정보로의 접근을 제공하는 클래스인 TelephonyManager 클래스가 사용될 것이며 전화 상태의 변화를 모니터링하기 위한 리스너 클래스인 PhoneStateListener 클래스가 또한 사용될 것이다.

또한 에러를 포함하는 로그 정보를 출력하기 위하여 Log 클래스도 사용될 것이다.

<TelephonyManager 클래스>
: 기기 상에서 전화 서비스에 관한 정보로의 접근을 제공하는 클래스

<PhoneStateListener 클래스>
: 기기 상에서 서비스 상태, 신호 강도, 메시지 대기 표시(음성메일) 등 전화 상태에서의 변화들을 모니터링하기위한 리스너 클래스

<Log 클래스>
: 로그 출력을 내보내기위한 API

이클립스를 실행하고 Ch13Ex03_Telephony3이라는 이름으로 다음과 같이 새로운 프로젝트를 생성하자.

Project name : Ch13Ex03_Telephony3
Application name : Ch13Ex03_Telephony3
Package name : kj.it.ch13ex03_telephony3
Create Activity : Ch13Ex03_Telephony3Activity
Min SDK Version : 8

예제 13-3

생성된 프로젝트에서 먼저 main.xml 파일을 열어 【예제13-2】의 main.xml 파일과 그 내용이 동일하도록 작성한다. 이는 【예제13-2】에서 사용한 화면 레이아웃을 이 예제에서도 그대로 사용할 것이기 때문이다.

다음에는 AndroidManifest.xml 파일을 열고 【예제13-2】에서 설정했던 Uses Permission인 android.permission.CALL_PHONE을 여기서도 동일하게 설정한다.

그리고 추가적으로 전화 상태를 읽을 수 있도록 허용하는 속성인 android.permission.READ_PHONE_STATE를 설정한다.

<그림13-9>는 Android Manifest 파일의 Uses Permissions를 추가한 모습이다.

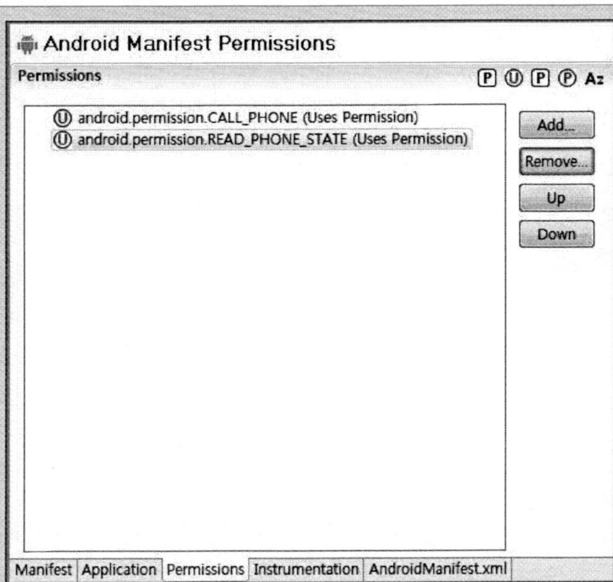

<그림13-9> Manifest Permissions 설정

(Ch13Ex03_Telephony3Activity.java)

```
package kj.it.ch13ex03_telephony3;

import android.app.Activity;
import android.os.Bundle;
import android.view.View;
```

```
import android.widget.Button;
import android.widget.EditText;
import android.content.Intent;
import android.net.Uri;
import android.content.Context;
import android.telephony.TelephonyManager;
import android.telephony.PhoneStateListener;
import android.util.Log;

public class Ch13Ex03_Telephony3Activity extends Activity {
      phoneStateListener listener;
    /** Called when the activity is first created. */
    @Override
    public void onCreate(Bundle savedInstanceState) {
        super.onCreate(savedInstanceState);
        setContentView(R.layout.main);

        final EditText phoneno=
            (EditText)findViewById(R.id.phoneno);
        Button btn1=(Button)findViewById(R.id.dial);
        Button btn2=(Button)findViewById(R.id.cancel);

        btn1.setOnClickListener(new
                 Button.OnClickListener(){
            public void onClick(View v){
                 String phonenum=
                     "tel:"+phoneno.getText().toString();
            Intent intent=new Intent(Intent.ACTION_CALL);
            intent.setData(Uri.parse(phonenum));
            startActivity(intent);
            callcheck();
            }
        });
        btn2.setOnClickListener(new
```

```
                Button.OnClickListener(){
            public void onClick(View v){
                phoneno.setText("");
                }
        });
    }
    private void callcheck() {
        try {
            TelephonyManager telManager=
(TelephonyManager)this.getSystemService(Context.TELEPHO
NY_SERVICE);
            listener=new phoneStateListener();
            telManager.listen(listener,
                PhoneStateListener.LISTEN_CALL_STATE);
            } catch (Exception e) {
                Log.e("telephony Connection",
                    "call failed", e);
                }
        }

    private class phoneStateListener extends
PhoneStateListener{
            public void onCallStateChanged(int state,
                    String incomingNumber){
                Log.i("telephony State", "State changed:" +
                    currentState(state));
                }

            private String currentState(int state){
                switch(state){
                    case TelephonyManager.CALL_STATE_IDLE :
                        return "통화대기중";
                    case TelephonyManager.CALL_STATE_OFFHOOK :
                        return "통화중";
                    case TelephonyManager.CALL_STATE_RINGING :
```

```
                    return "연결중";
062             }
063         return Integer.toString(state);
064       }
065    }
066 }
```

011행~013행에 3개의 새로운 클래스들이 import되었다.

032행까지는 【예제13-2】와 동일한 내용이다.

023행~025행은 레이아웃 파일에서 설정한 세 개의 위젯들, 즉 전화번호 입력 필드와 전화걸기 버튼, 그리고 취소 버튼을 각각 변수 phoneno, btn1, btn2로 참조한다.

027행~035행은 위젯 btn1이 클릭되었을 때 실행되는 부분이다.

ACTION_CALL 액티비티와 Intent 클래스에 의해 032행에서 startActivity() 메소드가 실행되며 전화걸기 기능이 가동된다.

032행에서 전화걸기 기능이 가동되고 033행에서 callcheck() 메소드가 호출된다. 이 메소드는 042행~050행에서 수행되며 이 예제의 목표인 전화 상태를 확인하기 위해 추가되는 부분이다.

이 부분은 예외 처리 구문 형식인 try - catch 구문을 사용하여 수행된다. 이는 프로그램의 컴파일 상, 에러가 발생하지 않더라도 프로그램의 실행에 있어 예기치 않은 에러가 발생할 가능성을 염두에 둔 조처이다. 비록 컴파일 에러는 발생하지 않았지만 프로그램 실행 상 예기치 않은 에러가 발생할 경우가 있고 또한 이러한 상황은 프로그램의 실행 결과에 대한 신뢰도를 떨어뜨린다. 이러한 예외적인 상황에 대응하기 위하여 try - catch 구문을 사용한다.

try 구문에는 예외가 발생할 가능성이 있는 문장들이 포함된다. 그리고 catch 구문에는 예외가 발생한 상황에 대처하는 문장들이 포함된다. 컴파일러는 프로그램 컴파일 중 try 구문에서 예외가 발생하는지를 검사하여 만일 예외가 발생하게 되면 프로그램의 실행을 중단하고 catch 구문의 예외 처리 문장을 수행한다.

044행은 TelephonyManager 클래스의 레퍼런스 변수 telManager를 설정하며 getSystemService() 메소드를 참조하여 전화의 상태를 모니터링할 수 있는 환경을 갖춘다.

그리고 045행에서 016행에서 설정한 phoneStateListener 클래스의 레퍼런스 변수 listener로 객체를 생성하며 이때 호출되는 phoneStateListener() 메소드는 052행~064행에 걸쳐 작성된 클래스이다.

052행~064행은 한마디로 전화의 상태 변화를 처리하는 클래스이다. PhoneStateListener 클래스를 상속받으며 onCallStateChanged() 메소드에 의해 전화의 통화 상태 변화에 반응한다.

상태 변화 발생시 054행에서 currentState() 메소드가 호출되며 057행~064행에 위치한 이 메소드로부터 다음의 세 가지 상태 중 하나를 반환받는다.

- CALL_STATE_IDLE 상태 : '통화대기중' 반환
- CALL_STATE_OFFHOOK 상태 : '통화중' 반환
- CALL_STATE_RINGING 상태 : '연결중' 반환

반환된 상태 정보를 가지고 054행의 Log.i() 메소드에 의해 정보성 메시지가 기록된다.

<그림13-10>은 DDMS 디버깅 툴에서 확인된 Log.i 메시지 기록이다. 에뮬레이터 화면에서 전화번호를 입력하고 전화걸기 버튼을 클릭하면 그림에 표시된 부분처럼 telephony State 태그에 'State changed : ~~~'라는 메시지가 기록되어 나타남을 확인할 수 있다.

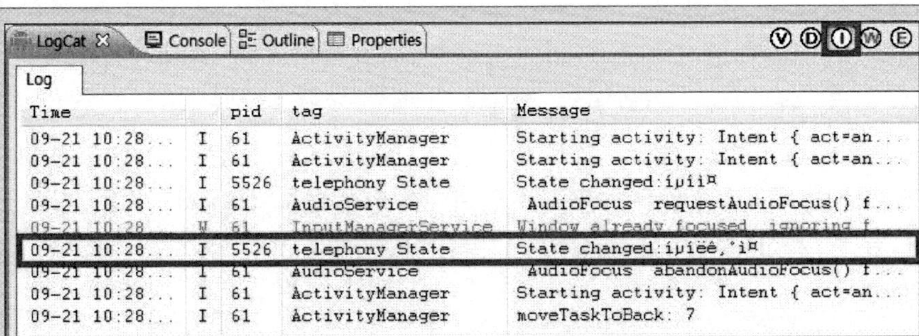

<그림13-10> DDMS 디버깅 툴에 기록된 Log.i 메시지

끝으로 046행에서는 모니터링할 이벤트를 리스너에 등록한다. 그리고 만일 이 상황에서 예외가 발생하면, 즉 LISTEN_CALL_STATE 결과에 예외 처리가 발생하면 catch 구문의 예외 처리 문장으로 이동하여 에러 메시지를 기록하는 048행의 Log.e() 메소드를 수행한다.

그 결과는 <그림13-11>과 같다. telephony Connection 태그에 'call failed'라는 메시지가 기록됨을 확인할 수 있다.

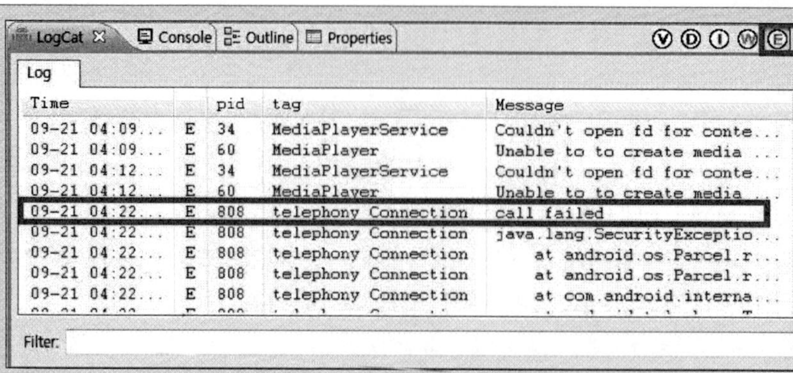

<그림13-11> DDMS 디버깅 툴에 기록된 Log.e 메시지

한편 036행~040행은 위젯 `btn2`가 클릭되었을 때 실행되는 부분으로 입력된 전화번호를 삭제하고 초기화하는 것으로 끝난다. 이미 앞의 【예제13-2】에서 수행한 내용 그대로이다. 더 이상의 설명이 필요 없을 것이다.

다음에는 【예제13-3】의 전화번호 입력 방식을 전화번호 목록에서의 전화번호 선택 방식으로 바꾸어보자. 다시 말하면 앞의 제 8 장 리스트 뷰에서 익힌 리스트 기능을 활용하여 전화번호 목록을 만들고 선택된 번호를 선택하면 자동으로 전화 걸기 기능을 수행하는 예제를 만들어보자는 것이다.

이를 위해서는 먼저 전화번호 목록이 파일이나 데이터베이스 테이블 형식으로 준비되어 있으면 좋을 것이다. 그러나 파일이나 데이터베이스에 관해서는 다음 장들에서 이어서 다루므로 여기서는 전화번호 목록을 미리 정해진 데이터 값으로 초기화하여 처리하기로 한다.

또한 프로그래밍의 복잡성을 피하기 위하여 【예제13-3】에서 전화 걸기 기능만을 사용하기로 하고 전화 상태 확인하기 기능은 일단 생략하고 여러분 각자의 몫으로 남기기로 한다.

한편 이 예제에서 특별히 새롭게 추가되는 클래스는 없다. 앞의 제 8 장에서 소개했던 클래스들인 ListActivity 클래스, ListView 클래스, ArrayAdapter 클래스들이 다시 사용될 것이다.

이제 이클립스를 실행하고 Ch13Ex04_Telephony4라는 이름으로 새로운 프로젝트를 생성한다.

Project name : Ch13Ex04_Telephony4
Application name : Ch13Ex04_Telephony4
Package name : kj.it.ch13ex04_telephony4
Create Activity : Ch13Ex04_Telephony4Activity
Min SDK Version : 8

예제 13-4

(main.xml)

```
001 <?xml version="1.0" encoding="UTF-8"?>
002 <LinearLayout xmlns:android="http://schemas.android.com/apk/res/android"
003     android:orientation="vertical"
004     android:layout_width="fill_parent"
005     android:layout_height="fill_parent"
006 >
007 <TextView
008     android:id="@+id/select"
009     android:layout_width="fill_parent"
010     android:layout_height="wrap_content"
011     android:text="MyPhoneBook"
012     />
013 <ListView
014     android:id="@android:id/list"
015     android:layout_height="fill_parent"
016     android:layout_width="fill_parent"
017     android:layout_weight="1"
018     android:drawSelectorOnTop="false">
019 </ListView>
020 </LinearLayout>
```

main.xml 파일의 013행~019행에서 ListView 앨리먼트가 설정되었다. 화면 레이아웃으로 리스트 뷰를 사용할 것이기 때문이다. 그리고 이 앨리먼트는 이미 제 8 장 리스트 뷰에서 다룬 경험이 있다. 더 이상 새로운 엘리먼트는 아니라는 이야기이다.

(strings.xml)

```
<?xml version="1.0" encoding="utf-8"?>
<resources>
    <string name="app_name">Ch13Ex04_Telephony4</string>
    <string-array name="phoneids">
        <item>콩나라 0101112222</item>
        <item>팥나라 0102223333</item>
        <item>이장화 0103334444</item>
        <item>배홍련 0104445555</item>
        <item>장길동 0105556666</item>
        <item>구미호 0106667777</item>
        <item>장동이 0107778888</item>
    </string-array>
    <string-array name="phonenumbers">
        <item>0101112222</item>
        <item>0102223333</item>
        <item>0103334444</item>
        <item>0104445555</item>
        <item>0105556666</item>
        <item>0106667777</item>
        <item>0107778888</item>
    </string-array>
</resources>
```

strings.xml 파일에서는 화면에 표시할 전화번호 목록과 전화 연결 시 실제로 사용할 전화번호 데이터를 각각 'phoneids'와 'phonenumbers'라는 이름의 스트링 어레이로 초기화하였다. 'phoneids'는 화면 표시용이며 'phonenumbers'는 전화 연결용이다. 두 어레이들의 항목들은 각각 서로 짝을 이루는 관계에 있다.

(phonelist.xml)

```
<?xml version="1.0" encoding="UTF-8"?>
<RelativeLayout
xmlns:android="http://schemas.android.com/apk/res/andro
```

```
    id"
003     android:orientation="horizontal"
004     android:layout_width="fill_parent"
005     android:layout_height="wrap_content"
006     >
007 <ImageView
008     android:id="@+id/phone"
009     android:layout_width="80px"
010     android:layout_height="wrap_content"
011     android:padding="5dp"
012     android:src="@drawable/phone"
013     android:layout_alignParentRight="true"
014     android:layout_centerHorizontal="true"
015     android:layout_centerVertical="true"
016     />
017 <TextView
018     android:id="@+id/label"
019     android:layout_width="wrap_content"
020     android:layout_height="wrap_content"
021     android:textSize="25dp"
022     android:layout_toLeftOf="@id/phone"
023     android:padding="5dp"
024     />
```

화면에 표시할 전화번호 목록을 단순한 문자열의 나열이 아닌 아이콘을 포함하는 보다 그럴듯한 레이아웃으로 만들기 위하여 main.xml 파일과 strings.xml 파일에 더하여 특별히 추가한 레이아웃 파일이다.

이 파일은 리스트 뷰 내에서 한 행의 레이아웃을 관장한다.

ImageView 앨리먼트는 id가 phone인 아이콘을 화면에 표시하며 013행에 의해 화면 우측 끝에 위치하게 된다.

그리고 TextView 앨리먼트는 id가 label이며 022행에 의해 phone 아이콘의 왼편에 자리를 잡게 된다.

이 구성은 <그림13-12>를 통하여 확인할 수 있다.

전화번호 이름과 아이콘이 phonelist.xml 파일에서 설정된 내용대로 배열됨을 볼 수 있다. 그리고 이러한 레이아웃 구성방식 역시 이미 앞의 제 8 장 【예제8-3】에서 다룬 바 있다.

한편 AndroidManifest.xml 파일에는 【예제13-3】에서와 같이 Uses Permission으로 android.permission.CALL_PHONE과 android.permission.READ_PHONE_STATE를 동일하게 설정한다. 물론 android.permission.READ_PHONE_STATE는 【예제13-4】에서는 필요한 속성이 아니지만 예제의 완성을 위해 여러분 각자의 몫으로 남겨질 부분을 위해 미리 포함시키기로 한다.

(Ch13Ex04_Telephony4Activity.java)

```
package kj.it.ch13ex04_telephony4;

import android.app.ListActivity;
import android.os.Bundle;
import android.view.View;
import android.widget.ListView;
import android.widget.ArrayAdapter;
import android.content.Intent;
import android.net.Uri;

public class Ch13Ex04_Telephony4Activity extends
ListActivity {
    /** Called when the activity is first created. */
    @Override
    public void onCreate(Bundle savedInstanceState) {
        super.onCreate(savedInstanceState);
        setContentView(R.layout.main);

        String[] item1=
         getResources().getStringArray(R.array.phoneids);
        setListAdapter(new ArrayAdapter<String>(this,
            R.layout.phonelist, R.id.label, item1));
    }

        public void onListItemClick(ListView parent, View
view, int position, long id){
```

```
023
024         String[] item2=
      getResources().getStringArray(R.array.phonenumbers);
025
026         String phonenum="tel:"+item2[position];
027         Intent intent=new Intent(Intent.ACTION_CALL);
028         intent.setData(Uri.parse(phonenum));
029         startActivity(intent);
030     }
031 }
```

에뮬레이터 화면에 리스트 뷰 앨리먼트를 표시하기 위해 011행에서 ListActivity가 상속되었다.

018행에서 `item1`이라는 변수로 strings.xml 파일의 전화번호 목록인 `phoneids`를 참조한다.

019행에서 `setListAdapter()` 메소드에 의해 `ArrayAdapter<String>()` 메소드가 수행되며 매개변수 `R.layout.phonelist`에 의해 phonelist.xml 파일에서 설정한 레이아웃 형식으로 전화번호 목록이 화면에 표시된다. 또한 매개변수 `R.id.label`과 `item1`에 의해 018행에서 참조한 `item1`, 즉 strings.xml 파일에서 초기화한 전화번호 목록 `phoneids`가 화면에 표시된다.

이렇게 하여 화면에 표시된 전화번호 목록 가운데 하나의 항목을 선택하여 클릭하게 되면 022행의 `onListItemClick()` 메소드가 수행된다.

이는 018행과 같은 방식으로 `item2`라는 변수 이름으로 024행에서 strings.xml 파일의 전화번호 데이터인 `phonenumbers`를 참조하게 하며 026행에서의 `item2[position]`에 의해 선택된 항목의 전화번호 데이터가 호출된다.

그리고 027행~029행의 `ACTION_CALL` 액티비티와 Intent 클래스 그리고 `startActivity()` 메소드에 의해 전화걸기 기능을 수행하게 된다.

<그림13-12>는 【예제13-4】의 실행 결과를 나타낸다.

전화번호 목록 중 하나의 항목을 선택하면 곧바로 전화걸기 기능이 수행된다.

키패드의 MENU 버튼 클릭 후 나타나는 메뉴들 중 End Call 버튼을 클릭하면 전화걸기 기능이 중지되며 그림 오른편에 표시된 키패드의 Back 버튼을 클릭하면 원래의 전화번호 목록으로 되돌아온다.

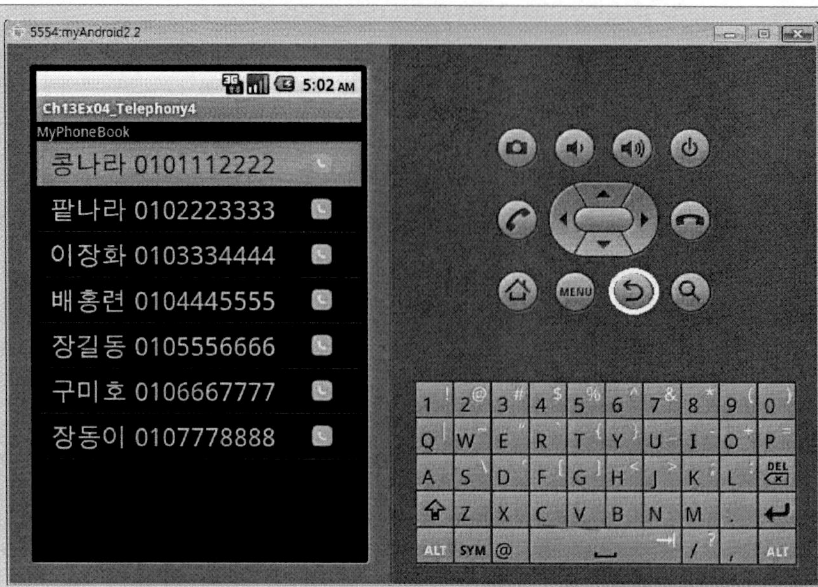

<그림13-12> 【예제13-4】의 실행 결과

이제 여러분 각자 【예제13-4】 소스 프로그램에 【예제13-3】의 전화 상태 확인하기 기능을 추가하고 그 결과를 확인해보라.

<사용된 class 정리>

<Uri 클래스>
: 문서나 데이터와 같은 컨텐츠에 접근하고자 할 때 사용하는 클래스

<Intent 클래스>
: 실행 중인 액티비티에서 또 다른 액티비티를 가동할 때 유용한 클래스

<TelephonyManager 클래스>
: 기기 상에서 전화 서비스에 관한 정보로의 접근을 제공하는 클래스

<PhoneStateListener 클래스>
: 기기 상에서 서비스 상태, 신호 강도, 메시지 대기 표시(음성메일) 등 전화 상태에서의 변화들을 모니터링하기위한 리스너 클래스

<Log 클래스>
: 로그 출력을 내보내기 위한 API

<ListActivity 클래스>
: 어레이나 커서 등 데이터 소스에 바인딩함으로써 항목들의 리스트를 표시하고, 사용자가 항목을 선택하면 이벤트 핸들러를 발생시키는 액티비티 클래스

<ListView 클래스>
: 수직방향으로 스크롤되는 리스트에서의 항목들을 보여주는 뷰 클래스

<ArrayAdapter 클래스>
: 임의의 오브젝트 어레이를 사용하여 리스트 뷰를 관리하는 리스트 어댑터 클래스

제 14 장
파일 처리

제 14 장 파일 처리

14.1 파일 작성하기

이 장에서는 안드로이드 프로그램에서의 파일 처리 방법에 대하여 알아본다. 파일을 생성하고, 파일에 데이터를 출력하며 또한 파일로부터 데이터를 읽어오는 기능 등에 대하여 학습할 것이다.

파일 처리를 시작하기 전에 먼저 파일의 입출력 절차에 대하여 간단히 살펴볼 필요가 있다. 파일은 다음과 같이 3단계의 절차에 의하여 처리된다.

1단계) 파일 열기
2단계) 파일에 데이터 쓰기(또는 파일로부터 데이터 읽기)
3단계) 파일 닫기

파일에 데이터를 작성하거나 혹은 파일로부터 데이터를 읽기 전에 먼저 파일을 여는 과정이 필요하며 또한 파일 사용 후에는 파일을 닫는 과정이 반드시 포함되어야 한다는 이야기이다.

이제 이클립스를 실행하여 Ch14Ex01_WriteFile1이라는 이름으로 다음과 같이 새로운 프로젝트를 생성하자.

Project name : Ch14Ex01_WriteFile1
Application name : Ch14Ex01_WriteFile1
Package name : kj.it.ch14ex01_writefile1
Create Activity : Ch14Ex01_WriteFile1Activity
Min SDK Version : 8

이 프로젝트에서는 `OutputStreamWriter` 클래스와 `FileOutputStream` 클래스가 새롭게 사용된다.

`OutputStreamWriter` 클래스는 문자 스트림을 바이트 스트림으로 바꿔주기 위

한 클래스이며 FileOutputStream 클래스는 파일 시스템 안에 위치한 파일에 쓰기를 수행하는 특별한 OutputStream 클래스이다.

> <OutputStreamWriter 클래스>
> : 문자 스트림을 바이트 스트림으로 바꿔주기 위한 클래스
>
> <FileOutputStream 클래스>
> : 파일 시스템에 있는 파일에 쓰기를 수행하는 특별한 OutputStream 클래스

예제 14-1

(main.xml)

```
001 <?xml version="1.0" encoding="utf-8"?>
002 <LinearLayout
    xmlns:android="http://schemas.android.com/apk/res/andro
    id"
003     android:orientation="vertical"
004     android:layout_width="fill_parent"
005     android:layout_height="fill_parent"
006     >
007 <Button
008     android:id="@+id/create"
009     android:layout_width="fill_parent"
010     android:layout_height="wrap_content"
011     android:gravity="center_horizontal"
012     android:text="WriteToFile" />
013 </LinearLayout>
```

화면 레이아웃에 한 개의 버튼을 추가하였다. 버튼의 이름은 012행의 'WriteToFile'이며 이 버튼을 클릭하면 특정 파일에 데이터가 작성되도록 할 것이다. 만일 파일이 존재하지 않는다면 새로운 파일이 생성될 것이다.

이를 위하여 main.xml 파일의 007행에서 Button 앨리먼트가 설정되었다. id는 'create'이며 android:gravity="center_horizontal"에 의해 화면 첫 번째 줄

중앙부분에 버튼이 위치할 것이다.

(Ch14Ex01_WriteFile1Activity.java)

```
package kj.it.ch14ex01_writefile1;

import android.app.Activity;
import android.os.Bundle;
import android.view.View;
import android.widget.Button;
import android.widget.Toast;
import java.io.OutputStreamWriter;
import java.io.FileOutputStream;

public class Ch14Ex01_WriteFile1Activity extends
     Activity {
    private final static String FILE1="textfile1.txt";
    /** Called when the activity is first created. */
    @Override
    public void onCreate(Bundle savedInstanceState) {
        super.onCreate(savedInstanceState);
        setContentView(R.layout.main);
        Button btn1=(Button)findViewById(R.id.create);
        btn1.setOnClickListener(new
           Button.OnClickListener() {
               public void onClick(View v){
                       createfile();
               }
        });
    }
    public void createfile(){
        try{
               String strFileContents1="Test Data at file,
                  textfile1.txt\n";
               FileOutputStream fOut=openFileOutput(FILE1,
                    MODE_PRIVATE);
```

```
029             OutputStreamWriter out=new
                    OutputStreamWriter(fOut);
030             out.write(strFileContents1);
031             out.close();
032         }
033         catch (Throwable t){
034             Toast.makeText(this,   "예외:"+t.toString(),
    2000).show();
035             }
036         }
037     }
```

012행에서 문자열 변수 FILE1로 파일 이름 textfile1.txt를 설정하였다.

018행은 Button 클래스의 레퍼런스 변수 btn1을 설정하여 main.xml 파일의 008행에서 설정된 id에 의해 Button 앨리먼트를 참조한다.

019행~023행은 setOnClickListener를 통해 Button.OnClickListener라는 인터페이스를 구현한 객체를 리스너로 등록하고 버튼이 클릭되었을 때 onClick 메소드 안의 `createfile()` 메소드가 호출되어 수행되도록 한다.

025행~035행은 `createfile()` 메소드를 실행하는 부분이다. 021행에서의 `createfile()` 메소드 호출에 의해 실행되며 메소드 실행 후 결과 값의 반환 없이 022행으로 돌아와 프로그램을 종료한다.

이 메소드는 예외 처리 구문 형식인 try - catch 구문을 사용한다. 이 구문은 앞 장의 【예제13-3】에서 소개하였던 것처럼 프로그램이 컴파일 될 때 직접적인 에러는 발생하지 않더라도 프로그램의 실행에 있어 예기치 않은 에러가 발생할 가능성이 있는 명령을 수행할 때 사용하도록 권고된다. 여기서는 028행의 `FileOutputStream` 클래스가 이러한 경우에 해당하는 클래스이기 때문에 try - catch 구문이 사용되었다.

앞 장에서도 설명한바와 같이 try 구문에 포함된 명령을 수행하는 과정에서 예외가 발생하면 프로그램은 catch 구문의 예외 처리 문장으로 넘어가 해당 명령을 수행하게 된다.

027행에서는 문자열 변수 `strFileContents1`을 선언하고 그 값을 문자열 `'Test Data at file, textfile1.txt\n'`으로 초기화하였다. 이 값은 뒤에서 생성되는 파일의 데이터로 작성될 것이다.

028행에서는 FileOutputStream 클래스의 레퍼런스 변수 fos를 설정하고 openFileOutput() 메소드를 참조하도록 하였다.

여기서 FileOutputStream 클래스는 앞에서도 언급한 바와 같이 파일 시스템에 있는 파일에 쓰기를 수행하는 파일 출력 바이트 스트림 클래스이며 openFileOutput() 메소드 수행 시 FileNotFoundException 예외가 발생하면 033행~035행의 catch 구문을 수행하게 된다.

한편 openFileOutput() 메소드는 인자로 파일명과 파일 생성 모드를 사용하며 만일 파일이 존재하지 않는다면 해당 파일명의 파일을 생성하게 된다.

여기서 인자로 사용되는 파일명은 파일 이름만을 표시하며 파일 경로는 지정할 수 없다. 이는 안드로이드 에뮬레이터에 의해 생성되는 파일의 위치는 윈도우 파일 시스템이 아닌 에뮬레이터 안에 자리하고 그 경로는 '/data/data/패키지 이름/files'로 지정되기 때문이다.

또한 파일 생성 모드로 사용된 MODE_PRIVATE는 기본 모드로서 사용자 혼자만 사용하는 배타적 모드이다.

파일 생성 모드로는 MODE_PRIVATE 외에도 MODE_APPEND, MODE_WORLD_READABLE, MODE_WORLD_WRITABLE 등의 모드가 있으며 그 기능은 다음과 같다.

<표14-1> 파일 생성 모드

파일 생성 모드	동작
MODE_PRIVATE	기본 모드로서 혼자만 사용하는 배타적 파일 생성 모드이다(파일 덮어쓰기).
MODE_APPEND	파일의 기존 내용에 더하여 새로운 내용이 덧붙여진다(파일 추가 모드).
MODE_WORLD_READABLE	다른 응용 프로그램이 파일을 읽을 수 있게 허용한다(파일 읽기 모드).
MODE_WORLD_WRITABLE	다른 응용 프로그램이 파일을 기록할 수 있게 허용한다(파일 쓰기 모드).

029행의 OutputStreamWriter 클래스는 InputStreamReader 클래스와 함께 바이트 스트림과 문자 스트림 사이의 상호 변환을 수행하는 클래스이다. 이 클래스는 파일로의 저장을 위하여 문자 스트림을 바이트 스트림으로 바꿔준다. 이러한 동작을 위하여 029행에서는 OutputStreamWriter 클래스의 레퍼런스 변수 out을 설정하고 OutputStreamWriter() 메소드를 참조하여 객체를 생성한다.

그리고 030행에서의 write() 메소드에 의해 문자열 변수 strFileContents1의 값이 파일로 출력된다. 그리고 031행에 의해 파일 출력 작업이 종료된다.

이 과정, 즉 파일이 존재하지 않으면 파일을 새로이 생성하고 또한 파일 안에 바이트 스트림으로 변환된 문자열 변수의 값을 저장하는 이러한 027행~031행의 일련의 과정은 정해진 순서에 의한 과정이라 생각하고 반드시 기억하는 것이 좋겠다.

한편 033행~035행은 예기치 않은 에러, 즉 예외 처리 상황이 발생하였을 경우에 수행하는 구문이다. 예외적인 상황이 발생하였을 경우는 이미 앞의 제 9 장이나 제 10 장에서 사용한 바 있는 Toast 기능에 의해 화면에 예외 처리 상황을 표시하도록 하였다.

<그림14-1>은 【예제14-1】을 실행한 화면이다. 예제 프로그램을 실행하면 화면에는 <그림14-1>에서 보이는 것처럼 'WtiteToFile'이라는 버튼이 생성된다. 이는 앞의 main.xml 파일의 Button 앨리먼트에서 설정한 그대로이다. 버튼의 위치와 버튼에 표시되는 텍스트 등은 모두 main.xml 파일의 Button 앨리먼트에서 설정한 내용에 의해 결정된다.

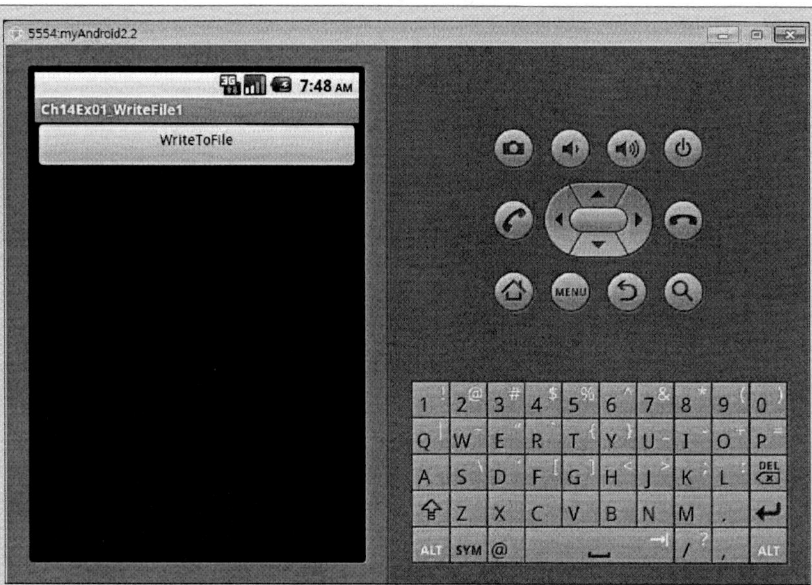

<그림14-1> 【예제14-1】의 실행 화면

【예제14-1】의 실행에 의해 에뮬레이터 상에 나타난 'WtiteToFile' 버튼을 클릭하면 자바 소스 프로그램의 019행~023행에 의해 `createfile()` 메소드가 호출되고 결국 앞에서 설명했던 과정에 의해 파일이 생성되어 열리며 그 안에 바이트 스트림으로 문자열 변수 `strFileContents1`의 값이 작성되어 저장된다. 그리고 파일이 닫히며 이 과정이 마무리된다.

한편 이 예제에 의해 생성되는 파일의 위치는 안드로이드 에뮬레이터 안의 특정 폴더안의 위치이다. 앞에서도 잠시 언급한 것처럼 그 경로는 '/data/data/패키지 이름/files'이며 윈도우 파일 시스템과 관계없는 위치이기 때문에 윈도우 파일 시스템에 의해 확인할 수 없다.

따라서 생성된 파일을 확인하기 위해서는 다음과 같은 과정을 거쳐야한다.

① 명령 프롬프트 창을 열고 cd(change directory) 명령을 이용하여 폴더 위치를 안드로이드 sdk의 tools 폴더로 이동한다.
예) cd c:\eclipse\android-sdk-windows\tools

② adb(Android Debug Bridge) devices 명령을 사용하여 사용 중인 에뮬레이터를 실행한다.
예) adb -s emulator-5554 shell

③ cd 명령을 이용하여 adb devices 안의 '/data/data/패키지 이름/files' 폴더로 이동한다.
예) #cd /data/data/ch14ex01_writefile1/files

④ ls 명령을 사용하여 files 폴더 안에 생성된 파일을 확인한다.

<그림14-2>는 명령 프롬프트 창에서 파일의 존재를 확인하는 과정을 나타낸다. 위의 4단계 과정을 거쳐 생성된 파일의 존재를 확인할 수 있다.

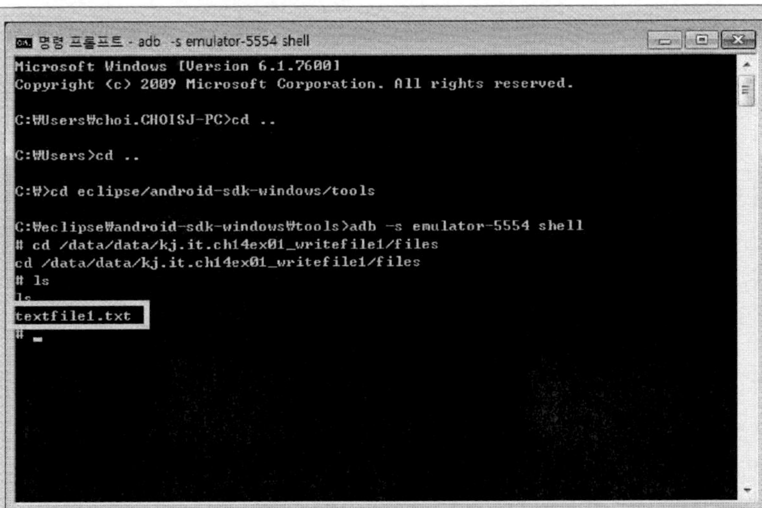

<그림14-2> 【예제14-1】에 의하여 생성된 파일

한편 에뮬레이터 안에 생성된 파일은 명령 프롬프트 창외에도 이클립스 개발 환경과 연결된 DDMS(Dalvik Debug Monitor System)라는 디버깅 툴을 통해서도 확인할 수 있다.

<그림14-3>은 이클립스에서 DDMS를 수행한 모습이다. 【예제14-1】 프로그램을 실행하고 그 결과를 DDMS 화면을 통하여 확인할 수도 있다.

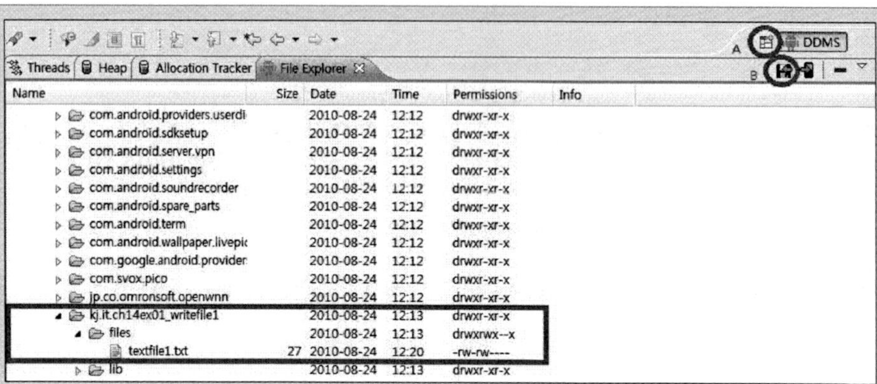

<그림14-3> DDMS 파일탐색기 화면

<그림14-3>에서 보듯 이클립스 화면의 우측 상단에서 DDMS 메뉴를 선택하면 DDMS 화면이 나타난다. 만일 화면 우측 상단에서 DDMS 메뉴가 보이지 않는다면 앞의 제 12 장의 【예제12-4】에서 소개하였던 것처럼 이클립스 메뉴 중 Window - Open Perspective - Other... 메뉴를 선택하여 그 안에서 DDMS를 발견하고 실행시킬 수 있다. 또는 간단히 <그림14-3>에서 보이는 A부분의 아이콘을 클릭하고 others를 선택하여 DDMS를 실행시킬 수도 있다.

DDMS 화면을 통하여 【예제14-1】의 실행 결과로 생성된 파일, 즉 textfile1.txt 파일이 data/data/kj.it.ch14ex01_writefile1/files 폴더 안에 위치하고 있음을 확인할 수 있다. 그리고 이 위치는 이미 <그림14-2>를 통하여 확인한 위치이다.

한편 생성된 파일의 내용은 앞의 명령 프롬프트 창에서도 마찬가지이지만 DDMS 화면을 통해서도 직접 확인할 수 없다. 에뮬레이터 안의 파일을 윈도우 파일 시스템으로 옮긴 이후에야 파일의 내용을 확인할 수 있다.

이를 위해서는 DDMS 화면의 Pull a file from the device 기능을 사용할 수 있다. <그림14-3>의 B위치에 있는 파일 모양의 아이콘을 클릭하면 파일 textfile1.txt를 윈도우 파일 시스템 환경으로 복사할 수 있다. 이 기능을 이용하여 에뮬레이터 안에 생성된 파일을 윈도우 파일 시스템에서 검색할 수 있는 위치인 바탕화면이나 내문서, 혹은 이클립스 내의 workspace 폴더 등으로 복사하면 파일의 내용을 정상적인 방법으로 간단히 확인할 수 있게 된다. 여러분 각자 생성된 파일을 윈도우 파일 시스템으로 복사하고 그 내용을 확인해보기 바란다.

한편 안드로이드 에뮬레이터에서 파일이 저장될 수 있는 또 다른 위치는 SDCard라는 가상의 폴더이다. 이 폴더는 안드로이드 에뮬레이터에 기본으로 포함되는 폴더는 아니지만 adb devices 안에 SDCard라는 이름의 가상 폴더를 만들어 파일 저장 공간으로 사용할 수 있다.

SDCard 폴더를 이용하기 위해서는 에뮬레이터에서 SDCard 폴더를 사용할 수 있도록 먼저 환경을 만들어 줄 필요가 있다. 이를 위해서는 다음과 같이 adb devices에서 mksdcard 명령을 사용하여 sdcard를 생성해 주어야 한다.

앞의 <그림14-2> 의 과정처럼 명령 프롬프트 창을 열고 cd(change directory) 명령을 이용하여 안드로이드 sdk의 tools 폴더로 이동한다. 그리고 이 폴더 위치에서 mksdcard (용량) (파일명) 명령을 사용하여 가상의 SDCard를 생성한다. 이 과정은 <그림14-4>와 같다.

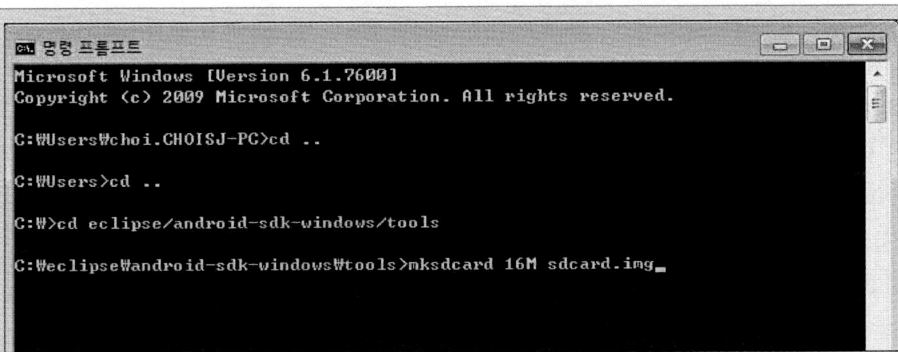

<그림14-4> SDCard 폴더의 생성

안드로이드 sdk의 tools 폴더로 이동하는 명령과 이 폴더 위치에서 mksdcard 명령을 사용하여 가상의 SDCard를 생성하는 명령의 예는 다음과 같다.

```
<tools 폴더로 이동하는 명령>
      예) cd c:\eclipse\android-sdk-windows\tools

<sdcard를 생성하는 명령>
      예) mksdcard 16M sdcard.img
```

<그림14-4>와 같이 mksdcard 명령을 실행하였으면 에뮬레이터에는 sdcard라는 16M 바이트 크기의 폴더가 생성되었을 것이다. 여기서 sdcard 폴더의 생성 여부 확인은 잠시 뒤로 미루기로 하고 생성된 sdcard 폴더에서도 파일을 생성하고 데이터를 입력하는 동작을 수행하는 예제 프로그램을 만들어보자.

이 예제 프로그램은 【예제14-1】 처럼 '/data/data/패키지 이름/files' 폴더에 파일을 생성하는 것에 더하여 생성된 sdcard 폴더에서도 새로운 파일을 생성하고 그 파일에 데이터를 저장할 것이다. 【예제14-1】의 프로그램에 sdcard 폴더를 활용하는 부분을 추가하겠다는 뜻이다. 따라서 【예제14-1】의 프로그램을 그대로 이용하여 여기에 필요한 기능들만 덧붙이기로 한다.

한편 이러한 기능을 덧붙이기 위해 추가적으로 사용할 클래스들이 있다.
File 클래스, Environment 클래스, FileWriter 클래스, 그리고 BufferedWriter 클래스들이 추가로 사용될 것이다.
여기서 File 클래스는 경로 이름에 의해 지정되는 파일 시스템 본체의 추상적 표현이며 Environment 클래스는 환경변수에 대한 접근을 제공하는 클래스이다.
또한 FileWriter 클래스는 파일 시스템 안에 위치한 파일에 쓰기를 수행하는 특별한 Writer 클래스이며 BufferedWriter 클래스는 데이터 쓰기 수단인 Writer를 받아 그 출력을 버퍼화하는 클래스이다.

<File 클래스>

: 경로 이름에 의해 지정되는 파일 시스템 본체의 추상적 표현

<Environment 클래스>

: 환경변수에 대한 접근을 제공하는 클래스

<FileWriter 클래스>

: 파일 시스템 안에 위치한 파일에 쓰기를 수행하는 특별한 Writer 클래스

<BufferedWriter 클래스>

: 데이터 쓰기 수단인 Writer를 받아 그 출력을 버퍼화하는 클래스

예제 14-2

(Ch14Ex01_WriteFile1Activity.java)

```
package kj.it.ch14ex01_writefile1;

import android.app.Activity;
import android.os.Bundle;
import android.view.View;
import android.widget.Button;
import android.widget.Toast;
import java.io.OutputStreamWriter;
import java.io.FileOutputStream;
import java.io.File;
import android.os.Environment;
import java.io.FileWriter;
import java.io.BufferedWriter;

public class Ch14Ex01_WriteFile1Activity extends Activity {
    private final static String FILE1="textfile1.txt";
    private final static String FILE2="textfile2.txt";
    /** Called when the activity is first created. */
    @Override
```

```
    public void onCreate(Bundle savedInstanceState) {
        super.onCreate(savedInstanceState);
        setContentView(R.layout.main);
        Button btn1=(Button)findViewById(R.id.create);
        btn1.setOnClickListener(new
            Button.OnClickListener() {
                public void onClick(View v){
                        createfile();
                }
        });
    }
    public void createfile(){
        try{
                String strFileContents1="Test Data at file,
                    textfile1.txt\n";
                String strFileContents2="Test Data at file,
                    textfile2.txt\n";
                FileOutputStream fOut=openFileOutput(FILE1,
                    MODE_PRIVATE);
                OutputStreamWriter out=new
                    OutputStreamWriter(fOut);
                out.write(strFileContents1);
                out.close();

               //write to SDCard
                File path=
                 Environment.getExternalStorageDirectory();
                if (path.canWrite()){
                    File mydir=new File("/sdcard/mydir");
                    mydir.mkdirs();
                    File file2=new File(mydir, FILE2);
                    FileWriter fw=new FileWriter(file2);
              BufferedWriter outsd=new BufferedWriter(fw);
                    outsd.write(strFileContents2);
                    outsd.close();
```

```
049                 }
050         }
051         catch (Throwable t){
052                 Toast.makeText(this,  "예외:"+t.toString(),
     2000).show();
053                 }
054         }
055     }
```

040행~049행이 sdcard 폴더에 새로운 텍스트 파일을 생성하고 특정 데이터를 입력하기위해 추가된 부분이다.

040행은 File 클래스의 레퍼런스 변수로 path를 설정하고 `Environment` 클래스에 속한 `getExternalStorageDirectory()` 메소드를 참조하여 SDCard가 마운트된 디렉터리 경로를 조회한다.

통상 sdcard 폴더는 에뮬레이터 안에서 <그림14-5>에 보이는 것처럼 /data/data/패키지 이름/files 폴더의 상위 폴더인 /data 폴더와 같은 레벨에 생성되며 <그림14-4>의 과정에 의해 생성된 sdcard.img 파일의 윈도우 파일 시스템에서의 위치는 /eclipse/android-sdk-windows/tools 폴더 안이다. 그리고 이 위치는 뒤의 프로젝트 실행 과정에서 참조될 것이다.

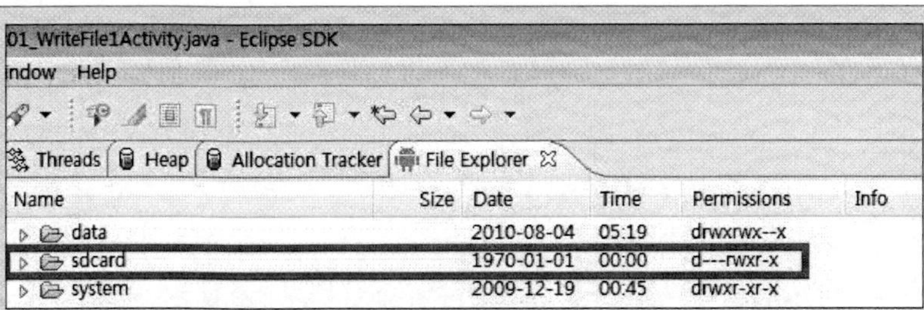

<그림14-5> DDMS에서 보이는 sdcard 폴더 위치

041행에서는 `canWrite()` 메소드를 통해 조회된 디렉토리 경로에 쓰기 권한이 있는지를 체크한다. 만일 디렉토리가 쓰기 권한을 가졌다면 true를 반환하며 042행 이하의 나머지 명령들을 진행하게 된다. 물론 만일 디렉토리가 쓰기 권한을 부여받지 못하였다면 프로그램은 041행~049행의 루틴을 수행하지 않고 빠져나오게 된다.

042행의 File 클래스는 프로그램이 시스템에 존재하는 폴더나 파일에 접근하여 객체로 이용할 수 있도록 만들어주는 클래스이다. 다시 말하면 폴더나 파일 단위가 자바 프로그램에서 사용되려면 객체로 변환되어야 하는데 여기서의 File 클래스가 이러한 역할을 수행한다. 즉 레퍼런스 변수 `mydir`을 설정하고 File() 생성자를 통하여 객체를 생성하게 된다. 그리고 이러한 객체 생성은 폴더나 파일에 직접 접근하는 명령이 아니므로 폴더나 파일이 존재하든 존재하지 않든 상관없이 생성될 수 있다.

결과적으로 042행에서 폴더 위치가 /sdcard/mydir인 객체가 생성되고, 043행에서 mkdirs() 메소드에 의해 /sdcard/mydir 폴더를 생성한다. 그리고 만일 sdcard 폴더 안에 mydir 폴더를 생성하지 않고 직접 파일을 생성시킨다면 042행~043행은 사용될 필요가 없는 명령들임을 이해할 수 있을 것이다.

여기서 mkdirs() 메소드는 디렉토리가 두 단 이상으로 구성될 경우 이들 모두를 생성해 주는 메소드이다. 만일 하나의 디렉토리만을 생성한다면 mkdir() 메소드를 사용할 수 있다. 따라서 sdcard 폴더가 생성되어 있는 경우라면 그 밑에 mydir 폴더를 추가하는 것이므로 mkdir() 메소드를 사용해도 무방하다.

044행 역시 레퍼런스 변수 `file2`를 설정하고 File() 생성자를 사용하여 File 클래스의 객체를 생성하는 명령이다. 이번에는 폴더의 위치와 그 밑의 파일까지를 인자로 사용한다. 즉 /sdcard/mydir/textfile2.txt라는 경로와 파일 이름을 가진 객체가 생성되는 것이다.

그리고 045행에서는 파일 시스템 안에 위치한 파일에 쓰기를 수행하는 클래스인 `FileWriter` 클래스의 레퍼런스 변수 `fw`를 설정하고 파일 경로와 이름으로 `FileWriter()` 메소드를 수행하여 객체를 생성한다.

또한 046행에서는 데이터 쓰기 수단인 Writer를 받아 그 출력을 버퍼화하는 클래스인 `BufferedWriter` 클래스의 레퍼런스 변수 `outsd`를 설정하여 객체를 생성한다.

여기서 `BufferedWriter` 클래스는 `FileWriter` 클래스의 효율을 높이기 위해 사용하는 버퍼 클래스이다. 따라서 `BufferedWriter` 객체를 `FileWriter` 객체와 함께 사용함으로써 파일로의 데이터 출력 과정에서 전체적으로 효율을 높일 수 있게 된다.

045행~046행의 파일 쓰기 환경을 갖춘 후 047행의 `write()` 메소드를 실행하여 033행에서 설정한 변수 `strFileContents2`의 문자열 값이 파일로 출력하게 된다. 그리고 048행에 의해 파일 출력 작업이 종료된다.

이상으로 자바 소스 프로그램의 작성과정이 끝났다. 이제 이 프로그램을 실행하는 과정만 남았다. 그러나 프로그램을 실행하기 전에 두 가지 덧붙여 수행해야 할 것이 있다. 첫째는 AndroidManifest.xml 파일의 uses-permissions를 설정해주는 것이다. 프로그램이 외부 스토리지를 사용할 수 있도록 uses-permissions에 다음과 같이 외부 스토리지 권한을 설정해주어야 한다. 그래야만 sdcard 폴더가 프로그램에 의해 참조될 수 있게 된다.

Uses Permission : android.permission.WRITE_EXTERNAL_STORAGE

다음에는 이클립스 화면에서 Run - Run Configurations를 선택한다. 그러면 이클립스 실행창이 나타나는데 여기서 <그림14-6>과 같이 Target 탭을 선택한다.

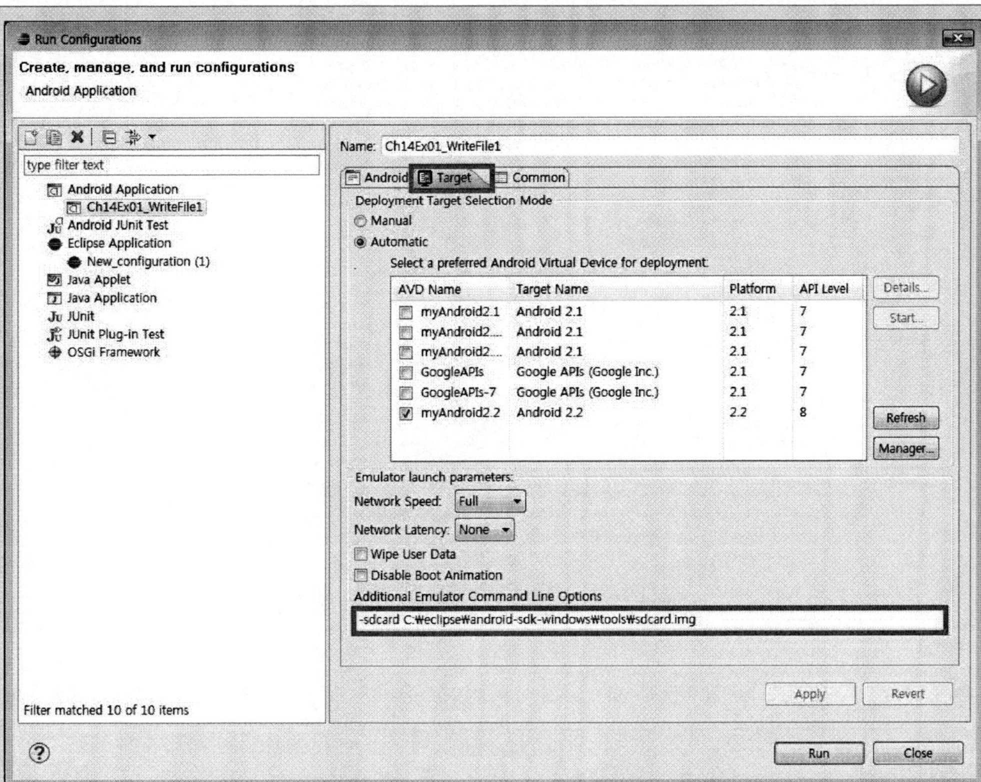

<그림14-6> Target 창 설정 화면

사용할 AVD 타겟을 선택하고, 창 하단의 Additional Emulator Command Line Options 필드에 다음과 같이 sdcard 명령과 <그림14-4>의 과정을 통하여 생성한 sdcard.img 파일의 경로를 입력한다.

-sdcard C:\eclipse\android-sdk-windows\tools\sdcard.img

만일 Target 탭의 창 하단부에 Additional Emulator Command Line Options 필드가 보이지 않는다면 마우스로 창을 드래그하여 창을 키워보라. 그러면 이 필드가 나타날 것이다. 필드를 위와 같은 명령으로 채운 후 Run을 수행한다.

【예제14-2】의 실행 결과는 <그림14-7>과 같이 DDMS 화면을 통하여 확인할 수 있다.

data/data/패키지 이름/files 폴더 밑에는 textfile1.txt 파일이, 그리고 sdcard/mydir 폴더 밑에는 textfile2.txt 파일이 생성되어 있음을 볼 수 있다.

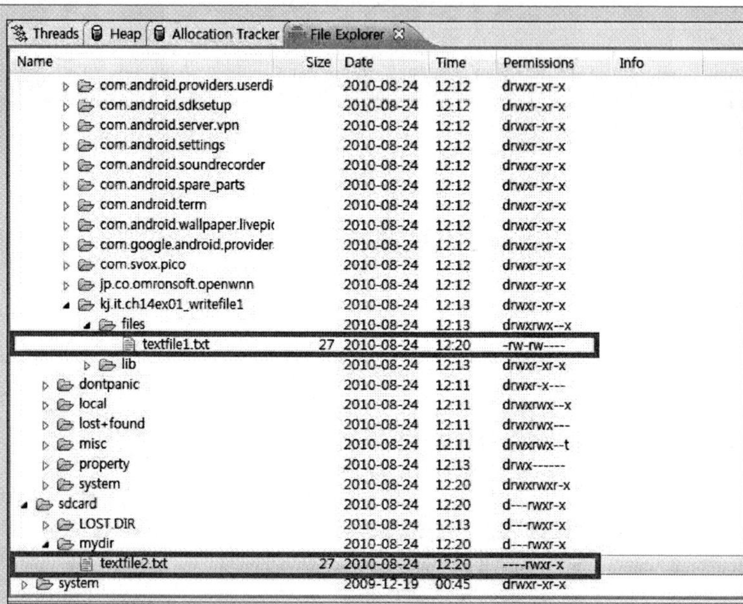

<그림14-7> 【예제14-2】의 실행 결과

【예제14-2】 프로그램의 실행에 의해 동시에 두 저장 위치에서 텍스트 파일이 생성됨을 알 수 있다. 이들 파일들의 내용을 확인하기 위해서는 앞의 【예제14-1】에서 사용했던 방법을 그대로 사용하면 된다. adb pull 명령(Pull a file from the device 기능)을 사용하여 현재 위치의 파일을 윈도우 파일 시스템 안의 위치로 복사하는 것이다. 그런 후에야 파일 내용을 정확히 확인할 수 있을 것이다.

만일 지금까지의 과정을 정확히 수행하였는데도 불구하고 sdcard 폴더 안에 원하는 파일이 생성되지 않았다면 다음의 과정을 수행해 볼 필요가 있다.

사용하는 에뮬레이터가 SD Card support 속성을 포함하도록 설정해주는 것이다.

먼저 현재 사용 중인 에뮬레이터가 SD Card support 속성을 포함하고 있는지 확인해본다. 이 속성의 포함 여부는 Window - Android SDK and AVD Manager를 열고 사용 중인 AVD를 선택한 후 Details... 버튼을 클릭하면 간단히 확인할 수 있다.

<그림14-8>에서 보듯 hw.sdCard가 yes로 설정되어 있으면 SD Card support 속성이 포함되어 있는 것이다.

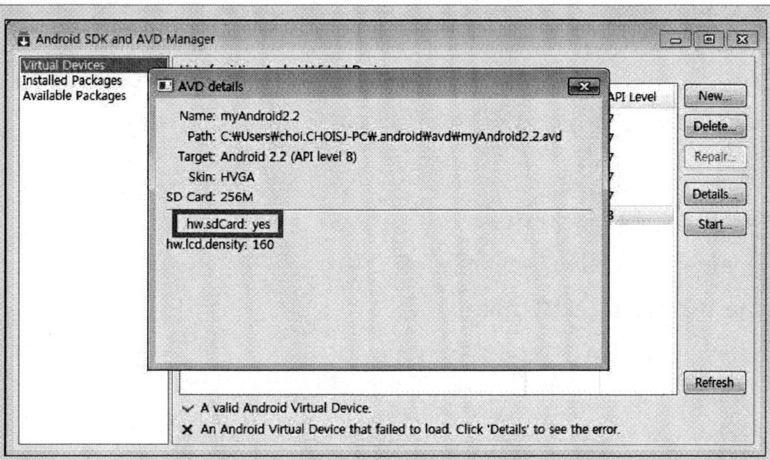

<그림14-8> 사용 중인 안드로이드 AVD의 속성

만일 사용 중인 에뮬레이터가 SD Card support 속성을 포함하고 있지 않다면 새로운 AVD를 생성하여 사용하면 된다. <그림14-8>에서 New... 메뉴를 선택하면 새로운 AVD를 간단히 생성할 수 있다. 나타난 창의 Hardware - property 부분에서 SD Card support 속성을 포함시키면 된다. 그리고 이 새로이 생성된 AVD를 Target으로 사용하여 프로그램을 재실행시키면 된다.

여러분 각자 scard 폴더 안에서의 파일의 저장위치를 변경하거나, 또는 파일 이름과 내용을 수정하면서 프로그램을 다시 실행해 보라. 그리고 그 결과를 확인해보자.

14.2 메모장 만들기

이번에는 간단한 메모장을 만들어보자. 간단한 메모를 입력할 수 있는 텍스트 에디터 창과 파일 저장하기 및 화면 닫기 기능만으로 구성된 매우 간단한 메모장이다.

텍스트 에디터 창을 통하여 입력된 문자열은 【예제14-2】의 경우와 마찬가지로 /data/data/패키지 폴더/files 폴더 안의 textfile1.txt 파일과 /sdcard/mydir 폴더 안의 textfile2.txt 파일 등 두 곳의 저장 위치에 동시에 저장될 것이다.

이 예제에서는 텍스트 에디터 창에서의 메모 입력을 위해 `EditText` 클래스를 사용할 것이다. 그리고 이 클래스는 이미 앞에서 수차례에 걸쳐 사용했던 클래스이므로 더 이상 새로운 클래스는 아니다.

이클립스를 실행하고 다음과 같은 프로젝트를 생성한다.

Project name : Ch14Ex03_Note1
Application name : Ch14Ex03_Note1
Package name : kj.it.ch14ex03_note1
Create Activity : Ch14Ex03_Note1Activity
Min SDK Version : 8

예제 14-3

(main.xml)

```
<?xml version="1.0" encoding="utf-8"?>
<LinearLayout
xmlns:android="http://schemas.android.com/apk/res/android"
    android:orientation="vertical"
    android:layout_width="fill_parent"
    android:layout_height="fill_parent"
    >
  <LinearLayout
    android:orientation="horizontal"
    android:layout_width="fill_parent"
    android:layout_height="wrap_content"
    android:gravity="center_horizontal"
    >
  <Button
    android:id="@+id/save"
    android:layout_width="wrap_content"
    android:layout_height="wrap_content"
```

```
      android:text="Save" />
    <Button
      android:id="@+id/close"
      android:layout_width="wrap_content"
      android:layout_height="wrap_content"
      android:text="Close" />
  </LinearLayout>
  <LinearLayout
      android:orientation="vertical"
      android:layout_width="fill_parent"
      android:layout_height="fill_parent"
      android:layout_weight="1"
      >
    <EditText
      android:id="@+id/editor"
      android:layout_width="fill_parent"
      android:layout_height="fill_parent"
      android:singleLine="false"
      />
  </LinearLayout>
</LinearLayout>
```

Save 버튼과 Close 버튼 등 두 개의 위젯을 LinearLayout에 의해 화면 상단에 나란히 배치하고 그 아래는 또 다른 LinearLayout에 의해 id가 editor인 EditText 앨리먼트를 설정하였다.

한편 【예제14-2】에서와 같이 AndroidManifest.xml 파일에 uses-permissions로 외부 스토리지 권한인 android.permission.WRITE_EXTERNAL_STORAGE를 추가해 주는 것은 계속 필요하다. 외부 저장 폴더인 sdcard 폴더에 파일을 생성하고 데이터를 저장할 것이기 때문이다.

(Ch14Ex03_Note1.java)

```
package kj.it.ch14ex03_note1;

import android.app.Activity;
```

```
import android.os.Bundle;
import android.view.View;
import android.widget.Button;
import android.widget.Toast;
import java.io.OutputStreamWriter;
import java.io.FileOutputStream;
import java.io.File;
import android.os.Environment;
import java.io.FileWriter;
import java.io.BufferedWriter;
import android.widget.EditText;

public class Ch14Ex03_Note1Activity extends Activity {
    private final static String FILE1="textfile1.txt";
    private final static String FILE2="textfile2.txt";
    private EditText editor;
    /** Called when the activity is first created. */
    @Override
    public void onCreate(Bundle savedInstanceState) {
        super.onCreate(savedInstanceState);
        setContentView(R.layout.main);
        editor=(EditText)findViewById(R.id.editor);

        Button btn1=(Button)findViewById(R.id.save);
        Button btn2=(Button)findViewById(R.id.close);
        btn1.setOnClickListener(new
           Button.OnClickListener() {
              public void onClick(View v){
                    savefile();
              }
        });
        btn2.setOnClickListener(new
            Button.OnClickListener() {
              public void onClick(View v){
                    finish();
```

```
                }
        });
    }

    public void savefile(){
        try{
                FileOutputStream fOut=openFileOutput(FILE1,
                    MODE_PRIVATE);
                OutputStreamWriter out=new
                    OutputStreamWriter(fOut);
                out.write(editor.getText().toString());
                out.close();

                File path=
                 Environment.getExternalStorageDirectory();
                if (path.canWrite()){
                    File mydir=new File("/sdcard/mydir");
                    mydir.mkdirs();
                    File file2=new File(mydir, FILE2);
                    FileWriter fw=new FileWriter(file2);
              BufferedWriter outsd=new BufferedWriter(fw);
                  outsd.write(editor.getText().toString());
                    outsd.close();
                    }
        }
        catch (Throwable t){
                Toast.makeText(this,  "예외:"+t.toString(),
2000).show();
                }
        }
}
```

【예제14-3】이 【예제14-2】와 다른 점은 【예제14-3】에서는 EditText 앨리먼트를 사용하여 직접 문자열을 입력받을 수 있다는 것이다. 반면 【예제14-2】에서는 문자열

변수 `strFileContents1`과 `strFileContents2`를 각각 선언하고 이들 변수에 문자열을 지정하여 파일에 출력하였다.

이러한 차이점만 이해한다면 그 외 나머지는 【예제14-2】에서 설명한 내용과 동일하므로 여기서는 더 이상 반복하여 설명하지 않을 것이다.

물론 그 외에도 WriteToFile 버튼이 Save 버튼으로 바뀌었다는 것과 【예제14-3】에서는 Close 버튼이 추가되었다는 점도 다른 점이다.

Save 버튼은 버튼 위젯의 이름만 바뀌었을 뿐 수행하는 동작은 WriteToFile 버튼의 경우와 동일하다. 그리고 Close 버튼의 동작은 간단하다. 현재의 에뮬레이터 화면, 즉 현재의 액티비티를 종료하고 기본 화면을 다시 표시하는 정도로 그 기능을 다하는 정도이다.

이러한 상황을 염두에 두고 【예제14-3】의 소스 프로그램을 이해해보자.

025행에서는 019행에서 설정한 `EditText` 클래스의 레퍼런스 변수 editor로 레이아웃 파일인 main.xml 파일의 EditText 앨리먼트를 참조한다.

027행과 028행 역시 각각 Button 클래스의 레퍼런스 변수 btn1과 btn2를 설정하여 main.xml 파일의 Save 버튼 앨리먼트와 Close 버튼 앨리먼트를 참조한다.

034행~038행은 029행~033행과 마찬가지로 OnClickListener를 등록하여 버튼이 클릭되었을 때 onClick 메소드 안의 프로그램이 실행되도록 한다. 여기서는 `finish()` 메소드가 호출되며 이 메소드는 상위 클래스인 액티비티 클래스에 포함되어 있는 메소드이므로 031행에서 `savefile()` 메소드를 호출하여 041행~062행과 같이 별도의 메소드를 수행하도록 하는 것과는 달리 그 자체로 액티비티 클래스 내의 `finish()` 메소드를 수행한다. 그리고 그 결과로 현재의 액티비티가 종료되고 에뮬레이터 화면은 기본 화면으로 되돌아온다.

한편 045행과 055행은 모두 EditText 앨리먼트에 의해 생성된 텍스트 에디터 창으로부터 입력된 문자열을 받아 각각 textfile1.txt 파일과 textfile2.txt 파일에 저장한다.

【예제14-3】의 실행에 의해 생성된 메모장 화면은 <그림14-9>와 같다.

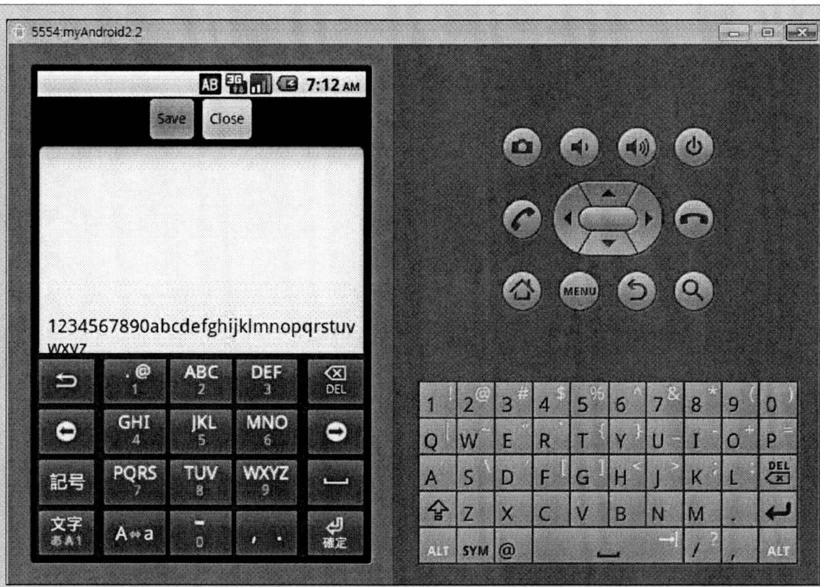

<그림14-9> 【예제14-3】의 실행 결과

화면 상단에 Save 버튼과 Close 버튼이 나란히 배치되었으며 그 아래에는 텍스트 에디터 창이 위치하고 있다.

텍스트 에디터 창에 임의의 문자열을 입력하고 Save 버튼을 클릭하면 텍스트 에디터 창에 입력된 임의의 문자열이 /data/data/패키지 폴더/files 폴더안의 textfile1.txt 파일과 /sdcard/mydir 폴더 안의 textfile2.txt 파일 등 두 곳에 동시에 저장된다.

이번에는 <그림14-9>의 화면을 좀 더 보완하여보자.

Save 버튼과 Close 버튼 외에 Read 버튼과 Delete 버튼을 추가해보자. Read 버튼은 파일로부터 데이터를 읽어 화면에 표시하는 기능을 수행하며 Delete 버튼은 파일을 삭제하는 기능을 수행하도록 만들어보자.

Read 기능은 새로운 클래스의 사용을 필요로 한다. 파일에 데이터를 저장하는 기능을 수행하였던 앞의 예제와는 달리 반대로 파일로부터 데이터를 읽어오는 기능이므로 쓰기 기능에 대응하는 읽기 기능에 필요한 클래스들이 사용될 것이다.

이를 위하여 InputStreamReader 클래스, BufferedReader 클래스, FileInputStream 클래스가 사용될 것이다.

InputStreamReader 클래스는 바이트 스트림을 문자 스트림으로 바꾸기 위한 클래스이며 BufferedReader 클래스는 데이터 읽기 수단인 Reader를 받아 그 입력을 버퍼화하는 클래스이다. 또한 FileInputStream 클래스는 파일 시스템 안에 위치한 파일로부터 읽기를 수행하는 특별한 입력 스트림 클래스이다.

<InputStreamReader 클래스>
: 바이트 스트림을 문자 스트림으로 바꾸기 위한 클래스

<BufferedReader 클래스>
: 데이터 읽기 수단인 Reader를 받아 그 입력을 버퍼화하는 클래스

<FileInputStream 클래스>
: 파일 시스템 안에 위치한 파일로부터 읽기를 수행하는 특별한 입력 스트림 클래스

이클립스를 실행하고 다음과 같은 프로젝트를 생성한다.

Project name : Ch14Ex04_Note2
Application name : Ch14Ex04_Note2
Package name : kj.it.ch14ex04_note2
Create Activity : Ch14Ex04_Note2Activity
Min SDK Version : 8

예제 14-4

(main.xml)

```
<?xml version="1.0" encoding="utf-8"?>
<LinearLayout
xmlns:android="http://schemas.android.com/apk/res/android"
    android:orientation="vertical"
    android:layout_width="fill_parent"
    android:layout_height="fill_parent"
    >
  <LinearLayout
    android:orientation="horizontal"
    android:layout_width="fill_parent"
    android:layout_height="wrap_content"
    android:gravity="center_horizontal"
    >
  <Button
```

```
    android:id="@+id/save"
    android:layout_width="wrap_content"
    android:layout_height="wrap_content"
    android:text="Save" />
  <Button
    android:id="@+id/read"
    android:layout_width="wrap_content"
    android:layout_height="wrap_content"
    android:text="Read" />
  <Button
    android:id="@+id/close"
    android:layout_width="wrap_content"
    android:layout_height="wrap_content"
    android:text="Close" />
  <Button
    android:id="@+id/delete"
    android:layout_width="wrap_content"
    android:layout_height="wrap_content"
    android:text="Delete" />
    </LinearLayout>
 <LinearLayout
               android:orientation="vertical"
    android:layout_width="fill_parent"
    android:layout_height="fill_parent"
    android:layout_weight="1"
    >
  <EditText
    android:id="@+id/editor"
    android:layout_width="fill_parent"
    android:layout_height="fill_parent"
    android:singleLine="false"
    />
 </LinearLayout>
</LinearLayout>
```

Read 버튼과 Delete 버튼 등 두 개의 버튼 엘리먼트가 추가되었다. 그 외 나머지는 【예제14-3】과 같다.

AndroidManifest.xml 파일에는 앞의 예제들과 마찬가지로 uses-permissions로 android.permission.WRITE_EXTERNAL_STORAGE 속성이 추가된다.

(Ch14Ex04_Note2.java)

```
package kj.it.ch14ex04_note2;

import android.app.Activity;
import android.os.Bundle;
import android.view.View;
import android.widget.Button;
import android.widget.Toast;
import java.io.OutputStreamWriter;
import java.io.FileOutputStream;
import java.io.File;
import android.os.Environment;
import java.io.FileWriter;
import java.io.BufferedWriter;
import android.widget.EditText;
import java.io.InputStreamReader;
import java.io.BufferedReader;
import java.io.FileInputStream;

public class Ch14Ex04_Note2Activity extends Activity {
    private final static String FILE1="textfile1.txt";
    private final static String FILE2="textfile2.txt";
    private EditText editor;
    /** Called when the activity is first created. */
    @Override
    public void onCreate(Bundle savedInstanceState) {
        super.onCreate(savedInstanceState);
        setContentView(R.layout.main);
        editor=(EditText)findViewById(R.id.editor);
```

```
        Button btn1=(Button)findViewById(R.id.save);
        Button btn2=(Button)findViewById(R.id.close);
        Button btn3=(Button)findViewById(R.id.read);
        Button btn4=(Button)findViewById(R.id.delete);

        btn1.setOnClickListener(new
           Button.OnClickListener() {
              public void onClick(View v){
                    savefile();
              }
        });
        btn2.setOnClickListener(new
            Button.OnClickListener() {
              public void onClick(View v){
                    finish();
              }
        });
        btn3.setOnClickListener(new
            Button.OnClickListener() {
              public void onClick(View v){
                    readfile();
              }
        });
        btn4.setOnClickListener(new
            Button.OnClickListener() {
              public void onClick(View v){
                    deletefile();
              }
        });
    }

    public void savefile(){
        try{
                                    .
```

```
        // 【예제14-3】의 043~060행과 동일 소스(생략)
                            .
                            .
                }
            }
    public void readfile() {
        try{
// read from textfile1.txt
                FileInputStream is1=openFileInput(FILE1);
                InputStreamReader isr1=new
                  InputStreamReader(is1);
                BufferedReader br1=new
                  BufferedReader(isr1);

                String str1;
                StringBuffer sbuf1=new StringBuffer();
                sbuf1.append("\n<textfile1.txt
                        contents>\n");
                while((str1=br1.readLine()) != null){
                        sbuf1.append(str1);
                        }
                is1.close();
// read from textfile2.txt
                File file=new File("/sdcard/mydir/"+FILE2);
                FileInputStream is2=new
                   FileInputStream(file);
                InputStreamReader isr2=new
                   InputStreamReader(is2);
                BufferedReader br2=new
                   BufferedReader(isr2);
// data from textfile2.txt added to textfile1.txt's data
                sbuf1.append("\n<textfile2.txt
                        contents>\n");
                while((str1=br2.readLine()) != null){
                        sbuf1.append(str1);
```

```
102                  }
103             is2.close();
104             editor.setText(sbuf1.toString());
105             }
106             catch (Throwable t){
107             Toast.makeText(this,   "예외:"+t.toString(),
    2000).show();
108             }
109       }
110
111    public void deletefile() {
112       boolean del1=deleteFile(FILE1);
113       Toast.makeText(this, "FILE1 deleted!"+del1,
              2000).show();
114
115    File path=Environment.getExternalStorageDirectory();
116       if (path.canWrite()){
117             File mydir=new File("/sdcard/mydir");
118             File file2=new File(mydir, FILE2);
119             boolean del2=file2.delete();
120             Toast.makeText(this, "FILE2 deleted!"+del2,
    2000).show();
121       }
122             editor.setText("");
123       }
124 }
```

032행~033행에서 Button 클래스의 두 레퍼런스 변수 btn3과 btn4를 설정하고 레이아웃 파일인 main.xml 파일의 Read 버튼 앨리먼트와 Delete 버튼 앨리먼트를 참조한다.

045행~049행과 050행~054행은 각각 OnClickListener를 등록하여 버튼이 클릭되었을 때 readfile() 메소드와 deletefile() 메소드를 호출하도록 한다.

057행~078행은 savefile() 메소드로서 【예제14-3】에서 설명한 것처럼 텍스트 에디터 창으로부터 입력된 문자열을 받아 각각 textfile1.txt 파일과 textfile2.txt 파일에 저장하는 역할을 수행한다. 이에 대해서는 이미 앞에서 설명한 바 있다.

079행~109행은 readfile() 메소드를 수행하는 프로그램으로서 Read 버튼을 클릭하면 두 개의 파일, textfile1.txt 파일과 textfile2.txt 파일로부터 데이터를 읽어 에뮬레이터 화면에 출력하도록 한다.

readfile() 메소드 역시 파일을 열고 데이터를 읽어오는 과정을 수행하므로 상황에 따라 예기치 않은 에러가 발생할 가능성이 있다. 따라서 이 메소드 또한 savefile() 메소드와 마찬가지로 예외 처리 구문 형식인 try - catch 구문을 사용한다.

한편 이 메소드는 세 부분으로 구성된다. try 구문 안에서 textfilc1.txt 파일로부터 데이터를 읽어오는 부분과 또한 try 구문 안에서 textfile2.txt 파일로부터 데이터를 읽어오는 부분, 그리고 예외 처리 부분인 catch 구문으로 구성된다.

상세한 내용은 다음과 같다.

082행~092행은 textfile1.txt 파일로부터 데이터를 읽어오는 부분이다. textfile1.txt 파일은 앞에서 이미 충분히 설명한 바와 같이 안드로이드에서 지정한 위치인 /data/data/패키지 이름/files 폴더를 기본 위치로 하고 있다. 따라서 textfile1.txt 파일로부터 데이터를 읽어오기 위해 별도의 파일 경로를 지정할 필요는 없다.

082행에서는 FileInputStream 클래스의 레퍼런스 변수 is1을 설정하고 openFileInput() 메소드를 참조한다.

여기서 FileInputStream 클래스는 파일 시스템 안에 위치한 파일로부터 읽기를 수행하는 특별한 입력 스트림 클래스이며, openFileInput() 메소드의 호출을 통하여 인자로 지정된 파일을 열게 된다.

083행의 InputStreamReader 클래스는 바이트 스트림을 문자 스트림으로 바꾸기 위한 클래스이다. 레퍼런스 변수 isr1을 설정하고 InputStreamReader() 메소드를 참조하여 객체를 생성한다. 텍스트 파일(파일명.txt)로부터의 바이트 스트림을 화면 출력을 위한 문자 스트림으로 변환해준다.

084행의 BufferedReader 클래스는 BufferedWriter 클래스와 마찬가지로 데이터의 입출력 과정에서 버퍼를 사용함으로써 전체적으로 데이터 처리의 효율을 높여준다. 그러한 목적에서 BufferedReader 클래스의 객체가 생성되었으며 이 객체의 사용에 의해 뒤에서 readLine() 메소드(089행)를 이용하여 한 줄 단위로 문자열을 입력받아 처리할 수 있게 된다.

087행에서는 StringBuffer 클래스의 레퍼런스 변수 sbuf1을 설정하고 StringBuffer() 메소드를 참조하여 객체를 생성한다. 이 객체는 파일로부터 읽혀지는 데이터들을 버퍼를 사용하여 저장하도록 한다.

088행은 객체 sbuf1을 문자열 데이터 "\n<textfile1.txt contents>\n"으로 초기화한다. 이 기능은 append() 메소드에 의해 실현되며, 이는 뒤에서 Read 버튼에 의해 파일 데이터를 텍스트 에디터 창에 출력할 때 첫 머리에 위치할 내용으로 사용된다. 여기서 \n은 줄 바꾸기 표시이다.

089행은 while 제어문으로서 파일로부터 출력되어 버퍼에 저장된 데이터를 한 줄 단위로 읽어 만일 데이터가 존재하면(null이 아니면) 090행에서 append() 메소드를 이용하여 객체 sbuf1에 문자열 데이터를 추가하며 한 줄 단위의 데이터가 null일 때까지 이 과정을 반복한다.

092행에서 textfile1.txt 파일 불러오기 과정이 종료되며 불러온 데이터들은 객체 sbuf1에 의해 메모리에 임시로 저장되어 있다.

다음에는 094행~103행의 textfile2.txt 파일 읽기 과정이다.
094행에서도 File 클래스의 객체가 생성되어 폴더 위치("/sdcard/mydir/")의 파일(textfile2.txt)을 참조한다.

095행에서는 FileInputStream 클래스의 레퍼런스 변수 is2로 FileInputStream() 메소드를 참조하여 객체를 생성한다.

096행~097행은 앞의 083행~084행과 동일한 객체 생성 명령이다. 레퍼런스 변수의 이름만이 각기 다를 뿐이다. 따라서 앞의 083행과 084행에 대한 설명을 참조하기 바란다.
099행 역시 앞의 088행과 유사한 내용이다. 객체 sbuf1에 특정 문자열 "\n<textfile2.txt contents>\n"을 추가한다. 이 문자열은 append() 메소드에 의해 객체 sbuf1의 데이터에 덧붙여지며 뒤에서 Read 버튼에 의해 텍스트 에디터 창에 파일 데이터가 출력될 때 textfile2.txt 파일로부터 읽어온 데이터를 구분할 목적으로 사용된다.

100행~103행은 앞의 089행~092행과 동일한 내용이다. while 제어문을 이용하여 파일로부터 읽어와 버퍼에 저장한 데이터를 한 줄씩 읽어 객체 sbuf1에 추가한다. 여기서 객체 sbuf1이 앞의 textfile1.txt 파일 읽기에 이어 그대로 사용된 이유는 두 파일로부터 읽어 온 데이터들을 모두 객체 sbuf1에 저장하였다가 한꺼번에 화면의 텍스트 에디터 창에 표시하기 위함이다.

104행의 setText() 메소드에 의해 sbuf1의 데이터가 editor 위젯, 즉 텍스트 에디터 필드에 모두 표시된다. 그 결과는 뒤의 <그림14-11>과 같다. 두 파일로부터 읽어 온 데이터들이 모두 텍스트 에디터 창에 표시됨을 볼 수 있다.

한편 106행~108행은 예외 처리를 수행하는 catch 구문이다. 이 구문에 대해서는 앞에서 이미 설명한 바다. 여기서는 더 이상 설명하지 않는다.

다음에는 deletefile() 메소드이다. 이 메소드는 050행에 의해 화면의 Delete 버튼을 클릭할 때 호출되어 수행된다.
052행에서 deletefile() 메소드가 호출되며 111행~123행에 걸쳐 파일 삭제 과정이 수행된다.

112행에서는 deleteFile() 메소드를 이용하여 사용인자 FILE1이 가리키는 파일, 즉 textfile1.txt 파일을 삭제한다. 그리고 그 결과를 레퍼런스 변수인 del1에 true 또는 false로 반환한다. 이는 레퍼런스 변수가 boolean 형으로 선언되었기 때문이다. 만일 파일이 삭제되었으면 del1은 true 값을 가질 것이요, 파일이 삭제되지 않았다면 반대로 false 값을 가지게 될 것이다.
첫 번째 파일, textfile1.txt를 삭제하고 그 결과를 토스트 기능을 이용하여 화면에 표시한다.

115행~121행은 두 번째 파일인 sdcard/mydir 폴더 안의 textfile2.txt 파일을 삭제하는 부분이다.
【예제14-2】에서 설명한 바와 같이 115행은 Environment 클래스에 속한 getExternalStorageDirectory() 메소드를 이용하여 SDCard가 마운트된 디렉토리 경로를 조회할 수 있도록 File 클래스의 레퍼런스 변수 path를 설정한다.

그리고 116행의 canWrite() 메소드에 의해 이 디렉토리 경로가 쓰기 가능한 상태인지를 확인하여 만일 쓰기 기능이 가능한 상태라면 117행 이하를 수행한다.

117행~118행은 File 클래스의 객체를 생성하는 과정이다. 두 단계에 걸쳐 파일이 위치하는 디렉토리 경로와 파일 이름을 참조하게 된다. 그리고 119행에서 delete() 메소드를 수행함으로써 레퍼런스 변수 file2에 의해서 참조된 두 번째 파일인, textfile2.txt 파일을 삭제한다.
그리고 120행에서 그 결과를 토스트 기능을 이용하여 화면에 표시한다.

끝으로 122행에서 setText("") 메소드를 수행함으로써 텍스트 에디터 창에 표시되었던 문자열들은 모두 삭제한다.

결국 Delete 버튼에 의해 두 파일, textfile1.txt 파일과 textfile2.txt 파일이 모두 삭제되고 화면의 텍스트 에디터 창에 표시되었던 내용들은 모두 삭제된다.

<그림14-10>은 【예제14-4】를 실행한 화면이다. 화면 상단에 Save, Read, Close, Delete 버튼이 배열되어 있음을 볼 수 있다.

<그림14-10>의 화면에서 Read 버튼을 클릭하면 두 파일, 즉 textfile1.txt 파일과 textfile2.txt 파일의 데이터들이 <그림14-11>과 같이 텍스트 에디터 창에 표시된다. <그림14-11>의 내용은 텍스트 에디터 창에 '1234567890'을 입력하여 Save 한 후 다시 Read 버튼을 클릭한 경우이다.

Save 버튼의 클릭에 의해 textfile1.txt 파일과 textfile2.txt 파일에 동시에 저장된 내용이 Read 버튼에 의해 에디터 창에 출력됨을 볼 수 있다.

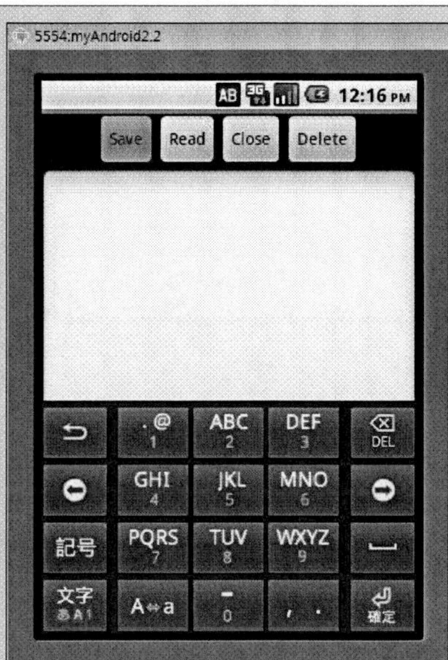

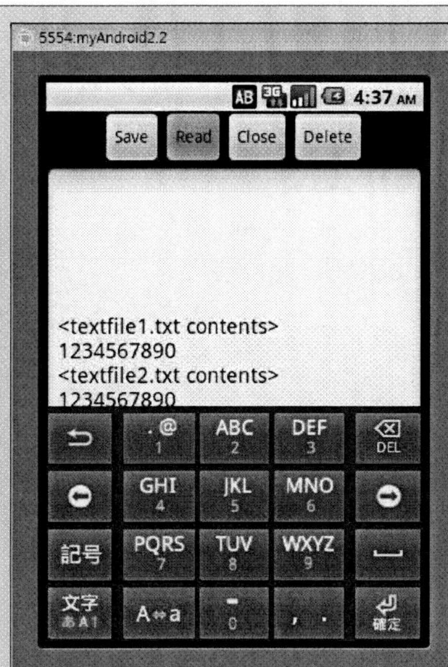

<그림14-10>【예제14-4】의 실행 결과 <그림14-11> Read 버튼을 클릭한 결과

한편 Delete 버튼을 클릭하면 두 파일, textfile1.txt 파일과 textfile2.txt 파일이 모두 삭제되고 화면의 텍스트 에디터 창 또한 초기 상태로 돌아간다. 그리고 화면 하단에는 토스트 기능에 의해 순차적으로 두 파일들이 삭제되었음을 알리는 메시지가 표시된다. 'FILE1 deleted:true', 'FILE2 deleted:true'가 순차적으로 표시된다. 이 결과는 여러분 각자 확인해보기 바란다.

14.3 파일 불러오기

지금까지 안드로이드 에뮬레이터에서의 파일 처리 방법에 대하여 살펴보았다. 파일을 생성하고 파일로 데이터를 출력하며 또한 파일로부터 데이터를 읽어오는 기능들을 실행해 보았다.

이번에는 sdcard와 같은 외부 스토리지에 저장되어 있는 멀티미디어 파일을 에뮬레이터로 불러와 실행하는 방법에 대하여 살펴보자.

앞의 <그림14-4>에서 sdcard 폴더를 생성할 때 메모리 용량을 16M로 제한했으므로 비디오 파일보다는 용량이 비교적 적은 음악 파일들을 대상으로 실행해보기로 한다.

한편 에뮬레이터에서 멀티미디어 파일들을 다루기 위해서는 오디오나 비디오 파일들과 스트림의 동작을 제어하기 위해 사용하는 클래스인 MediaPlayer 클래스를 사용할 필요가 있다. 또한 예외 처리를 위해 일반적인 I/O 관련 에러를 표시하는 IOException이 사용될 것이다.

<MediaPlayer 클래스>
: 오디오나 비디오 파일들과 스트림의 동작을 제어하기 위해 사용하는 클래스

<IOException>
: 일반적인 I/O 관련 에러 표시

이클립스를 실행하고 다음과 같이 프로젝트를 생성한다.

Project name : Ch14Ex05_FileHandle
Application name : Ch14Ex05_FileHandle
Package name : kj.it.ch14ex05_filehandle
Create Activity : Ch14Ex05_FileHandleActivity
Min SDK Version : 8

예제 14-5

(main.xml)

```
<?xml version="1.0" encoding="UTF-8"?>
<LinearLayout
xmlns:android="http://schemas.android.com/apk/res/android"
    android:orientation="vertical"
    android:layout_width="fill_parent"
    android:layout_height="fill_parent"
>
<TextView
    android:id="@+id/select"
    android:layout_width="fill_parent"
    android:layout_height="wrap_content"
    />
<ListView
    android:id="@android:id/list"
    android:layout_height="fill_parent"
    android:layout_width="fill_parent"
    android:layout_weight="1"
    android:drawSelectorOnTop="false" >
</ListView>
</LinearLayout>
```

main.xml 파일에는 ListView 앨리먼트를 추가한다. 음악 파일들의 이름을 ListView 앨리먼트를 사용하여 에뮬레이터 화면에 배열하기 위해서이다. ListView 앨리먼트의 id는 'list'로 설정한다.

(strings.xml)

```
<?xml version="1.0" encoding="utf-8"?>
<resources>
    <string name="app_name">Ch14Ex05_FileHandle</string>
    <string-array name="musics">
```

```
005         <item>Maid with the flaxen hair</item>
006         <item>Sleep away</item>
007         <item>Kalimba</item>
008      </string-array>
009       <string-array name="music_title">
010         <item>maidwiththeflaxenhair.mp3</item>
011         <item>sleepaway.mp3</item>
012         <item>kalimba1.mp3</item>
013      </string-array>
014 </resources>
```

strings.xml 파일에 두 개의 string-array 앨리먼트를 사용하여 읽어 올 음악 파일들을 배열한다. 004행의 string-array인 'musics'는 화면상에 표시할 목록의 이름들로 구성되는 배열이며 각 배열 요소는 읽어 올 음악 파일들을 지칭한다. 반면 009행의 string-array인 'music_title'은 실제적인 음악 파일들의 이름으로 구성된 배열이다.

두 배열 모두 동일한 음악 파일들을 지칭하며 하나는 화면 표시용으로, 또 다른 하나는 실제적인 파일 이름 표시용으로 사용된다. 이처럼 동일한 파일들에 대하여 두 종류의 배열로 표시한 것은 안드로이드 에뮬레이터에서는 파일 이름이 소문자들로 표시되어야 하고 반면 화면에 표시될 이름은 대문자를 이용하여 표현하는 것이 효과적이기 때문이다.

string-array 안에 item이라는 항목으로 각각의 음악 파일들을 배열하였다.

이번에는 실제적으로 음악 파일들을 sdcard 폴더로 복사해 올 차례이다. DDMS 디버깅 툴을 이용하여 윈도우 파일 시스템에 저장되어 있는 음악 파일들을 sdcard 폴더 안으로 복사해 온다. 이는 DDMS 화면의 우측 상단에 있는 Push a file onto the device 아이콘을 이용하여 수행할 수 있다.

sdcard 폴더 안에서 앞의 예제들에 의하여 이미 생성되어 있는 mydir 폴더를 찾아 선택한다. 그리고 DDMS 화면 우측 상단의 Push a file onto the device 아이콘을 클릭한다. 그리고 열려진 윈도우 파일 시스템에서 복사할 음악 파일을 찾아 선택한다. 여기서 주의할 것은 복사할 음악 파일의 이름은 반드시 소문자로 되어있어야 한다는 것이다. 대문자는 허용되지 않음에 주의하자.

<그림14-12>는 sdcard/mydir 폴더로 3개의 음악 파일을 복사해 온 DDMS 화면의 모습이다. sdcard/mydir 폴더 밑에 3개의 음악 파일이 위치하고 있음을 볼 수 있다.

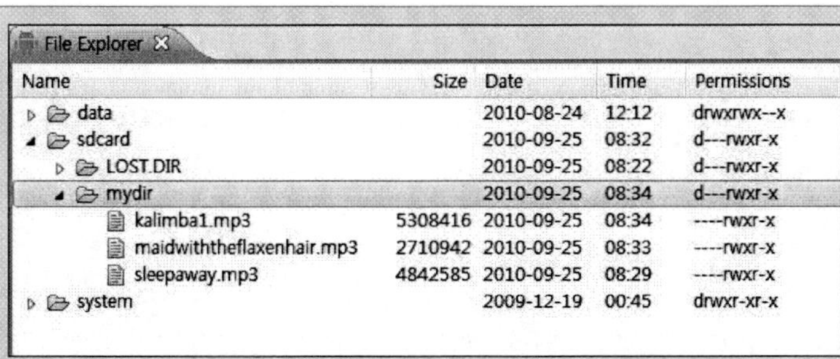

<그림14-12> DDMS 화면과 복사된 음악 파일

(Ch14Ex05_FileHandle.java)

```
package kj.it.ch14ex05_filehandle;

import android.app.ListActivity;
import android.os.Bundle;
import android.view.View;
import android.widget.ListView;
import android.widget.ArrayAdapter;
import android.widget.Toast;
import android.media.MediaPlayer;
import java.io.IOException;

public class Ch14Ex05_FileHandleActivity extends ListActivity {

    private static final String MEDIA_PATH = new String("/sdcard/mydir/");

    private MediaPlayer mp = new MediaPlayer();

    /** Called when the activity is first created. */
    @Override
    public void onCreate(Bundle savedInstanceState) {
        super.onCreate(savedInstanceState);
        setContentView(R.layout.main);
        String[] items1=
```

```
            getResources().getStringArray(R.array.musics);
024         setListAdapter(new ArrayAdapter<String>(this,
            android.R.layout.simple_list_item_1, items1));
025     }
026
027     public void onListItemClick(ListView parent, View
            view, int position, long id){
028         String[] items2=
        getResources().getStringArray(R.array.music_title);
029         Toast.makeText(this, "Playing :
            "+items2[position], Toast.LENGTH_LONG).show();
030
031         playMusic(MEDIA_PATH + items2[position]);
032         }
033
034     private void playMusic(String musicPath) {
035         try {
036                 mp.reset();
037                 mp.setDataSource(musicPath);
038                 mp.prepare();
039                 mp.start();
040         } catch (IOException e) {
041                 Toast.makeText(this, e.getMessage(),
                    Toast.LENGTH_SHORT).show();
042             }
043     }
044 }
```

014행에서 문자열 변수로 MEDIA_PATH를 설정하고 음악 파일 저장 위치인 '/sdcard/mydir/'를 참조하도록 한다.

016행에서 MediaPlayer 클래스의 레퍼런스 변수 mp를 설정하고 MediaPlayer() 메소드를 참조하는 객체를 생성한다.

023행에서 문자열 배열 변수 `items1`을 설정하고 `getStringArray()` 메소드를 이용하여 리소스 파일(R.java)의 `musics` 어레이를 참조한다. 그리고 024행에서 `ListActivity` 클래스 내의 `setListAdapter()` 메소드를 이용하여 `musics` 어레이에 의하여 참조되는 음악파일 목록을 화면에 표시한다.
이는 `ArrayAdapter<String>()` 메소드를 실행함으로써 문자열 배열 변수 `items1`의 요소들을 화면에 목록 형식으로 배열할 수 있게 한다.

027행~032행은 `onListItemClick()` 메소드가 수행되는 부분이다. 화면상에 표시된 목록이 클릭되어 선택되기를 기다리며 만일 목록 중 하나의 항목이라도 선택되면 이에 대응하여 수행하는 부분이다.

028행의 문자열 배열 변수 `items2`는 화면상에 표시된 음악 파일 목록 중 선택된 파일에 해당하는 실제적인 파일 이름을 획득하기 위하여 생성된 배열 변수이다. 023행에서와 같이 `getStringArray()` 메소드를 이용하며 리소스 파일의 `music_title` 어레이를 참조한다.

029행은 Toast 기능을 이용하여 음악 파일이 선택되었을 때 화면 하단에 선택된 음악 파일의 이름을 잠시 동안 표시하도록 한다.
'Playing : 음악 파일 이름'이 `LENGTH_LONG` 속성에 의해 조금 긴 시간 동안 화면 하단에 표시된다.

031행에서는 `playMusic()` 메소드를 호출하며 인자로는 파일 경로와 선택된 파일의 이름(`MEDIA_PATH + items[position]`)이 사용된다.

034행~043행은 `playMusic()` 메소드를 실제적으로 수행하는 부분이다.
이 부분 역시 파일을 직접 다루는 부분이므로 예외 처리가 가능하도록 try - catch 구문을 이용하여 구성한다.
036행의 `reset()` 메소드는 플레이 중인 음악을 중지시킨다. 이 명령이 없으면 현재 플레이되고 있는 음악이 있을 경우, 새로이 선택된 음악과 충돌하게 되고 따라서 플레이 에러가 발생하게 된다.

037행의 `setDataSource()` 메소드는 선택된 파일을 불러오는 메소드이다. 사용 인자인 `musicPath`가 파일의 경로와 파일 이름을 가리킨다.

038행의 `prepare()`를 거쳐 039행의 `start()` 메소드에 의해 선택된 음악 파일이 플레이된다.

040행의 catch { } 구문은 예외 처리 구문이다. 일반적인 I/O 관련 에러를 표시하는 IOException이 사용된다. 파일 준비 과정인 038행의 `prepare()` 메소드 수행 중 예외가 발생하면 수행하게 된다. 그리고 041행의 Toast 기능에 의해 간단한 에러 메시지가 화면 하단에 출력된다.

【예제14-5】 의 실행 결과는 <그림14-13>과 같다.

<그림14-13> 【예제14-5】의 실행 결과

화면상에 3 개의 음악 파일 목록이 표시되었으며 이들 3 개의 음악 파일들의 실제 이름은 각각 'maidwiththeflaxenhair.mp3', 'sleepaway.mp3', 'kalimba1.mp3'으로 <그림14-12>에 이들 파일들의 이름이 나타나있다.

에뮬레이터 화면상의 각 항목이 선택되면 이에 해당하는 음악 파일이 실행된다.

여러분 각자 적정 용량의 음악 파일들을 추가하고 이에 맞도록 프로그램을 수정하여 보라. 그리고 그 결과를 확인해 보자.

<사용된 class 정리>

<OutputStreamWriter 클래스>
: 문자 스트림을 바이트 스트림으로 바꿔주기 위한 클래스

<FileOutputStream 클래스>
: 파일 시스템에 있는 파일에 쓰기를 수행하는 특별한 OutputStream 클래스

<File 클래스>
: 경로 이름에 의해 지정되는 파일 시스템 본체의 추상적 표현

<Environment 클래스>
: 환경변수에 대한 접근을 제공하는 클래스

<FileWriter 클래스>
: 파일 시스템 안에 위치한 파일에 쓰기를 수행하는 특별한 Writer 클래스

<BufferedWriter 클래스>
: 데이터 쓰기 수단인 Writer를 받아 그 출력을 버퍼화하는 클래스

<InputStreamReader 클래스>
: 바이트 스트림을 문자 스트림으로 바꾸기 위한 클래스

<BufferedReader 클래스>
: 데이터 읽기 수단인 Reader를 받아 그 입력을 버퍼화하는 클래스

<FileInputStream 클래스>
: 파일 시스템 안에 위치한 파일로부터 읽기를 수행하는 특별한 입력 스트림 클래스

<MediaPlayer 클래스>
: 오디오나 비디오 파일들과 스트림의 동작을 제어하기 위해 사용하는 클래스

<IOException>
: 일반적인 I/O 관련 에러 표시

제 15 장
데이터베이스

제 15 장 데이터베이스

15.1 SQLite 데이터베이스

안드로이드는 SQLite라는 데이터베이스를 내장하여 사용하고 있다. SQLite 데이터베이스는 이름 그대로 SQL 데이터베이스와 매우 유사한 데이터베이스라고 할 수 있다. SQL 데이터베이스가 서버 컴퓨터 시스템에서 각광받는 데이터베이스라면 SQLite는 서버 컴퓨터 시스템에 비하여 상대적으로 메모리 용량이 제한되고 데이터 처리 속도가 떨어질 수밖에 없는 환경인 모바일시스템에서 선호되는 데이터베이스이다.

SQLite 데이터베이스에서는 표준 SQL의 기능들 가운데 FOREIGN KEY나 중첩 트랜잭션, RIGHT OUTER JOIN, FULL OUTER JOIN, 일부 ALTER TABLE 기능 등 일부 기능들을 지원하지 않는다. 그럼에도 불구하고 SQLite는 표준 SQL의 문법에 맞는 명령들을 사용하여 데이터를 처리하고 있다.

따라서 SQL 데이터베이스에 익숙한 사용자라면 별다른 어려움 없이 SQLite에 익숙해 질 수 있을 것이다.

한 가지 염두에 두어야 할 사항은 SQLite는 필드의 데이터 타입에 구애받지 않고 데이터를 저장한다는 것이다. 비록 데이터베이스 테이블 생성 초기에 각 필드마다 정수, 실수 혹은 문자 등과 같은 데이터 타입을 정의해 주지만 실제로 테이블에 저장되는 데이터는 설정된 데이터 타입에 구애받지 않는다는 것이다.

예를 들어 '이름'을 입력받는 필드에는 데이터 타입을 문자형으로 지정하지만 실제로는 문자형이 아닌 숫자형도 저장할 수 있다는 것이다. 데이터베이스 테이블에 대한 데이터 입출력의 자유도가 훨씬 커진 것이라고 이해하면 좋을 것이다.

안드로이드에서 SQLite 데이터베이스를 활용하는 방법에 대하여 알아보기 전에 데이터베이스에 대한 간단한 개념과 용어 등을 정리하고 넘어가자.

데이터베이스는 보통 DB(Database의 약어)라고도 표현하는데, 말 그대로 데이터 기지 혹은 데이터의 집합을 의미한다. 데이터베이스 안에는 한 개 또는 그 이상의 테이블들이 포함되는데 실제적인 데이터들, 예를 들면 이름, 전화번호, 이메일 주소와 같은 데이터들이 저장되는 공간이 테이블이다.

데이터베이스를 한 채의 집이라고 하면 집 안에는 한 개 혹은 여러 개의 방이 있을 수 있는데 이들 방이 각각 테이블이 된다. 즉 테이블인 방 안에 필요한 데이터들을 저장하고 관리할 수 있는 것이다.

테이블에는 '이름', '전화번호', '주소'와 같은 정보들이 정해진 형식에 의해 각각 종류별로 분리되어 저장되는데, 이러한 각각의 종류들을 필드라고 부른다. 즉 이름은 이름 필드에, 전화번호는 전화번호 필드에, 그리고 주소는 주소 필드에 종류별로 해당 데이터를 저장하는 식이다.

한편 테이블에는 각각의 대상에 대하여 필드별로 해당 데이터들이 분류되어 저장되는데 여기서 하나의 대상에 대한 전체 데이터의 집합, 즉 필드 데이터들의 집합을 레코드라고 한다.

<그림15-1>은 간단한 테이블의 한 예를 나타낸다.

Member

	ID	이름	전화번호	이메일주소
	3	Kim	010-1234-1234	kim@abc.com
	2	Park	010-2222-2222	park@ddkk.com
*	1			

<그림15-1> 테이블의 한 예

여기서 Member'는 테이블의 이름이며 'ID', '이름', '전화번호', '이메일주소'가 각각 필드이다. 또한 'Kim', '010-1234-1234', 'kim@abc.com'이 ID가 3인 회원의 데이터 집합이며 이것이 하나의 레코드이다.

많이 사용되는 데이터베이스 관련 작업으로는 다음과 같은 작업들이 있다.

- Create Database : 데이터베이스 생성하기
- Open Database : 데이터베이스 열기
- Close Database : 데이터베이스 닫기
- Drop Database : 데이터베이스 삭제하기

- Create Table : 테이블 생성하기
- Drop Table : 테이블 삭제하기
- Alter Table : 테이블 수정하기

- Insert into Table : 테이블에 데이터 레코드 추가하기
- Update Table : 테이블의 데이터를 수정하기
- Select Table : 테이블의 레코드를 조회하기
- Delete Table : 테이블의 레코드를 삭제하기

이제 이클립스를 실행하여 Ch15Ex01_SQLiteDb1이라는 이름으로 다음과 같이 새로운 프로젝트를 시작하자.

Project name : Ch15Ex01_SQLiteDb1
Application name : Ch15Ex01_SQLiteDb1
Package name : kj.it.ch15ex01_ch15ex01_sqlitedb1
Create Activity : Ch15Ex01_SQLiteDb1Activity
Min SDK Version : 8

데이터베이스를 처음 시작하는 상황이므로 다음과 같은 순서로 데이터베이스 작업을 진행하기로 한다.

① 데이터베이스 생성하기
② 테이블 생성하기
③ 레코드 추가하기

참고로 위의 순서는 항상 지켜져야 하는 순서이다. 테이블을 다루기 위해서는 먼저 해당 테이블을 포함하고 있는 데이터베이스를 생성하거나 여는 과정이 있어야 한다. 그리고 테이블에 레코드를 추가하기 위해서도 해당 테이블을 생성하거나 혹은 여는 작업을 먼저 수행하여야 한다.

이러한 절차를 염두에 두고 자바 소스 프로그램인 Ch15Ex01_SQLiteDb1Activity.java 파일에서 데이터베이스와 테이블을 순차적으로 생성하고 레코드를 추가하는 간단한 프로그램을 만들어보자.

한편 이를 위하여, 즉 데이터베이스 처리를 위하여 두 개의 새로운 클래스들을 import하여 사용한다. SQLiteDatabase 클래스와 SQLiteOpenHelper 클래스이다.

SQLiteDatabase 클래스는 SQLite 데이터베이스를 관리하기 위한 방법들을 진열하는 클래스로서 실제 데이터베이스에 접근할 때 사용되는 클래스이다. 즉 테이블 레코드의 추가(insert)나 삭제(delete), 수정(update) 및 쿼리(query) 등의 메소드를 호출할 때 사용된다.

반면 SQLiteOpenHelper 클래스는 데이터베이스 생성과 버전 관리 등을 관리하기 위한 helper 클래스로서 데이터베이스와 테이블 등 파일의 생성이나 열기, 닫기 및 업그레이드를 담당한다. 이 클래스는 뒤의 예제에서도 보이겠지만 만일 데이터베이스가 존재하지 않는다면 새로운 데이터베이스를 생성하는 onCreate() 메소드와 데이터베이스를 업그레이드하는 onUpgrade() 메소드를 구현하도록 구성된다.

<SQLiteDatabase 클래스>
: SQLite 데이터베이스를 관리하기 위한 방법들을 진열하는 클래스

<SQLiteOpenHelper 클래스>
: 데이터베이스 생성과 버전 관리 등을 관리하기 위한 helper 클래스

main.xml 파일 등 자바 소스 프로그램 외의 다른 파일들은 현 단계에서는 다루지 않는다.

예제 15-1

(Ch15Ex01_SQLiteDb1Activity.java)

```
package kj.it.ch15ex01_sqlitedb1;

import android.app.Activity;
import android.os.Bundle;
import android.content.Context;
import android.database.sqlite.SQLiteDatabase;
import android.database.sqlite.SQLiteOpenHelper;

public class Ch15Ex01_SQLiteDb1Activity extends
  Activity {
   /** Called when the activity is first created. */
    private static final String DATABASE_NAME = "data1";
    private static final int DATABASE_VERSION = 1;
    private SQLiteDatabase db;
    private DatabaseHelper dbHelper;

    private static final String DATABASE_CREATE =
          "CREATE TABLE users (_id INTEGER PRIMARY KEY
          AUTOINCREMENT, name TEXT not null,
```

```
                email TEXT);";
017
018     @Override
019     public void onCreate(Bundle savedInstanceState) {
020         super.onCreate(savedInstanceState);
021         dbHelper = new DatabaseHelper(this);
022         db = dbHelper.getWritableDatabase();
023         db.execSQL("insert into users (name, email) values
                ('Kim', 'hello@abc.com');");
024     }
025
026   private class DatabaseHelper extends SQLiteOpenHelper{
027         DatabaseHelper(Context context) {
028                 super(context, DATABASE_NAME, null,
                        DATABASE_VERSION);
029                 }
030
031         @Override
032         public void onCreate(SQLiteDatabase db) {
033                 // TODO Auto-generated method stub
034                 db.execSQL(DATABASE_CREATE);
035                 }
036
037         @Override
038         public void onUpgrade(SQLiteDatabase db,
                    int oldVersion, int newVersion) {
039                 // TODO Auto-generated method stub
040         db.execSQL("DROP TABLE IF EXISTS users");
041         onCreate(db);
042         }
043     }
044 }
```

011행과 012행은 데이터베이스 이름과 버전을 각각 임의의 변수, DATABASE_NAME

과 DATABASE_VERSION이라는 변수로 설정한다. 여기서는 데이터베이스의 이름을 'data1'로, 데이터베이스 버전을 '1'로 초기화하였다.

013행에서는 006행에서 import한 클래스인 SQLiteDatabase 클래스의 레퍼런스 변수를 db로 설정한다.
014행에서는 026행~043행에 위치한 DatabaseHelper 클래스의 레퍼런스 변수로 dbHelper를 설정하였다.

016행에서는 문자열 변수 DATABASE_CREATE를 선언하였다. 그리고 그 값으로 'CREATE TABLE users (_id INTEGER PRIMARY KEY AUTOINCREMENT, name TEXT not null, email TEXT);'를 지정하였다.
이 문자열은 나중에 034행의 테이블을 생성하는 명령에서 'CREATE TABLE users...'에 의해 직접 users라는 테이블을 생성하는데 사용된다.

한편 021행에서는 DatabaseHelper 클래스의 객체를 생성하여 레퍼런스 변수 dbHelper로 참조하도록 한다. 이 과정에서 참조하는 DatabaseHelper() 메소드가 포함된 DatabaseHelper 클래스는 026행~029행에 위치한다.
이 클래스는 앞에서 잠시 설명하였던 SQLiteOpenHelper 클래스를 슈퍼클래스로 상속받으며 따라서 데이터베이스와 테이블의 생성에 직접 관여하게 된다.
028행에서 상위클래스의 생성 메소드를 호출하여 Activity 등의 Context 인스턴스와 데이터베이스 이름(여기서는 'data1'), 커서 팩토리(보통 null로 지정함), 데이터베이스 버전 등의 인자를 넘겨준다.
그리고 이 프로그램이 처음 실행되는 단계에서는 새로운 데이터베이스와 테이블을 생성해야 하는 단계일 것이므로, 즉 다시 말해서 데이터베이스가 아직 존재하지 않는 상황일 것이므로 032행의 onCreate() 메소드가 수행된다.
034행에서 사용 인자로 DATABASE_CREATE를 사용하여 execSQL() 메소드를 수행함으로써 앞에서도 잠시 설명한 것처럼 016행의 'CREATE TABLE users (_id INTEGER PRIMARY KEY AUTOINCREMENT, name TEXT not null, email TEXT);' 명령을 실행하게 된다.
여기서 'CREATE TABLE users'는 앞에서도 잠시 설명했던 것처럼 users라는 이름의 테이블을 생성시킨다. 그리고 '_id INTEGER PRIMARY KEY AUTOINCREMENT'는 정수형 필드 '_id'를 지정하고 이 필드를 기본키(PRIMARY KEY)로 하며 레코드가 추가될 때마다 자동으로 번호가 증가되도록 한다(AUTOINCREMENT).

021행에 의하여 위와 같이 새로운 데이터베이스와 테이블을 생성한 후 프로그램은 022행을 수행하게 된다.

022행에서 getWritableDatabase() 메소드를 호출함으로써 데이터베이스 테이블이 쓰기(Writable) 모드로 설정된다. 만일 테이블 읽기 목적으로 데이터베이스를 연다면 읽기(Readable) 모드인 getReadableDatabase() 메소드를 호출하여야 할 것이다.

즉 데이터베이스안의 테이블에 레코드를 추가하거나 수정할 경우에는 getWritableDatabase() 메소드를, 반대로 테이블 안의 레코드를 읽어 들일 때는 getReadableDatabase() 메소드를 호출한다.

다음에 023행에서 한 번 더 execSQL() 메소드를 호출한다. 그러나 이번에는 사용 인자가 'insert into users (name, email) values ('Kim', 'hello@abc.com ');'이다. 말 그대로 테이블인 users 안의 이름과 이메일 필드(name, email)에 각각 레코드 'Kim'과 'hello@abc.com'를 추가하라는 명령이다.

즉 데이터베이스 테이블 users가 생성되어 쓰기(Writable) 모드로 준비되고, 한 개의 레코드를 테이블에 추가하는 과정이 진행된 것이다. 이것으로 우리가 계획하였던 전 과정의 진행이 완료되었다. 데이터베이스 data1이 생성되고 그 안에 테이블 users가 생성되며 또한 테이블 안에는 'Kim'과 'hello@abc.com'라는 하나의 레코드가 해당 필드 안에 추가된 것이다.

한편 026행~043행은 슈퍼클래스로서 SQLiteOpenHelper 클래스를 상속받은 하위클래스 DatabaseHelper의 프로그램 단위 블록이다. 앞에서도 잠시 설명하였던 것처럼 생성 메소드를 호출하여 Activity 등의 Context 인스턴스와 데이터베이스 이름, 커서 팩토리(보통 null로 지정함), 데이터베이스 버전 등의 인자를 넘겨주며(028행) 또한 데이터베이스가 존재하지 않는다면 onCreate() 메소드에 의해 SQLiteDatabase 객체를 넘겨받고(032행) 새로운 데이터베이스와 테이블의 생성을 수행한다(034행). 그리고 만일 데이터베이스가 존재하고 그 버전이 바뀌었다면 038행처럼 onUpgrade() 메소드가 수행된다. onUpgrade() 메소드의 호출에 의해 SQLiteDatabase의 객체와 함께 현재의 데이터베이스 버전과 새로운 데이터베이스 버전을 받는다. 그리고 만일 새로운 데이터베이스 버전이 현재의 데이터베이스 버전과 다르면, 즉 현재의 데이터베이스 버전보다 높은 버전의 데이터베이스가 생성된다면 현재의 테이블을 삭제하고(040행) 032행의 onCreate() 메소드를 다시 호출하여 새로운 데이터베이스 테이블을 생성한다(041행).

다시 한 번 정리하면 026행의 DatabaseHelper 클래스는 SQLiteOpenHelper 클래스를 슈퍼클래스로 상속받으며, 이 클래스는 DatabaseHelper() 라는 생성 메소드와 onCreate() 메소드 그리고 onUpgrade() 메소드로 구성된다.

이것으로 【예제15-1】의 자바 소스 프로그램에 대한 설명이 끝났다. 이제 【예제

15-1】의 실행 결과를 살펴보자.

먼저 안드로이드 에뮬레이터 화면상에는 어떠한 내용도 표시되지 않음을 볼 것이다. 이는 자바 소스 프로그램에서 `setContentView(R.layout.main)`과 같은 메소드에 의해 main.xml 레이아웃 파일을 참조하지 않았기 때문이다. 안드로이드 에뮬레이터 화면에는 검정색 바탕 외에 그 어떠한 위젯도 표시되지 않을 것이다.

이번에는 【예제15-1】의 실행에 의해 생성된 데이터베이스 data1과 테이블 users, 그리고 테이블 안의 레코드를 확인해보자.

안드로이드는 앞에서도 언급한 바와 같이 SQLite라는 데이터베이스 엔진을 내장하여 사용하고 있다. 우리가 방금 생성한 데이터베이스는 이 SQLite 데이터베이스 안에 파일 형태로 저장된다. 이는 앞 장의 파일 처리에서와 똑같은 상황이다. 즉 생성된 데이터베이스 역시 안드로이드 에뮬레이터 안의 SQLite 데이터베이스에 독립적으로 위치한다는 의미이며 따라서 윈도우 파일 시스템으로는 검색되지 않는다.

그러므로 생성된 데이터베이스를 확인하는 방법으로는 앞 장에서 이용하였던 과정과 마찬가지로 이클립스 개발 환경과 연결된 DDMS(Dalvik Debug Monitor System)라는 디버깅 툴을 이용하거나 혹은 명령 프롬프트 창에서 adb shell 명령을 실행하여 확인하는 방법이 사용될 수 있다.

DDMS 디버깅 툴을 이용하는 방법은 앞 장에서도 경험하였듯이 데이터베이스 테이블의 존재를 확인하는 것까지는 간단한데 테이블의 내용을 확인하기 위해서는 데이터베이스 테이블을 윈도우 파일 시스템으로 복사해 오는 과정이 요구된다. 즉 DDMS 화면에서 Pull a file from the device 기능을 사용하여 데이터베이스 테이블을 윈도우 파일 시스템으로 복사한 후 ACCESS와 같은 데이터베이스 프로그램을 실행하여 테이블 내용을 확인할 수 있다. 조금은 번거로운 점이 없지 않다.

그리고 이 장은 데이터베이스 테이블의 생성 및 업그레이드, 삭제와 같은 기능을 수행하는 안드로이드 프로그램을 학습하는데 목적이 있으므로 데이터베이스 테이블의 생성 및 테이블 내용의 확인은 편의상 보다 직접적인 방법인 명령 프롬프트 창에서 수행하기로 한다. 즉 윈도우에서 명령 프롬프트를 열고 adb shell 명령을 실행하여 데이터베이스 테이블의 존재와 그 내용을 확인하는 것으로 한다.

이해를 돕기 위하여 먼저 이 방법의 실행결과를 <그림15-2>와 같이 나타내었다.

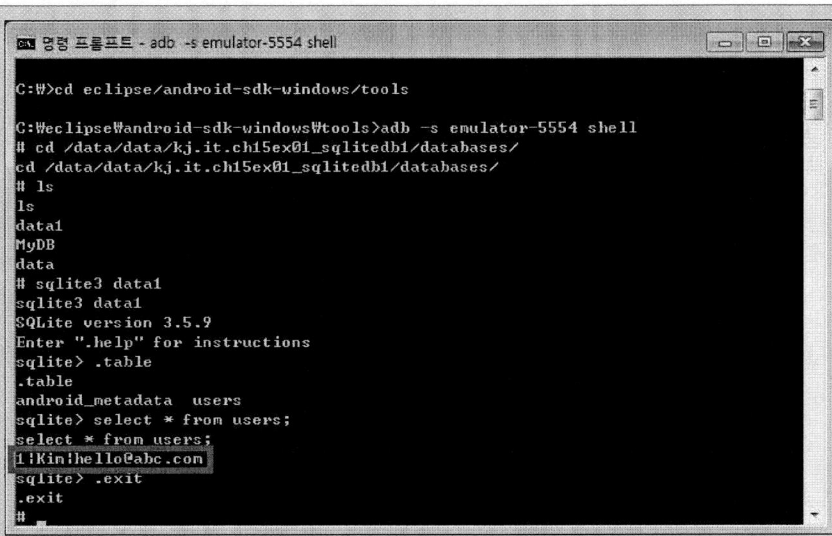

<그림15-2> 【예제15-1】에 의하여 생성된 테이블과 추가된 레코드

위의 결과를 참조하면서 명령 프롬프트를 열고 다음의 과정을 진행해 보자.

① 윈도우에서 명령 프롬프트를 열고 cd(change directory) 명령을 사용하여 eclipse 안의 android SDK 안의 tools로 이동한다.

```
C:\> cd eclipse/android-sdk-windows/tools
```

② adb shell 명령을 실행한다. adb devices 명령을 실행하면 사용 가능한 디바이스 목록이 표시된다. 여기서 사용하고 있는 에뮬레이터를 선택하면 된다.
여기서는 emulator-5554가 사용 중이다.

```
C:\> cd eclipse/.../tools> adb -s emulator-5554 shell
```

③ 프롬프트가 #으로 바뀌면 cd 명령을 사용하여 데이터베이스 저장 위치로 이동한다. 저장 위치는 /data/data/패키지 폴더/databases/이다.

```
# cd /data/data/kj.it.ch15ex01_sqlitedb1/databases/
```

④ 리스트(ls) 명령에 의해 해당 위치에 저장되어 있는 데이터베이스들의 목록을 볼 수 있다. 【예제15-1】의 실행에 의하여 생성된 데이터베이스 data1

도 저장되어 있음을 확인할 수 있다.

⑤ sqlite3.exe를 데이터베이스 이름과 함께 실행한다. 프롬프트가 #에서 sqlite>로 바뀐다. 데이터베이스 안으로 들어온 것이다.

```
# sqlite3 data1
```

⑥ .table 명령에 의해 데이터베이스 안의 테이블들을 확인할 수 있다. 【예제15-1】에 의하여 생성된 테이블인 users도 포함되어 있음을 확인할 수 있다.

⑦ 테이블 레코드 조회 명령인 select를 사용하여 테이블에 저장된 레코드를 확인할 수 있다.

```
sqlite> select * from users;
```

여기서 *는 모든 필드의 레코드를 반환하라는 의미이다. 즉 위의 명령은 테이블 users로부터 모든 필드의 레코드를 반환받는다.
그리고 이 결과는 <그림15-2>와 같다. 【예제15-1】의 025행에 의해 실행된 명령대로 테이블 안에 레코드 '1|Kim|hello@abc.com|'이 저장되어 있음을 확인할 수 있다.

이상과 같은 과정에 의해 명령 프롬프트 창을 이용하여 데이터베이스와 테이블이 정상적으로 생성되었는지, 그리고 레코드는 정확하게 입력되었는지를 확인할 수 있다.

프로그램의 실행 결과를 확인하는 방법으로는 <그림15-2>와 같이 명령 프롬프트 창을 이용하는 방법이나 DDMS 디버깅 툴을 이용하는 방법 외에도 SQLite Database Browser나 SQLite Manager와 같은 SQLite DB 전용 클라이언트 툴을 사용하는 방법도 있다. 그리고 이들 방법들은 인터넷 검색을 통하여 얼마든지 확인하고 프로그램을 다운받아 사용할 수 있다. 사용자의 편의와 기호에 따라 어떤 방법이든 사용할 수 있다. 그러나 다시 한 번 강조하지만 우리의 관심은 데이터베이스와 테이블, 그리고 레코드의 처리를 위한 안드로이드 프로그램의 학습에 맞춰져 있기 때문에 여기서는 계속해서 명령 프롬프트 창을 이용하여 프로그램 실행 결과를 확인하기로 한다.

15.2 테이블에 레코드 추가하기

데이터베이스 안에 테이블이 이미 생성되어 있다면 테이블에 레코드를 추가하기 위하여 더 이상 테이블을 새로이 생성하는 작업을 수행할 필요가 없다. 아니 수행해서는 않된다. 기존에 존재하는 테이블에 레코드를 추가하는 것이므로 새로운 테이블의 생성은 기존 테이블의 삭제를 전제로 한다. 그렇게 되면 기존의 테이블 안에 저장되어 있던 모든 레코드들은 삭제될 것이다. 전혀 원하지 않은 결과가 초래될 수도 있다.

따라서 데이터베이스를 열고 해당 테이블을 찾아 레코드를 추가하는 방식에 의해 테이블에 레코드들을 계속 추가해 나가야 할 것이다.

이클립스를 실행하고 다음과 같이 프로젝트를 생성한다.

Project name : Ch15Ex02_RecordAdd
Application name : Ch15Ex02_RecordAdd
Package name : kj.it.ch15ex01_sqlitedb1
Create Activity : Ch15Ex02_RecordAddActivity
Min SDK Version : 8

여기서 주의해야 할 것이 있다. 바로 Package name 부분이다. 이 예제에서는 패키지 이름으로 【예제15-1】의 패키지 이름을 그대로 사용하였다. 그 이유는 패키지 이름이 바뀌면 SQLite 데이터베이스가 저장되는 위치 또한 바뀌기 때문이다.

앞의 【예제15-1】에서도 설명한 것처럼 데이터베이스의 저장 위치는 /data/data/패키지 폴더/databases/라고 하였다. 따라서 만일 패키지 폴더의 이름이 바뀌면 새로운 저장 위치가 참조되게 되고 【예제15-1】에서 사용했던 데이터베이스와 테이블은 참조할 수 없게 된다. 이는 곧 기존 테이블에 레코드를 추가하는 것이 아니라 새로운 데이터베이스와 테이블의 생성을 필요로 하게 된다. 따라서 우리가 원하는 것, 즉 기존의 테이블에 레코드만을 추가하는 과정을 위해서는 【예제15-1】에서 사용했던 데이터베이스와 테이블을 참조하는 것이 바람직하다. 그런 배경에서 패키지 이름은 【예제15-1】의 패키지 이름과 동일한 이름을 사용하였다.

이제 실행되는 프로그램은 【예제15-1】과 동일한 저장 위치인 /data/data/*kj.it.ch15ex01_sqlitedb1*/databases 안의 테이블을 참조하게 될 것이다.

한편 【예제15-2】를 위해서는 ContentValues 클래스가 사용된다. 이 클래스는 content 모델에 대한 응용 접근을 제공하는 클래스인 ContentResolver가 처리할 수 있는 한 세트의 값들을 저장하기 위해 사용되는 클래스이다.

> <ContentValues 클래스>
> : ContentResolver가 처리할 수 있는 한 세트의 값들을 저장하기 위해 사용되는 클래스

예제 15-2

(Ch15Ex02_RecordAddActivity.java)

```
package kj.it.ch15ex01_sqlitedb1;

import android.app.Activity;
import android.os.Bundle;
import android.content.Context;
import android.database.sqlite.SQLiteDatabase;
import android.database.sqlite.SQLiteOpenHelper;
import android.content.ContentValues;

public class Ch15Ex02_RecordAddActivity extends
  Activity {
    /** Called when the activity is first created. */
     private static final String DATABASE_NAME = "data1";
     private static final int DATABASE_VERSION = 1;
     private SQLiteDatabase db;
     private DatabaseHelper dbHelper;

     private static final String DATABASE_CREATE =
            "CREATE TABLE users (_id INTEGER PRIMARY KEY
            AUTOINCREMENT, name TEXT not null,
            email TEXT);";

    @Override
    public void onCreate(Bundle savedInstanceState) {
        super.onCreate(savedInstanceState);
```

```
022         dbHelper = new DatabaseHelper(this);
023         db = dbHelper.getWritableDatabase();
024         db.execSQL("insert into users (name, email) values
                ('Park', 'park@google.com');");
025
026         ContentValues insertRecord = new ContentValues();
027         insertRecord.put("name", "Mazinga");
028         insertRecord.put("email", "victory@mazinga.com");
029         db.insert("users", null, insertRecord);
030     }
031
032     private class DatabaseHelper extends SQLiteOpenHelper{
 .                                  .
 .          // 【예제15-1】의 027~043행과 동일 소스(생략)
 .                                  .
049                                 .
050 }
```

앞의 【예제15-1】에 의해 이미 생성되어 있는 테이블인 users 테이블에 새로운 레코드를 추가한다. 따라서 신규 테이블의 생성과 관련되는 명령들은 여기서는 더 이상 사용하지 않을 것이다.

017행, 040행이 이들이다. 017행은 테이블 생성을 위한 명령을 문자열 변수로 정의한 부분이다. 그리고 040행은 데이터베이스가 존재하지 않을 경우 새로운 데이터베이스 테이블을 생성하는 명령이다. 따라서 이들은 이 예제에서 더 이상 사용되지 않는다는 점을 염두에 두고 나머지 프로그램들을 살펴보자.

024행은 `execSQL()` 메소드를 사용하여 레코드를 추가하는 명령으로 앞의 【예제15-1】에서도 이 메소드를 사용하여 <그림15-2>와 같이 테이블에 레코드를 추가한 바 있다.

여기서도 동일한 방식에 의해, 즉 `execSQL()` 메소드에 의해 새로운 레코드가 추가된다. 이 레코드는 테이블의 두 번째 레코드로 등록될 것이다. 첫 번째 레코드는 【예제15-1】에 의해 이미 등록되어 있기 때문이다.

테이블에 레코드를 등록시키는 방법으로 `execSQL()` 메소드를 실행하는 것 말고도

insert() 메소드를 직접 적용하는 방법이 있다. 026행~029행이 insert() 메소드를 사용하여 레코드를 등록하는 과정이다.

이 방법은 `ContentValues`라는 클래스의 레퍼런스 변수 `insertRecord`를 설정하여 객체를 생성하고 `put()` 메소드를 사용하여 테이블의 필드 이름과 필드 값을 인자로 넘겨준다.

그리고 029행에서 insert() 메소드를 실행하여 레퍼런스 변수 `insertRecord`에 의해 참조되었던 필드 값들을 테이블 users에 레코드로 등록한다.

이 메소드에는 테이블 이름과 null로 처리해야 하는 필드 이름, 그리고 필드 값을 일시적으로 저장하고 있는 레퍼런스 변수 `insertRecord`가 인자로 사용된다.

한편 레퍼런스 변수 `insertRecord`에 의해 참조되는 필드 값이 전혀 없을 경우에는 레코드가 생성되지 않는다. 따라서 특정 필드의 값이 없는 경우에는 해당 필드 값으로 null을 지정해야 레코드가 생성되는데 문제가 생기지 않는다.

032행~049행은 【예제15-1】에서도 설명한 것처럼 `SQLiteOpenHelper` 클래스를 상속받는 `DatabaseHelper` 클래스의 프로그램 단위 블록이다.

`DatabaseHelper()` 라는 생성 메소드와 onCreate() 메소드 그리고 onUpgrade() 메소드로 구성된다.

【예제15-2】의 실행 결과는 <그림15-3>과 같다. 그림에서 윗부분의 박스는 프로그램 실행 전의 테이블 내용이다. 반면 아랫부분의 박스는 프로그램 실행 후의 테이블 내용이다. 프로그램 실행 전에는 한 개 뿐이었던 레코드가 【예제15-2】의 실행으로 두 개의 레코드를 추가하여 모두 세 개의 레코드로 되었다. 그리고 `execSQL()` 메소드를 사용하건 혹은 insert() 메소드를 사용하건 동일한 결과가 얻어짐을 확인할 수 있다.

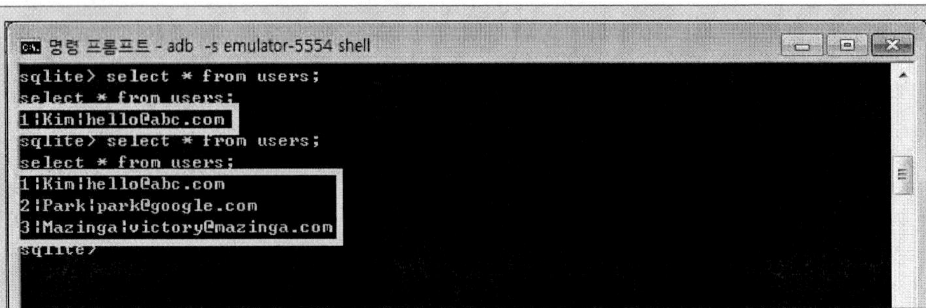

<그림15-3> 【예제15-2】의 실행 결과

15.3 레코드 업데이트 및 삭제하기

앞에서는 테이블에 레코드를 추가하는 방법에 대하여 살펴보았다. 이번에는 테이블에 저장되어 있는 레코드를 수정하거나 삭제하는 방법에 대하여 알아본다.

먼저 테이블에 저장되어 있는 레코드를 수정하는 방법에 대하여 알아보자.

레코드를 수정하기 위해서는 update() 메소드를 사용한다. 이 메소드 역시 앞의 【예제15-2】의 insert() 메소드와 마찬가지로 `ContentValues` 클래스의 객체를 사용하여 실행할 수 있다. 앞의 예제와 유사하게 레퍼런스 변수 `updateRecord`로 `ContentValues` 클래스의 객체를 생성하고 put("필드이름", "필드 값") 메소드를 사용하여 수정할 테이블의 필드별 값을 인자로 넣어 객체에 넘겨준다. 그리고 수정할 레코드에 대한 모든 정보를 인자로 넘겨주었으면 마지막으로 update() 메소드를 실행한다. 이때 수정할 레코드를 지정하기 위하여 기본 키인 레코드 번호가 인자로 함께 사용된다. 자세한 내용은 【예제15-3】의 프로그램을 통하여 살펴보자.

한편 레코드를 삭제하는 방법은 delete() 메소드를 사용할 수 있다. 테이블 이름과 삭제할 레코드 번호를 인자로 사용하여 레코드를 삭제할 수 있다. 변경할 값이 없다는 점 외엔 update() 메소드와 동일한 방법으로 동작한다.

이클립스를 실행하고 다음과 같은 프로젝트를 생성한다.

Project name : Ch15Ex03_RecordUpdateDelete
Application name : Ch15Ex03_RecordUpdateDelete
Package name : kj.it.ch15ex01_sqlitedb1
Create Activity : Ch15Ex03_RecordUpdateDeleteActivity
Min SDK Version : 8

예제 15-3

(Ch15Ex03_RecordUpdateDeleteActivity.java)

```
package kj.it.ch15ex01_sqlitedb1;

import android.app.Activity;
import android.os.Bundle;
import android.content.Context;
```

```java
import android.database.sqlite.SQLiteDatabase;
import android.database.sqlite.SQLiteOpenHelper;
import android.content.ContentValues;

public classCh15Ex03_RecordUpdateDeleteActivity extends Activity {
    /** Called when the activity is first created. */
     private static final String DATABASE_NAME = "data1";
     private static final int DATABASE_VERSION = 1;
     private SQLiteDatabase db;
     private DatabaseHelper dbHelper;

    @Override
    public void onCreate(Bundle savedInstanceState) {
        super.onCreate(savedInstanceState);
        dbHelper = new DatabaseHelper(this);
        db = dbHelper.getWritableDatabase();

        ContentValues updateRecord = new ContentValues();
        updateRecord.put("name", "Tomboy");
        updateRecord.put("email", "tom@tomboy.com");
        db.update("users", updateRecord, "_id=2", null);

        db.delete("users", "_id=3", null);
        db.close();
    }

  private class DatabaseHelper extends SQLiteOpenHelper{
                         .
          // 【예제15-1】의 027~043행과 동일 소스(생략)
                         .
                         .
}
```

023행에서 ContentValues 클래스의 레퍼런스 변수 updateRecord를 설정하고 객체를 생성하였다.

그리고 024행과 025행에서 put() 메소드를 사용하여 테이블의 필드 이름과 필드 값들을 인자로 넘겨주었다. 그리고 026행에서 update() 메소드를 실행하여 레코드를 수정하였다.

update() 메소드에는 테이블 이름과 수정할 데이터가 지정된 레퍼런스 변수, 그리고 수정할 레코드 번호가 인자로 사용된다. 즉 지정된 테이블의 지정된 레코드 번호에 해당하는 레코드 정보를 레퍼런스 변수 updateRecord에 넘겨진 값들로 수정하게 된다.

028행에서는 delete() 메소드가 실행된다. 인자로 테이블 이름과 레코드 번호가 사용된다. 즉 지정된 테이블의 레코드 번호가 지정하는 레코드 전체를 삭제하게 된다. 그리고 029행의 close() 메소드에 의해 데이터베이스 테이블을 닫는다.

이것으로 <그림15-3>에서 보이는 users 테이블의 두 번째 레코드인 'Park'(name)과 'park@google.com'(email)이 각각 'Tomboy'와 'tom@tomboy.com'으로 수정되었다. 그리고 세 번째 레코드는 삭제되었다.

【예제15-3】의 실행 결과는 <그림15-4>와 같다.

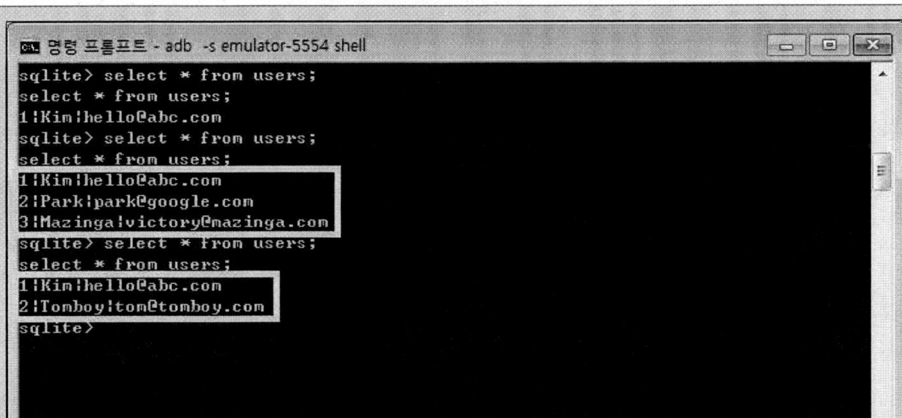

<그림15-4> 【예제15-3】의 실행 결과

모두 3개였던 레코드 중 두 번째 레코드가 'Tomboy'와 'tom@tomboy.com'으로 수정되었고 세 번째 레코드는 삭제되었음을 볼 수 있다.

한편 insert() 메소드뿐 아니라 update() 메소드와 delete() 메소드도 execSQL() 메소드를 사용하여 표현할 수 있다.

앞의 【예제15-3】에서 수행된 026행의 update() 메소드와 028행의 delete() 메소드는 각각 execSQL() 메소드를 사용하여 다음과 같이 표현할 수 있다.

```
db.update("users", updateRecord, "_id=2", null);
      ☞ db.execSQL("update users set name='Park',
            email='park@google.com' where _id=2;");

db.delete("users", "_id=3", null);
      ☞ db.execSQL("delete from users where _id=3;");
```

여러분 각자 execSQL() 메소드를 사용하여 기존 레코드들을 새로운 데이터로 update하고 또한 일부 레코드를 삭제해보라. 그리고 그 결과를 확인해보자.

15.4 레코드 불러오기

앞에서 insert() 메소드, update() 메소드 그리고 delete() 메소드에 대하여 살펴보았다. 이들 메소드들은 테이블에 레코드를 입력하거나 수정, 혹은 테이블로부터 레코드를 삭제하는 기능들이었다. 그리고 이들 메소드를 수행하는 데는 두 가지 방법이 있음을 알았다. 해당 메소드들을 직접 실행하는 방법과 execSQL() 메소드를 사용하여 처리하는 방법이었다.

이번에는 데이터베이스 테이블로부터 데이터를 불러오는 방법에 대하여 살펴보자. 이 방법에는 기본적으로 select() 메소드가 사용된다.

앞의 방법들과 기능상으로는 별반 차이가 없을 것 같지만 사실은 그렇지 않다. 앞의 메소드들은 테이블에 직접 작용하는 메소드들이었다. insert() 메소드에 의해 테이블에 레코드가 입력되었다. 그리고 update() 메소드와 delete() 메소드에 의해 레코드의 내용이 수정되거나 혹은 레코드가 삭제되었다. 이들 메소드의 수행으로 원하는 데이터 처리가 완료되었다는 것이다. 그러나 테이블로부터 레코드를 불러오는 과정에서는 이처럼 하나의 메소드, 즉 한 단계의 동작만으로는 데이터의 처리가 완료되지 않는다. 2단계에 걸친 접근이 필요하다.

즉 첫 번째 단계에서는 불러올 데이터가 저장되어 있는 테이블 내의 레코드의 위치를 지정하는 것이다. 이 작업을 위해 select() 메소드가 사용되는 것이다.

그리고 두 번째 단계로서 지정된 레코드의 위치로부터 원하는 필드 값을 불러와야 한다. 이 작업을 위해서는 get() 메소드와 같은 또 다른 메소드가 사용된다.

이와 같이 데이터베이스 테이블로부터 데이터를 불러오는 방법은 2단계에 걸친 처리 과정이 요구되며 따라서 두 단계 간, 즉 두 처리 과정 간에는 어떤 매개체가 있어 두 과정을 서로 연결할 수 있어야 한다.

만일 첫 번째 단계에서 select() 메소드에 의해 불러올 레코드의 위치를 지정하였다 할지라도 두 번째 단계에서의 get() 메소드는 레코드의 필드 값을 읽어오는 기능만 수행하므로 get() 메소드가 어떤 레코드의 필드 값을 읽어 와야 할 지 알 수가 없다. 따라서 select() 메소드에 의해 지정된 레코드의 위치 정보가 get() 메소드에 전달되지 않으면 않된다. 이러한 이유에서 두 단계 간, 즉 select() 메소드와 get() 메소드 간에는 서로 연결하는 매개체가 존재하여야 한다. 이러한 역할을 위해 사용하는 것이 Cursor 인터페이스이다. select() 메소드는 읽어낼 레코드의 위치를 찾아 Cursor에 넘겨준다. 그러면 Cursor는 넘겨받은 레코드 정보를 가지고 get() 메소드를 호출하여 해당 레코드의 필드 값을 불러오게 된다.

그러면 여기서 잠시 Cursor 인터페이스에 대하여 살펴보고 넘어가자. 이 인터페이스는 데이터베이스 쿼리에 의해 반환된 결과 세트에 대한 임의의 읽기-쓰기 접근을 제공하는 인터페이스이다.

<Cursor 인터페이스>
: 데이터베이스 쿼리에 의해 반환된 결과 세트에 대한 임의의 읽기-쓰기 접근을 제공하는 인터페이스

Cursor는 모니터 화면에서의 '커서'처럼 특정 부분을 가리키는 역할을 한다. 여기서는 물론 테이블의 특정 레코드를 가리킨다. 따라서 레코드가 여러 개일 경우는 당연히 Cursor를 앞, 뒤로 이동시켜 가면서 레코드를 가리켜야 한다.

이처럼 레코드의 앞, 뒤로의 이동이나 혹은 레코드의 처음과 끝을 지정할 수 있도록 하기 위하여, 그리고 그 외의 필요한 기능들을 수행하기 위하여 Cursor에는 다음과 같은 기능들이 지원되고 있다.

- moveToFirst : 테이블 레코드들 중 첫 번째 레코드로 Cursor를 이동시킨다.
- moveToNext : 다음 레코드로 Cursor를 이동시킨다.
- moveToPrevious : 바로 전의 레코드로 Cursor를 이동시킨다.
- moveToPosition : Cursor를 특정 레코드로 이동시킨다.

- getPosition : Cursor의 현재 위치를 반환한다.
- getCount : 질의 결과로 얻어진 레코드의 개수를 반환한다.
- getColumnName : 특정 인덱스 값에 해당하는 필드 이름을 반환한다.
- getColumnNames : 필드 이름들을 String 배열 형태로 반환한다.
- getColumnIndexOrThrow : 특정 필드의 인덱스 값을 반환하며, 필드가 존재하지 않을 경우 예외를 발생시킨다.

위의 Cursor 기능들을 적절히 활용하여 데이터베이스 테이블로부터 레코드의 지정 위치 이동과 필요한 레코드 정보들을 추출할 수 있다.

한편 select() 메소드를 사용하여 레코드의 위치를 지정하는 방법에는 2가지가 있다. rawQuery() 메소드와 query() 메소드를 사용하는 방법이다.

rawQuery() 메소드는 select 문을 직접 실행하는 방식으로 비교적 간단한 형식의 방법이다. 반면 query() 메소드는 인자로 각 필드의 값들을 넘겨받은 후 최종적으로 Select문을 생성해 실행하는 방식이다. 두 방식 모두 결과는 동일하므로 어떤 방식을 사용하건 상관없다.

이제 예제를 통하여 테이블로부터 레코드를 읽어 와 에뮬레이터 화면에 표시하는 방법에 대하여 좀 더 구체적으로 살펴보자.

이클립스를 실행하고 다음과 같은 프로젝트를 생성한다.

Project name : Ch15Ex04_RecordSelect
Application name : Ch15Ex04_RecordSelect
Package name : kj.it.ch15ex01_sqlitedb1
Create Activity : Ch15Ex04_RecordSelectActivity
Min SDK Version : 8

예제 15-4

(main.xml)

```
<?xml version="1.0" encoding="UTF-8"?>
<LinearLayout
xmlns:android="http://schemas.android.com/apk/res/android"
   android:orientation="vertical"
```

```
    android:layout_width="fill_parent"
    android:layout_height="wrap_content"
    >
<TextView
    android:id="@+id/text"
    android:layout_width="wrap_content"
    android:layout_height="wrap_content"
    android:textSize="20dp"
    />
</LinearLayout>
```

데이터베이스 테이블로부터 레코드를 읽어와 그 결과를 안드로이드 에뮬레이터 화면에 표시할 예정이므로 이를 위해 main.xml 파일에 TextView 앨리먼트를 설정하고 'text'라는 id를 부여하였다.

(Ch15Ex04_RecordSelectActivity.java)

```
package kj.it.ch15ex01_sqlitedb1;

import android.app.Activity;
import android.os.Bundle;
import android.content.Context;
import android.database.sqlite.SQLiteDatabase;
import android.database.sqlite.SQLiteOpenHelper;
import android.widget.TextView;
import android.database.Cursor;

public classCh15Ex04_RecordSelectActivity extends
  Activity {
    /** Called when the activity is first created. */
     private static final String DATABASE_NAME = "data1";
     private static final int DATABASE_VERSION = 1;
     private SQLiteDatabase db;
     private DatabaseHelper dbHelper;

```

```
    @Override
    public void onCreate(Bundle savedInstanceState) {
        super.onCreate(savedInstanceState);
        setContentView(R.layout.main);
        TextView t=(TextView)findViewById(R.id.text);
        String text1="회원정보"+"\n"+"id|"+"name|"+"email|"+"\n";

        dbHelper = new DatabaseHelper(this);
        db = dbHelper.getReadableDatabase();

       Cursor c=db.rawQuery("SELECT * FROM users", null);
       c.moveToFirst();

        while (!c.isAfterLast()) {
                int _id=c.getInt(0);
                String name=c.getString(1);
                String email=c.getString(2);

                text1+=_id+"|"+name+"|"+email+"\n";
                c.moveToNext();
                }
        t.setText(text1);
        c.close();
        db.close();
    }

  private class DatabaseHelper extends SQLiteOpenHelper{
                            .
        //【예제15-1】의 027~043행과 동일 소스(생략)
                            .
                            .
}
```

021행의 setContentView(R.layout.main)에 의해 main.xml 파일에서 설정한 레이아웃 형식이 에뮬레이터 화면에 적용될 수 있도록 하였다.

022행에서 TextView 클래스의 레퍼런스 변수 t를 설정하고 main.xml 파일에서 설정하였던 TextView 앨리먼트의 id인 'text'를 참조하도록 하였다. 그리고 023행에서는 문자열 변수 text1을 설정하고 테이블의 필드 이름들로 초기화하였다.

026행에서는 getReadableDatabase() 메소드를 호출하여 데이터베이스를 읽기 모드로 설정하였다. 테이블의 레코드를 읽어 오는 프로그램인지라 앞의 예제들에서 사용된 getWritableDatabase()가 아닌 getReadableDatabase()를 사용하여야 한다.

028행에서 Cursor의 레퍼런스 변수 c를 설정하여 rawQuery() 메소드를 수행하도록 하였다. 인자로는 Select 문이 직접 사용되었다. 여기서 'SELECT * FROM users'는 '테이블 users로부터 모든 필드와 레코드 값들을 조회하라'는 의미이다.

Cursor c=db.rawQuery("SELECT * FROM users", null)의 실행으로 테이블 users 안의 모든 레코드들이 조회되어 Cursor 인터페이스의 레퍼런스 변수 c에 의하여 참조된다.

029행의 c.moveToFirst()는 Cursor의 위치를 028행에서 조회된 레코드들 중 첫 번째 레코드로 이동시킨다. 조회된 레코드들 중 첫 번째 레코드로부터 시작해서 순차적으로 레코드를 읽겠다는 의도이다.

031행~038행은 while 반복제어문이다. while문의 조건인 (!c.isAfterLast())가 충족될 때까지 제어문 안에 있는 프로그램을 반복 실행한다.

isAfterLast() 메소드는 Cursor의 현재 위치가 테이블의 마지막 레코드 다음인가를 확인하는 메소드이다. isAfterLast() 메소드 외에도 isFirst() 메소드, isLast() 메소드, isBeforeFirst() 메소드들이 사용될 수 있다. 각각 첫 번째 레코드인지, 마지막 레코드인지, 또는 첫 번째 레코드 전인지를 확인하는 메소드들이다. 적절한 메소드를 선택하여 사용하면 될 것이다.

031행의 while 조건문이 true인 상황에서 032행~037행을 수행한다.

032행~034행은 각각의 필드 값을 읽어오는 명령들이며 'get<데이터 타입>(필드 인덱스)' 메소드를 사용하여 필드 값을 읽는다. 데이터 타입이 정수형이면 getInt() 메소드를, 데이터 타입이 스트링이면 getString() 메소드를 사용한다.

또한 필드 인덱스는 일반적인 인덱스들처럼 0부터 시작한다. 따라서 _id의 필드 인덱스는 0이고 name의 필드 인덱스는 1, 그리고 email의 필드 인덱스는 2가 된다.

첫 번째 필드인 `_id` 필드는 정수형(Int)이며 테이블에서 첫 번째 필드(0의 위치)의 위치에 있다. 따라서 getInt(0)인 메소드가 사용되었다.

두 번째 필드인 `name` 필드는 문자열(String)이며 두 번째 필드(1의 위치)의 위치에 있다. 따라서 getString(1)의 메소드가 사용되었다.

세 번째 필드인 `email` 필드 역시 문자열(String)이며 세 번째 필드(2의 위치)의 위치에 있다. getString(2)의 메소드가 사용된 것이다.

각각의 필드를 읽어와 문자열 변수 text1에 추가하며 마지막은 줄바꿈("\n") 기호로 마무리한다. 그리고 037행의 `moveToNext()` 메소드를 실행하여 Cursor의 위치를 다음 레코드로 이동시킨다. 그리고 031행의 while 조건문을 다시 실행한다.

while 조건문인 `(!c.isAfterLast())`이 false가 될 때까지 이 과정은 반복되며 문자열 변수 text1에 레코드 정보들이 계속 추가된다.

while 조건문을 벗어나면 039행에서 `setText()` 메소드를 실행하게 되며 문자열 변수 text1을 안드로이드 에뮬레이터 화면상에 표시하게 된다. 화면상의 표시 위치는 022행에서 지정하는 TextView 앨리먼트의 위치이다.

이러한 일련의 과정이 마무리되면 040행과 041행에서 각각 Cursor와 테이블을 닫는다. 그리고 자바 소스 프로그램이 종료된다.

044행~060행은 앞에서도 몇 차례 사용되었던 `DatabaseHelper` 프로그램 블록이다. 더 이상의 설명이 필요치 않을 것이다.

【예제15-4】의 실행 결과는 <그림15-5>와 같다. 【예제15-3】에 의해 테이블 안에 마지막으로 저장되어 있던 레코드들이 화면상에 순차적으로 출력됨을 볼 수 있다.

<그림15-5> 【예제15-4】의 실행 결과

한편 select 문은 【예제15-4】에서처럼 'SELECT * FROM users' 문을 사용하여 전체 레코드를 조회하는 경우도 있지만 where 조건을 사용하여 다음과 같이 특정 레코드만을 지정할 수도 있다.

```
"SELECT * FROM users where _id=2";
c.moveToFirst();
```

테이블 users의 두 번째 레코드, 즉 _id=2인 레코드의 모든 필드(*)를 조회하라는 명령이다. 그리고 이 명령 다음의 c.moveToFirst() 메소드에 의해 비로소 조회된 첫 번째 레코드에 Cursor가 위치하게 된다.

물론 테이블에서 지정된 레코드의 모든 필드를 조회할 필요가 없을 경우에는 '*' 대신 해당 필드 이름들을 나열할 수도 있다.

'SELECT name, email FROM users where _id=2'처럼 말이다. 이 문장으로는 name과 email 필드의 값들만을 조회하게 된다.

이번에는 query() 메소드의 사용 방식에 대하여 살펴보자.

query() 메소드는 앞에서도 잠시 언급한 것처럼 인자로 각 필드의 값들을 넘겨받은 후 최종적으로 Select문을 수행하는 방식이다.

query() 메소드가 받아서 처리하는 인자의 순서는 다음과 같다. 테이블 이름을 제외하고는 값이 필요 없을 경우 null로 지정한다.

① 대상 테이블 이름
② 값을 가져올 필드 이름의 배열
③ where 구문(?를 사용해 인자의 위치를 지정할 수 있다)
④ where 구문에 들어가는 인자 값
⑤ GROUP BY 구문
⑥ ORDER BY 구문
⑦ HAVING 구문

앞의 rawQuery() 메소드를 query() 메소드로 대체하면 다음과 같이 된다.

```
Cursor c=db.rawQuery("SELECT * FROM users", null);
☞
String[] fields={"_id", "name", "email"};
Cursor c=db.query("users", fields, null, null, null,
null, null);
```

먼저 조회할 필드 이름들을 문자열 변수 fields로 정의한다. 그리고 query() 메소드를 실행한다. 인자로는 첫 번째 자리에 테이블 이름이, 두 번째 자리에는 조회할 필드 이름이, 그리고 세 번째부터 일곱 번째까지는 모두 해당 사항이 없으므로 null로 지정한다.

여러분 각자 【예제15-4】를 query() 메소드로 바꾸어 실행해보라. 그리고 그 결과를 확인해보자.

15.5 xml 파일을 이용한 쿼리문 활용하기

앞에서 4개의 예제들을 통하여 데이터베이스 테이블의 생성과 레코드의 추가(insert), 수정(update), 삭제(delete), 조회(select) 등에 관한 기능들을 살펴보았다. 그런대로 무난하게 이용할 수 있는 데이터 레코드 처리 방법들이었다. 그러나 이러한 처리 방법은 때론 번거로운 불편함을 야기한다.

테이블의 생성부터 레코드의 추가, 수정, 삭제 등에 이르기까지 데이터 처리가 필요할 때마다 자바 소스 프로그램을 수정하고 컴파일해 주어야 한다.

그러나 만일 우리가 자바 소스 프로그램에서 사용했던 데이터베이스 관련 쿼리문들을 xml 파일에 모을 수 있다면 상황은 훨씬 좋아진다.

xml 파일의 쿼리문만 간단히 수정하면 되므로 자바 소스 프로그램은 크게 손을 보거나 혹은 재 컴파일을 수행하는 번거로움이 해소된다. 따라서 데이터 처리의 실수로 자바 소스 프로그램에 예기치 않은 에러를 발생시킬 우려도 적어진다.

이러한 배경에서 이번에는 쿼리문을 xml 파일에 문자열 형식으로 저장하고, 필요할 때 자바 소스 프로그램에서 그 키 값을 불러와 적용하는 방법에 대하여 살펴보자. 프로그램이 훨씬 간결하여질 것이다. 레코드를 수정할 때도 xml 파일만 수정해주면 되는 것이다.

이를 위해서는, 즉 이처럼 xml 파일로 만들어진 어플리케이션 리소스를 호출하여 적용하기 위해서는 Resources 클래스의 사용이 필요하다.

<Resources 클래스>
: 어플리케이션 리소스들을 이용하기 위한 클래스

이클립스를 실행하고 다음과 같은 프로젝트를 생성한다.

Project name : Ch15Ex05_XmlQuery
Application name : Ch15Ex05_XmlQuery
Package name : kj.it.ch15ex05_xmlquery
Create Activity : Ch15Ex05_XmlQueryActivity
Min SDK Version : 8

예제 15-5

(strings.xml)

```
<?xml version="1.0" encoding="utf-8"?>
<resources>
    <string name="hello">Hello World,
              Ch15Ex05_XmlQueryActivity!</string>
    <string name="app_name">Ch15Ex05_XmlQuery</string>

    <string name="create_member_db">
    "create table member_db(
    _id        INTEGER primary key AUTOINCREMENT,
    name       text not null,
    phone      text not null,
    email      text not null);"</string>

    <string name="insert_member_db">
    "insert into member_db
    (name, phone, email)
    values ('Kim', '010-1111-1111', 'hello@abc.com');"
     </string>

     <string name="update_member_db">
     "update member_db set name='Park',
      phone='010-3333-3333', email='park@google.com'
      where _id=2;"
     </string>
```

```
024
025         <string name="delete_member_db">
026         delete from member_db where _id=1;
027         </string>
028   </resources>
```

strings.xml 파일이다. 이 파일에 데이터베이스 관련 쿼리문을 문자열 형식으로 작성하여 저장한다.

006행~011행은 테이블 생성을 위한 쿼리문이다. 스트링 이름은 create_member_db이다. 테이블 이름은 member_db이며 필드는 _id, name, phone, email로 구성된다. 기본키는 _id이며 레코드가 생성될 때마다 자동으로 +1씩 증가한다.

그 외 name, phone, email 필드는 모두 text형 레코드이며 빈 칸을 허용하지 않는다. 물론 앞에서도 설명한 바 있지만 필드 형식이 text형으로 지정되더라도 SQLite에서는 정수형이나 실수형의 데이터도 문제없이 등록시킬 수 있다는 것을 기억하면 좋겠다.

013행~017행은 테이블에 레코드를 추가하기 위한 문자열이다. 스트링 이름은 insert_member_db이다. 테이블의 name, phone, email 필드에 016행의 필드 값이 등록될 수 있도록 작성된 쿼리문이다.

019행~023행은 레코드의 내용을 수정하기 위한 문자열이다. 스트링 이름은 update_member_db이다. 수정하고자 하는 레코드의 필드 이름과 해당 필드에 대체될 필드 값들이 나열된다. 또한 수정할 레코드에 대한 인덱스가 포함된다. 여기서는 _id=2로서 테이블의 두 번째 레코드에서 레코드 수정이 이루어진다.

025행~027행은 레코드의 내용을 삭제하기 위한 문자열이다. 스트링 이름은 delete_member_db이다. 인덱스가 지정하는 위치의 레코드가 테이블로부터 삭제될 것이다. 여기서는 _id=1로서 테이블의 첫 번째 레코드가 삭제될 것이다.

이상으로 테이블 생성(create_member_db), 레코드 추가(insert_member_db), 레코드 수정(update_member_db) 그리고 레코드 삭제(delete_member_db)에 대한 문자열들을 모두 작성하였다. 그리고 당연히 strings.xml 파일에 쿼리문을 작성한 것만으로 실제적인 동작이 일어나는 것은 아님을 잘 알 것이다. 자바 소스 프로그램에서 해당 키 값들을 불러와 execSQL()과 같은 데이터베이스 처리용 메소드에 적용시켜야만 실제적인 동작이 일어나게 된다.

(Ch15Ex05_XmlQueryActivity.java)

```
package kj.it.ch15ex05_xmlquery;

import android.app.Activity;
import android.os.Bundle;
import android.content.Context;
import android.database.sqlite.SQLiteDatabase;
import android.database.sqlite.SQLiteOpenHelper;
import android.content.res.Resources;

public class Ch15Ex05_XmlQueryActivity extends Activity {
    /** Called when the activity is first created. */
     private static final String DATABASE_NAME = "data1";
     private static final int DATABASE_VERSION = 1;
     private SQLiteDatabase db;
     private DatabaseHelper dbHelper;

    @Override
    public void onCreate(Bundle savedInstanceState) {
        super.onCreate(savedInstanceState);
        Resources res=getResources();

        dbHelper = new DatabaseHelper(this);
        db = dbHelper.getWritableDatabase();

   db.execSQL(res.getString(R.string.insert_member_db));
   db.execSQL(res.getString(R.string.insert_member_db));
   db.execSQL(res.getString(R.string.update_member_db));
   db.execSQL(res.getString(R.string.delete_member_db));
    }

  private class DatabaseHelper extends SQLiteOpenHelper{
        DatabaseHelper(Context context) {
              super(context, DATABASE_NAME, null,
```

```
                    DATABASE_VERSION);
034             }
035
036         @Override
037         public void onCreate(SQLiteDatabase db) {
038             // TODO Auto-generated method stub
039           Resources res=getResources();
040     db.execSQL(res.getString(R.string.create_member_db));
041         }
042
043         @Override
044         public void onUpgrade(SQLiteDatabase db,
                int oldVersion, int newVersion) {
045             // TODO Auto-generated method stub
046         db.execSQL("DROP TABLE IF EXISTS member_db");
047         onCreate(db);
048         }
049     }
050 }
```

자바 소스 프로그램이 무척 간결해졌다.

020행에서는 `Resources` 클래스의 레퍼런스 변수 res를 설정하고 `getResources()` 메소드를 참조한다. 이를 위하여 008행의 `Resources` 클래스가 import되었다.

025행~028행과 040행은 각각 데이터베이스를 처리하는 명령들이다.

먼저 040행은 `execSQL()` 메소드가 `res.getString()` 메소드를 호출하면서 인자로 strings.xml 파일의 006행인 create_member_db를 참조하였다.

즉 strings.xml 파일의 007행~011행에 정의된 테이블 생성 명령을 인자로 하여 `execSQL()` 메소드를 실행한다. 새로운 테이블이 작성되는 것이다.

물론 이 메소드는 022행의 객체 생성 과정에서 참조하는 `DatabaseHelper` 클래스 프로그램의 블록 안에 포함된 `onCreate()` 메소드에서 수행된다. 즉 만일 데이터베이스 테이블이 생성되어 있지 않다면 `onCreate()` 메소드를 수행하여 member_db 라는 이름의 테이블을 생성하게 된다. 그러나 데이터베이스 테이블이 이미 생성되어 있다면 이 메소드는 수행하지 않고 넘어갈 것이다.

025행과 026행은 동일하게 strings.xml 파일의 013행인 insert_member_db를 참조한다. 즉 execSQL() 메소드의 수행으로 테이블에 새로운 레코드가 추가된다. 물론 추가되는 레코드 내용은 strings.xml 파일의 016행과 같다.

이 결과로 테이블에는 두 개의 동일한 내용의 레코드가 추가될 것이다. 그리고 레코드 번호는 각각 1과 2가 된다.

027행은 strings.xml 파일의 019행인 update_member_db를 참조한다. 즉 execSQL() 메소드의 수행으로 테이블에 저장되어 있던 레코드의 내용이 수정된다. 수정될 레코드 내용은 strings.xml 파일의 020행~021행에 정의되어 있다. 또한 수정되는 레코드 번호는 strings.xml 파일의 022행처럼 _id=2이다. 즉 member_db 테이블의 두 번째 레코드가 수정될 것이다.

028행은 strings.xml 파일의 025행인 delete_member_db를 참조한다. 즉 execSQL() 메소드의 수행으로 테이블로부터 지정된 레코드가 삭제된다. 삭제되는 레코드는 strings.xml 파일의 026행에 정의된 것처럼 테이블의 첫 번째 레코드이다(_id=1). 첫 번째 레코드가 삭제된 테이블 내용을 보게 될 것이다.

【예제15-5】의 실행 결과는 먼저 DDMS 디버깅 툴을 통하여 확인할 수 있다. <그림15-6>에서 보이는 것과 같이 패키지 폴더인 kj.it.ch15ex05_xmlquery 폴더 안의 databases 폴더에 data1이라는 이름의 데이터베이스가 생성되었음을 볼 수 있다.

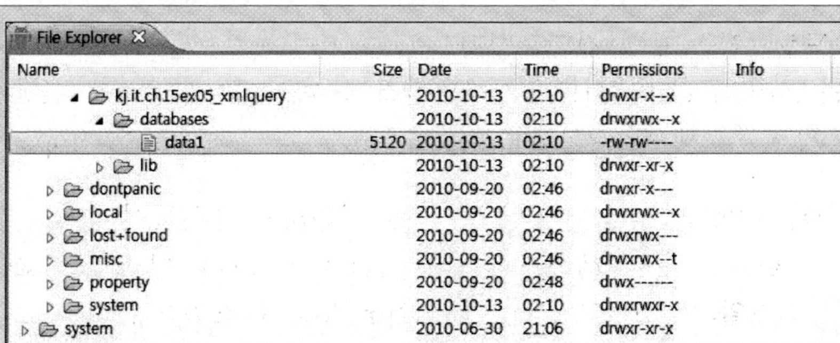

<그림15-6> 【예제15-5】의 실행 결과1

이 데이터베이스 data1의 내용을 확인하기 위해서는 앞의 제 14 장에서 소개하였던 DDMS 화면의 Pull a file from the device 기능을 사용하면 된다. 에뮬레이터 안의 데이터베이스를 윈도우 파일 시스템으로 옮긴 후 데이터베이스 안의 테이블들을 확인할 수 있다.

여기서는 편의상, 그리고 데이터베이스 테이블에 저장된 레코드가 간단한 내용이므로 명령 프롬프트 창을 통하여 그 결과를 확인한다.

<그림15-7>은 【예제15-5】의 실행에 의해 생성된 데이터베이스 테이블의 내용을 확인한 결과이다.

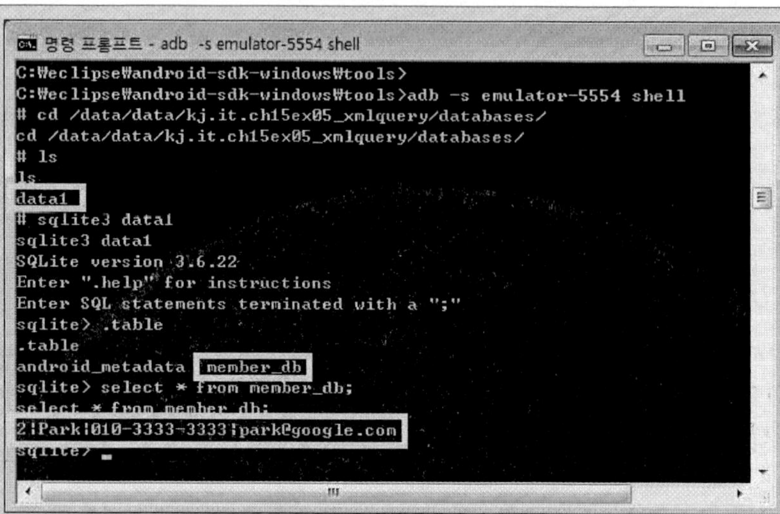

<그림15-7> 【예제15-5】의 실행 결과2

databases 폴더 안에 data1이라는 데이터베이스가 생성되었음을 확인할 수 있다. 또한 data1 데이터베이스 안에는 member_db라는 테이블이 생성되었음을 알 수 있다. 그리고 테이블 안에는 '2|Park|010-3333-3333|park@google.com'이라는 레코드가 저장되어 있음을 볼 수 있다.

자바 소스 프로그램의 025행과 026행에 의해서 레코드 번호가 1과 2인 두 개의 레코드가 테이블에 저장되고 027행에 의하여 레코드 번호 2의 내용이 <그림15-7>에서 보이는 테이블 내용으로 수정되었다. 그리고 레코드 번호 1의 내용은 028행에 의하여 삭제되었다. 따라서 데이터베이스 테이블 안에는 <그림15-7>에서 나타난 바와 같이 레코드 번호 2의 레코드만이 남아있게 된다.

이제 여러분 각자 strings.xml 파일의 내용을 수정한 후 프로그램을 재실행하여 보거나 또는 strings.xml 파일에 select 문을 추가하여 테이블 읽기 기능이 가능한 프로그램으로 프로그램을 수정하여 보라. 그리고 그 결과를 확인하여 보자.

<사용된 class 정리>

<SQLiteDatabase 클래스>
: SQLite 데이터베이스를 관리하기 위한 방법들을 진열하는 클래스

<SQLiteOpenHelper 클래스>
: 데이터베이스 생성과 버전 관리 등을 관리하기 위한 helper 클래스

<ContentValues 클래스>
: ContentResolver가 처리할 수 있는 한 세트의 값들을 저장하기 위해 사용되는 클래스

<Cursor 인터페이스>
: 데이터베이스 쿼리에 의해 반환된 결과 세트에 대한 임의의 읽기-쓰기 접근을 제공하는 인터페이스

<Resources 클래스>
: 어플리케이션 리소스들을 이용하기 위한 클래스

인덱스

이클립스(Eclipse)로 익히는

안드로이드 프로그래밍

2011년 2월 7일 인쇄
2011년 2월 11일 발행
저 자 최 선 정 저
펴낸이 오 성 걸
펴낸곳 오성미디어
주 소 132-916 서울시 도봉구 창 3동 491-1
전 화 02) 997-0136
FAX 02) 997-0137
등 록 2000. 5. 12 제 7-212 호
ISBN 978-89-92583-92-3 값 20,000원